David Diamond

Theater zum Leben

Über die Kunst und die Wissenschaft des Dialogs in Gemeinwesen

Übersetzt von Armin Staffler

David Diamond

Theater zum Leben

Über die Kunst und die Wissenschaft des Dialogs in Gemeinwesen

Übersetzt von Armin Staffler

ibidem-Verlag
Stuttgart

Bibliografische Information der Deutschen Nationalbibliothek
Die Deutsche Nationalbibliothek verzeichnet diese Publikation in der Deutschen Nationalbibliografie; detaillierte bibliografische Daten sind im Internet über http://dnb.d-nb.de abrufbar.

Bibliographic information published by the Deutsche Nationalbibliothek
Die Deutsche Nationalbibliothek lists this publication in the Deutsche Nationalbibliografie; detailed bibliographic data are available in the Internet at http://dnb.d-nb.de.

Originaltitel: Theatre for Living. The art and science of community-based dialogue

Dritte, überarbeitete Auflage

∞

Gedruckt auf alterungsbeständigem, säurefreien Papier
Printed on acid-free paper

ISBN-13: 978-3-8382-0255-6

Printed in Germany

„Auf allen Ebenen des Lebens, angefangen bei der einfachsten Zelle, sind Geist und Materie, Prozess und Struktur untrennbar miteinander verbunden."
Fritjof Capra, *Verborgene Zusammenhänge*, S. 61

„Alles, was nicht ausdrücklich verboten ist, ist erlaubt."
Augusto Boal, persönlich, viele Male

INHALTSVERZEICHNIS

Vorwort zur deutschsprachigen Ausgabe

Willkommen zur deutschen Übersetzung von *Theatre for Living: the art and science of community based dialogue*. Ein Dankeschön an meinen Freund und Kollegen Armin Staffler für seinen Wunsch, dieses Buch zu übersetzen und einen Verlag dafür zu finden, und ebenso einen Dank an ibidem dafür, es zu verlegen. Die Weiterverbreitung dieses Buches, das nun auch auf Deutsch erhältlich ist, bedeutet für mich einen großen Schritt in meinem Bemühen, einen breit angelegten Dialog über die Wichtigkeit der Veränderung unserer binären Linse, mit der wir unser Leben, unsere Arbeit und unsere Welt betrachten, zu vertiefen.

Augusto Boal (1931 – 2009), der Begründer des Theaters der Unterdrückten, mein Mentor und ein lieber Freund, hinterließ uns in Form seines visionären Werks ein reiches Erbe – eine Mischung aus Theater und Aktivismus. Teil der Boalschen Brillanz war, dass er so viele Regeln gebrochen hat, Regeln aus dem traditionellen Theater, der Politik (durch die Einführung des Legislativen Theaters)[1] und auch Regeln des Aktivismus. Wir erweisen ihm keine Ehre, indem wir meinen, er habe uns ein Regelwerk hinterlassen. Wir ehren ihn, wenn wir weiterhin Regeln brechen, auch die Regeln des *Theaters der Unterdrückten* und des *Theaters zum Leben* oder jeder anderen Form, der wir uns bedienen und wo wir starre Muster entwickeln. Ein Anzeichen dafür, dass ein Organismus gestorben ist, ist dass er aufhört, sich zu regenerieren, aufhört, sich zu entwickeln. Wir müssen uns selbst die Erlaubnis geben, weiterhin Änderungen vorzunehmen.

Ich stellte 2007 bei der Fertigstellung des Buchs *Theatre for Living: the art and science of community based dialogue* an das Ende des Hauptteils einige Gedanken über *Meth*, ein Stück, mit dem wir (Headlines Theatre) gerade auf Tournee gewesen waren und das von Menschen entwickelt und gespielt wurde, die mit einer Methamphetamin-Abhängigkeit gekämpft hatten. Diese Gedanken, die ich da zur Sprache brachte, halfen mir zu begreifen, dass die Menschheit selbst

[1] vgl. Augusto Boal: *Legislative Theatre: using performance to make politics.* London, New York, Routledge, 1998.

unter einer viel größeren Abhängigkeit leidet: Wir sind abhängig von einem mechanistischen Modell, das uns erklären soll, wie das Universum funktioniert. Dieses mechanistische Modell verwandelt alles in Konsumwaren und ist zu einem zentralen, dysfunktionalen Weltbild geworden, das es den Privilegierten unter uns erlaubt, weiterhin übermäßig zu konsumieren, während die weniger Privilegierten übermäßigen Konsum anstreben. Unsere Abhängigkeit vom mechanistischen Weltbild ist einer der Hauptfaktoren für den Klimawandel.

„Verhaltensmuster erzeugen Strukturen.[2] Wir müssen unsere Abhängigkeit vom und das damit verbundene Festhalten am mechanistischen Modell dringend und tiefgehend überprüfen und unsere Verhaltensmuster radikal ändern. Ein Weg, um diesen Wechsel anzuregen, ist die Suche nach Möglichkeiten, unsere kollektiven Geschichten wertzuschätzen und zu erzählen – Geschichten des lebendigen Gemeinwesens, die uns helfen zu erkennen, dass es auf unserem kleinen Planeten kein ‚wir' und keine ‚anderen' gibt."[3]

Wir verfolgten diesen eingeschlagenen Weg weiter und 2007/2008 produzierten wir *2º of Fear and Desire* (*2° der Angst und der Sehnsucht*).[4] Es gab elf Veranstaltungen an elf verschiedenen Orten, bei denen wir Augusto Boals *Polizisten im Kopf*[5] verwendeten, um zu ergründen, was uns daran hindert, etwas gegen den Klimawandel zu unternehmen. Es gab kein Stück, keine Schauspieler/innen und keinen Text. Leute kamen in Cafés und in Gemeindesälen zusammen, um die Sprache des Theaters zu nutzen und gemeinsam tief verwurzelte Blockaden aufzuheben, die uns davon abhalten, unsere Abhängigkeit von übermäßigem Konsum zu überwinden.

Diese Veranstaltungen kamen sehr gut an und waren gleichzeitig sehr herausfordernd. Menschen aus der Umweltbewegung, dem Kleingewerbe und dem Unternehmensbereich, Menschen unterschiedlicher Hautfarbe und Einkommensklassen nahmen teil. Im Publikum saßen Aktivisten, Skeptiker und

---

[2] vgl. den Absatz „Muster und Struktur" im Kapitel „Das lebendige Gemeinwesen".
[3] vgl. den *Epilog*.
[4] Für ausführliche Informationen siehe: http://www.headlinestheatre.com/past_work/2Degrees08/index.htm
[5] vgl. den gleichnamigen Abschnitt im Kapitel *Das Gruppenbewusstsein wecken*.

Ahnungslose, am Thema Interessierte genauso wie Leute, die sich ein neuartiges Theatererlebnis erhofften.

> „*2º of Fear and Desire* war die fundierteste Art von Aktivismus, deren Zeugin ich jemals wurde."
> *Molly Caron, Zuschauerin*

> „Ich genoss den Abend mit *2º of Fear and Desire*. Es braucht Ehrlichkeit und Opferbereitschaft, um sich grundlegend zu ändern. Ich begriff das während *2º of Fear and Desire*. Vielen Dank für den Mut und die Entschlossenheit, der Realität auf sehr interessante Weise ins Angesicht zu schauen und uns einzuladen, es euch gleichzutun."
> *Oliver Lane, Zuschauer*

2º of Fear and Desire bestärkte mich in dem Gefühl, dass uns ungeachtet aller Spannungen, die in unseren Gemeinwesen existieren, zwischen unseren Völkern, Glaubensrichtungen und politischen Ausrichtungen, die Fragen des Klimawandels verbinden. Der Klimawandel betrifft uns inzwischen alle, von ausgedehnten Dürreperioden in einigen Gegenden der Welt bis zu den Überschwemmungen und dem Auftauen der Permafrostböden anderswo. Die Witterungsverhältnisse ändern sich.

Wann wird die Menschheit reif genug sein, um zu erkennen, dass es „die Anderen" auf diesem winzigen blauen Staubkorn (der Erde), das mitten im Nirgendwo herumhängt, nicht gibt, sondern nur ein sich ständig weiterentwickelndes „Wir"? Die Menschheit muss der Tatsache ins Gesicht schauen, dass wir alle miteinander verbunden sind, damit wir gemeinsam auf den Klimawandel reagieren können.

Dieser systemische Ansatz steht im Zentrum der Entwicklung des *Theaters zum Leben*. Die Frage, die während *2º of Fear and Desire* aufgeworfen wurde, führte zu einem zwei Jahre andauernden Projekt, das versuchte, sich direkt mit dieser Idee von „Wir" und „die Anderen" zu befassen.

Us and Them (*Wir und die Anderen*)[6] durchlief in zwei Jahren drei Phasen:

1. Jahr, 1. Phase (2010): Es gab von *Wir und die Anderen* (die Recherche) 23 Veranstaltungen in Gemeinwesen nach dem Vorbild von *2º of Fear and Desire*, also kein Stück, keine Schauspieler/innen, keinen Text. Jeder Abend entstand mit dem Publikum und untersuchte die Erfahrungen der Anwesenden in Bezug darauf, „zum Anderen/zur Anderen" gemacht worden zu sein oder jemanden „zum Anderen/zur Anderen" gemacht zu haben. Jeder Abend wurde in Partnerschaft mit einer anderen Gemeinwesenorganisation veranstaltet, die dafür verantwortlich war, Leute aus ihrem Einflussbereich zur Veranstaltung zu bringen. Wir untersuchten, wie und warum wir Mauern zwischen uns errichten. Wir untersuchten Fragen zur psychischen Gesundheit, zu Polizeigewalt, zu ethnischer Zugehörigkeit, zu dysfunktionalen Familien und zu Arbeitsverhältnissen, um nur ein paar Beispiele zu nennen.

Die theatrale Untersuchungsmethode, die wir verwendeten, war der *Regenbogen der Wünsche*.[7] Wir stellten dabei sicher, dass immer beide Seiten einer Geschichte respektiert und theatral bearbeitet wurden, nicht um verletzendes Verhalten zu entschuldigen, sondern um zu versuchen, und das aus gutem Grund, die Psychologie zu ergründen, die zur Trennung zwischen „ich" und „du" führt.

> „Es war eine fantastische Erfahrung, in *Us and Them* (the inquiry) beim Entwirren von ‚meiner' zu ‚unserer' Geschichte dabeizusein und es zu genießen. Ich hatte großes Vergnügen an jedem Moment, der mir die Erfahrung einer ganzen Bandbreite von Gefühlen bescherte, von Zorn, Frustration, Trauer und Freude, Fröhlichkeit und, am wichtigsten, dem Gefühl von Zusammengehörigkeit, Zusammenarbeit und Frieden."
> *Blanca Salvatierra, Zuschauerin*

---

[6] Nähere Informationen und Berichte auf http://www.headlinestheatre.com/past_work/us_and_them/index.htm (*Wir und die Anderen* (die Recherche)) und auf http://www.headlinestheatre.com/past_work/us_and_them_play/index.htm (*Wir und die Anderen* (das Stück).

[7] vgl. den gleichnamigen Abschnitt im Kapitel *Das Gruppenbewusstsein wecken*.

„*Us and Them* (the inquiry) entführt uns an einen Ort zutiefst empfundener Wahrheit, dass es nur ein Volk auf diesem Planeten gibt. Es ist aufrüttelndes Theater, das nach Taten verlangt."
Kim Hayashi, Zuschauer

2. Phase (2010): Wir boten für 20 Leute, die bei einer der Vorstellungen von *Wir und die Anderen* (die Recherche) waren, eine zweitägige intensive Schulung zum *Regenbogen der Wünsche* an, in der Hoffnung, dass die Schulungsteilnehmer/innen die Veranstaltungsreihe in ihren eigenen Gemeinwesen fortsetzen würden. Während ich das schreibe (2012), ist das immer noch der Fall.

2. Jahr, 3. Phase (2011): Von Menschen, die, wie oben beschrieben, Erfahrung darin haben, „zum Anderen/zur Anderen" gemacht zu werden, wurde ein umfangreiches Stück entwickelt und aufgeführt. Das Stück entstand unter der Co-Regie meines langjährigen Freundes und Kollegen Kevin Finnan und mir.

Wir und die Anderen (das Stück) war ein Experiment, bei dem wir versuchten körperbetontes, interaktives Forumtheater über grundlegendes menschliches Verhalten zu machen. Vorherige Stücke waren in sehr spezifischen Themenbereichen und Gemeinwesen verortet (Obdachlose, die ein Stück über Obdachlosigkeit machen, oder Menschen, die mit einer Sucht zu kämpfen hatten, machen ein Stück über Abhängigkeit). *Wir und die Anderen* brachte sechs Fremde unterschiedlichster Herkunft zusammen, um eine Geschichte zu entwickeln, die der Frage nachgeht, wie und warum wir Mauern in und zwischen uns errichten.

„*Wir und die Anderen* erzählt jede Menge darüber, wie wir untereinander und als Gesellschaft im Ganzen interagieren. Wir waren aufgefordert, auf die kleinen Details zu achten, die zu größeren Ereignissen im Stück führen, und wenn wir ein Detail veränderten, änderte sich auch alles andere. *Wir und die Anderen* – und du musst deine ganze Art und Weise wie du die Welt siehst, erneut überprüfen."
Flavia Kajoba, Zuschauerin

„*Wir und die Anderen.* Ich habe den ganzen Tag über dieses Konzept nachgedacht. Ich denke, dieses Stück ist ein Sprungbrett für einen weiterführenden

Dialog darüber, wie die Menschheit als solche funktioniert, und über unsere stete Suche nach Liebe und danach, uns selbst zu akzeptieren."
Anastasia Koutalianos, Zuschauerin

„*Wir und die Anderen* ermöglichte mir ein größeres Verständnis für die aktuelle politische und gesellschaftliche Landschaft Vancouvers und Kanadas. *Wir und die Anderen* spiegelte meine eigene Erfahrung als Immigrantin wider und regte mich zum Nachdenken an über die Grenzen, die andere errichtet haben, um sich selbst zu schützen."
Roselyn Tam, Zuschauerin

Während ich Anfang des Jahres 2012 dieses Vorwort schreibe, organisieren Menschen auf der ganzen Welt alles Mögliche und versuchen, mit komplexen und sich ständig weiterentwickelnden Problemen zurechtzukommen. Es wird zunehmend schwieriger, von irgendwelchen Annahmen über die Zukunft auszugehen. Es ist die Zeit, mit Regeln zu brechen, innovativ zu sein und zu überdenken, wie wir leben und was wir tun.

Weltweit sprießen Bürgerbewegungen, wie die Revolutionen, die unter dem Namen „Arabischer Frühling" bekannt wurden, oder die „Occupy-Bewegung" im Westen, und durchleben die Geburtswehen von etwas, das neu und vielleicht noch nicht ganz ausgereift ist. Wachsender Zugang zum Internet und zu sozialen Netzen bedeutet, dass lokale und globale Netzwerke Ideen und Strategien miteinander verknüpfen. Wir erkennen, dass wir alle auf eine Art miteinander verbunden sind, die vor knapp zehn Jahren noch nicht einmal vorstellbar war. Ein positiver Wandel ist möglich.

Wenn wir die Erstarrung in festgefahrenen Positionen verlassen wollen, brauchen wir Strategien, die auf authentischem Zuhören und echtem Dialog beruhen. Ein zentraler Faktor, um darin erfolgreich zu sein, ist unsere Fähigkeit, uns vorstellen zu können, mit Mustern zu brechen, an denen wir lange festgehalten haben. Die Menschheit steht an einem Scheideweg. Wir müssen erfinderisch sein. Brechen wir die Regeln!

Danksagung

Selbstverständlich danke ich dem brasilianischen Regisseur und Begründer des *Theaters der Unterdrückten* Augusto Boal.[8] Er war eine Inspiration, ein Mentor und ein Freund. Sein Mut und seine freudvolle Kreativität sind nach wie vor ein Leuchtturm in meiner Welt. Ich danke ihm dafür, dass er mir als Erster dazu geraten hat, ein Buch zu schreiben, und auch für seine Rückmeldungen zu den Entwürfen 2003 und 2005.

Der Physiker und Systemtheoretiker sowie Gründer des Centre for Ecoliteracy[9] Dr. Fritjof Capra ist seit 1986, als ich zum ersten Mal seinem Buch *Wendezeit*[10] begegnete, eine Quelle der Inspiration. Sein Werk half mir dabei, eine Brücke zwischen meinem lebenslangen Interesse für Wissenschaft und meiner Leidenschaft fürs Theater zu schlagen. Ich danke ihm auch für seine Rückmeldungen zu den wissenschaftlichen Kapiteln in diesem Buch und für sein Vorwort. Es ist mir eine Ehre, es hier miteinzubeziehen.

Erst beim Schreiben dieses Buches wurde mir selbst klar, zu wie vielen meiner Erkenntnisse ich durch die Zusammenarbeit mit First Nations gelangt bin. Gemeinsam haben wir Risiken auf uns genommen und Neues gewagt. Dafür bin ich sehr dankbar und ich möchte im Speziellen folgende First Nations nennen: die Sto:Lo, die Gitx̲san, speziell die Blackwater-Familie (Bill Sr., Gloria und Hal) in Kispiox und Don Ryan, die Wet'suwet'en, speziell Alfred Joseph, die Nuu-Chah-Nulth, speziell Lisa Charleson und Mary Martin und die Passamaquoddy, speziell Gail Marie Dana und Vera Francis, ebenso Ron George und den gesamten Vorstand der United Native Nations von 1991.

Es gibt unzählige Teilnehmer/innen von Workshops, Menschen, deren Großzügigkeit ein wesentlicher Bestandteil meines Lernens geworden ist. Es ist unmöglich, sie alle zu nennen. Ich habe gewissenhaft versucht, alle Ensemblemitglieder und die Produktionsteams der Großprojekte namentlich zu erwähnen.

---

[8] http://www.theatreoftheoppressed.org (Als David Diamond das Buch schrieb, lebte Augusto Boal noch. Er verstarb 2009. Anm. d. Ü.)

[9] vgl. http://www.ecoliteracy.org

[10] Fritjof Capra: *The Turning Point*, Simon & Schuster, New York, 1982; dt. *Wendezeit*, Scherz-Verlag, Bern, 1983 (überarbeitet und erweitert 1985)

Die Zeit, um dieses Buch zu schreiben, konnte ich mir nur nehmen, weil es möglich war, ein Sabbatical bei Headlines Theatre zu nehmen. Dafür danke ich dem Canada Council for the Arts und speziell André Courchesne (der das Sabbatical vorschlug) und den Vorstandsmitgliedern für Theater Sheila James und Bob Allen. Ebenso danke ich Jane Heyman und Jan Selman für ihre unterstützenden Empfehlungsschreiben an den Canada Council.

Mein eigener Weg als Künstler im Theater wurde von vielen Menschen unterstützt und ermöglicht, die ihre Zeit und Energie in Headlines Theatre gesteckt haben – die Mitgründer/innen (neben mir): Anne Hungerford, Beth Kaplan, Suzie Payne, Jay Samwald und Nettie Wild.

Ich danke dem Vorstand von Headlines Theatre (2003/2004): Barbara A. Buckman, Marjorie MacLean, Darlene Marzari, Kevin Millsip, Bill Roxborough, Kamal Sharma, Kirk Tougas, Nettie Wild und Tad Young; sie haben mein Schreiben während des Sabbaticals sehr unterstützt.

Ich danke dem engsten Mitarbeiterstab von Headlines Theatre zwischen 1981 und 2007: Marjorie MacLean, Gwen Kallio, Doug Cleverley, Honey Maser, Jackie Crossland, Saeideh Nessar Ali, Denise Golemblaski, Lola Sim, Siobhan Barker, Mirjana Galovich, Sheelagh Davis, Harry Hertscheg, Jen Cressey, Jennifer Girard, Dylan Mazur, Dafne Blanco und Mumbi Tindyebwa.

Ich danke den Menschen, die mit mir als Joker gearbeitet haben: Sherri-Lee Guilbert, Patti Fraser, Saeideh Nessar Ali, Victor Porter, Jacquie Brown.

Mein ganz spezieller Dank gilt den Mitarbeitern und Mitarbeiterinnen von 2003/2004, die hart gearbeitet haben, damit ich mir die Zeit nehmen konnte, um den Hauptteil der Schreibarbeit durchzuführen: Dafne Blanco, Jackie Crossland, Jen Cressey, Jennifer Girard, Harry Hertscheg, Dylan Mazur.

Ich danke weiters:
Hal B. Blackwater für seine Rückmeldung zum Kapitel „Dancers of the Mist (Tänzer des Nebels)“.
Jackie Crossland für ihre Rückmeldungen zu den ersten Entwürfen in den Jahren 2003 und 2005.

Jagdeep Singh Mangat für seine Rückmeldungen zum Kapitel „Here and Now (ਏਥੇ ਤੇ ਹੁਣ, Hier und Jetzt)“.

James Nicholas für die Adlerfeder.

Lisa Charleson für ihre Rückmeldungen zum Kapitel „Reclaiming Our Spirits (Rückbesinnung auf unsere Geister)“.

Dr. Michelle La Flamme für Rückmeldung und Beratung in kulturellen Fragen in den Kapiteln über First Nations.

Mike Keeping für Rückmeldungen zum Kapitel „TV- und Internetübertragung“.

Dr. Mukti Khanna für ihren Absatz über morphische Felder.

Ronald Matthijssen für seine Rückmeldung zum ersten Entwurf im Jahr 2003.

Ronnie Tang für ihre wohlwollende Unterstützung.

Victor Porter für seine Rückmeldung zum Kapitel „Der unterdrückte Anführer der Todesschwadron“.

Danksagung und Vorwort des Übersetzers

Im Sommer 2003 wollte ich eigentlich mit Freunden eine Reise nach Grönland unternehmen. Auf Grund organisatorischer Schwierigkeiten mussten wir aber unsere Pläne ändern und ich stand vor der Frage, wie denn nun mein Ersatzprogramm aussehen sollte. Ich war dankbar für den Hinweis meines Freundes und Kollegen Michael Wrentschur aus Graz, dass es in Vancouver einen interessanten Menschen namens David Diamond gäbe, bei dem ich mein Wissen über Forumtheater vertiefen könnte. Zu dieser Zeit hatte ich Forumtheater-Workshops bereits bei Augusto Boal und anderen besucht und war fasziniert und äußerst angetan von dieser Art des Theaters, die sich wunderbar mit meinem Studium der Politikwissenschaft verbinden ließ. Ich danke an dieser Stelle vor allem meiner ersten Forumtheater-Lehrerin Lisa Kolb-Mzalouet, die Augusto Boal auch immer wieder nach Österreich eingeladen hat, und Andreas Keckeis, bei dem ich 1995 überhaupt zum ersten Mal den Begriff „Theater der Unterdrückten" hörte. Kurzentschlossen machte ich mich auf den Weg und nahm sowohl am Level-1- als auch am Level-2-Training von Headlines Theatre teil und lernte so das *Theatre for Living* kennen. Der Zugang, der philosophische und weltanschauliche Hintergrund und der Umgang mit den Methoden Forumtheater, Regenbogen der Wünsche und Polizisten im Kopf überzeugten und begeisterten mich nachhaltig, war ich doch mit meiner bisherigen Praxis des Forumtheaters immer wieder vor Fragen gestanden, für die ich nun Antworten fand. In der Suchtprävention, einem Aufgabengebiet, in dem ich heute noch arbeite, bereitete mir die Unterscheidung in Unterdrückte und Unterdrücker immer wieder Schwierigkeiten. Ich behalf mir mit einem Konstrukt und verwendete anstatt „Unterdrückung" als zentralem Begriff die Umschreibung „unter Druck", um mit Jugendlichen zu Situationen aus ihrem Alltag in Verbindung mit dem Thema „Sucht" zu arbeiten. Das *Theatre for Living* gab mir eine Sprache und ein Gedankengebäude, die sich viel geschmeidiger in meine sonstige Lebenswelt einfügten. Damit meine ich zum einen den banalen Umstand, dass ich mich einem Ansatz aus Vancouver des Jahres 2003 näher fühlte als den Ansätzen Augusto Boals aus den 70er-Jahren des 20. Jahrhunderts in Lateinamerika und zum anderen meine Überzeugung, dass die Zusammenhänge immer größer sind, als die Unterschiede. Erst kurz vor seinem Tod und in der tiefergehenden Auseinandersetzung mit Boals Werk erkannte ich für mich, dass im *Theater der Unterdrückten* die Öffnung in die Richtung, die David Diamond eingeschlagen hat, bereits angelegt ist. Vom *Theater der Unterdrückten* nehme ich mir die Richtung, aus der es kommt, vom *Theater zum Leben* die Richtung, in die es geht.

Die neugelernte Sprache musste ich für meine Arbeit ins Deutsche übersetzen. Aus dieser notwendigen Praxis entstand bald nach Erscheinen des Buches von David Diamond der Wunsch, das Buch und somit seinen Zugang zu und seinen Umgang mit Forumtheater, Regenbogen der Wünsche und Polizisten im Kopf ins Deutsche zu übertragen. An dieser Stelle möchte ich einige grundlegende Begriffe im Buch und meine Überlegungen bei der Übersetzung erläutern:

Theatre for Living: Die Übersetzung musste sowohl der Methode als auch dem Buchtitel gerecht werden. Bei „Theater zum Leben“ ist das Wort „Leben“ als nominal gebrauchtes Verb zu verstehen. In Analogie dazu stünde „Luft zum Atmen“. David nennt als Anwendungsbeispiel „Theatre, for living in healthy communities“ – Theater, um in gesunden Gemeinschaften zu leben. Ich habe also das „um zu“ in ein „zum“ umgewandelt. Ich übersetze aber nicht „Wir brauchen Theater, um zu leben!“, sondern „Wir brauchen Theater zum Leben!“ (Genauso wie wir die Luft zum Atmen brauchen.) Gleichzeitig sehe ich in dieser Formulierung auch den Appell für ein lebendiges Theater und lebendig bedeutet auch immer: Stoffwechsel – also den ständigen Austausch mit der Umgebung, Reproduktionsfähigkeit und Beweglichkeit – also die Fähigkeit sich anzupassen.

Living community: Die Community ist die Gemeinschaft und eine lebendige Gemeinschaft, wie sie David Diamond vor sich sieht, ist ein Gemeinwesen – ein lebendiges Wesen. Etymologisch kommt das Wesen aus dem Sein. Etwas, das nicht mehr ist, ist ge-wesen und ver-west.

Facilitator, to facilitate: Ein Workshop-Facilitator ist etwas anderes als ein Workshop-Leiter. Im Laufe des Buches wird klar, dass es im *Theater zum Leben* keinen Leiter geben kann. Jemand, der einen Prozess „facilitated“, ist ein Ermöglicher, ein Erleichterer. Ich habe für die Übersetzung den Begriff des

„BegLeiters“ aus einem Projekt mit Obdachlosen, das ich mit meiner sehr guten Freundin, Mentorin und Theater-Lehrerin Irmgard Bibermann durchgeführt habe, entliehen. Der BegLeiter/Die BegLeiterin ermöglicht Prozesse, erleichtert die Behandlung eines Themas, fördert die Gruppe (er kann sie auch fordern und wird dann zum Difficultator, wie Boal und Diamond die Rolle dann nennen), er trifft Entscheidungen, um die Gruppe auf ihrem Weg zu unterstützen.

Joker: Die Rolle des Jokers wird im Laufe des Buchs erläutert, er oder sie ist BegLeiter und Regisseur/in und vieles mehr. Der Joker ist eine Rolle und diese Rolle kann von Männern und Frauen gleichermaßen eingenommen werden.

Issues: Es geht im *Theater zum Leben* immer um „issues“. Manchmal ist es einfach ein „Thema“, manchmal sind es „Fragen“ und manchmal „Probleme“ oder „Schwierigkeiten“.

Struggle, to struggle: Menschen „strugglen“ mit den „issues“ oder mit anderen Menschen oder mit sich selbst. Je nach dem übersetze ich „struggle“ mit Kampf, Auseinandersetzung oder Schwierigkeit(en) und „to struggle“ entsprechend mit „kämpfen“ oder „ringen“.

Investigation, to investigate: Die „issues“ werden „investigatet“, es wird also recherchierte, nach Erkenntnissen gesucht, erkundet oder erforscht.

Sprache ist eine Form von Theater, je bildhafter desto theatraler. Deshalb habe ich die Formulierungen manchmal bewusst sehr bildhaft gewählt und liefere ab und zu eine zusätzliche Ergänzung, wenn mir das Bild besonders bedeutsam erscheint, um eine dahinterliegende Vorstellung(swelt) zu beschreiben. Wenn ich „to challenge“ mit „anzweifeln und auf die Probe stellen und anfechten“ übersetze, dann deshalb, weil „auf die Probe stellen und anfechten“ einen bildhaften Bezug zum Theater erlaubt und eine der vielen Bedeutungsebenen von „challenge“ zum Ausdruck bringt (von Herausforderung bis Kampfansage).

Einige wenige Begriffe habe ich nicht übersetzt. Dazu gehören:
Freeze: Dieser Begriff hat sich in der Theaterlandschaft eingebürgert und bezeichnet einen angehaltenen Moment, das eingefrorene Bild als kleinste theatrale Einheit.
Weiters alle Begriffe, die sich auf die ursprüngliche Bevölkerung Nordamerikas beziehen, wie zum Bespiel *Chief* oder *First Nation*. Die Entsprechungen im Deutschen (Häuptling oder Indianer/Eskimos) sind zu sehr mit negativen Konnotationen belastet, klischeebeladen und werden außerdem der Realität nicht gerecht.

David Diamond hat sich im Englischen dazu entschieden, ausgewogen einmal die grammatikalisch männliche und einmal die grammatikalisch weibliche Form zu wählen. Im Deutschen funktioniert das nicht. Ich habe mich dafür entschieden, immer wieder beide Formen (Zuschauer/innen oder Teilnehmer/innen) anzuführen, aber auch immer wieder darauf zu verzichten, wenn die Konstruktion zu kompliziert geworden wäre oder wenn ich in einem Abschnitt bereits deutlich gemacht habe, dass zum Beispiel Schauspieler und Schauspielerinnen gemeint sind.

Ich danke:
David Diamond für sein Vertrauen, seine Freundschaft, seine Geduld und seine Großzügigkeit.
Harald Hahn für seine freundschaftliche Vermittlung und die Herstellung des Kontaktes zum ibidem-Verlag und Jessica Haunschild für die ausgezeichnete Betreuung und ihre Geduld.
Wolfgang Dietrich und der gesamten Innsbrucker Peacestudies-Community dafür, dass sie so Vieles ermöglichen, zuletzt die Einladung David Diamonds nach Innsbruck im Sommer 2012. Josh danke ich dafür, dass ich bei ihm in Vancouver wohnen durfte.
Allen Mitarbeitern und Mitarbeiterinnen bei Headlines Theatre für ihr Entgegenkommen und die Unterstützung vom ersten Kontakt an.
Allen Teilnehmerinnen und Teilnehmern von Level 1 und Level 2 im Sommer 2003.

Allen Teilnehmerinnen und Teilnehmern in all meinen Kursen, Workshops und Projekten, die zu Teilgebern und Teilgeberinnen wurden.
Meinen Korrekturlesern Hermann Freudenschuss und Gerhard Brandhofer für ihren Freundschaftsdienst.
Meiner Frau Martina Natter für ihre Unterstützung, ihre Geduld, ihr kritisches und augenzwinkerndes Lesen und Verbessern im besten Sinn und ihre Liebe!

Meine Freunde und ich bereisten Grönland im Sommer 2004. 2005 sah ich die Produktion *Here and Now* (ਏਥੇ ਤੇ ਹੁਣ) in Vancouver. Über all die Jahre hielt der freundschaftliche Kontakt zu David, dem ich an dieser Stelle nochmals besonders danken möchte. Im Sommer 2012 verbrachten wir während dreier Wochen viel Zeit gemeinsam bei Workshops in Innsbruck, Wien und Graz und auf den Reisen sowie in den Pausen dazwischen. Ich danke ihm für diese Zeit und alles, was durch ihn in meinem Theater und in meinem Leben möglich wurde.

LUHMANN MEETS BOAL

Nach dem Tod Augusto Boals, dem Gründer des *Theaters der Unterdrückten* (TdU), wird in der internationalen TdU-Community diskutiert, wie sich denn das TdU in Zukunft ohne den charismatischen Mentor weiter entwickeln wird. Augusto Boal hat, wie viele andere Theateraktivisten in der Welt, auch David Diamond nachhaltig inspiriert, schöpferisch mit und für das Gemeinwesen tätig zu sein, um das Gemeinwesen in positivem Sinne zu verändern. Die Beschäftigung mit der Systemtheorie veranlasste Diamond, das TdU zu modifizieren, an die Gegebenheiten in Kanada anzupassen und sein Theater zum Leben zu entwickeln.

David Diamond verbindet die Systemtheorie Niklas Luhmanns und den system-ökologischen Ansatz von Fritjof Capra mit der Theorie des TdUs. Nach der Systemtheorie von Niklas Luhmann müssen Systeme in Bewegung bleiben oder sie gehen ein, auch das TdU darf nicht statisch sein, sondern sollte sich verändern dürfen. Eine Kontroverse löste David Diamond aus, als er mit seinem Ansatz auch die Unterdrücker in den Spielszenen in den Fokus nahm, und seitdem taucht immer wieder einmal die Frage auf, ob dies noch *Theater der Unterdrückten* im Sinne Augusto Boals ist. Der kanadische Theatermacher bricht aus der Dichotomie der klassischen Forumtheateraufführungen aus, wo es eine unterdrückte Spielfigur (Protagonist) und eine Unterdrücker-Spielfigur (Antagonist) auf der Bühne gibt und die Aufmerksamkeit dem Protagonisten gilt und in der Regel nicht der Antagonist ausgewechselt wird. Im *Theater zum Leben* ist dies erlaubt, weil David Diamond die Unterdrücker als Teil eines Gesamtsystems sieht. Dies bedeutet aber nicht, wie einige vielleicht meinen, den Verlust einer politischen Positionierung, im Gegenteil! Es geht ihm darum, einen Blick auf gesellschaftliche Strukturen zu richten, um Fragen stellen zu können, wie z.B.: Warum unterdrücken Menschen andere Menschen?

In komplexen Gesellschaften wird es zunehmend schwierig, Alltagskonflikte und Konflikte in einem Gemeinwesen eindimensional in Szene zu setzen. Zu Beginn meiner Tätigkeit als TdU-Theatermacher gab ich in Lüneburg einen Forumtheaterworkshop, in dem es um einen Beziehungskonflikt ging. Wir entwickelten eine Szene von einer Teilnehmerin, bei der im Zentrum ihr Konflikt mit ihrem Lebenspartner stand, der sich ihrer Ansicht nach zu wenig um das Kind kümmerte und ständig am Computer saß. Im Workshop war scheinbar alles klar und die Rollen verteilt: Hier der technikverliebte Mann und dort die mit dem Kind alleingelassene Frau. Bei der Aufführung wurde dann zum Glück diese stereotypisierende Szene von einem Mann im Publikum in Frage gestellt, indem er den Antagonisten, den Mann, in der Szene austauschen wollte. Der Mann im Publikum erzählte, er erkenne sich in der Szene wieder, aber in seiner Beziehung fühle *er* sich unterdrückt. Er habe vollstes Verständnis für den Mann in der Spielszene und dafür, dass er, nachdem er im Job gearbeitet hat, sich am Computer entspannen möchte. Es folgte im Publikum eine spannende Kontroverse, in der es um Geschlechtergerechtigkeit ging, aber auch um eine Arbeitswelt, die es sehr schwierig macht, Familie und Beruf zu vereinbaren. Bei den Aufführungen des Kieztheaters Kreuzberg durchbrachen wir ebenfalls das TdU-Dogma, das besagt, dass das Publikum nur die unterdrückte Figur austauschen kann, weil wir es unemanzipatorisch fanden, den Zuschauer/innen eine Vorschrift zu machen, wen sie austauschen dürfen und wen nicht. Das Publikum sollte entscheiden! Das vorliegende Buch gibt TdU-Praktiker/innen im deutschsprachigen Raum eine wichtige Anregung, über ihre Arbeit zu reflektieren, und es ist zugleich eine Einladung, Forumtheaterszenen nicht eindimensional zu inszenieren, Figuren nicht holzschnittartig nur gut und böse auf die Bühne zu bringen, sondern mit ihren Widersprüchen in Szene zu setzen. Und was für mich das Wichtigste ist: Das *Theater der Unterdrückten* sollte nicht als geschlossenes System gesehen werden, sondern als eine engagierte Theaterform, die Menschen unterschiedlich für Veränderung von Gesellschaft nutzen. Es ist eine Einladung zu experimentieren, so wie wir es z.B. auch mit dem Berliner Legislativen Theater tun, im Bewusstsein, dass es Augusto Boal in Brasilien anders gemacht hat. Das *Theater zum Leben* ist eine Bereicherung und es ist großartig, was David Diamond und seine Mitstreiter/innen in Kanada geleistet haben. Dankeschön!

Harald Hahn: Künstlerischer Leiter des Legislativen Theaters Berlin und Hrsg. der Berliner Schriften zum Theater der Unterdrückten.

Vorwort von Fritjof Capra

Während der letzten 25 Jahre ist in den vordersten Reihen der Wissenschaft eine neue Vorstellung vom Leben entstanden, die sich radikal von der mechanistischen Weltsicht eines Descartes und Newton unterscheidet, die unsere Kultur mehr als 300 Jahre lang dominiert hat. Das neue Weltbild, das neue Paradigma ist ganzheitlich und ökologisch. Anstatt das Universum als Maschine zu betrachten, die aus elementaren Bausteinen zusammengesetzt ist, haben Wissenschaftler/innen entdeckt, dass die stoffliche Welt letztendlich ein Geflecht aus untrennbar miteinander verbundenen Beziehungsmustern ist. Der Planet als Ganzes ist ein lebendiges, sich selbstregulierendes System. Die Sichtweise auf den menschlichen Körper als Maschine und auf den Geist als davon getrennte Instanz wird gerade ersetzt von einer Sicht, die nicht nur das Gehirn, sondern auch das Immunsystem, das Körpergewebe und selbst jede einzelne Zelle als lebendiges, denk-, lern- und erkenntnisfähiges System sieht. Die Evolution wird nicht länger als Konkurrenzkampf ums Dasein betrachtet, sondern vielmehr als ein gemeinschaftlicher Tanz, bei dem Kreativität und das ständige Auftauchen von Neuem die treibenden Kräfte sind.

Mit diesem Wandel des Weltbildes ging ein fundamentaler Wandel bei den Metaphern einher, die wir verwenden, um unser Verständnis von der Welt zum Ausdruck zu bringen. Für Descartes und Newton funktionierte das Universum wie eine Uhr, die Uhr wurde zur zentralen Metapher für das mechanistische Paradigma. Bei der neuen ökologischen Sichtweise ist im Gegensatz dazu das Netzwerk[11] die zentrale Metapher.

In der Wissenschaft setzte die Netzwerkperspektive in den 1920er-Jahren im Bereich der Ökologie ein, als ökologische Gemeinschaften als ein Verbund von Organismen gesehen wurden, die miteinander durch ein Nahrungsnetz, das heißt durch ein Netzwerk von Beziehungen des Fressens und Gefressenwerdens, zusammenhängen. In der Folge fingen Wissenschaftler an, Netzwerk-

[11] Für „network“ hat sich die Übersetzung „Netzwerk“ durchgesetzt, obwohl „Netz“ oder „Geflecht“ passender gewesen wären. „Railway network“ ist zum Beispiel das „Schienennetz“, ein „social network“ ist ein „soziales Netz“ und ein „neuronal network“ ist ein „neuronales Netz“. (Anm. d. Ü.)

modelle auf allen Ebenen lebendiger Systeme zu verwenden, Organismen als Netzwerke von Zellen und Zellen als Netzwerke von Molekülen zu sehen, so wie Ökosysteme als Netzwerke von individuellen Organismen verstanden wurden. Allmählich wurde offensichtlich, dass Netzwerke ein allgemeines Muster darstellen, das allem Lebendigen gemeinsam ist.

Im sozialen Bereich kann das Leben auch im Sinne von Netzwerken verstanden werden, nur haben wir es dabei nicht mit chemischen oder biologischen Prozessen zu tun. Lebendige Netzwerke in der menschlichen Gesellschaft sind Kommunikationsnetzwerke. Sie beinhalten Sprache, Kultur und das Erleben von Gemeinschaft.

In meiner eigenen Arbeit habe ich die Konzepte und Ideen, die vor kurzem in der Komplexitätstheorie[12] und in der Theorie lebendiger Systeme entwickelt wurden, verwendet, um eine Synthese der neuen wissenschaftlichen Vorstellung vom Leben zu bilden. Ich habe diese „systemische Sicht auf das Leben" auch in verschiedenen Praxisfeldern angewandt, Bildung und Organisationsmanagement miteingeschlossen. Als ich David Diamond begegnete, war ich erstaunt zu entdecken, dass unsere Herangehensweisen in Bezug auf lebendige Systeme, Netzwerke und Gemeinschaften sehr viel gemeinsam haben, obwohl unsere Methoden, unsere Sprache und unsere Praxis ziemlich unterschiedlich sind.

David Diamond arbeitet seit mehr als 30 Jahren im Theaterbereich, erst als professioneller Schauspieler und dann als künstlerischer Leiter seines eigenen Theaters, Headlines Theatre. Mit diesem Theater hat er eine spezielle Form des politischen Theaters, das *Theater zum Leben*, entwickelt, das stark vom revolutionären Werk zweier Brasilianer beeinflusst ist: Paulo Freires *Pädagogik der Unterdrückten* und Augusto Boals *Theater der Unterdrückten*.

Die einmalige Besonderheit von David Diamonds Theater ist, dass es anstatt Theater *für* Gemeinschaften zu machen, Theater *mit* Gemeinschaften macht. In Hunderten von Projekten und Workshops hat Headlines Theatre das Theater als Mittel verwendet, politisch etwas zu verändern, indem die Gemeinschaften

[12] Nicht zu verwechseln mit der Komplexitätstheorie in der Informatik. Hier eher im Sinne von Systemtheorie. (Anm. d. Ü.)

darin bestärkt und dazu befähigt wurden, die Sprache des Theaters (Worte, Gesten, Bewegungen, Tanz) zu verwenden, um ihre Geschichten zu erzählen, um neue Kommunikationswege zu eröffnen und sich schwierigen Problemen zu stellen, wie etwa Rassismus, Genderrollenstereotype, Sucht oder Gewalt.

Im vorliegenden Buch liefert uns David Diamond eine ausführliche und lebendige Schilderung seines *Theaters zum Leben*. Dadurch, dass der Autor „die Wissenschaft mit dem Theater verwebt", zeigt er viele faszinierende Verbindungen zu einer neuen systemischen Vorstellung von Leben auf.

Gemäß diesem neuen Verständnis von Leben ist die Schlüsseleigenschaft eines lebendigen Netzwerks dessen Fähigkeit zur Selbsterneuerung. In einem sozialen Netzwerk erzeugt jede Form der Kommunikation Gedanken und Bedeutung, was weitere Kommunikation hervorruft, und somit generiert und regeneriert sich das gesamte Netzwerk selbst. Weil die Kommunikation nie aufhört, bildet sie vielfache Rückkopplungsschleifen, die womöglich ein gemeinsames Glaubens-, Erklärungs- und Wertesystem erzeugen – einen gemeinsamen Bedeutungskontext, bekannt als „Kultur", der laufend durch weitere Kommunikation aufrecht erhalten wird.

Organisationstheoretiker und Berater, die mit diesem systemischen Konzept arbeiten, haben erkannt, dass die Lebendigkeit einer menschlichen Organisationsform oder Gemeinschaft, ihre Flexibilität, ihr kreatives Potenzial und ihre Lernfähigkeit in ihren informellen, fließenden und sich ständig ändernden Kommunikationsnetzwerken liegt. Diese Erkenntnis steht auch im Mittelpunkt von David Diamonds *Theater zum Leben*. In diesem Buch zeigt er uns am Beispiel zahlreicher Spiele und anhand der Praxis in seinen Workshops, wie Gemeinschaften ihre Verbundenheit untereinander besser erfahren können, wie sie absichtlich Rückkopplungsschleifen erzeugen und wie sie eine symbolische Sprache verwenden können, um sich auf neue Art und Weise auszudrücken.

Durch das praktische Tun, so erklärt er, entsteht ein tieferes Verständnis für die Dynamiken in der Gemeinschaft und es führt zu Veränderungen in den Beziehungen und im Verhalten. Letztendlich werden die Gemeinschaften darin ge- und bestärkt, politische Änderungen herbeizuführen. Der Autor betont, dass ein *Theater zum Leben*-Workshop ein Theaterworkshop ist und keine

Gruppentherapiesitzung. Wie auch immer, „so wie jedes gute Theater kann es oft einen therapeutischen Wert haben und hat diesen auch."

In der Workshop-Praxis wird ein spezielles Augenmerk auf nonverbale Kommunikation gelegt – Gesten, Synchronisation (oder das „Mitgenommensein") durch rhythmische Bewegungen und „Blindübungen", bei denen Verbundenheit und Nähe zwischen den Teilnehmern über Berührungen und über subtilere Signale gespürt wird. All diese Interaktionen verlaufen niemals linear, infolgedessen sind die Ergebnisse auch nicht vorhersehbar. Die Rolle des Regisseurs ist es demnach nicht, strategische Anweisungen zu geben, sondern eine Atmosphäre zu schaffen, in der bedeutsame Veränderungen aller Voraussicht nach eintreten können.

David Diamond ist sich der unkonventionellen Rolle des künstlerischen Leiters seines gemeinwesen-basierten Theaters vollkommen bewusst. Er bezeichnet sich demnach auch selbst nicht als Leiter oder Regisseur, sondern er folgt der Diktion Augusto Boals und verwendet den Begriff „Joker", um seine Stellung im Theater zu beschreiben. Ich finde diesen Begriff sehr evokativ und inspirierend. Er ist eine Reminiszenz an den mittelalterlichen Hofnarren, der die Erlaubnis hatte, die herrschende Klasse zu verspotten und unangenehme Wahrheiten auf spielerische und unterhaltsame Weise anzubringen. Der Joker oder Narr verkörpert die kreative Kraft und er wurde oft als Jongleur dargestellt, der geschickt mit den verschiedensten Elementen spielt.

Viele dieser Qualitäten sind im Joker im *Theater zum Leben* angelegt. Wie David Diamond erklärt, kommt ein *Theater zum Leben*-Projekt zustande, weil eine Gemeinschaft sich mit bestimmten Themen beschäftigen will und deshalb einen Joker in die Gemeinschaft eingeladen hat. Seine Rolle besteht oft darin, Störungen zu verursachen, indem er Menschen eine Stimme verleiht, die normalerweise nicht gehört werden, oder indem er es Einzelnen ermöglicht, Widerspruch zu äußern. Diese Störungen setzen dann eine Dynamik in Gang, die zu Veränderungen führt. Die Rolle des Jokers, wie sie bei Boal und Diamond verstanden wird, entspricht den kürzlich gemachten Entdeckungen der Wissenschaft, dass lebendige Systeme auf Störungen auf ihre jeweils eigene, selbstorganisierende Weise reagieren. Man kann bei einem lebendigen

System niemals Regie führen, man kann es nur stören.

Ein weiterer wichtiger Fortschritt im wissenschaftlichen Verständnis von Leben ist die Erkenntnis gewesen, dass allen lebendigen Systemen Kreativität innewohnt. Obwohl sie im Allgemeinen in einem stabilen Zustand verweilen, kommen solche Systeme dann und wann an einen Punkt der Instabilität, an dem es entweder zum Zusammenbruch kommt oder, häufiger sogar, zu einer spontanen Emergenz von neuen Formen der Ordnung. Dieses spontane Auftreten von Ordnung an Punkten kritischer Instabilität, die oft einfach als „Emergenz" bezeichnet wird, ist eines der Kennzeichen von Leben. Es wurde als der dynamische Ursprung von Entwicklung, Lernen und Evolution erkannt. In anderen Worten: Kreativität, das Hervorbringen neuer Formen, ist eine Schlüsseleigenschaft aller lebendigen Systeme.

Eine eingehendere Theorie der Emergenz zeigt, dass die Instabilitäten und die darauf folgenden Sprünge hin zu neuen Formen der Organisation das Ergebnis von durch Rückkopplungsschleifen verstärkten Schwankungen sind. Das System begegnet einer kleinen Störung, die dann in zahlreichen Rückkopplungsschleifen zirkuliert und so lange verstärkt wird, bis das System als Ganzes instabil wird. An diesem Punkt kommt es entweder zum Zusammenbruch oder zu einem Durchbruch zu einer neuen Form der Ordnung.

In einer menschlichen Gemeinschaft ist das auslösende Ereignis für einen Emergenzprozess vielleicht eine flapsige Bemerkung, die für die Person, die sie gemacht hat, scheinbar nicht von Bedeutung war, sehr wohl aber für einige andere Mitglieder dieser Gemeinschaft. Weil es bedeutungsvoll für sie ist, beschließen sie, sich gestört zu fühlen und die Aussage zu verstärken. Dadurch, dass diese Aussage dann durch verschiedene Rückkopplungsschleifen im Netzwerk der Gemeinschaft zirkuliert, wird sie wahrscheinlich verstärkt und auf ein derartiges Ausmaß vergrößert, dass sie von der Gemeinschaft im momentanen Zustand nicht mehr absorbiert werden kann. Wenn das geschieht, dann ist ein Punkt der Instabilität erreicht worden. Das Ergebnis ist ein Zustand von Chaos, Konfusion, Unsicherheit und Zweifel und aus diesem chaotischen Zustand heraus taucht eine neue Form der Ordnung, angeordnet rund um eine neue Bedeutung, auf. Diese neue Ordnung wurde nicht von einem einzelnen Individuum entworfen, sie entstand als Resultat der kollektiven Kreativität der Gemeinschaft.

Im *Theater zum Leben* nach David Diamond scheint es die vorrangige Aufgabe des Jokers zu sein, diese kollektive Kreativität zu wecken, indem Rahmenbedingungen geschaffen werden, unter denen die Emergenz von Neuem aller Voraussicht nach auftreten kann. Das bedeutet zuerst einmal den Aufbau und die Förderung aktiver Kommunikationsnetzwerke. David Diamond formuliert es so: „Praxis, im Sinne der absichtlichen Erzeugung von Rückkopplungsschleifen, ist ein wesentlicher Teil des Gruppenprozesses."

Der Emergenzprozess verlangt auch danach, dass die Gemeinschaft nach außen hin für Einflüsse, die für Störungen sorgen, offen ist. Deshalb braucht es, um Emergenz zu ermöglichen, die Schaffung dieser Offenheit. „Wir machen Theater, das ein Ausdruck der erweiterten Gemeinschaft ist", erklärt der Autor. „Wir müssen dem Wissen im Raum vertrauen und auch darauf, dass es in Verbindung steht mit dem Wissen der erweiterten Gemeinschaft außerhalb der physischen Grenzen des Workshopraums oder dass es ein impliziter Teil von ihr ist."

Und zu guter Letzt ist es eine entscheidende Aufgabe des Jokers, eine Atmosphäre des Vertrauens und der gegenseitigen Unterstützung zu schaffen, um der Gemeinschaft zu helfen, durch die Gefühle von Unsicherheit, Angst, Verwirrung und Selbstzweifeln, die immer einer Emergenz von Neuem vorausgehen, hindurchzugehen. Die Themen, die in *Theater zum Leben*-Workshops angegangen werden, sind emotional höchst aufgeladen, und die lebendige Schilderung der Geschichten in diesem Buch macht deutlich, dass der Autor sich der entscheidenden Bedeutung der emotionalen Dimension seiner Arbeit vollkommen bewusst ist.

Das ganze Buch hindurch betont David Diamond, dass es beim *Theater zum Leben* um Stärkung geht, darum, die Sprache des Theaters zu nutzen, um Gemeinschaften zu helfen, zu mehr Verbundenheit innerhalb der Gemeinschaft zu kommen und dadurch lebendiger, kreativer und besser in der Lage zu sein, bedeutsame Veränderungen herbeizuführen. Das ist heutzutage für alle menschlichen Gemeinschaften und Organisationsformen von größter Wichtigkeit. Weil das globale Wirtschaftssystem zu einem immer größeren sozialen Ungleichgewicht führt, die Umweltzerstörung beschleunigt und lokale Gemeinschaften rund um den Globus bedroht, wurde es zu einer entscheidenden Aufgabe, menschlichen Organisationsformen Leben einzuhauchen, um ihre Integrität, Kreativität und ihr Potenzial für Veränderung zu stärken. Hierfür kann dieses Buch eine Inspiration für alle sein, die sich über die Zukunft der Menschheit Sorgen machen, sowohl innerhalb als auch außerhalb des Theaters.

Prolog

Wir wissen inzwischen, dass es uns krank macht, wenn wir als Individuen unsere Eindrücke und unsere persönlichen Geschichten nur „hinunterschlucken" und ihnen keinen Ausdruck verleihen. Der Stress, den unverarbeitete Eindrücke erzeugen, manifestiert sich in Erkrankungen. Der menschliche Körper ist schließlich ein nach Ausgewogenheit strebendes System.

Ich gehe von folgender Annahme aus: So wie unser Körper aus Zellen besteht, die einen lebendigen Organismus ausmachen, besteht eine Gemeinschaft aus Individuen, die ebenso einen Organismus bilden, den ich als lebendiges Gemeinwesen bezeichne.[13] Gemeinwesen sind lebendig und müssen sich ebenso wie Einzelwesen ausdrücken. Wenn sie es nicht tun, erkranken sie ebenso wie Einzelwesen. Die Beweise dafür sind überall zu finden. Im Zuge der zunehmenden Konsumorientierung des kulturellen Lebens wurden Erkrankungen der Gemeinwesen immer ausgeprägter.

Der Grund dafür liegt darin, dass Gemeinwesen in individualisierte Konsumenten aufgespalten wurden und dass sie damit die Fähigkeit, ihre kollektiven Geschichten zu erzählen, verloren haben.

Theater diente ursprünglich, wie alle anderen Formen kulturellen Ausdrucks auch, gewöhnlichen Menschen dazu, zu singen, zu tanzen und Geschichten zu erzählen. Auf diese Art und Weise hat ein Gemeinwesen sich seiner Siege, Niederlagen, Freuden und Ängste erinnert und diese zelebriert. Als sich das kartesianische oder mechanistische Weltbild etablierte und als sich später die Kolonialisierung über die Erde ausbreitete und mit den Mechanismen des Kapitalismus zusammenfiel, entwickelte sich auch die ursprüngliche Tätigkeit des Geschichtenerzählens zunehmend mechanistischer. Kulturelles Schaffen wurde, wie viele andere Dinge auch, zu einer Ware. Es verwandelte sich von etwas, das Menschen selbstverständlich „als Gemeinwesen" ausübten, in ein hergestelltes Konsumprodukt. Heutzutage kauft eine große Mehrheit der Menschen Theater, sie kauft Tanz, kauft Malerei, kauft Literatur, kauft Filme. Die

---

13 Im Deutschen findet sich dieses Bild etwa im Wort „Lehrkörper", der bekanntlich aus einzelnen Lehrerinnen und Lehrern besteht. (Anm. d. Ü.)

Liste ließe sich endlos fortsetzen. Wir bezahlen Fremde, damit sie uns Geschichten über Fremde erzählen. Aber wann gebrauchen wir die symbolische Sprache des Theaters, des Tanzes und all der anderen Ausdrucksformen, um unsere eigenen Geschichten über unser kollektives Selbst zu erzählen?

Was ist nun das Ergebnis der Unfähigkeit von Gemeinwesen, ihre ursprüngliche Sprache zu verwenden, um damit ihre eigenen Geschichten zu erzählen? Entfremdung, Gewalt, selbstzerstörerisches Verhalten auf allen Ebenen. Gemeinwesen sind abgestumpft, erstarrt durch die ständige Abspeisung mit vorgefertigter Kultur.

Zwischen 1987 und 1990 verbrachte ich viel Zeit in Kispiox, einer Gitx̲san-Gemeinde im Nordwesten von British Columbia, um an einem Projekt mit dem Titel *NO`XYA`* (*Our Footprints, Unsere Fußspuren*)[14] zu arbeiten. Etwas, das mir dort klar wurde, ist die Tatsache dass Kultur an die landschaftlichen Gegebenheiten gebunden ist. Die Gitx̲san leben an diesem Ort, dem Kispioxtal am Kispioxfluss, seit ungefähr 10.000 Jahren. Sie haben Lieder, Tänze und Rituale, die in der Landschaft dieser Gegend verwurzelt sind. Meine Großeltern (mütterlicher- und väterlicherseits) sind als junge Erwachsene aus Russland nach Kanada gekommen und sie brachten die Theatralität ihrer Lieder, Tänze und Rituale mit. Durch die Neuansiedelung auf der anderen Seite des Globus wurde die Verbundenheit mit ihrer geographischen Heimat durchtrennt. Meine Großeltern wurden in Winnipeg erwachsen, heirateten und bekamen Kinder, die dort aufwuchsen, heirateten und Kinder bekamen. Ich bin das Resultat dieser Geschichte. Ich lebe nun circa 2.500 Kilometer von meinem Geburtsort entfernt und habe Vancouver zu meiner Heimat gemacht.

---

[14] Autoren: David Diamond with Hal B. Blackwater, Marie Wilson and Lois Shannon. Besetzung: Sylvia-Anne George, Hal B. Blackwater, Sherri-Lee Guilbert and Ed Astley. Regie: David Diamond. Co-Produzent: Maasgaak (Don Ryan). Organisation: Doug Cleverley, Honey Maser. Technik/Inspizienz: Paul Williams, Marian Brandt. Berater: Gitx̲san Chief Baasxya lax̲ha (Bill Blackwater Sr.) und Wet'suwet'en Chief Gisdaywa (Alfred Joseph). Grafik (Plakat): Maas Likinisxw (Ken N. Mowatt); Sound-Design: Skanu'u (Ardythe Wilson), Ray Cournoyer; Bühne: Vernon Stephens; Requisiten und Maske: Gitx̲san Chief Wii Muk'wilsxw (Art Wilson), Gitx̲san Chief Wii' Elaast (Jim Angus), Gitx̲san Chief Sekwan (Silena Jack), Gitx̲san Chief Iswoox̲ (Lorraine Morgan), 'Alluksa'xw (Cheryl Stevens), Gitx̲san Chief Niiyees Haluubist (Rita Williams); Zeichnungen: Don Monet. Für eine ausführliche Beschreibung des Projekts siehe *Dancers of the Mist* (*Tänzer des Nebels*) im Kapitel *Fallstudien*.

Es besteht ein relevanter Unterschied zwischen meiner einundreißigjährigen Geschichte als Anrainer der Straight of Georgia verglichen mit der 10.000-jährigen Ahnenreihe meiner Freunde bei den Gitxsan. Ich bin – und als Nordamerikaner ist das sehr wahrscheinlich – Teil einer Kultur, wie sie die Welt bislang nicht gekannt hat, einer sehr mobilen, im Grunde entwurzelten Kultur.

Ich sage nicht, dass deshalb kein lokales Geschichtenerzählen mehr vorkommt. Es ist unmöglich, so etwas gänzlich zu unterbinden. Es geschieht in kleinen Zusammenkünften von Familien rund um den Esstisch überall auf der Welt. Es geschieht bei den Gitxsan im Festsaal und bei vielen, allerdings nicht mehr allen, ursprünglichen Völkern, die überlebt haben. Ich habe es in einer Bar in St. John's auf Neufundland beobachtet, wo ein Großteil der Gäste spontan ein Lied über Neufundland anstimmte. Es machte mich betroffen zu erkennen, dass so etwas in meiner eigenen Gemeinde in Vancouver – öffentlich – niemals vorkommen würde.

Der Physiker Fritjof Capra beginnt sein Buch *Verborgene Zusammenhänge*[15] mit einem Zitat des ehemaligen tschechischen Präsidenten Václav Havel, der auf der Konferenz „Forum 2000"[16] am 15. Oktober 2000 in Prag sagte:

> *„Bildung ist die Fähigkeit, die verborgenen Zusammenhänge zwischen Phänomenen zu erkennen."*

Ich habe mit vorliegendem Buch versucht, scheinbar unzusammenhängende Welten zusammenzubringen und diese Zusammenhänge an konkreten, speziellen Theaterprojekten verständlich und (be)greifbar zu machen. Ich bin ein Künstler des Theaters, aber ich möchte mit René Descartes beginnen.

---

[15] Fritjof Capra: *The Hidden Connections: A Science for Sustainable Living*, Doubleday, New York, 2002. dt. *Verborgene Zusammenhänge. Vernetzt denken und handeln in Wirtschaft, Politik, Wissenschaft und Gesellschaft*, Scherz-Verlag, Bern 2002

[16] Die erste Konferenz „Forum 2000" wurde auf Initiative von Präsident Václav Havel und Friedensnobelpreisträger Elie Wiesel auf der Prager Burg im September 1997 abgehalten. Prominente Vertreter der Weltreligionen, international bekannte Politiker, Wissenschaftler/innen, Autoren und Künstler/innen (unter ihnen Fritjof Capra) kamen 1997 und in den darauffolgenden Jahren zusammen, um Themen der Welt zu diskutieren. Weitere Information unter: http://www.forum2000.cz

Im 17. Jahrhundert begann René Descartes, der als der Vater der modernen Philosophie gilt, die systematische Erforschung der Natur. Er wollte nicht in die Fußstapfen seines Vorläufers Galileo treten, und um einer drohenden Hinrichtung wegen Gotteslästerung zu entgehen, begründete Descartes seine Sicht der Natur auf der fundamentalen Trennung zwischen zwei Bereichen: Geist und Materie, Seele und Körper. Zu Beginn des 18. Jahrhunderts verfeinerten und verfestigten Sir Isaac Newton und andere das Werk Descartes. In der Folge entwickelte sich im europäischen Gedankengut langsam ein alles durchdringendes, mechanistisches Modell des Universums. Man stellte sich das Universum als Maschine vor, man stellte sich den menschlichen Körper als Maschine vor. Die Natur und das gesamte Ökosystem der Erde stellte man sich als Maschine vor. Das Sonnensystem arbeitete wie ein Uhrwerk, genauso wie der Kern der Materie (Moleküle, Atome, Elektronen). Obwohl dieses mechanistische Weltbild seinen Ursprung in Europa hatte, verbreitete es sich durch den Kolonialismus über den gesamten Globus. Diese Vorstellung bezog sich bald auf die (Kern)Familie ebenso wie auf die Gesellschaft und, in der von Privatisierung gekennzeichneten Welt von heute, auf Regierungen. Konnte sich die Kultur dieser Maschinisierung entziehen? Sie konnte es natürlich nicht.

Das mechanistische Modell, die künstliche Trennung von Geist (Psyche) und Materie (Physis), hatte viele negative Folgen für die Welt. Was hat die gänzliche Rodung ganzer Berghänge ermöglicht? Die Vorstellung der Erde als Maschine, wo die Bäume nicht mit dem Fluss am Fuße des Berges verbunden sind, oder mit den Fischen im Fluss. Was hat es ermöglicht, Menschen, die in Armut leben, ins gesellschaftliche Abseits zu stellen oder zu kriminalisieren? Die Vorstellung, dass die Gesellschaft eine Maschine sei, bestehend aus unzusammenhängenden Individuen, wo jemand, der vor Hunger in einem scheinbar weit entfernten Teil der Welt stirbt oder an der Straßenecke um Kleingeld bettelt, nichts mit dir oder mir zu tun habe.

Dieses mechanistische Modell ermöglichte noch ein weiteres künstliches Konstrukt: die Trennung in Unterdrücker und Unterdrückte.

Wir leben allerdings in einer bemerkenswerten und herausfordernden Zeit. Im 21. Jahrhundert schließt sich der Kreis langsam und die Wissenschaft nähert sich wieder dem an, was als Mystik bezeichnet wird. Viele Disziplinen, wie etwa die Physik, die Mathematik, die Biologie, die Soziologie, die Philosophie, die Psychologie, die Ökologie und die Ökonomie, sogar die Betriebswissenschaft, berücksichtigen systemische Theorien in ihren Beurteilungen, wie alle Aspekten des Lebens und die gesamte Welt miteinander in Zusammenhang stehen. Die Systemtheorie verlässt den kartesianischen Standpunkt, wonach Geist und Materie voneinander getrennt wären und erkennt stattdessen, dass sie komplementäre, sich ergänzende Aspekte des Phänomens „Leben" sind. Kann sich die Kultur der Aufhebung dieser Trennung entziehen? Sie kann es nicht.

Ich behaupte nicht, dass dieses Buch ein akademisch kohärentes Verständnis oder klares Konzept an systemischer Theorie liefert. Die Systemtheorie hilft mir in gewissem Sinn, auf klare und überzeugende Weise zu erklären, was sich über viele Jahre hinweg in theatralen Prozessen in der Arbeit mit Gemeinwesen auf organische Weise abgespielt hat und was ich dabei beobachtet habe.

Dieses Buch handelt von Zusammenhängen, von den Zusammenhängen zwischen Theater und Systemtheorie. Meine Intention ist es, von jeher bestehende Zusammenhänge zwischen zwei scheinbar getrennten Welten sichtbar zu machen, indem ich Wissenschaft und Theater anhand von Fallstudien und praktischen Beispielen miteinander verbinde. Dadurch verstehe ich vielleicht die Entwicklung meiner eigenen Arbeit besser und kann im Verlauf des Buches eine Diskussion über die zentrale Rolle des Geschichtenerzählens und der Kunst für die Entstehung von und das Leben in gesunden Gemeinschaften in Gang setzen.

Dieses Buch handelt aber auch von meiner eigenen Entwicklung von einem Schauspieler im konventionellen Theater über die Begegnung mit dem brasilianischen Pädagogen Paulo Freire hin zu einem politisch sensibilisierten Künstler. Dann wurde ich ein passionierter Anwender des *Theaters der Unterdrückten* des Brasilianers Augusto Boal und entwickelte diese Arbeit weiter, bis sie zu dem wurde, was ich jetzt *Theatre for Living* nenne. Es handelt davon, wie Gesellschaften als lebendige, sich ihrer Sache bewusste Organismen ihre Aufgaben erfüllen und wie wir das Theater, diese symbolische und ursprüngliche Sprache, als Bühne für das Gemeinwesen nutzen können, um dessen Geschichten zu erzählen.

Wie die in diesem Buch geschilderten Konzepte tatsächlich funktionieren, lässt sich am besten anhand eingehender Fallstudien konkreter Projekte vermitteln. Jedes Mal, wenn ich mit einer Gruppe arbeite, fasse ich den Workshop oder die Probe täglich für mich schriftlich zusammen. Das Schreiben hilft mir, einen Rückblick auf die Ereignisse des Tages zu werfen, was mir wiederum hilft, den nächsten Tag zu planen. Wenn ich vorhabe, eine Zusammenfassung über einen *Theater zum Leben*-Workshop zu veröffentlichen, dann lasse ich den Bericht immer zuerst von den Organisatoren und/oder Teilnehmern absegnen. Wenn es sich dabei um kein Großprojekt handelt, das womöglich im Fernsehen oder im Livestream zu sehen war, dann anonymisiere ich die Berichte auch und ändere die Namen der erwähnten Teilnehmer/innen. Im Laufe des Buches finden sich immer wieder Auszüge aus solchen Berichten und gegen Ende hin gibt es vollständige Fallstudien nachzulesen.

Die letzten Seiten des Buches gehören der eingehenden Beschreibung von Übungen und Spielen, die ich am häufigsten in der Arbeit mit Gemeinwesen einsetze. Obwohl viele dieser Übungen und Spiele in anderen Theaterbüchern beschrieben sind, habe ich es als notwendig erachtet, sie hier anzuführen, weil sie in Bezug auf meine Arbeit eine eigene Richtung eingeschlagen haben. Sie sind jeweils so gestaltet, dass sie innerhalb eines allgemeineren Erkenntnisprozesses (Epoché)[17] Möglichkeiten eines ganzheitlichen Lernens eröffnen, ein Gruppenbewusstsein schaffen und Gruppenbildung[18] fördern.

---

[17] Epoché: griechisch „Zurückhaltung", „anhalten, zurückhalten" bezeichnet in der Philosophie der antiken Skepsis eine Enthaltung im Urteil, die sich aus der Einsicht in die Ungewissheit allen Wissens herleitet. Das bedeutet, dass sich Erkenntnisse urteils- und wertfrei erschließen und für das Theater, dass die Beobachtung ohne Bewertung auskommt. (Anm. d. Ü.)

[18] Gruppenbildung darf in diesem Zusammenhang durchaus als Möglichkeit zur Bildung im Sinne eines Wissenserwerbs, eines Erkenntnisgewinns durch die Gruppe verstanden werden. Angeregt durch die Arbeit mit David Diamond ging ich dazu über, Teilnehmer/innen an Prozessen vor allem auch als Teilgeber/innen zu verstehen. (Anm. d. Ü.)

Manch einer mag vielleicht die Entwicklung des *Theaters zum Leben* und die Bemerkung, dass die Unterscheidung in Unterdrücker und Unterdrückte künstlich konstruiert sei, in Gegnerschaft zum Werk Augusto Boals und des *Theaters der Unterdrückten* sehen. Aber nichts läge ferner und genau das Gegenteil ist wahr. Boal hat meine Arbeit mehr beeinflusst als jeder andere, der in diesem Buch erwähnt ist. Das *Theater zum Leben* ist aus dem *Theater der Unterdrückten* heraus gewachsen, genauso wie Boals Schaffen sich aus der Arbeit von Künstlerinnen und Künstlern, die sich ihrer sozialen Verantwortung bewusst waren, vor ihm entwickelt hat.

Der Name *Theatre for Living* beschreibt meine gesamte Theaterarbeit in Gemeinwesen, inklusive der 6-tägigen *Power Plays* (*Spiel der Kräfte*),[19] die in eine Aufführung münden, auf die ich später noch zu sprechen kommen werde. Der Name fiel mir eines Tages während einer Tai-Chi-Übung ein. Er stieg aus diesem mysteriösen, unbewussten Bereich auf, wo die Erkenntnis wohnt. Nach den Begegnungen mit Freire und Boal und nachdem ich zehn Jahre das getan hatte, was ich als Boals Werk erachtete, ist mir plötzlich klar geworden, dass ich in Kanada lebe und nicht in Brasilien, dass sich meine Arbeit mit der Zeit in eine andere Richtung entwickelt hat. Das Verhältnis zwischen Unterdrückern und Unterdrückten stand nicht mehr im Zentrum – wie und warum werde ich noch erklären – sondern es ging um die Erforschung von Möglichkeiten, die uns helfen sollten, auf gesündere Art und Weise zusammen zu leben. Theater, um in einer gesunden Gesellschaft zu leben (Theatre, for living in healthy communities) ... *Theatre for Living.*

Seit 2003, als ich damit begonnen habe, an diesem Buch zu schreiben, und auch jetzt, 2007, kurz vor der Veröffentlichung, gibt es eine steigende Sehnsucht nach wahrhaftigen Geschichten. Die Entstehung von Kulturinitiativen in Gemeinden und unterschiedlichen Gemeinschaften und verschiedene Formen der Arbeit von Künstlern in gemeinnützigen Bereichen und gesellschaftlichen Kontexten sind ein Zeichen dafür. Manchmal sind es nur kleine aber sehr wichtige Schritte in diese Richtung. Zumindest 90 Prozent meiner Arbeit ist an die

---

[19] Zu berücksichtigen ist hier nicht nur die Zweideutigkeit von „Play“ als Spiel und Schauspiel, sondern auch die Vieldeutigkeit von „Power“: Kraft, Energie, Macht und als Pluralwort: (politische) Rechte, Berechtigungen und Fähigkeiten. (Anm. d. Ü.)

Einladung einer Gemeinschaft geknüpft, mit dem Ziel, mit deren Mitgliedern themenorientierte Theaterarbeit zu machen, die sich mit Inhalten beschäftigt, bei denen das Gemeinwesen damit ringt, etwas zu verstehen oder zu klären.

Seit 1992 wurde es mehr und mehr Teil dieser Einladungen, Wege zu finden, ein Theater zu entwickeln, welches das Gemeinwesen nicht in „Gute" und „Böse" polarisiert, sondern vielmehr anerkennt und würdigt, dass es sich bei dieser Gemeinschaft um einen ganzheitlichen, vielleicht aus dem Gleichgewicht geratenen Organismus handelt, der darum ringt, schwierige Sachverhalte zu klären oder Probleme zu bewältigen.

Meine Hoffnung besteht darin, dass dieses Buch auf einer Vorstellungsebene wirkt, dass jede Idee, jede Geschichte sich mitten unter anderen Ideen und Geschichten befindet und diese zusammen ein Bild für die Leser/innen ergeben.

Es wurde mir nahe gelegt, klar zu formulieren, was die Leser/innen gemäß meinen Wünschen aus der Lektüre dieses Buches mitnehmen sollen. Nicht nur, dass ich außer Stande bin, das zu tun, glaube ich zudem, dass allein der Versuch vermessen wäre. Alles was ich sagen könnte, wäre nur für einen kleinen Teil der Leserschaft relevant und irrelevant für den Rest. Meine Vorstellung von dem, was dieses Buch vermitteln kann, wäre nicht nur eine Vermutung und unerheblich, sondern sie würde auch Ideen, Fragen und Erkenntnisse, die ich mir gar nicht vorstellen kann, verhindern. So mächtig kann eine Vorstellung sein.

Zeigen und drehen (point and turn)[20]

> „Es gibt keine neutralen Bildungsprozesse. Bildung funktioniert entweder als Instrument, das dazu verwendet wird, um die jüngere Generation in die Logik des herrschenden Systems einzugliedern und sie konform zu machen, oder sie wird zu einer ‚Übung der Freiheit', bei der Männer und Frauen die Realität kritisch und kreativ behandeln und entdecken, wie sie an der Gestaltung und Veränderung ihrer Welt teilhaben können. In anderen Worten: Bildung hilft entweder dabei

[20] Dieses Spiel gehört in die Kategorie *Verschiedene Sinne*. Vgl. dazu das Kapitel *Spiele und Übungen* im *Anhang* für die Erläuterung zu den verschiedenen Kategorien.

den Status quo zu verfestigen, oder sie hilft dabei, die Regeln zu brechen."[21]

Ich denke, dass das Wort „Bildung" in diesem Zitat durch „Theater" ersetzt werden kann, nicht nur in Bezug auf jüngere Generationen. Unabhängig davon, in welcher Form Theater auftritt, es bildet sowohl die Ausübenden als auch die Zuschauenden auf irgendeine Weise.

Wir alle leben unsere Leben nach bestimmten Regeln. Einige davon sind gute Regeln. Wenn ein Kind lernt, seine Hand nicht auf die heiße Herdplatte zu legen, weil es sich dabei verbrennt, lernt es eine gute Regel. Die Regeln, die uns einschränken, die uns in alten Mustern gefangen halten, wenn neue Sichtweisen oder eine Veränderung des Denkens angebracht wären, sind keine guten Regeln. Eine der wichtigen Rollen, die Künstler/innen spielen, ist es, den Ist-Zustand anzuzweifeln, auf die Probe zu stellen und anzufechten. Um lebendige Kunst mit Veränderungspotenzial zu schaffen, müssen wir Regeln brechen.

Zeigen und drehen ist ein Spiel, das ich dazu verwende, um die Idee vorzustellen, dass die Arbeit, die uns gemeinsam bevorsteht, das Brechen von Regeln beinhaltet.[22]

Findet einen Platz im Raum, an dem es möglich ist, die Arme zu schwingen, ohne dabei jemanden anderen oder etwas zu berühren. Hebt von einer neutralen Position ausgehend, die Augen sind geöffnet und die Arme an der Seite, den rechten Arm und zeigt geradeaus. Dreht euch dann nach rechts, soweit es ohne große Anstrengung geht. Diesen Punkt merkt euch und geht zurück in die neutrale Position. Jetzt schließt die Augen. Nun stellt euch vor, nur in Gedanken, ohne den Körper zu bewegen, dass ihr euren Arm hebt, zeigt, euch dreht und ein Stück weiter kommt als zuvor. Geht in Gedanken zurück in die neutrale Position. Stellt euch nochmals vor, nur in Gedanken,

---

[21] Das Zitat stammt aus dem letzten Absatz des Vorwortes von Richard Shaull zu Paulo Freires *Pedagogy of the Oppressed*, Sheed and Ward, London, 1972. (Penguin, London, 1972; Continuum, New York, 1997.) (eigene Übersetzung, Anm. d. Ü.)

[22] Soweit nicht anders angegeben, wurden alle Übungen und Spiele in diesem Buch erstmals in meinem *Joker's Guide to Theatre for Living*, 1991, veröffentlicht, der an die Teilnehmer/innen der *Theatre for Living*-Trainings ausgegeben wurde. Nach Möglichkeit füge ich Querverweise zu Augusto *Boals Games for Actors and Non-Actors* ein.

dass ihr den Arm hebt, zeigt, euch dreht und noch ein Stück weiter kommt als vorhin und geht in der Vorstellung wieder zurück in die Ausgangsposition. Und hebt ein letztes Mal in Gedanken den Arm, zeigt und dreht euch dann in der Vorstellung um 360 Grad.[23] Stellt euch das Unmögliche vor, dreht euch weiter, dreht durch. Stellt es euch vor! Und geht zurück in die neutrale Position. Nun öffnet die Augen. Bewegt euch jetzt wieder und hebt wirklich den Arm, zeigt, dreht euch! Was geschieht?

Ich leite dieses Spiel sehr oft an und kann sagen, dass in mehr als 90 Prozent der Fälle, wenn du der obigen Anleitung folgst und diese ausführst, du dich weiter drehst als beim ersten Mal. Warum? Weil du dich körperlich aufgewärmt hast? Nein. „Ich hab's mir vorgestellt!",[24] „Ich hab's mir vor Augen geführt!", „Ich hab's visualisiert!", sagen die Menschen im Workshop. Ja, da stimme ich zu. Ich denke aber auch, dass du noch etwas getan hast: Du hast eine Regel gebrochen.

---

[23] Im Original steht fälschlicherweise „180 Grad". Die Korrektur erfolgte in Absprache mit dem Autor. (Anm. d. Ü.)

[24] Die deutsche Sprache erlaubt hier eine wunderbare Parallele zwischen der Vorstellungswelt, wie sie in unseren Gedanken entsteht, und der Vorstellungswelt, wie sie im Theater spielt. Im Theater geben die Schauspieler/innen eine Vorstellung und die Zuschauer/innen bekommen eine Vorstellung (dargeboten). Diese Vorstellungen, genau wie die Vorstellungen in unseren Köpfen, können unsere Handlungen beeinflussen.

Eine kurze persönliche Geschichte

Jede Vorstellung, jede Äußerung und jede Handlung steht in einem Kontext. Hier ist meiner:

Ich wurde 1953 in Winnipeg, in der kanadischen Provinz Manitoba, geboren und wuchs in einem von Alkohol, Drogen und Gewalt gekennzeichneten Zuhause auf. Meine Kindheitserfahrungen sind nicht ganz so extrem wie die Erfahrungen von vielen anderen Menschen, die ich im Laufe meines Lebens kennengelernt habe. Nichtsdestotrotz sind es meine Erfahrungen, und sie haben mich und meine Weltsicht geprägt.

Als ich 15 war, wusste ich, dass ich Schriftsteller werden wollte und versuchte fast ein Jahr lang, an meiner High-School einen Kurs für kreatives Schreiben zu organisieren. Ich war nicht erfolgreich. Es gab allerdings im Kursverzeichnis einen Theaterkurs und so setzte ich mich energisch dafür ein, dass dieser zustande kam. 1970 gab die Schulleitung grünes Licht und so tauchte ich in die Welt des Theaters ein.

1971 habe ich an der Schauspielfakultät der Universität von Alberta vorgesprochen und dort eine intensive vierjährige professionelle Schauspielausbildung begonnen, die ich mit einem Bachelor in Kunstwissenschaften für Schauspiel und einer soliden, klassischen Theaterausbildung abgeschlossen habe. Das hat zu Fernseh- und Bühnenauftritten in Edmonton und 1976 schließlich zur Übersiedelung nach Vancouver geführt.

Um 1980 herum arbeitete ich im gesamten Westen Kanadas an Theatern, fürs Radio, für Film und Fernsehen und konnte beinahe davon leben. Mein Einkommen besserte ich als Taxifahrer auf und indem ich von Tür zu Tür ging, um Geld für die Umweltgruppe Greenpeace, die in Vancouver gegründet wurde, zu sammeln. Das ist das Los eines Schauspielers, vor allem, wenn ihm politische Themen am Herzen liegen.

Wie es das Schicksal so wollte, war das auch die Zeit, als die kanadische Regierung massive Kürzungen im Kulturbudget vornahm. Die kanadische Schauspielerin Janet Wright berief eine Versammlung ein, um zu diskutieren, was zu tun sei. Bei diesem Treffen begegnete ich Nettie Wild,[25] aus der eine bekannte Dokumentarfilmerin und liebe Freundin wurde. Nettie, ein paar andere und ich gründeten den Vancouver Artists' Alliance (VAA, Verband der Künstler Vancouvers), dessen Ziel es war, die Interessen der Künstler/innen auf allen drei Regierungsebenen (Staat, Provinz, Stadt) zu vertreten. Die Mitgliederzahl stieg sehr schnell auf annähernd 800 und der VAA wurde zu einem (unbezahlten) Vollzeitjob für Nettie und mich.

Einige aus der Gruppe – Nettie, John Lazerus, Beth Kaplan, Suzie Payne, Anne Hungerford und Norbert Rubesaat – begannen sich einmal im Monat in meinem Wohnzimmer zu treffen, um über die Situation des Theaters in Vancouver zu jammern. Wo blieb das aktivistische Theater? Dieses Gejammere ging so lange, bis wir dermaßen frustriert waren, dass wir daran zu denken begannen, selbst etwas zu unternehmen.

Einige von uns beschlossen, ein sozial relevantes Stück zu machen. Alle hatten wir auf die eine oder andere Art Probleme in Bezug auf unsere Wohnsituation, weshalb wir, es war 1981, damit begannen, bei den Menschen zu recherchieren, welche die Krise im Wohnungswesen hautnah zu spüren bekamen, aber auch bei den Aktivisten, die in deren Namen handelten, und bei den Bauunternehmern, die aus dem expandierenden Markt große Gewinne lukrierten. Daraus entstand das von uns geschriebene und gespielte (Musik)Stück über leistbare Wohnraumbeschaffung mit dem Titel *Buy, Buy Vancouver* (*Kauf, kauf, Vancouver*[26]).[27] Wir dachten, das wäre ein einmaliges Projekt. Dieses Stück hat jedoch einen Nerv in der Stadt getroffen und wurde zur Geburtsstunde von Headlines Theatre (Schlagzeilentheater).

In den Jahren bis 1984 machte Headlines Theatre noch die Videodokumentation *Right to Fight* (*Das Recht zu kämpfen*)[28] und ein Stück über Militarismus

---

[25] vgl. http://www.canadawildproductions.com

[26] phonetisches Wortspiel von buy = kaufen und bye = Auf Wiedersehen! (Anm. d. Ü.)

[27] Autoren: Beth Kaplan, Anne Hungerford, Suzie Payne, Jay Samwald, Nettie Wild, David Diamond. Besetzung: Heidi Archibald, Colin Thomas, Jay Samwald, Nettie Wild, David Diamond. Regie: Suzie Payne. Ausstattung: Barbara Clayden und Phillip Tidd.

[28] Produktion/Regie: Nettie Wild, Produktion/Co-Regie/Ton: David Diamond, Schnitt: Bill Roxborough, Kamera: Kirk Tougas.

mit dem Titel *Under the Gun* (*Unterm Gewehr*),[29] das kanadaweit tourte. Zu Beginn realisierten Nettie und ich die Projekte noch gemeinsam (Beschaffung der Geldmittel, Organisation der Auftrittsorte und des Vorverkaufs etc.), aber ihr eingeschlagener Weg in Richtung Film beanspruchte Nettie immer mehr, weshalb *Under the Gun* fast ausschließlich von mir produziert wurde. Die Struktur von Headlines Theatre entwickelte sich hin zu einem Pseudokollektiv, in dem ich tagtäglich viele Entscheidungen zu treffen hatte und einmal pro Monat der Gruppe darüber Bericht erstattete. Die Gruppe sagte dann, ohne jede böse Absicht, oft: „Ja, aber...". Ich fühlte mich wie gelähmt.

Nach Ende der Tournee mit *Under the Gun* stellte ich die Gruppe vor die Wahl, sich entweder wieder an der administrativen Arbeit zu beteiligen oder mir die Entscheidungsgewalt zu überlassen. Ich erwartete mir Ersteres. Sie entschieden sich für Letzteres. Ich übernahm Headlines Theatre, ohne jemals zuvor der Leiter von irgendetwas gewesen zu sein.

Was nun? Ich ging zum Canada Council for the Arts[30] und suchte um eine Reisekostenbeihilfe an, die mir einen Flug nach Europa ermöglichen würde, und vereinbarte Treffen mit verschiedenen politisch aktiven Theatergruppen. Ich erhielt Einladungen von *7:84 Theatre* in Schottland,[31] unter der Leitung von John McGrath und Liz MacLennan, sowie dem *Theatre Centre*[32] in London, unter der Leitung von Dave Johnstone. Ich erhielt den Reisekostenzuschuss und nachdem ich mir einen Bart wachsen ließ, um mehr meiner eigenen Vorstellung eines Theaterregisseurs zu entsprechen, war ich gerüstet.

Einige Tage vor Abflug war ich noch in einer Buchhandlung und suchte nach einer Reiselektüre und stolperte dabei über *Pädagogik der Unterdrückten* des brasilianischen Pädagogen Paulo Freire. Ich hatte noch nie etwas von Freire

---

[29] Autoren: Nettie Wild, David Diamond, Karen Draisey, Colin Thomas, Bob Bossin und Suzie Payne. Originalbesetzung: Reid Campbell, Craig Davidson, Patrick Keating, Nettie Wild, David Diamond und Karen Draisey. Regie: Suzie Payne. Tourneebesetzung: Reid Campbell, Wayne York, Patrick Keating, Nettie Wild, David Diamond und Karen Draisey. Regie: Suzie Payne. Ausstattung: Barbara Clayden und Phillip Tidd.

[30] Kanadas oberste Künstlervereinigung; http://www.canadacouncil.ca (Anm. d. Ü.)

[31] auf Grund geänderter Förderbedingungen musste die Gruppe 2008 nach über 35 Jahren die Arbeit einstellen http://www.784theatre.co.uk; (Anm. d. Ü.)

[32] vgl. http://www.theatre-centre.co.uk

gehört, mochte aber den Titel.

Headlines Theatre war sehr erfolgreich, trotzdem hatte ich das Gefühl, dass etwas fehlte. Wir waren sehr gut darin, Theater *für* und *über* Menschen zu machen, deren Lebenswelt im Fokus der Aufmerksamkeit stand, aber wie macht man Theater *mit* Menschen in und über deren Lebenswelt? Freires beeindruckendes Buch half mir dabei, eine Vorstellung davon zu entwickeln, wie so etwas machbar wäre.

Während einer Theatre-in-Education-Konferenz, die ich in Manchester besuchte, wurde ich Zeuge einer Demonstration von Chris Vine,[33] von etwas, das *Forumtheater* hieß. Ich konnte nicht glauben, was ich sah! Diese Art des Theaters war haargenau das, worüber Freire geschrieben hatte! Der Urheber dieses Formats, Augusto Boal, ebenfalls Brasilianer, war gerade in Paris und würde in drei Wochen einen zehntägigen Workshop geben. Nach einer Reihe von Telefonaten reiste eine Gruppe von uns Konferenzteilnehmern nach Paris.

Der Workshop in Paris und diese erste Begegnung mit Boal und dem *Theater der Unterdrückten* gaben meiner Arbeit und meinem Leben eine völlig neue Richtung. Vielleicht ging es ja auch schon immer in diese Richtung, aber erst durch Freires und Boals Werk kristallisierte sich der Weg heraus.

Der Workshopraum war voller Teilnehmer/innen aus der ganzen Welt – Südafrika, Brasilien, Finnland, Großbritannien, Frankreich, Kanada und die USA fallen mir sofort ein, aber ich bin mir ziemlich sicher, es waren auch noch andere. Wir hatten das Gefühl, tiefgründig experimentieren und das Leben erproben zu können und dem Theater eine Aufgabe zukommen zu lassen, die weit bedeutsamer ist als Unterhaltung oder Geschichtenerzählen. Boal war uns gegenüber sehr offen im Umgang mit seinen Techniken, manche wären noch nicht ausgereift und viele waren noch in einem Experimentierstadium. Es waren großteils schlichte Ideen, eine Schlichtheit, die durch Reduktion erreicht wurde, um zum Wesentlichen zu gelangen. Es war die Schlichtheit eines Bildes, eines lebendigen Gemäldes (Tableaus), und die Kraft des künst-

---

[33] vgl. http://www.cuny.edu/academics/k-to-12/cat/about/staff.html
2006 war Chris Vine künstlerischer und pädagogischer Leiter von Creative Arts Team (CAT) der City University of New York. vgl. http://portal.cuny.edu

lerischen Ausdrucks des Bildes sowie die Reichhaltigkeit unserer unterschiedlichen Perspektiven auf dieses Bild. Die Kreativität im Raum war ansteckend. Ich machte mir sehr viele Notizen.

Unter anderem war ich während dieser zehn Tage sehr berührt davon, wie viel Spaß wir dabei hatten, uns mit ernsthaften Themen wie Armut, Familienverhältnissen und dem damals in Großbritannien stattfindenden Bergarbeiterstreik zu beschäftigen. Unser Spaß resultierte direkt aus dem Spaß, den Boal hatte. Hier war jemand, der vor Leidenschaft brannte, der die Welt mit Zuversicht und dennoch kritisch sah, der eine überzeugende politische Botschaft durch seine Arbeit vertrat, und der nicht vergessen hatte, dass Theatermachen mit Freude erfüllt sein muss. Seine Freude erfüllte uns mit Begeisterung und diese Begeisterung schürte seine Freude. Die Techniken waren wichtig, aber zumindest gleich wichtig für mich (und viele andere, wie ich glaube) war die Vermittlung des Rollenverständnisses eines Theatermachers.

Wieder nach Hause zurückgekehrt, schrieb ich mein erstes Stück *The Enemy Within* (*Der innere Feind*),[34] benannt nach einem Etikett, das Margaret Thatcher den streikenden Bergarbeitern 1984 verpasst hatte. (Ich wurde in den Streik verwickelt, als ich bei einer Bergarbeiterfamilie in Clipstone wohnte, und mich dort an Suppenküchen und den Pflichten eines Streikpostens beteiligte.) Das Stück handelte vom damaligen Premier von British Columbia, Bill Bennett, und seinem Plan, die Gewerkschaften von British Columbia zu zerschlagen, um den Weg für die Expo '86, die Weltausstellung in Vancouver, und die daraus erwartete Zunahme des internationalen Handels frei zu machen.

Was tun mit dem *Theater der Unterdrückten*? Ich fragte eine Gruppe von Freunden, ob sie mir weiterhelfen würden und mietete einen Saal. Wir verbrachten zwei Tage zusammen. Ich schaute in meine Notizen und versuchte grundlegende Spiele, Übungen und philosophische Konzepte zu verstehen. Das, was ich mit meinen Freunden ausprobierte, klappte oft überhaupt nicht.

---

[34] Stück: David Diamond; Regie: Sue Astley; Besetzung (Vancouver): Colin Thomas und Suzie Payne; Besetzung (Tournee): Craig Davidson und Meredith Woodward; Ausstattung: Barbara Clayden; Inspizienz: Patrick Keating.

Diese zwei Tage waren nicht für sie, sie waren für mich. Ihre Großzügigkeit half mir ein grobes Verständnis von Boals Arbeit zu entwickeln, wodurch ich mich mit den Techniken an die Öffentlichkeit wagte.

Power Plays (Spiel der Kräfte) – die Anfänge

Zwei Jahre nach der Rückkehr aus Paris vom Workshop *Theater der Unterdrückten* mit Augusto Boal, 1986, begann ich mich zu fragen, ob es möglich wäre, eine Struktur zu entwickeln, innerhalb derer Menschen, die sich kaum oder gar nicht kennen, in einer Woche ein Theaterstück machen können, das ein gemeinschaftliches Thema behandelt. Die Ausarbeitung eines klar umrissenen Gesamtpakets schien eine gute Möglichkeit dies umzusetzen. *Power Plays* (*Spiel der Kräfte*) war das Ergebnis.

Ich hatte bereits in ein- und zweitägigen Workshops begonnen, mit dem Vokabular des *Theaters der Unterdrückten* zu experimentieren, und fühlte mich sicher genug, komplexere Prozesse anzuleiten. Ich stellte mir eine Reihe von Aktivitäten vor, die einen fünftägigen Workshop ergeben würden. Jeder Tag wäre in sich selbst abgeschlossen und gleichzeitig baute der nächste auf dem vorhergehenden auf. Jeder Tag hätte einen Anfang, eine Mitte und ein Ende.

In der Theorie sah das so aus, dass sich Menschen in einer Gruppe, die sich so noch nie begegnet ist, während des Prozesses auf Themen konzentrieren würden, die sie miteinander teilen, wo sie Verbindungspunkte entdecken, und wo sie dann gemeinsam ein Kunstwerk erschaffen, das die schwersten Fragen über den Kampf mit den Schwierigkeiten innerhalb dieser Themen stellt.

Das war der Versuch, ein Konzept für einen Prozess zu entwerfen, der das umfassen würde, was immer auch an Inhalten von der Gemeinschaft kommen würde. Der Prozess würde sich an jede Situation anpassen, je nach den Bedürfnissen der Workshop-Teilnehmer/innen, aber dabei die notwendigen Schritte beibehalten, um am Ende der Woche eine öffentliche Aufführung zu Stande zu bringen.

Der erste Tag wäre fast ausschließlich Spielen aus „dem Arsenal",[35] wie es Boal nennt, gewidmet, die sorgfältig ausgewählt und aufeinander abgestimmt sind, um die Möglichkeit der Vertrauensbildung und der Entwicklung einer theatralen Sprache in einer Gruppe von Fremden zu bieten. Im weiteren Verlauf würden wir uns zunehmend Übungen zuwenden, die hilfreich dabei sein könnten, unterschiedliche Sichtweisen in Bezug auf ein Thema der Gemeinschaft zu entdecken. Am Ende des vierten Tages ginge der Prozess in die Stückentwicklung über und am fünften Tag würde daraus schließlich ein interaktives Forumtheater mit einem Publikum, das sich aus Mitgliedern des Gemeinwesens zusammensetzt.

Am Papier schaute es gut aus, aber es gab nur einen Weg, um herauszufinden, ob es funktionierte. Zu dieser Zeit hatte Headlines Theatre zwei ausgedehnte Tourneen[36] durch die Provinz British Columbia hinter sich und verfügte deshalb über etablierte und funktionierende Kontakte zu Leuten, die sich für Fragen sozialer Gerechtigkeit interessierten. Ich hängte mich ans Telefon und innerhalb kürzester Zeit hatte ich mir eine Workshop-Tournee gebucht. Hintereinander waren sieben jeweils fünftägige Workshops in sieben Gemeinden[37] quer durch die Provinz geplant. Einige der Auftraggeber waren First Nations,[38] andere waren lokale Künstlervereinigungen oder Gewerkschaften. Ich war den Organisatoren gegenüber sehr ehrlich, dass es sich hierbei um ein großes Experiment handeln würde, eine Möglichkeit für alle von uns zu lernen. Ich wusste wirklich nicht, ob es funktionieren würde.

Wir würden Werbematerial (Plakate, Flyer, Presseaussendungen) brauchen und das machte einen Namen für die Tournee erforderlich. Ich brachte den Namen *Power Plays* auf. Das passte gut zur Vorstellung, die ich zu dieser Zeit in Bezug auf die Arbeit hatte, nämlich dass es eine Chance für eine Gemeinschaft

---

[35] vgl. Augusto Boal: *Games for Actors and Non-Actors*, Routledge, Oxford, 1992. (ohne Seitenangabe, Anm. d. Ü.)

[36] 1983/1984 mit *Under the Gun* und 1985/1986 mit *The Enemy Within*.

[37] Port Alberni, Chilliwack, Telkwa, Hazelton (Gitanmaax), Kitimat, Old Massett, Prince Rupert.

[38] So lautet die offizielle Bezeichnung für alle Völker, die vor der Besiedelung durch Europäer im heutigen Kanada lebten. Darunter befinden sich so unterschiedliche Völker wie die Inuit oder verschiedenste Gruppen, die im deutschen Sprachraum immer noch unter dem Begriff „Indianer" laufen. (Anm. d. Ü.)

wäre, eine ernsthafte Anstrengung zu unternehmen, um Unterdrückung auf die Art und Weise zu überwinden, wie ein Eishockeyteam spielt, das den Vorteil des einen Manns mehr hat, um im Power Play ein Tor zu erzielen und das Spiel zu gewinnen, während ein Gegner seine Strafminuten absitzt.

Karen Draisey, die 1984 beim Workshop in Paris und anschließend für einen ausgedehnten Aufenthalt in Kanada war, war ein integraler Bestandteil der vorangegangen Produktion *Under the Gun* von Headlines Theatre über Militarismus. Sie hatte das Workshopdesign gemeinsam mit mir in Vancouver entwickelt, bekam aber anderweitige Gelegenheiten im Theater zu arbeiten angeboten und stieg deshalb vor der Tournee aus. Sie ging nach England zurück. Ich wollte diese zweimonatige Tournee nicht alleine machen. Kevin Finnan, ein Theater- und Tanzkünstler, ebenfalls aus England, den ich beim Workshop in Paris kennengelernt hatte, stimmte zu, mich zu begleiten, konnte aber erst zum zweiten Workshop kommen und musste nach dem sechsten wieder gehen. Das hieß für mich, dass ich den ersten Workshop alleine machen würde. Margo Kane, ein Freund und bekannter Theaterkünstler aus Vancouver und Angehöriger einer First Nation, beschloss mich beim letzten Workshop zu begleiten.

Der erste Workshop wurde von einer NGO namens Canadian University Students Overseas (CUSO) veranstaltet und fand in Port Alberni, British Columbia, Ende Mai 1986 statt. Auf Grund von Terminschwierigkeiten bei vielen, die mitmachen wollten, dauerte der Workshop nur drei anstatt fünf Tage. Das war gar nicht so schlecht. Es brachte mich dazu, mich auf *Bildertheater*[39] zu konzentrieren, ohne den Druck zu haben, Stücke für eine öffentliche Aufführung zu entwickeln. Das würde ich innerhalb von drei Tagen nicht angehen wollen. Es nahmen großteils junge Frauen teil, die sich für

[39] *Bildertheater* untersucht ein Thema mithilfe eingefrorenen Tableaus und Vorstellungen, die von Teilnehmer/innen mit ihren Körpern dargestellt werden. Auf das Bildertheater wird im Kapitel *Im Workshop-Raum* näher eingegangen. Es gibt ein Kapitel mit Namen *Image Theatre* in Boals *Games for Actors and Non-Actors*, S. 164.
Der deutsche Begriff Bildertheater leidet unter dem statischen Verständnis von „Bild". Bei einem „image" geht es vielmehr um die Vorstellung, die wir von etwas haben und diese Vorstellung können wir im Theater geben. Die Techniken lassen das Bild also lebendig werden und beleben vielleicht auch gleichzeitig unsere Vorstellungen in Bezug auf das behandelte Thema. (Anm. d. Ü.)

Entwicklungsthemen in unterentwickelten Ländern interessierten. Meine Herausforderung in diesem Workshop bestand darin, ihnen verstehen zu helfen, dass die Arbeit, die wir angehen können, sich mit ihnen selbst beschäftigen muss, nicht mit den Menschen, denen sie helfen wollen, in einem anderen Teil der Welt. Wenn sie vorgeben würden, Menschen zu sein, die sie nicht sind, wie könnte die Arbeit authentisch sein?

Das war ein Warnsignal. Hatten wir in den Telefonaten und im Ankündigungsmaterial nicht ausreichend erklärt, worum es bei dieser Arbeit ging? Oder war es speziell diese Gruppe, die sich mit der besten Absicht von einem relativ privilegierten Ort aus auf etwas außerhalb ihrer eigenen Gemeinschaft konzentrieren wollte, um wertvolle Arbeit zu leisten. Gwen Kallio war zu dieser Zeit für die administrativen Aufgaben bei Headlines Theatre zuständig und sie telefonierte mit allen Auftraggebern und überarbeitete das Material, um klar zu machen, dass jene Menschen im Zentrum der Arbeit stünden, die sich im Raum befänden.

Im darauffolgenden Workshop Anfang Juni 1986 mit einer Gruppe aus dem Volk der Sto:Lo[40] hatten Kevin und ich erstmals die Gelegenheit, das Modell *Spiel der Kräfte* wirklich zu testen. Der Workshop wurde von Marcia Krawll organisiert, die für den Chilliwack Area Indian Council arbeitete. Der Gemeinschaftsrat beschloss nach Rücksprache mit den Mitgliedern der Gemeinde, dass sie vom Workshop eine Auseinandersetzung mit dem Thema „Gewalt innerhalb der Gemeinde" wollten. Die 15 Teilnehmer/innen aus der Gemeinde, die am ersten Tag den Raum betraten, kamen, um dieses Thema unter die Lupe zu nehmen und interaktives Theater zu entwickeln, damit die Gemeinschaft Lösungen für die Probleme erproben könnte. Für den Fall, dass jemand Einzelbetreuung benötigen würde, baten wir um Unterstützung durch jemanden aus der Gemeinschaft, der die ganze Zeit anwesend war.

Die Teilnehmer/innen liebten es, spielen zu können. Es steckte unglaublich viel Freiheit für sie in den Spielen. Sie schätzten es außerdem, die Gelegenheit zu bekommen, theatrale Bilder zu erschaffen, indem sie sich und andere

[40] Das Gebiet der Sto:Lo ist in der Nähe von Chilliwack, British Columbia, ungefähr 90 Autominuten östlich von Vancouver.

formten, um so eine stille, eingefrorene Geschichte über einen Moment der Gewalt aus ihrem Leben zu erzählen, und wie es dadurch möglich wurde, jenseits einer rein subjektiven Sicht zu analysieren, was in den eingefrorenen Bildern vor sich ging. Die Momente der Einsicht und Erkenntnis, in denen sichtbar wurde, dass ihre Nachbarn hinter verschlossenen Türen dieselben Erfahrungen machten wie sie selbst, waren sehr kraftvoll. Die Verbindungen, die dadurch im Raum entstanden sind, waren direkt greifbar und wären vielleicht ausreichend gewesen, dem Bedürfnis der Gemeinschaft nach einer Öffnung gegenüber dem Thema gerecht zu werden.

Wann immer wir aber dazu übergingen, die Bilder zu aktivieren, das heißt die Figuren in den Bildern zum Sprechen und in Bewegen zu bringen, erstarrte der Raum. Wir warteten so eine lange angsterfüllte Stille stets ab. Unter der Leitung der unterstützenden Person aus der Gemeinschaft verwendeten wir sehr oft Gesprächsrunden, um den Tag nachzubesprechen. Vieles von dem, was im Raum vor sich ging, war unglaublich positiv, aber unsere wiederholt vorgebrachte Absicht, ein Stück auf die Beine zu stellen, kam nicht voran.

Dann geschah etwas, das mir eine Einsicht bescherte, die ich bis heute in mir trage. Die Tür zur Halle öffnete sich und ein kleiner, älterer Sto:Lo mit einem karierten Hemd, Jeans und einer Baseballmütze mit Werbung für Landwirtschaftsgerätschaften kam herein und setzte sich auf einen Stuhl. Jeder, außer Kevin und mir, schien zu wissen, wer er war, obwohl niemand ein Wort sagte. Jeder, uns eingeschlossen, ging hin und setzte sich zu ihm. Wir saßen schweigend für eine scheinbar lange Zeit. Er erzählte uns eine Geschichte:

> Er war gerade von einem Treffen mit der Provinzregierung und den Chiefs[41] einiger First Nations aus der ganzen Provinz zurückgekehrt. Er war verärgert, weil er wusste, dass die Regierung versucht hatte, die Chiefs zu entzweien. Es gab eine Wahl. Zwei Chiefs hatten gesprochen. Einer war ein großer Redner, so erzählte er, dessen Stimme und Worte den Raum erfüllten. Er konnte die Leute in seinen Bann ziehen. Der andere Chief war kein guter Redner. Er stolperte über seine Sätze, war schwer zu verstehen und blickte fast die gesamte Zeit zu Boden. Als es an die Wahl ging, hatte er er-

[41] vgl. *Vorwort und Danksagung des Übersetzters* und Fußnote 58.

wartet, dass alle für die Vorschläge des guten Redners stimmen würden, die mit denen der Regierung übereinstimmten. Aber das geschah nicht. Sie stimmten für das, was der andere Chief gesagt hatte und lehnten die Vorschläge der Regierung ab. Für den guten Redner zu stimmen, wäre einfach gewesen, meinte der Erzähler. Für den anderen Redner zu stimmen würde jede Menge anstrengender Arbeit nach sich ziehen. Also warum stimmten sie für den, der kein guter Redner war, fragte er uns. Schweigen. „Weil jeder wusste", fuhr er fort, „dass der Chief die Wahrheit sagte, obwohl er sich schwer tat zu uns zu sprechen." Er sagte zu uns: „Alles was ihr tun müsst, ist euer Bestes versuchen und die Wahrheit erzählen. Die Menschen werden es verstehen."

Er stand auf und verließ den Raum. Von diesem Moment an nahm der Workshop eine Wendung und Improvisationen über Gewalt in der Gemeinschaft wurden möglich. Dieser Mann, so erfuhren Kevin und ich später, war der Grand Chief des Volkes der Sto:Lo und irgendwoher wusste er von unseren Schwierigkeiten. Seine Geschichte war ein unglaublich wertvolles Geschenk sowohl an die Teilnehmer als auch an mich.

Einige der Workshopteilnehmer/innen, Kevin und ich sprachen etwas später am selben Tag über das, was geschehen war. Es gab keinen Zweifel, dass die Workshopteilnehmer/innen weiter machen wollten. Sie hatten viele Fragen, unter anderem aber die Angst, die Kontrolle über ihre Emotionen zu verlieren, für die Preisgabe eines Geheimnisses bestraft zu werden, nicht zu wissen, wer aus der Gemeinde zur Aufführung kommen würde und wer nicht. Wir stimmten darin überein, dass es Möglichkeiten gab, bis zu einem bestimmten Grad mit diesen Ängsten umzugehen. Niemand würde gezwungen werden aufzutreten. Die Teilnehmer/innen würden sich selbst die Rollen aussuchen, in denen sie sich wohl fühlten und die sie in der Lage wären zu spielen. Niemand würde ihnen eine Rolle überstülpen. So konnten wir mit ihnen arbeiten und so konnten sie mit den emotionalen Inhalten umgehen. Dabei waren die Proben und die damit einhergehenden ständigen Wiederholungen hilfreich. Sie geben den Schauspielern den nötigen Abstand, der die Aufführung erleichtert. Letztlich, aber von großer Wichtigkeit, war es so, dass niemand sich selbst spielen würde. Alle würden eine Figur darstellen. Wir baten auch um zusätzliche Unterstützung durch Vertrauenspersonen während der Aufführung, weil wir wussten, dass dies den Teilnehmern zusätzliche Sicherheit, auch für die Zeit im Anschluss an die Aufführung, geben würde. Es würden Leute sein, die für sie auch noch Tage und Wochen nachher für Gespräche zur Verfügung stünden und deren Aufgabe es war, jedes Auftreten von Spannungen zu bearbeiten oder zur Stelle zu sein, wenn etwa ein Fall von Missbrauch bekannt würde.

Gemeinsam schufen wir wundervolle, mutige Stücke. Sie waren theatral einfach, ohne Licht, ohne Ton oder komplizierte Auf- und Abgänge. Sie waren akustisch oft schwer zu verstehen. Und dennoch, sie erzählten die Wahrheit und die Forumtheateraufführung in und mit der Gemeinde war sehr kraftvoll und stark. Nach all der Schwere im Workshop war es überwältigend, das Lachen beim öffentlichen Auftritt zu erleben. Ein Lachen der Erkenntnis, ein Lachen der Erleichterung, ein Lachen das eintritt, weil etwas ausgesprochen Lustiges passiert, wenn improvisiert wird. Und natürlich hatte die ernsthafte Auseinandersetzung mit Gewalt in der Gemeinde ihren Platz in der Mitte zwischen dem Lachen. Es gab lange Phasen der Stille, es gab Tränen. Die Menschen waren tief berührt und stolz und erfreut zugleich über das, was passierte. Marcia, die hauptverantwortliche Organisatorin, blieb bis zum heutigen Tag eine Freundin und eine Unterstützerin dieser Theaterarbeit.

In seinen Grundlagen funktionierte das fünftägige Modell *Spiel der Kräfte*. Teil meiner Aufgabe würde es fortan sein, so viel Sicherheit wie möglich im Sinne eines geschützten Rahmens in einem Workshop zu bieten und Wege zu finden, um den Teilnehmern zu helfen, ihre Wahrheit zu erzählen.

Während der restlichen Tournee adaptierten wir das Modell, spielten mit der Auswahl und der Reihenfolge der Übungen. Das Modell entwickelte sich über die Jahre hinweg und dehnte sich von fünf auf sechs Tage aus, als ich die Notwendigkeit für zusätzliche Probenzeit sah. Neue Übungen und Spiele entstanden und entstehen nach wie vor. Das Grundgerüst des Modells blieb allerdings stehen, auch nach all dieser Zeit.

Anfang der 1990er begann die Presse in Kanada auf meine Arbeit aufmerksam zu werden. Das löste so etwas wie eine Krise bei mir aus. Ich fühlte mich wie jemand, der sich mit fremden Federn schmückt. Ich schrieb an Augusto Boal und fragte ihn um Rat. Seiner großzügigen Natur entsprechend schrieb er zurück, dass es nichts mit ihm zu tun hätte, wenn die Leute auf meine Arbeit aufmerksam würden, sondern mit dem, was ich machte. Ob ich dächte, dass er all das erfunden hätte? Nein – er hätte auf der Arbeit Paulo Freires aufgebaut und auf Bertolt Brecht und der vieler anderer. Er sagte mir, ich sollte glücklich sein. Das war die Erlaubnis, die ich brauchte, um weiter zu machen.

Theater zum Leben und seine Beziehung zum Theater der Unterdrückten

Theater zum Leben sieht die Welt durch die Brille der Systemtheorie. Mit dieser erkennt es, dass die entgegengesetzten Pole von Unterdrücker und Unterdrücktem in Wirklichkeit Teile desselben großen Organismus sind, der irgendwie nicht im Einklang mit sich lebt. Um zu den grundlegenden Ursachen eines Problems zu gelangen, beschäftigt sich das *Theater zum Leben* mit den Unterdrückten, schafft aber genauso den Raum für die aufrichtige Untersuchung der Ängste, Wünsche und Beweggründe der Unterdrücker. Warum? Weil die Unterdrücker dieser Welt keine Außerirdischen sind. Unsere Gemeinwesen bringen sie hervor. Die klaren Grenzen, von denen wir allzu gerne denken, dass sie zwischen Unterdrückern und Unterdrückten existieren, sind oft alles andere als klar.

Der Blick durch die Brille der Systemtheorie bewirkt einen Umgang mit der Realität, in der wir Menschen uns nicht als Gefangene der Strukturen, in denen wir uns befinden, begreifen. Die Natur lehrt uns, dass Strukturen durch Verhaltensmuster entstehen und nicht umgekehrt. Politische Arbeit mit dem Ziel, Strukturen, in denen wir leben, zu verändern, ohne das Verhalten, das diese Strukturen erzeugt, zu verändern, ist sinnlos. Weil das *Theater zum Leben* jede Gemeinschaft als lebendiges Gemeinwesen betrachtet und es diesem dementsprechend und unter Berücksichtigung des oben Gesagten begegnet, wenn es an die Erarbeitung von Stücken geht, dienen diese Stücke dazu, Wege zu entdecken, die die strukturerzeugenden Verhaltensweisen verändern, und nicht nur die Strukturen selbst.

Das Publikum ist eingeladen die Vorstellungen, Bilder und das Forumtheater zu verwenden, um alternative Verhaltensweisen zu entwickeln, anstelle jener, die unterdrückende Strukturen erzeugen. Es soll nicht gegen die Strukturen kämpfen und so tun als hätten diese nichts mit dem strukturerzeugenden Verhalten zu tun.

Was ist Forumtheater?

Forumtheater ist eine von Augusto Boal entwickelte partizipative Theaterform. Es bietet die Möglichkeit zu einem kreativen, gemeinwesenbasierten Dialog. Das Theaterstück wird von Gemeindemitgliedern entwickelt und aufgeführt und handelt von Themen und Fragestellungen aus deren Leben. Workshopteilnehmer entwickeln ein kurzes Stück, das einmal komplett gezeigt wird, so dass das Publikum die Ausgangssituation und die Probleme zu sehen bekommt. Die Geschichte steuert auf eine Krise zu und hört dort auf, ohne eine Lösung anzubieten. Im *Theater der Unterdrückten* beginnt das Stück anschließend von vorn mit der Möglichkeit für die Zuschauer, das Geschehen jederzeit anzuhalten, wenn sie einen Moment der Unterdrückung wahrnehmen. Ein Zuschauer ruft „Stopp", kommt auf die Bühne, ersetzt die unterdrückte Figur und probiert seine Idee aus. Die anderen Schauspieler/innen reagieren darauf aus ihrer Rolle heraus. Dieser Vorgang wird *Intervention* genannt.

Eine neue Einladung

Theater zum Leben erweitert die Einladung im Forumtheater in Bezug auf die Frage: Wer darf wen ersetzen?

In seinem Buch *Games for Actors and Non-Actors* schreibt Augusto Boal:
„Im Forumtheater, das als wirkliches Theater der Unterdrückten qualifiziert werden will, können nur ZuSchauspieler/innen,[42] die Opfer derselben Unterdrückung wie die Figur geworden sind (auf identische oder analoge Weise), den unterdrückten Protagonisten ersetzen, um neue Ansätze oder neue Formen der Befreiung zu finden."[43]

Weiters führt Boal aus, wie und wann diese Regel durch das Publikum gebrochen werden kann, stellt aber klar, dass das Brechen der Regel die Aus-

[42] Dieses Wort (im Original: spect-actor, Anm. d. Ü.) verwendet Augusto Boal, um einen Zuschauer zu bezeichnen, der ein potenzieller Schauspieler ist – also noch kein Schauspieler, aber mehr als nur ein Zuschauer, eben ein ZuSchauspieler.

[43] Augusto Boal: *Games for Actors and Non-Actors*, Routledge, Oxford, 1992, S. 240

nahme und nicht die Regel sei.

Menschen denken in Metaphern. Wenn wir an Krieg, Frieden, Freude, Trauer denken, dann sehen wir diese Ereignisse in Form symbolischer Bilder. Dies ist es, was es uns ermöglicht, Kunst zu kreieren und zu interpretieren. Gemeinwesen denken ebenfalls metaphorisch. Es sind unsere individuellen und kollektiven Interpretationen in Form von Metaphern, die unsere grundlegenden Vorstellungen von der Welt bilden sowie unsere Reaktionen darauf.

Die metaphorische Vorstellung, die im Forumtheater erfahrbar wird, sich von etwas zu befreien, was man nicht will, ist sehr verschieden von der metaphorischen Vorstellung, etwas zu erreichen, was man will. Nicht verprügelt werden zu wollen, zum Beispiel, erzeugt in uns ein gänzlich anderes Repertoire an Wünschen, Ängsten und Handlungen als die Absicht Sicherheit zu erlangen oder eine intakte Familie haben zu wollen.

Die traditionelle Einladung im Forumtheater lautet, eine unterdrückte Figur zu ersetzen und mit einem Unterdrücker zu kämpfen, um Wege auszuprobieren, wie diese Unterdrückung zu brechen sei. Auf Grund der Richtung, die meine eigene Arbeit seit Mitte der 1980er genommen hat, und meiner Interpretation von Boals *Theater der Unterdrückten* führte dies in meiner Arbeit zu der Einladung, auf die Bühne zu kommen und sich von dem zu befreien, was man nicht will.[44] Ich beobachte, dass dies im Zentrum der Einladung vieler steht, die Forumtheater praktizieren.

Ich glaube, dass die Unterdrücker in irgendeiner Form immer im Publikum anwesend sind. Irgendwie sind sie immer Teil des Gemeinwesens, entweder auf der Mikro- oder Makroebene, als Individuum oder als internalisierte Empfindung. Wenn wir an einer Produktion über Gewalt in der Familie arbeiten, dann, so die Statistiken, ist es höchst wahrscheinlich, dass sich Gewalttäter im Publikum befinden. Diese können natürlich auch in Form von verinnerlichten Tätern vorkommen. In diesem Fall lebt die Empfindung der erlebten Gewalt womöglich im Unterdrückten fort und hat sich auf ihn übertragen.

---

[44] Eine genaue Erklärung dieses Aha-Moments findet sich im Kapitel *Reclaiming Our Spirits* (*Rückbesinnung auf unsere Geister*).

Wenn es unser Wunsch ist, dabei zu helfen den Kreislauf der Gewalt mittels Theater zu durchbrechen, dann haben wir die Verantwortung, ein Theater zu schaffen, das um Authentizität in Bezug auf die Unterschiedlichkeit der betroffenen Menschen bemüht ist. Das bedeutet ein Theater, in dem beide Seiten, die Unterdrückten und die Unterdrücker, sich selbst auf der Bühne als wahrhaftige Menschen und legitime Mitglieder der Gemeinschaft sehen, die in ihre jeweils eigenen komplexen Schwierigkeiten verwickelt sind. Das heißt nicht, dass wir unterdrückendes Verhalten gutheißen. Es heißt allerdings, dass die entwickelten Stücke so viel als möglich von der Komplexität des wirklichen Lebens enthalten müssen.

In Stücken, die die Komplexität des Lebens anerkennen, muss die Frage danach, wer wen ersetzen kann, weit gefasst werden. Männer ersetzen Frauen, Jugendliche ersetzen Ältere, Reiche ersetzen Arme und umgekehrt und so fort. Das Gemeinwesen lernt in einem tiefen und aufrichtigen gemeinschaftlichen Dialog. Wir setzen künstliche Barrieren im Dialog, wenn wir einschränken, wer wen bei einer Forumtheateraufführung ersetzen kann.

Hier ein Fallbeispiel: Die Produktion *Practicing Democracy* (*Gelebte Demokratie*)[45] von Headlines Theatre aus dem Jahr 2004 wurde erarbeitet und aufgeführt von Menschen, die in chronischer Armut leben. In einer der Szenen bettelt die Figur der Karla. Sie braucht 20 Dollar für einen sicheren Schlafplatz für die Nacht. Sie trifft auf Elaine, ihre ehemalige Sozialarbeiterin. Elaine verhalf ihr damals zu einer Unterkunft und sie ist überrascht und verärgert, Karla wieder auf der Straße anzutreffen. Elaine ist inzwischen ebenfalls arbeitslos und hat mit ihren eigenen Problemen zu kämpfen, die später im Stück auftauchen. Sie weigert sich, Karla Geld zu geben, und sagt, sie habe keines. Karla wird aus Verzweiflung aggressiv. Elaine reagiert gewalttätig, stößt Karla weg, beschimpft sie und geht.

---

[45] Ein Legislatives-Theater-Projekt von und mit: Lillian Carlson,* Patrick Keating,* Emily Mayne, James Mickelson, Theresa Myles and Sandra Pronteau. Inspizienz und Dramaturgie: Melissa C. Powell. Design: Harry Vanderschee, Caitlin Pencarrick, Lincoln Clarkes, Marina Szijarto. Legislative Bearbeitung: Carrie Gallant, BA, LLB. Regie und Joker: David Diamond*
* Auftritt mit freundlicher Genehmigung der Canadian Actors' Equity Association.
vgl. http://www.headlinestheatre.com/pastwork.htm

Eines Abends ersetzte eine Frau die Figur der Elaine in dieser Szene. Diese Frau war offensichtlich sehr wohlhabend. Ich erwähne das, weil es für das folgende Geschehen auf der Bühne relevant ist, ebenso für einige der Diskussionen während des gesamten Abends.

Sie nahm 20 Dollar aus ihrer Geldtasche, legte ihren Arm um Karla und erklärte ihr, dass sie ihr das Geld geben würde, allerdings nur, wenn Karla bereit wäre, „mit auf einen Kaffee zu kommen und über ihre Optionen zu sprechen". Ich denke, dass die Frau auf ihre Art versuchte, Entwicklungsarbeit zu leisten. Sie verstand, dass es im Stück um ein größeres Problem ging, und das war ihre wohlmeinende Art zu helfen.

Karla reagierte sehr feindselig, allerdings nicht auf unangemessene Weise, auf die Frau, die aus ihrer offensichtlich privilegierten Position sehr herablassend wirkte. Karlas energische Reaktion, die im Laufe der Improvisation zu heftigem Schreien und Fluchen anwuchs, schockierte viele Menschen im Raum. Die Frau, inzwischen ebenfalls aufgebracht, meinte, es täte ihr leid, dass sie überhaupt auf die Bühne gekommen wäre. Ich bat sie kurz zu bleiben und sagte ihr und dem Publikum, für wie wertvoll ich das eben Geschehene hielte. Ich fragte, ob es ihre Absicht gewesen wäre, Karla so gegen sich aufzubringen. „Natürlich nicht!", gab sie zur Antwort.

Die Analyse des Moments ermöglichte es uns zu erkennen, wie dieser Impuls einer wohlmeinenden Person von Karla als respektlos und erniedrigend wahrgenommen wurde und, anstatt bei der Lösung des Problems hilfreich zu sein, zu einer Verschlechterung der Situation führte. Ist das nicht ein Teil des größeren Themas? Natürlich hat Karla ein unmittelbares Anliegen – die 20 Dollar – und dies darf man nicht außer Acht lassen. Aber ist nicht das Geschehen auf der Bühne auch ein Spiegelbild der erniedrigenden Art und Weise, mit der manche Sozialhilfeinstitutionen gegenüber Menschen, die in Armut leben, agieren? Oder wie Hilfe für die „Dritte Welt" von oben herab agiert?

Diese Szene und das ganze Stück war ohne klare Unterdrücker oder Unterdrückte strukturiert. Alle Figuren hatten mit unterschiedlichen Aspekten von Armut zu kämpfen. In der Welt des Stücks waren sie alle, in verschiedenen Momenten, unterdrückte Unterdrücker. Bei der Untersuchung dessen, was die

Beziehung zwischen den beiden Frauen ausmacht, und in Anerkennung des Handelns der Frau, die Elaine ersetzte (Wer könnte in diesem Moment der Szene, in den die Frau einstieg, als Unterdrücker verstanden werden?), war es uns nicht nur möglich, viel besser zu verstehen, was mit Karla passiert und wie bewusst sie sich ihrer Situation eigentlich ist, sondern auch, welche Rolle die „Elaines" dieser Welt in diesem Umfeld spielen.

Die Schauspielerin, die Karla verkörperte, wurde durch diesen Einstieg sehr herausgefordert. Sie sprach später mit mir darüber, wie wertvoll diese Erfahrung für sie im Hinblick auf ein tieferes Verständnis ihrer eigenen Reaktionen den „Elaines" dieser Welt gegenüber war. Ähnlich fiel das Feedback von vielen aus dem Publikum dieser Aufführung aus: Dass sie nämlich neue Einsichten in Armutsverhältnisse gewonnen hätten, die ihr Verhalten in Bezug auf Menschen, die in Armut leben, verändern würden. Ich glaube, dass dies umgekehrt helfen wird, wenn auch in bescheidenem Ausmaß, die strukturellen Veränderungen zu schaffen, die wir brauchen, um das Problem auf einer systemischen Ebene anzugehen.

Dieser gehaltvolle Dialog, der über und durch diesen fünf- bis zehnminütigen Einstieg entstanden ist, wäre innerhalb der Regel *„Nur ZuSchauspieler/innen (spect-actors), die Opfer derselben Unterdrückung wie die Figur geworden sind (auf identische oder analoge Weise), können den unterdrückten Protagonisten ersetzen, um neue Ansätze und neue Formen der Befreiung zu finden."* niemals möglich gewesen.

Theater zum Leben ist auf direktem Weg aus Boals *Theater der Unterdrückten* entstanden und verwendet viele Spiele, Übungen und Prinzipien dessen, was als „Boalsches Theater" bekannt geworden ist. Spiele und Übungen nehmen im *Theater zum Leben* aber eine neue Blickrichtung ein. Wir erzählen niemals die Geschichte einer Person, sondern erfinden so gut wir können die beste kunstvollste Geschichte, die die wahrhaftige Geschichte des Gemeinwesens erzählt. Die Figuren sind nicht länger Unterdrücker und Unterdrückte. Die Figuren sind zu Mitgliedern der Gemeinschaft geworden, die in unterschiedliche Auseinandersetzungen verstrickt sind, sich anstrengen, bemühen und miteinander oder mit sich selbst zu kämpfen haben. Manchmal geht es um ein persönliches, manchmal um das systemische Gleichgewicht, das verloren ging. Darum wird es im nächsten Kapitel gehen.

Boal selbst stellte sich dem in seinem späteren Schaffen mit der Entwicklung von Techniken wie *Regenbogen der Wünsche* und *Polizisten im Kopf*.[46] Diese Techniken werde ich jeweils spezifisch in späteren Kapiteln behandeln.

Die Einladung im *Theater zum Leben* lautet, sich an den Auseinandersetzungen der Figuren zu beteiligen, die wir auch als unsere eigenen Auseinandersetzungen erkennen, nicht um die Unterdrückung zu durchbrechen (das loszuwerden, was wir nicht wollen), sondern um ein gesundes Gemeinwesen zu gestalten oder Sicherheit oder Respekt zu erlangen (das zu erreichen, was wir wollen).

---

[46] vgl. Augusto Boal: *Rainbow of Desire*, Routledge, Oxford, 1995. dt. *Der Regenbogen der Wünsche. Methoden aus Theater und Therapie*, Kallmeyer, Seelze (Velber), 1999 (Neuauflage: Schibri-Verlag, Uckerland, 2006)

Das lebendige Gemeinwesen

Ich habe in meiner eigenen Erfahrung als Theatermacher oft beobachtet, dass eine Gemeinschaft aus Individuen besteht, die gemeinsam einen lebendigen Organismus, eben das „Gemeinwesen", bilden. Gemeinwesen brauchen genauso wie Einzelwesen eine symbolische Sprache, um sich auszudrücken. Wenn sie dies nicht tun, werden sie krank, genauso wie der einzelne Mensch. Nachdem die symbolischen Ausdrucksmittel (Gesang, Tanz, Theater, etc.) immer mehr zu einem Konsumgut gemacht wurden, weisen die Gemeinwesen immer mehr Erkrankungen auf.

Autopoiesis

Alle lebendigen Systeme haben etwas gemeinsam: Sie haben ein Organisationsmuster. Zwei Komponenten muss das lebendige System aufweisen, um von einem solchen Organisationsmuster sprechen zu können: eine physische Grenze und einen Metabolismus (eine kleine Werkstatt für Umwandlungsprozesse) innerhalb dieser Grenzen. Irgendeine Art von Nahrung gelangt durch die Grenze hinein und die Abfallprodukte gelangen auch wieder hinaus. Eine biologische Zelle wäre ein Beispiel für so ein lebendiges System.

Capra erklärt den Prozess der Autopoiesis gleich zu Beginn seines Buches *Verborgene Zusammenhänge*,[47] weil er eine bestimmende Eigenschaft des Lebens und aus diesem Grund zentral für das Verständnis der Systemtheorie ist.

Die Homepage „Principia Cybernetica Web",[48] das Online-Wörterbuch für Kybernetik und Systeme, definiert *Autopoiesis* so: „... ein Prozess bei dem ein System seine eigene Organisationsform erzeugt und sich innerhalb eines Raumes selbst aufrechterhält und formt, wie z.B. eine biologische Zelle, ein leben-

[47] Fritjof Capra: *The Hidden Connections*, Doubleday, New York, 2002. dt. Fritjof Capra: *Verborgene Zusammenhänge. Vernetzt denken und handeln – in Wirtschaft, Politik, Wissenschaft und Gesellschaft*, Bern, München, Wien, 2002. Übersetzung aus dem Englischen: Michael Schmidt.

[48] http://pespmc1.vub.ac.be

diger Organismus und bis zu einem gewissen Maß *eine Gemeinde oder eine Gesellschaft als Ganzes.*" (Kursivsetzung, D. Diamond)

Capra bezieht sich dabei auf die Arbeit des Soziologen Niklas Luhmann[49] und dessen Theorie der „sozialen Autopoiesis". Luhmann schreibt: „Soziale Systeme bedienen sich der Kommunikation als ihres besonderen Modus der autopoietischen Reproduktion. Ihre Elemente sind Kommunikationen, die von einem Netzwerk von Kommunikationen rekursiv produziert und reproduziert werden und außerhalb eines solchen Netzwerks nicht existieren können."[50]

Capra setzt fort:

> „Diese Kommunikationsnetzwerke sind selbsterzeugend. Jede Kommunikation erschafft Gedanken und Bedeutungen, die zu weiteren Kommunikationen führen, und damit erzeugt das ganze System sich selbst – es ist autopoietisch. Wenn Kommunikationen sich in vielfachen Rückkopplungsschleifen wiederholen, produzieren sie ein gemeinsames System von Anschauungen, Erklärungen und Werten: einen gemeinsamen Sinnzusammenhang, der durch weitere Kommunikation ständig aufrechterhalten wird. Durch diesen gemeinsamen Sinnzusammenhang erwerben Menschen Identitäten als Mitglieder des sozialen Netzwerks, und auf diese Weise erzeugt das Netzwerk seine eigene Grenze. Das ist keine physikalische Grenze, sondern eine Grenze aus Erwartungen, Vertrauen und Loyalität, die durch das Kommunikationsnetzwerk ständig aufrechterhalten und neu verhandelt wird."[51]

Deshalb geht Capra unter Verwendung der Arbeit anerkannter Forscher, um seinen Vorschlag zu untermauern, davon aus, dass soziale Systeme lebendig sind und ein Bewusstsein erlangen. Er schreibt weiters:

> „Soziale Netzwerke sind vor allem Kommunikationsnetzwerke, die es mit Sprache, kulturellen Zwängen, Machtverhältnissen und so weiter zu tun

---

[49] Ich entdeckte die wunderbare Arbeit Luhmanns über Capra, als ich für dieses Buch recherchierte.

[50] Niklas Luhmann: *The Autopoiesis of Social Systems*, in: ders.: *Essays on Self-Reference*, New York, 1990, ohne Seitenangabe zit. nach: Fritjof Capra: *Verborgene Zusammenhänge.* a.a.O., S. 115, Übersetzung aus dem Englischen: Michael Schmidt.

[51] Capra, ebd. S. 115/116.

haben. Um die Strukturen solcher Netzwerke zu verstehen, müssen wir Erkenntnisse aus der Sozialtheorie, Philosophie, Kognitionswissenschaft, Anthropologie und anderen Disziplinen einbeziehen. Eine einheitliche systemische Theorie für das Verständnis biologischer und sozialer Phänomene wird erst entstehen, wenn die Begriffe der nichtlinearen Dynamik mit Erkenntnissen aus diesen Forschungsgebieten verbunden werden."[52]

In anderen Worten: Wir müssen zuerst gewillt sein, einen Schritt aus dem kartesianischen Paradigma hinaus zu machen und akzeptieren, dass alles um uns herum nicht-linear zusammenhängt, um in der Lage zu sein, über lebendige soziale Systeme zu diskutieren.

Muster und Strukturen

Capra definiert das *Organisationsmuster* eines lebendigen Systems als „die Konfiguration von Beziehungen zwischen den Komponenten des Systems, die die wesentlichen Merkmale des Systems, die *Struktur des Systems*, als die materielle Verkörperung seines Organisationsmusters und den Lebens*prozess* als den kontinuierlichen Prozess dieser Verkörperung bestimmt."[53]

Das ist schwer zu begreifen, denn es widerspricht dermaßen dem linearen und mechanistischen Modell, das die meisten von uns im 20. Jahrhundert in der Schule durchgemacht haben. Ich bitte festzuhalten, dass *es die Beziehungsmuster sind, die die Strukturen erzeugen*, nicht umgekehrt. Die *Struktur* ist die *Manifestation, die reale Ausgestaltung* der *Muster*.

Ist es demzufolge nicht so, dass es nicht zielführend ist, sich nur auf strukturelle Veränderungen zu konzentrieren, um die globalen und lokalen Strukturen zu verändern, die unser Leben zu kontrollieren scheinen? Dass wir daran arbeiten müssen, die *Muster*, die diese Strukturen erzeugen, zu ändern, weil sich die Strukturen ansonsten in immer derselben Weise reproduzieren?

---

[52] Capra, ebd. S. 114.
[53] Capra, ebd. S. 100.

Paulo Freire bezieht sich auf dieses Phänomen, wenn er über die zyklische Veranlagung der zutiefst Unterdrückten schreibt, die nach ihrer Erhebung wie ihre Unterdrücker werden. Freire beobachtet, dass die Herausforderung der Revolutionäre nicht mit der Überwindung der unterdrückerischen Herrschaft endet. Die Herausforderung setzt sich in dem Versuch fort, nicht so zu werden, wie das, wogegen die revolutionäre Bewegung gekämpft hat. Wie durchbrechen wir diesen Kreislauf, sowohl auf persönlicher und menschlicher als auch auf struktureller Ebene?

1986 sah ich meine eigene Entwicklung im Theater nicht unter dem Gesichtspunkt von Mustern und Strukturen, aber rückblickend entwickelte ich mit dem Modell *Power Plays* (*Spiel der Kräfte*) Mitte der 80er-Jahre einen gut durchdachten Ablauf innerhalb einer Woche, den man unter diesem Gesichtspunkt betrachten kann. Die einzelnen Schritte beinhalten Spiele, Übungen und Raum für interne Rückmeldungen, die mögliche Muster für Beziehungen darstellen. Diese möglichen Muster werden realisiert, werden Wirklichkeit durch das Erleben der Spiele und Übungen der Gruppe auf ihre jeweils eigene Art und Weise. Das ist kein starrer Prozess, ganz im Gegenteil. Indem verschiedene Teilnehmer/innen aus unterschiedlichen Gemeinschaften diese Muster durcharbeiten, bringen sie eine Struktur hervor, in diesem Fall in Form eines Theaterstücks. Das entstandene Theaterstück ist dabei jedes Mal anders, weil die Lebenserfahrungen und Sichtweisen, die die Teilnehmer/innen in den Prozess einbringen, immer unterschiedlich sind.

Der Fokus des Theaters liegt auf zwischenmenschlichen Beziehungen. Das Experimentieren mit der Frage, wie Beziehungsmuster mit Hilfe einer Forumtheateraufführung verändert werden können, ist ein Schritt auf dem Weg zur Veränderung der Strukturen, die durch die Muster entstehen.

Mit dem Verständnis dafür, wie dies auf der organisatorischen Ebene geschieht, wird es möglich, bewusst gleichzeitig mit den individuellen Teilnehmern im Workshop sowie dem größeren lebendigen Organismus im Raum, dem Gemeinwesen, zu arbeiten. Der größere lebendige Organismus arbeitet auf dieselbe Weise und hat dieselben Eigenschaften wie jedes andere lebendige System.

Inwiefern ist eine Gemeinschaft lebendig?

Eine Gemeinschaft existiert dann, wenn eine Gruppe von Menschen sich einen geografischen Raum, Werte, Erfahrungen, Erwartungen oder Glaubensvorstellungen teilt. Ihre Verbindung mag freiwillig oder unfreiwillig sein. Manchmal werden wir ganz einfach in eine Gemeinschaft hineingeboren. Eine Person kann Mitglied in vielen verschiedenen Gemeinschaften sein.

Ich lebe seit 1984 in einer Wohnungsgenossenschaft. Das ist eine freiwillige, geografische Gemeinschaft von Menschen, die gemeinsame Vorstellungen in Bezug auf sicheren und leistbaren Wohnraum hat, außerhalb der spekulativen und kapitalistischen Strukturen. Diese gemeinsamen Vorstellungen in Bezug aufs Wohnen bedeuten nicht, dass wir alle Vorstellungen teilen, betreffend die Arbeitsweise von Entscheidungsgremien zum Beispiel, oder den Lärm im Innenhof, oder Politik, Religion, etc. Ich bin ebenso Mitglied in nicht-geografischen Gemeinschaften, wie der Theater-Gemeinschaft, die lokal, national und international existiert, und der Gemeinschaft von Aktivisten für soziale Gerechtigkeit, ebenso auf lokaler, nationaler und internationaler Ebene. Und ich bin Mitglied einer kleineren Gemeinschaft, die Boalsches Theater praktiziert. Die Liste ließe sich fortsetzen.

Kinder einer Schule bilden unterschiedliche Gemeinschaften innerhalb der Struktur „Schule": Freundesgruppen, Klassengemeinschaften, Altersstufen, Sportteams und Wahlfachgruppen, alles innerhalb der gesamten Schulgemeinschaft. Das Schulpersonal, Schulwarte, Reinigungspersonal, Sekretariat und Lehrkörper bilden andere Gemeinschaften in der Schule, die zwar zusammenhängen, aber durch Machtstrukturen auch voneinander getrennt sind. Kanada ist voll von Gemeinschaften von Immigranten, nach Ethnien unterschieden: Italiener, Schotten, Kenianer, Ugander, Griechen, Chinesen, Japaner, etc. Die First Nations umfassen ebenso unterschiedliche Gemeinschaften. Gefangene finden sich selbst in einer unfreiwilligen Gemeinschaft von Insassen und Wachen. Gemeinschaften existieren innerhalb von Gemeinschaften, überlappen einander und sind scheinbar voneinander getrennt.

Indem Capra beschreibt, wodurch Kultur entsteht, erklärt er meines Erachtens auch, wodurch sich eine Gemeinschaft definiert:

> „... Kultur (entsteht) aus einer komplexen, hoch nichtlinearen Dynamik. Sie wird von einem sozialen Netzwerk mit vielfachen Rückkopplungsschleifen erschaffen, durch die Werte, Anschauungen und Verhaltensregeln ständig kommuniziert, modifiziert und erhalten werden. Sie geht aus einem Netzwerk von Kommunikationen zwischen einzelnen Menschen hervor, und dabei produziert sie Beschränkungen für ihr Handeln. Mit anderen Worten: Die sozialen Strukturen oder Verhaltensregeln, die das Handeln einzelner Menschen beschränken, werden von ihren eigenen Netzwerken von Kommunikationen erzeugt und ständig verstärkt."[54]

Er fährt fort, die Verbindungen zwischen dem, was wir problemlos als lebendig erkennen (biologische Zellen, Tiere), und größeren, weniger einfach zu erkennenden Organismen, die ohne auf den ersten Blick erkenntliche Grenzen existieren, zu beschreiben.

> „Aufgrund der Analyse lebender Systeme aus dem Blickwinkel von vier miteinander verknüpften Betrachtungsweisen – Form, Materie, Prozess und Sinn – können wir ein einheitliches Verständnis von Leben auf Phänomene im Bereich der Materie ebenso wie auf Phänomene im Bereich des Sinns anwenden. So stellten wir zum Beispiel fest, dass Stoffwechselnetzwerke in biologischen Systemen Kommunikationsnetzwerken in sozialen Systemen entsprechen, dass chemische Prozesse, die materielle Strukturen erzeugen, gedanklichen Prozessen entsprechen, die semantische Strukturen erzeugen, und dass Energie- und Materialflüsse Flüssen von Informationen und Ideen entsprechen."[55]

Capra beschreibt eine Wesenseinheit – größer als ein einzelner lebendiger Organismus –, die eine Grenze um sich herum erzeugt, keine physikalische Grenze, sondern eine Grenze aus Ideen, Informationen, Glaubens- und Verhaltensweisen, die für eine bestimmte Kultur oder Gemeinschaft spezifisch sind. Diese Grenze definiert eine Gruppe von Menschen. Diese Gruppe von Menschen funktioniert wie ein metabolisches System. Ein von einer Grenze umgebenes

---

[54] Capra, ebd. S. 120.
[55] Capra, ebd. S. 337.

metabolisches System ist autopoietisch – in anderen Worten: Es ist lebendig.

Im Workshop mit dem Volk der Sto:Lo, der im vorangegangenen Kapitel beschrieben wurde, schufen die Workshopgruppe und ich – so wie dies in jedem *Theater zum Leben*-Workshop geschieht – unsere eigene temporäre lebendige Zelle. Wir waren ein metabolisches Netzwerk. Wir hatten eine gemeinsame Absicht, welche die nicht-materielle Grenze erzeugte, und durch die Wände des Gemeindezentrums, in dem wir arbeiteten, etablierten wir eine weitere Grenze. Der Grand Chief brachte uns als ein Mitglied der Gemeinde dringend notwendige Nahrung. Als die Zeit reif war, überschritten auch andere Gemeindemitglieder diese Grenze. Als (Neben)Produkt des metabolischen Prozesses entstanden ein tieferes Verständnis der Dynamiken innerhalb der Gemeinschaft und Veränderungen der Beziehungen und des Verhaltens, was wiederum zu einem Prozess beitrug, der die der Gemeinschaft innewohnenden Strukturen veränderte.

Teil eines Gemeinwesens werden

Ein mechanistisches Verständnis des Universums impliziert natürlich, dass eine Gemeinschaft eine Maschine ist.

Maschinen können von außen bearbeitet werden. Es ist ein Leichtes zu beobachten, wie dies überall um uns herum geschieht. Die Regierung der USA entschloss sich, den Irak von außen zu bearbeiten, so wie sie sich seit Jahrzehnten an vielen Ländern zu schaffen gemacht hatte (Guatemala, Kolumbien, El Salvador, etc.). Die US-Außenpolitik liefert ein klares Beispiel dafür, was passiert, wenn man mit mechanistischer Sicht an Dinge herangeht. Das Verhältnis der kanadischen Regierung zur Bevölkerung der First Nations war von Anfang an auf den gleichen Prinzipien aufgebaut. Die erklärte Absicht der kanadischen Residential Schools[56] war es, „den Indianer aus dem Kind zu entfernen“. Wenn alles eine Maschine ist, dann ist es sehr leicht, den Menschen das Menschliche zu nehmen.

---

[56] Das System der Residential Schools (Internatsschulen für First-Nations-Kinder, die im Grunde Umerziehungslagern glichen. Anm. d. Ü.) wird im Kapitel *Out of the Silence* (*Aus der Stille heraus*) erläutert.

Wenn wir hingegen eine systemische Sicht der Dinge annehmen, wird es unmöglich davon auszugehen, dass es für eine Familie, eine Gemeinschaft, eine Organisation oder ein Volk hilfreich ist, von außen bearbeitet zu werden. Alles Lebendige verändert sich und wächst auf gesunde Art und Weise, nicht weil es mit Gewalt von außen dazu gezwungen wird, sondern weil es das will oder weil es das so von Natur aus macht. Selbst in Fällen, in denen der Impuls für eine Veränderung durch eine Anregung von außen entsteht, kommt die eigentliche Verhaltensänderung von innen. Sie kann nicht verordnet werden. Aus diesem Grund ist eine Einladung der Gemeinschaft essentiell.

Arbeiten aufgrund einer Einladung

Ich bin kein Jäger. Ich bin allerdings mit der Vorstellung von einem Jäger als jemandem aufgewachsen, der sich bewaffnet und dann durch den Wald, den Dschungel oder die Steppe trampelt und dabei seine Beute beharrlich verfolgt.

1986 war ich in Kispiox im Gitxsan-Territorium im Nordwesten von British Columbia und arbeitete an einem Agitprop-Stück[57] (d.h. kein Forumtheater) mit den Hereditary Chiefs[58] der Gitxsan und Wet'suwet'en, aus dem *NO` XYA` (Our Footprints/Unsere Fußspuren)* wurde. Während meiner Recherche- und Schreibphase kam Ta'wok (James Morrison), ein führender Gitxsan aus dem Haus der Wölfe[59] aus Gitanyow, um mich zu sehen. Er wollte über traditionelle Jagdrituale reden. Chief Ta'wok definierte meine Vorstellung vom Jagen neu.

Er erklärte, dass ein traditioneller und erfahrener Jäger seine Beute nicht verfolgt. Der Jäger findet einen Platz im Wald und wird ruhig. Durch seine Ruhe würden sich die anderen Tiere des Waldes nicht bedroht fühlen und sich mit

---

[57] Es gibt eine lange Tradition des Agitprop (Agitation und Propaganda) im politischen, themenorientierten Theater. In einem Agitprop-Stück werden die Lösungen für die Probleme präsentiert und das Publikum erhält eine klare, durch die Produzenten bestimmte, Botschaft.

[58] Laut David Diamond gibt es zwei Arten von Chiefs: Diejenigen, die gewählt werden, weil die Europäer Ansprechpartner forderten, die nach europäischem Verständnis gewählte Repräsentanten sind, und diejenigen, die auf traditionelle Weise zu Chiefs auserkoren werden, was weder mit ihrer familiären Herkunft, noch mit einer wie auch immer gearteten Kandidatur zu tun hat. Hereditary Chiefs, Frauen wie Männer, werden als solche von ihrer Gemeinschaft „erkannt". Pro Clan kann es mehrere Chiefs geben. (Anm. d. Ü.)

[59] Bei den Gitxsan gibt es vier Clans oder Häuser: Adler, Wolf, Frosch und Weidenröschen.

der Zeit dem Jäger zeigen. Er würde ihnen danken und respektvoll nur so viel nehmen, wie er braucht, um die Familie und die Gemeinschaft zu ernähren.

Ich bin kein Jäger, genausowenig wie Headlines Theatre einer ist. Aber dieses Wissen von Chief Ta'wok ergab für mich Sinn in Bezug auf das mögliche Funktionieren einer Theaterkompanie im Lebensraum vieler miteinander verbundener Gemeinschaften.

Ein Weg, wie Theaterkompanien arbeiten, ist über ihr Programm zu entscheiden und mit diesem an die Öffentlichkeit zu gehen. In den meisten Fällen entscheidet der Regisseur und/oder ein Programmkomitee und/oder ein Direktorengremium über eine Spielsaison, und dann ist es die Aufgabe der Marketingabteilung, das Publikum davon zu überzeugen zu kommen und sich die ausgewählten Stücke anzuschauen.

Ich dachte, ein anderer Weg könnte sein, dass Headlines Theatre sich „beruhigt", sich als Teil einer größeren Gemeinschaft wahrnimmt und nicht als Einheit, die separat vom potentiellen Publikum existiert. Nachdem wir uns beruhigt hätten, könnten wir auf Einladungen zu Projekten warten, die auf uns zukämen – um sich quasi selbst zu „stellen". Wir würden nicht länger durch den Wald trampeln.

Bis 1990 tourte *NO` XYA`* (*Our Footprints/Unsere Fußspuren*) zweimal durch British Columbia, einmal durch den Rest Kanadas sowie durch traditionelle Maori-Gemeinschaften im Norden Neuseelands. Die *Theater zum Leben*-Arbeit kam ebenfalls in Schwung. Es war sinnvoll, dass gemeinwesenbasierte Projekte auf Einladung von Gemeinwesen hin entstanden. Das heißt, dass sie nicht von Headlines Theatre initiiert wurden. Headlines Theatre nahm die Beschaffenheit eines sozialen Netzes an. In einer hierarchischen Struktur erfolgt die Machtkontrolle auf linearem Weg. Die meisten Theaterkompanien arbeiten auf diese Weise: Eine kleine Gruppe formt sich, manchmal ist es auch nur eine Person, beschließt die Stücke der Saison und spielt sie dann für die Öffentlichkeit. Die Herausforderung der Gruppe ist es dann, das Publikum zu überzeugen, die Produktion oder die Stücke der Saison zu sehen.

In 90 Prozent der Fälle erfolgt die Arbeit von Headlines Theatre so, dass die

Arbeit der Kompanie von den Gemeinschaften bestimmt wird, die eine Einladung aussprechen. (Im Gegensatz dazu kommt der Impuls für eine Großproduktion[60] meist aus dem Inneren der Struktur von Headlines Theatre. Die Arbeit beginnt aber nicht ohne die aktive Miteinbeziehung von relevanten Gemeinwesenorganisationen.) Die Entscheidungsfindungsprozesse für den Großteil der Programmgestaltung verlaufen nicht-linear. Sie beinhalten vielfältige Rückkopplungsschleifen und es ist unmöglich, die Ergebnisse vorherzusagen. Dadurch gibt es die Struktur eines *Netzes*, das Headlines Theatre mit einer Unzahl von Organisationen und Einzelpersonen überall auf der ganzen Welt verbindet, die das Programm von Headlines Theatre festlegen.[61]

Ein *Theater zum Leben*-Projekt kommt zustande, weil eine Gemeinschaft *etwas will* und sich vorstellt, dass, was immer das ist, was sie will, durch das Theater erreicht werden kann. Um überhaupt Theater mit den Mitgliedern einer Gemeinschaft machen zu können, muss der Regisseur/die Regisseurin oder der *Joker*[62] die Grenze, die diese Gemeinschaft umgibt, passieren.

Die Einladung einer Einzelperson oder einer Organisation ist keine ausreichende Garantie dafür, dass die Einladung auch wirklich von der Gemeinschaft kommt. Diese Lektion habe ich auf die harte Tour gelernt. Es folgen einige Beispiele.

Ein weißer Nordamerikaner schwitzt in Namibia

Namibia wurde 1990 nach jahrelangen teils blutigen Kämpfen als Staat unabhängig. Zwei Jahre später entschied die SWAPO, ehemals prominente

---

[60] Zu einem sechstägigen *Power Play* kommt es auf Grund einer Einladung. Während eines Jahres gibt es viele davon. Headlines Theatre realisiert normalerweise eine Großproduktion pro Jahr, für die es große Summen an Geld benötigt sowie einen längeren Erarbeitungszeitraum. Die Aufführungen finden dann in einem Theater oder in einem Gemeindezentrum statt und gehen über zwei bis vier Wochen.

[61] Das führte u.a. zur Arbeit mit Passamaquoddy-Frauen in den USA zum Thema „indigene Sprachen", zu Projekten in ganz Kanada über Rassismus und Gewalt, zu einem Projekt über Körperbilder in Melbourne/Australien, einem Projekt über Rassismus in Italien und viele mehr.

[62] Das Wort *Joker* stammt von Augusto Boal und wird verwendet, um den/die Regisseur/in und Workshop-BegLeiter/in zu bezeichnen, der/die im Theater mit Boal-Techniken arbeitet.

Revolutionspartei und jetzt an der Regierung, dass es eine gute Sache wäre, populäre Lehrmeister nach Namibia zu holen, um gemeinwesenbasierte Projekte zur Alphabetisierung, zur Anti-Gewalt-Arbeit, etc. durchzuführen. Ich fühlte mich geehrt und war aufgeregt, weil ich unter den Eingeladenen war.

An die 100 bekannte Lehrmeister/innen kamen für ein zweitägiges Briefing in Windhoek, der Hauptstadt, zusammen. Dann wurden wir in verschiedene Gemeinschaften ausgesandt, um unsere Arbeit zu machen. Ich wurde nach Rehoboth in Zentralnamibia geschickt. Wie mir erklärt wurde, waren die Baster[63] aus Rehoboth, eine großteils gemischtrassige Bevölkerung, gegen die Revolution gewesen. Die Baster sind hellhäutiger als die meisten afrikanischen Namibier und sie fürchteten mit der Abschaffung der Apartheid einen Machtverlust innerhalb der sozialen Strukturen. Sie verloren. Ich war ein Friedensangebot.

In der Gemeinde herrschte eine extrem hohe Arbeitslosigkeit. Das bedeutendste Geschäft, genau in der Mitte der Stadt, hieß „Boozerama". Niemand wusste von meinem Kommen, außer der Namibierin, die als Ovambo-Übersetzerin[64] mit mir aus Windhoek anreiste. Das war eine fürchterliche Überraschung für uns beide.

Was tun? Wir begannen von Tür zu Tür zu gehen. Stellt euch die Reaktionen vor. „Hallo! Wir wissen, dass du keine Ahnung hast, wer dieser Weiße ist, der offensichtlich vor Hitze umkommt, aber möchtest du nicht mit uns kommen und Theater über die Themen der Gemeinde hier machen?" Rumms. Rumms. Gelächter – rumms! Warum sollten sie uns *nicht* die Tür vor der Nase zuschlagen?

Wie wir so herumzogen, begannen wir zu bemerken, dass die Kinder das Geschehen neugierig verfolgten. Wer war dieser Außerirdische? Hinter uns bildete sich eine Schlange von Kindern. Wir hielten unter einem großen Baum an und begannen mit den Kindern zu spielen. Wir hatten eine wundervolle

---

63 Baster ist eine Ableitung von Bastard und bezeichnet die Nachkommen von Buren und Nama-Frauen. (Anm. d. Ü.)

64 Ovambo ist eine afrikanische Sprache mit Klick-Lauten. Leider habe ich den Namen der Frau vergessen.

Zeit. Wir fragten sie, ob sie morgen wiederkommen wollten. Sie wollten. Versucht eure Eltern mitzubringen, ok?

Am nächsten Tag kamen viele der Kinder wieder, aber immer noch keine Erwachsenen. Wir spielten noch mehr Spiele und als der Tag zu Ende ging, kamen die Eltern herbei, um nachzuschauen, was mit ihren Kindern los sei. Langsam formte sich eine Gruppe. Am dritten Tag hatten wir eine Arbeitsgruppe von circa 20 Erwachsenen und Kindern. Wir machten ein sehr ausdrucksstarkes Stück über mangelnde Sicherheit verursacht durch Banden, Drogenhandel, Alkoholismus, Arbeitslosigkeit und Gewalt in der Gemeinschaft. Es wurde eine schöne Aufführung, mit Figuren, die für ihren Auftritt über Hügel stiegen und welche, die in einem LKW die Straße heraufbrausten.

Ein örtlicher Lehrer mit Englischkenntnissen, sein Name war Pepsi, beteiligte sich. Er konnte sehen, welche Kraft das Geschehen während der Proben hatte. Die Leute redeten auf neue Art und Weise miteinander, arbeiteten gemeinsam an etwas, kooperierten, schmiedeten neue Freundschaften. Mehr als 100 Menschen kamen zur Aufführung, die unter dem großen Baum stattfand. Wir spielten Forumtheater und es war, alles mit Übersetzung, ein inspirierter und kreativer gemeinschaftlicher Dialog über die Möglichkeiten, ein Gefühl der Sicherheit in der Gemeinschaft zu entwickeln, damit die Leute in der Nacht vor die Tür gehen können, ohne sich fürchten zu müssen, geschlagen oder ausgeraubt zu werden.

Pepsi und ich trafen uns an den Abenden und ich gab ihm einen Crashkurs in Theater. Wie abgemacht kündigte er bei der Aufführung an, das Theaterprojekt fortzuführen, sofern sie ihn wollten. Sie wollten und er machte für zumindest zwei Jahre weiter. Was darüber hinaus geschah, weiß ich nicht, weil wir irgendwann den Kontakt verloren.

Als ich in Namibia von Tür zu Tür ging, war ich in der Position, Leuten etwas verkaufen zu wollen, das sie nicht wollten. Ich war ein reisender „Experte“ mit einem Angebot, von dem keiner irgendetwas wusste, und man hatte allen Grund mir zu misstrauen. Es gab keine Möglichkeit, dieser Rolle zu entkommen, bis es gelang, über die Spiele echte Beziehungen zu den Kindern aufzubauen. Durch die Spiele konnte das Machtverhältnis ausgeglichen werden. Ich leitete ein Spiel an, das sie nicht kannten und sie zeigten mir eines, das ich nicht kannte. Durch diesen Prozess begannen wir einander kennenzulernen, gemeinsam menschlich zu sein. Das Aufbauen eines Vertrauensverhältnisses ermöglichte es ihnen, sich einzulassen. Es war die hohe Beteiligung der Kinder, die mir das Überschreiten der Grenze erlaubte. Und das war es auch, was die Eltern dazu bewog, mich auf den Rest des Weges einzuladen, hinein in das Gemeinwesen. An einem geografischen Ort zu sein, bedeutet nicht automatisch in einer Gemeinschaft zu sein.

Alles in allem nahm dieses Projekt ein gutes Ende, obwohl wir zu Beginn einige Menschen verärgert und gegen uns aufgebracht hatten. Wir hatten Glück. Für mich bestand die Lektion darin, dass ein Workshop nicht am ersten Workshoptag beginnt. Ich hätte viel mehr Fragen stellen sollen, als ich die Einladung erhielt. Und es wäre in meiner Verantwortung gelegen, mich möglichst zu versichern, dass die Einladung tatsächlich von der Gemeinschaft kommt, mit der ich arbeiten würde.

Ist es irgendwann notwendig, Nein zu sagen?

Wenn irgendetwas schief geht, wie es mit der Einladung aus Namibia passiert ist, dann ist das sicherlich eine Gelegenheit für Reflexion und anschließende Überlegungen, wie man den Ablauf in Zukunft verbessern kann. In den späten 1990ern hatte Headlines Theatre besser durchdachtes Material, das an potentielle Organisatoren in Gemeinschaften ausgesandt wurde. Es gab einige Dinge, auf die wir bestanden: Organisatoren sollten nicht alleine arbeiten. Wenn ein lokales Komitee das Projekt organisiert, besteht eine gewisse Sicherheit, dass die Einladung tatsächlich von der Gemeinschaft kommt und nicht nur von einer einzigen Person oder von außerhalb, auch wenn sie noch so gut gemeint ist. Theaterarbeit kann den Menschen sehr gut den Rücken stärken, aber niemand kann ihnen eine Stärkung[65] aufzwingen.

Obwohl Headlines Theatre über festgeschriebene Abläufe verfügt, fand ich mich 2003 in einem Gesundheitszentrum in British Columbia in einer extrem schwierigen Situation wieder. Ich wurde von einem Bekannten eingeladen,

[65] Die Worte im Originaltext lauten „empowering" und „empowerment". (Anm. d. Ü.)

dort mit Jugendlichen Theater über Drogen- und Alkoholsucht zu machen. Es gab viele Treffen und Besprechungen, persönlich und am Telefon, mit mir und Angestellten von Headlines Theatre und dem Freund, der das Vorstandsgremium des Gesundheitszentrums repräsentierte. Als üblichen Teil des Vertrages schickten wir einen Brief von mir mit, der an alle potenziellen Teilnehmer/innen weitergeleitet werden sollte, in dem erklärt wird, wie die Struktur des Workshops aussieht und was von den Teilnehmern erwartet wird. Das ist Teil ihres Entscheidungsfindungsprozesses darüber, ob sie mitmachen wollen oder nicht. Wir schickten weiters ein Video, das Einblick in die Arbeit in einem Workshop gewährt. Uns wurde versichert, dass die Jugendlichen bereits voller Vorfreude auf den einwöchigen Prozess und die darauffolgende Aufführung seien.

Bei meiner Ankunft stellte ich fest, dass das Gesundheitszentrum mehr oder weniger einem Gefängnis glich. Die Jugendlichen waren hinter Schloss und Riegel und auf richterliche Anordnung hin dort. Nicht einer von ihnen hatte auch nur die leiseste Ahnung von meinem Kommen bis zu Beginn des ersten Workshoptages. Nichteinmal die Begleitperson des Zentrums, die mit mir im Workshop sein würde, hatte bis zu diesem Tag etwas davon erfahren.

Was ich während der ersten Runde am ersten Morgen von den Jugendlichen hörte, war, dass sie nicht nur nicht wussten, worüber der Workshop sein würde, sondern als sie erfuhren, dass wir Theater über ihre Schwierigkeiten mit Alkohol und Drogen machen würden, informierten mich manche von ihnen darüber, dass sie gar keine Probleme mit Alkohol und Drogen hätten. Selbstverständlich war ich mir unter den gegebenen Umständen ziemlich sicher, dass diese Aussage für einige nicht zu 100 Prozent zutreffen würde. Was aber mit Sicherheit stimmte, war, dass sie keinerlei Wunsch oder Absicht hatten, Theater über diese Themen zu machen oder mit mir darüber zu diskutieren.

Ich fragte sie, ob sie nicht zumindest einige Übungen oder Spiele machen wollten, nur um zu sehen, worum es bei der Arbeit ging. Schließlich war ich viele Stunden gefahren, um dort zu sein, hatte nichts anderes vor, und wenn sie nicht mit mir arbeiten würden, müssten sie wahrscheinlich zurück in ihre

Zimmer. Wir waren uns darin einig, gemeinsam in einer unangenehmen Situation zu stecken, aber dem Ganzen eine Chance geben zu wollen. Ich dachte, die Spiele würden ihnen vielleicht Spaß machen und den Wunsch wecken, der es ermöglichte, etwas in Richtung Theater zu unternehmen. Vielleicht käme es zu einer Aufführung, vielleicht auch nicht.

Ich irrte mich. Es kann nicht die Aufgabe des Workshopleiters oder Jokers sein, auf die Teilnehmer/innen einzureden wie auf eine kranke Kuh, zu bitten und zu betteln, sie zu überreden oder zu versuchen, sie zu aktiver Beteiligung zu zwingen. Ich habe sehr erfolgreich in Gefängnissen gearbeitet. Die Gefängnisinsassen hatten in diesen Fällen natürlich keine Wahl, ob sie im Gefängnis sein wollten oder nicht, aber sie hatten die Entscheidung darüber, ob sie mit mir arbeiten wollten oder nicht. Hier hatten die Jugendlichen, ebenfalls Gefangene, gar keine Wahl getroffen. Sie wurden einfach in einen Raum geführt und mir überlassen, damit ich an ihnen von außen arbeiten könnte, so wie jemand an einem Auto arbeitet. Auf diese Art wurden sie, wieder einmal, wie ich vermute, entmenschlicht. Es war eine Verletzung ihrer menschlichen Rechte.

Ich sagte zu ihnen, dass ich mit ihnen arbeiten würde, wenn sie mit mir arbeiten wollten. Aber ich würde nicht versuchen sie zu überzeugen, nicht mehr, als ich es bisher schon getan hatte. Sie müssten die Arbeit wollen, und wenn sie das nicht täten, wäre das in Ordnung. Was wollten sie tun? Sie sagten, sie wollten zurück in ihre Zimmer gehen. Ich tat etwas, das mir einen Konflikt mit den Organisatoren einbrachte. Ich stimmte den Jugendlichen zu und sagte den Workshop ab.

Es mag möglich sein, Menschen zum gemeinsamen Theatermachen zu zwingen, aber es ist das Gegenteil von *Theater zum Leben*, und nach allem, was ich über Boal weiß, auch das Gegenteil des *Theaters der Unterdrückten*. Der Konflikt mit den Organisatoren hatte mit meiner vertraglichen Verpflichtung ihnen gegenüber zu tun, einen Workshop zu halten. Ich hatte das starke Gefühl, und habe es noch, dass meine Verpflichtungen den Teilnehmern gegenüber, sie nicht zu entmenschlichen, Vorrang hatten, obwohl die Organisatoren die Rechnung bezahlten.

Eine ständige Entwicklung

Die Art und Weise, wie *Theater zum Leben*-Projekte ihren Weg in eine Gemeinschaft finden, unterliegt einer ständigen Entwicklung. Seit der Erfahrung mit dem Gesundheitszentrum ist es eine der vertraglichen Auflagen für die Projektorganisatoren, zumindest einen Workshopteilnehmer im Organisationskomitee zu haben.

Es ist ebenfalls wichtig für das Organisationskomitee, durch Diskussion mit anderen Mitgliedern der Gemeinschaft über das generelle Thema zu entscheiden, *bevor die Workshopbewerbung beginnt.* Die Aufgabe der Organisatoren ist es, ein Gefäß zu schaffen, einen Raum, worin das lebendige Wesen, die Workshopgruppe, sich versammeln und werken kann. Sie sprechen eine Einladung aus und es muss, wie bei jeder Einladung, klar sein, wozu man eingeladen ist.

Das ermöglicht es den Workshopteilnehmern, eine Entscheidung zu treffen. Wenn es keinen vorher festgelegten Fokus gibt, wie kann jemand entscheiden, ob er teilnehmen will oder nicht? Zusammenzukommen, um sich Themen der Gemeinschaft oder Formen von Unterdrückung anzuschauen, ist zu wenig fokussiert. Wenn nach den Besprechungen in der Gemeinschaft der Wunsch in die Richtung geht, sich zum Beispiel Gewaltthemen anzuschauen oder Konflikte zwischen den Generationen, dann können sich die Leute entscheiden, ob sie sich einbringen wollen oder nicht. Wenn das Thema offen gelassen und erst festgelegt wird, nachdem die Teilnehmer eingetroffen sind, wird es zwangsläufig einige Leute geben, die im Prozess verunsichert sein werden, weil sie an Themen arbeiten werden, die sie sich nicht ausgesucht hätten. Oder sie verlassen den Prozess verärgert, niedergeschlagen oder hilflos, weil sie sich für etwas angemeldet haben, was ganz gegen ihre Erwartungen verlaufen ist.

In den meisten Fällen werden solche organisatorischen Vorarbeiten den Weg zu einer Gemeinschaft ebnen und zu einem Beginn des Workshopverlaufs führen, bei dem sich jeder sicher fühlt. Selbstverständlich gibt es keine Garantien. So wie alle Individuen ihre eigene Geschichte haben, die ausschlaggebend für ihre Reaktionen auf Ereignisse ist, so sind die Reaktionen einer Gemeinschaft auf Ereignisse auch durch ihre eigenen Geschichten bestimmt.

Ist es Theater oder Therapie?

Ein *Theater zum Leben*-Workshop, der in eine öffentliche Aufführung mündet, ist keine Therapiesitzung für die Teilnehmer/innen und darf nicht als solche angelegt werden. Er ist eine Gelegenheit für die Workshopteilnehmer/innen, etwas über relevante Themen auf die Beine zu stellen und etwas mitzuteilen, das für ihre Gemeinschaft von großem Nutzen ist. Das ist es, was die stärkende Natur des Prozesses ausmacht.

Zur Erzeugung eines sicheren Umfelds, in dem Leute arbeiten können, gehört es, sehr klar zu kommunizieren, was die Veranstaltung ist und was nicht. Ein *Theater zum Leben*-Workshop ist ein Theaterworkshop, keine Einzel- oder Gruppentherapiesitzung. Wie jedes gute Theater kann es einen therapeutischen Wert haben und den hat es oft auch. Wenn Mitglieder der Gemeinschaft eine Veranstaltung wünschen, in deren Verlauf im speziellen Fall eine Therapiesitzung stattfindet, dann haben sie den potentiellen Teilnehmern gegenüber die Verantwortung, diesbezüglich klar und ehrlich zu sein. Nochmals: Die Teilnehmer/innen müssen in der Lage sein, eine Wahl zu treffen, ob sie dabei sein wollen oder nicht. Die Entscheidung, an einem Theaterprojekt teilzunehmen, das Stücke über persönliche und gemeinschaftliche Themen entwickelt, unterscheidet sich sehr von der Entscheidung, an einer Gruppentherapie teilzunehmen. Das ist auch aus Sicht des Jokers wichtig. Die Leute kommen mit höchst unterschiedlichen Erwartungen in den Raum, je nachdem, ob sie wegen des Theaters oder wegen einer Therapie kommen.

Warum entscheidet sich eine Theatergruppe dafür, Shakespeares *Romeo und Julia* zu spielen? Weil sie die Hoffnung hegt, dass die Zuschauer/innen sich unabhängig von Alter, Herkunft, usw. mit den jungen Liebenden identifizieren und über diese Identifikation irgendeine Art von Veränderung im Theater erfahren, und anschließend anders hinausgehen, als sie hineingegangen sind. Ist *Romeo und Julia* eine Einzel- oder Gruppentherapie?

Theater, das aus Themen und einem Prozess der Gemeinschaft erwächst, hat dieselben Ziele wie jedes andere Theater und zusätzlich noch weitere. Es gibt den Wunsch, Stimmen zu Gehör zu bringen, die im konventionellen Theater meistens nicht zu hören sind, Themen zu verhandeln, die selten behandelt werden. Und es gibt den Wunsch, dass durch interaktive Forumtheater-Prozesse die Gemeinschaft einen Dialog über Lösungskonzepte für schwierige Themen, mit denen sie zu kämpfen hat, führen wird. Wie eine Produktion von *Romeo und Julia* ist es dennoch Theater. Wie jedes gute Theater hat es therapeutische Wirkung.

Unterstützung durch wen, wann und wie

Ein *Theater zum Leben*-Prozess beginnt normalerweise mit persönlichen Geschichten, dargeboten als stummes Bild oder durch Gesten. Bei der Bearbeitung fürs Theater machen wir allerdings kein Stück über das Leben einer Person. Wir sind nicht dazu da, einem Individuum zu dienen. Wir mögen vielleicht die Geschichte einer Person dazu verwenden, um Menschen, die ähnliche Erfahrungen haben, zusammenzubringen, wie beispielsweise in den Übungen *Magnetisches Bild* oder *Lied der Meerjungfrau*.[66] Aber ausgehend von diesen Übungen erarbeiten wir ein erfundenes Theaterstück, das die Wahrheit über eine Gemeinschaftserfahrung erzählt. Wir bewegen uns immer von der Einzahl zur Mehrzahl, und wir verwenden die Sprache des Theaters, um Kunst zu schaffen.

Der theatrale Prozess erreicht dann eine weitere „Mehrzahl", wenn die größere Gemeinschaft kommt, um an einer interaktiven Veranstaltung teilzunehmen. Sobald das geschieht, gilt die Aufmerksamkeit nicht mehr den Workshopteilnehmern. Forumtheater ist nicht nur zum Nutzen der Teilnehmer/innen gemacht, sondern ist für alle von Nutzen, die sich versammelt haben, um ein Stück zu sehen und sich an einem theatralen Dialog über die untersuchten Themen zu beteiligen. Wir bewegen uns im Workshop vom Singulären zum Pluralen und hin zu einem Meta-Pluralismus bei der öffentlichen Aufführung.

Natürlich kann es vorkommen, dass die Inhalte, über welche die Gemeinschaft Theater machen will, emotional und psychologisch unberechenbar sind

[66] Eine ausführliche Erklärung dieser beiden Übungen findet sich im Abschnitt *Stückentwicklung* im Kapitel *Im Workshop-Raum*.

(Gewalt, Missbrauch, Rassismus, Sucht usw.). In diesen Situationen braucht es eine Beratungsperson oder einen Beistand aus der örtlichen Gemeinschaft. Es können Situationen auftauchen, in denen Teilnehmer/innen eine Eins-zu-Eins-Beratung in Anspruch nehmen wollen oder eine Weiterleitung zu einer Beratung brauchen, wie sie der unterstützende Charakter der Gruppe selbst nicht bieten kann.

Dieser Beistand kann jemand aus dem Ältestenrat, ein/e Weise/r, sein (und ich meine das sowohl im Kontext der First Nations als auch in anderen Kontexten), ein/e Sozialarbeiter/in, ein/e Lehrer/in oder ein anderes anerkanntes Gemeindemitglied. Das Wichtige daran ist, dass die Person von der Gemeinschaft anerkannt und in ihrer beratenden und unterstützenden Rolle akzeptiert wird.

Der Joker hat viele Funktionen und alle sind theatral. Selbstverständlich kann und soll der Joker ein mitfühlendes menschliches Wesen sein, aber er kann nicht, so glaube ich, die Rolle eines Sozialarbeiters, Therapeuten oder eines Betreuers übernehmen. Eine Person kann nicht beide Funktionen gleichzeitig erfüllen, weil diese einen unterschiedlichen Fokus haben. Wenn der Joker beides übernimmt und Theatermacher/in und Beistand gleichzeitig ist, dann liegt viel zu viel Macht in den Händen einer einzigen Person, einer Person, die in vielen Fällen die Gemeinschaft nach Beendigung des Prozesses wieder verlässt.

Die Person (es können auch mehrere sein), die Beistand leistet und unterstützend wirkt, muss vor Beginn des Workshops etabliert sein. Sie muss in der Gemeinschaft leben, *ein Teil* der Gemeinschaft sein. Diese Person muss teilweise auch als Teilnehmer/in am Workshop partizipieren und bei allen Gruppenbildungs- und Vertrauensspielen mitmachen, um ein integrierter, zuverlässiger und vertrauenswürdiger Teil der Gruppe zu werden. Sie darf aber nicht bei den inhaltlichen Übungen mitmachen. Ihre Erfahrungswerte und Kenntnisse in Bezug auf die Thematik stellen kein Material für die Stückentwicklung dar und sind nicht Bestandteil der Recherchearbeit durch die Gruppe.

Ich bevorzuge es, sofern Betreuer/innen im Workshop sind, dass diese nicht von sich aus aktiv werden. Das bedeutet, dass sie für die Teilnehmer/innen verfügbar sind und diese die Möglichkeit haben, zu ihnen zu kommen, sofern sie das wollen. Ein/e Betreuer/in mischt sich nicht dauernd persönlich bei Teilnehmer/innen ein, weil ihm/ihr vorkommt, dass einer oder mehrere mit Schwierigkeiten zu kämpfen haben. Das beraubt die Teilnehmer/innen möglicherweise der Erfahrung reflektierender Nachdenkprozesse. Sie wissen, dass die Person anwesend ist, welche Aufgabe diese hat und dass sie den Beistand, nach oder während des Workshops, in Anspruch nehmen können, sofern sie das wollen. Der oder die Betreuer/in soll eine unterstützende Ressource für die Gruppe sein, keine therapeutische Verpflichtung.

Die Warum-Frage

1985 besuchte ich einen internationalen *Theater der Unterdrückten*-Workshop mit Augusto Boal in Orvelte, Holland. In diesem Workshop wurde etwas sehr Zentrales in Bezug auf die Frage, was es heißt, ein Joker zu sein, für mich deutlich. Die Leute fragten Boal ununterbrochen, immer und immer wieder, die gleiche Frage: „Was mache ich, wenn Fall x eintritt?" So, als ob es ein Rezept geben müsste.

Natürlich gibt es keines. Praktiker/innen der gemeinwesenbasierten Arbeit entwickeln Richtlinien und ethische Normen, innerhalb derer sie arbeiten, aber sobald jemand ein Rezept anwendet, ist er nicht mehr präsent in Bezug auf den Moment und die Menschen im Raum. Die Auffassung, dass es ein Rezept gibt, ist die Manifestation der Idee, dass ein Prozess mit einer Gemeinschaft mechanisch funktioniert. Innerhalb dieses Denkmusters zu agieren, macht es extrem schwierig, die lebendigen Eigenschaften der Gemeinschaft zu erkennen. Wenn wir uns der Gemeinschaft gegenüber verhalten, als sei sie eine Maschine, die immer auf die gleiche Weise reagiert, werden wir unsere Fähigkeit, wirklich zuzuhören und hinzuschauen, verlieren. Wir verlieren unsere Fähigkeit, die Entwicklung *dieses Theaterprojekts* zu leiten, weil wir uns nicht mehr in einem wirklichen Dialog mit *diesem Gemeinwesen* befinden.

Es gibt an Stelle der Frage „Was?" noch eine andere Frage, und die lautet: „Warum?" „Warum unternehmen wir diese Recherche?" Zur Recherche gehört für mich die BegLeitung[67] aller Spiele und Übungen, die Aktivierung eines

---

[67] vgl. *Danksagung und Vorwort des Übersetzers.*

Bildes, die Gestaltung und das Jokern eines Forumtheaterstücks. Die Antwort auf die Frage „Warum tun wir etwas?" zeigt einen Lösungsweg betreffend die Frage „Was soll ich tun?" in jedem erdenklichen Moment.

Wir unternehmen diese Recherche,
... um zu lernen, wie mit Gewalt an Schulen umzugehen ist.
... um einzusehen, dass Armut kein Verbrechen ist.
... um Ärzten zu helfen, ein Verständnis zu entwickeln, wie das Gesundheitswesen Patienten der First Nations auf kulturell angemessene Weise begegnen kann.

Wenn das der Grund ist, warum wir hier sind, was kann ich dann als Joker tun, um aus dem Augenblick heraus einen Schritt in diese Richtung zu machen, der dem Moment angemessen ist? Welche Art von Übung oder Spiel kann ich vorschlagen? Welche Richtung, welche Anweisungen kann ich einem Schauspieler geben? Welche Art von Frage kann ich an die Gruppe oder das Publikum stellen? Die Warum-Frage mündet in augenblicksspezifische Antworten.

Bis hierher habe ich in einfachen Worten erörtert, was Forumtheater ist und wie *Power Plays* (*Spiel der Kräfte*) entstanden ist. Ich habe mit Hilfe der Wissenschaft und mit Anekdoten untersucht, inwiefern eine Gemeinschaft ein lebendiger Organismus ist, und ich habe einige Richtlinien dargelegt, die sicherstellen sollen, dass ein klarer Informationsaustausch zustande kommt. Bevor wir uns dem Ablauf eines Theaterworkshops widmen, möchte ich einige Seiten darauf verwenden, das mechanistische Modell genauer anzuschauen.

Rückkopplungsschleifen

In der Natur können wir beobachten, dass jeder Organismus, von der einzelnen Zelle über den Menschen bis hin zu einem Volk, bestimmte Verhaltensmuster aufweist. Die Verhaltensmuster erzeugen durch Handlung, die Wahrnehmung der Handlung durch die unmittelbare Umgebung des handelnden Organismus und die Reaktion darauf eine Folge von Aktionen und Reaktionen. Diese Reaktionen werden zu einer Erfahrung des Organismus, die das Verhalten entweder bestärkt oder im Organismus eine Anpassung des Verhaltens erzeugt. Der Organismus verhält sich entweder wieder auf die gleiche Weise, oder er verhält sich anders. Dieses gleiche oder andere Verhalten führt erneut zu einer Reaktion der unmittelbaren Umgebung, die ihrerseits aus Organismen besteht, die ihr Verhalten ständig auf dieselbe Art und Weise anpassen. Jedes Lebewesen (Zelle, Mensch, Gemüse, Organisation, Gemeinschaft, Volk) befindet sich in einem komplexen Geflecht aus sich überlappenden Rückkopplungsschleifen, oder in Dialogen mit der Welt um sich herum. Diese Dialoge sind Teil dessen, was die Welt formt. Capra bezeichnet dieses komplexe Geflecht als „das Lebensnetz". Wie bereits besprochen, entstehen aus diesen Mustern Strukturen, inklusive der, aber nicht beschränkt auf, Institutionen, Gesetze, Architektur und Lebensstile.

Im mechanistischen Modell ist es einfach, Menschen getrennt voneinander zu sehen, getrennt von ihrer unmittelbaren Gemeinschaft und ihrer Umgebung. In diesem Zusammenhang ist es auch möglich, mit dem Lügenmärchen einer scharfen Abgrenzung zwischen Gut und Böse zu leben. Damit lässt sich auch eine künstliche, streng umrissene Konstruktion mit Unterdrückern und Unterdrückten entwerfen.

Unterdrücker und Unterdrückte entstehen in ihren Gemeinwesen und werden von diesen in ihren Rollen aufrecht erhalten und gestärkt, eben durch dieses komplexe Wechselspiel von Rückkopplungsschleifen. Ungleichheit und die verschiedenen Formen von zerstörerischem Verhalten in der Welt, so könnte man argumentieren, sind ein Zeichen der Störung innerhalb des lebendigen Organismus als Ergebnis einer ausgedehnten Zeitspanne in Rückkopplungsschleifen, die für die Gesundheit des Organismus schädlich sind.

In seiner Pädagogik der Unterdrückten schreibt Freire, wie die Unterdrückten danach streben, zu Unterdrückern zu werden:

> „Im ersten Stadium des Kampfes freilich drohen die Unterdrückten fast immer zum Tyrannen oder zum ‚Sub-Tyrannen' zu werden, (...) Ihr Ideal ist es, Mensch zu sein. Aber für sie heißt Mensch sein: Unterdrücker sein. Das ist ihr Modell von Menschlichkeit. (...) Der Landarbeiter ist selten, der – einmal zum Aufseher ‚promoviert' – nicht ein ärgerer Tyrann gegenüber seinen früheren Kameraden wird, als der Besitzer selbst."[68]

> „Um die Situation der Unterdrückung zu überwinden, muß der Mensch zunächst ihre Ursachen kritisch erkennen, damit er durch verändernde Aktion eine neue Situation schaffen kann, eine, die das Streben nach vollerer Menschlichkeit ermöglicht. Aber der Kampf darum, noch vollkommener Mensch zu sein, hat schon begonnen, wo in echter Weise darum gekämpft wird, die Situation zu verändern. Die Situation der Unterdrückung ist zwar eine enthumanisierte und enthumanisierende Totalität, die auf die Unterdrücker ebenso wirkt wie auf die von ihnen Unterdrückten, aber es sind doch die letzteren, die aus ihrer zerstörten Menschlichkeit heraus den Kampf um ein vollkommeneres Menschsein für beide führen müssen. Der Unterdrücker, der selbst enthumanisiert ist, weil er andere enthumanisiert, ist nicht in der Lage, diesen Kampf zu führen."[69]

Freire erkennt, dass es eine komplexe Beziehung zwischen Unterdrücker und Unterdrücktem gibt und dass beide untrennbar miteinander verbunden sind, weil beide unweigerlich ein Teil der Menschheit sind.

Wenn wir die der Systemtheorie innewohnenden Ideen miteinbeziehen, wird offensichtlich, dass Unterdrücker und Unterdrückter nicht nur miteinander verbunden sind, sondern unauflöslich Teil des gleichen Netzes und manchmal des gleichen Organismus sind. In der Sprache des Theaters: Sie sind manchmal dieselbe Figur. Wenn wir den Kreislauf der Unterdrückung beenden wollen, ist

---

[68] Paulo Freire: *Pädagogik der Unterdrückten. Bildung als Praxis der Freiheit.* Reinbek bei Hamburg, 1973, S. 33

[69] Freire: ebd. S. 34, 35

die Stärkung der Unterdrückten nur einer von vielen erforderlichen Schritten auf dem Weg, der zur Genesung des größeren Geflechts oder Organismus führt. Empowerment kann nicht nur dem Selbstzweck dienen, ohne an der Veränderung der strukturerzeugenden Verhaltensmuster zu arbeiten.

Capra wiederholt immer wieder die Idee der Vernetzung aus einer sehr technischen Sicht:

> „Zu Beginn dieses neuen Jahrhunderts gibt es zwei Entwicklungen, die sich entschieden auf das Wohlergehen und die Lebensweisen der Menschheit auswirken werden. Beide Entwicklungen haben etwas mit Netzwerken zu tun und hängen mit radikal neuen Technologien zusammen. Das ist zum einen das Aufkommen des globalen Kapitalismus, zum anderen die Erschaffung nachhaltiger Gemeinschaften, die auf ökologischem Bewusstsein und der praktischen Umsetzung des Ökodesigns basieren. Während sich der globale Kapitalismus mit elektronischen Netzwerken von Finanz- und Informationsflüssen befasst, ist das Ökodesign an ökologischen Netzwerken von Energie- und Materialflüssen interessiert. Das Ziel der globalen Wirtschaft ist die Maximierung von Reichtum und Macht ihrer Eliten – das Ziel des Ökodesigns ist die Optimierung der Nachhaltigkeit des Lebensnetzes.
>
> Diese beiden Szenarien – die jeweils mit komplexen Netzwerken und speziellen fortschrittlichen Technologien zusammenhängen – befinden sich derzeit auf einem Kollisionskurs. Wie wir gesehen haben, ist die gegenwärtige Form des globalen Kapitalismus ökologisch und sozial nicht nachhaltig. Der so genannte ‚globale Markt' ist eigentlich ein Netzwerk von Maschinen, die nach dem Grundprinzip programmiert sind, dass das Geldverdienen den Vorrang vor Menschenrechten, Demokratie, Umweltschutz oder irgendeinem anderen Wert haben sollte. *Doch menschliche Werte können sich ändern – sie sind keine Naturgesetze.*"[70]

Capra ruft uns durch sein gesamtes Werk hindurch eindringlich zu einem Paradigmenwechsel auf, und dazu, aus den Denkmustern des mechanistischen Modells auszusteigen. Diejenigen von uns, die sich für die Zivilgesellschaft,

[70] Capra: a.a.O., S. 338 (Kursivsetzung durch David Diamond)

soziale Gerechtigkeit, Menschenrechte, das Überleben der Menschheit und die Gestaltung von gemeinwesenbasierter Kunst, die in eine dieser Richtungen arbeitet, interessieren, müssen ständig und ernsthaft die Lehren der Geschichte berücksichtigen, um innerhalb der mechanistischen Denk- und Verhaltensmuster etwas zu bewirken.

Der unterdrückte Anführer der Todesschwadron

Die Produktion *¿SANCTUARY? (¿ASYL?)*[71] von Headlines Theatre, die von Flüchtlingen entwickelt und gespielt wurde, war ein Versuch, den Kanadiern dabei zu helfen, die Situation von Flüchtlingen zu verstehen, und zwar zu einer Zeit, als es zunehmend öffentliche Spannungen in Bezug auf die kanadische Flüchtlingspolitik gab.

Das Stück bestand aus zwei Szenen, die erste spielte in Guatemala, die zweite in einem Befragungszimmer für Flüchtlinge in Kanada. In der ersten Szene verteilt eine Studentin Flugzettel am Stadtplatz (im Publikum) und versucht Menschen dazu zu bewegen, zu einer Demonstration zu gehen. Zwei Männer mit Gewehren kommen durch die Zuschauer und zeigen ein Bild der Studentin herum und fragen, wo sie sei. Die Studentin sieht die beiden und rennt in ein Haus von Freunden (auf der Bühne), wo sie sich verstecken kann. Die Männer verhören Leute im Publikum, bis ihnen jemand sagt, wo die Studentin ist. Sie dringen in das Haus ein, treten dabei die Tür ein, finden die Studentin, schlagen sie, stülpen ihr einen Sack über den Kopf, schleifen sie nach draußen und erschießen sie. Der Anführer der Todesschwadron kennt die Frau und den Mann, die in dem Haus wohnen. Er ist sehr überrascht, die Studentin in ihrem Haus gefunden zu haben. Er fragt die Frau, ob sie wisse, was ihr für das Verstecken von Rebellen droht. Sie schweigt. Der Kollege des Anführers will die beiden zur Befragung mitnehmen. Stattdessen ermahnt der Anführer die Frau, sich ordnungsgemäß zu verhalten und geht. Seine Ermahnung ist eine eindeutige Botschaft. Die Frau und ihr Ehemann verlassen in dieser Nacht in

[71] Das vorangestellte verkehrte Fragezeichen signalisiert, dass es sich um ein Stück über Flüchtlinge aus den spanischsprachigen Ländern in Lateinamerika handelt. (Anm. d. Ü.)

Panik ihr Zuhause und beginnen eine sehr weite Reise nach Kanada. Dort werden sie von zwei kanadischen Bürokraten, die Flüchtlingsangelegenheiten bearbeiten, befragt. Sie werden sehr schlecht behandelt und in die USA zurückgeschickt, jenes Land, von dem aus sie nach Kanada eingereist sind. Die Frau und der Mann sind sich sicher, dass sie von dort nach Guatemala zurückgeschickt werden, wo ihr Leben in höchster Gefahr ist. Dieses Szenario basiert zur Gänze auf Tatsachenberichten aus dem Leben der Workshopteilnehmer/innen und des Ensembles (allesamt Flüchtlinge).

¿SANCTUARY? (*¿ASYL?*) wurde 22-mal in Vancouver aufgeführt und tourte durch 27 Gemeinden quer durch British Columbia. Es war gleichzeitig die erste interaktive Liveübertragung im lokalen Fernsehen, die wir machten.[72]

1989 verwendete ich immer noch die klassische Sprache des *Theaters der Unterdrückten*. Meine Einladung an das Publikum war, auf die Bühne zu kommen, eine unterdrückte Figur zu ersetzen und eine Idee auszuprobieren, um die Unterdrückung zu durchbrechen. Eines Abends, während der Tournee, rief eine Zuschauerin, die wohl ursprünglich aus Mittel- oder Südamerika war, „Stopp!" und wollte den Anführer der Todesschwadron, Victor, ersetzen. (Ich fragte sie auf der Bühne nicht nach ihrem Herkunftsland und hatte auch im Anschluss keine Gelegenheit mit ihr zu sprechen.) Ich sagte der Frau, dass wir von den Zuschauern nicht wollen, dass sie Figuren ersetzen, die das Problem verursachen, und sie mit Hilfe von Magie in eine nette Person verwandeln. Boal verwendet den Begriff „Magie", um diese Art von Intervention zu beschreiben. Ich muss zugeben, dass ich zunächst dachte, dass sie entweder die Forumtheater-Regeln nicht verstanden hatte oder aber mit dem Auftrag der Todesschwadron sympathisierte. Niemals zuvor hatte jemand danach verlangt, den Anführer auszutauschen. Es schien absurd und ich spürte, wie die Anspannung der Spieler/innen auf der Bühne anstieg.

Die Frau sagte noch einmal zu mir, dass sie Victor, den Anführer, ersetzen müsse. Ich wollte mit ihr vor 150 Menschen nicht in einen Streit geraten und willigte ein. Ich dachte, wir würden wertvolle Zeit vergeuden und womöglich in eine Situation geraten, die zu einem Streit zwischen ihr und einem

---

[72] vgl. das Kapitel *TV und Internet* im *Anhang*.

Schauspieler führt.

Sie begann ihren Einstieg an der Stelle, kurz bevor Victor und sein Kollege durch die Tür in das Haus stürmen, in welchem sich die Studentin versteckte.

Frau als Victor: „Ich kann das nicht mehr."

Kollege (lachend): „Genau."

Frau als Victor: „Ich meine das genau so. Ich weiß nicht, was es mit diesem Mädchen auf sich hat, aber sie erinnert mich an mich."

Die Frau erzählte dann ihrem Kollegen eine sehr gefühlvolle Geschichte darüber, wie sie als Kind ein Stück Brot gestohlen hatte, weil ihre Familie hungrig war. Die Polizei schnappte sie. Sie sagten zu ihr, dass sie nun wegen Diebstahls eingesperrt werden würde, außer sie wäre bereit, „eine Erledigung" für sie durchzuführen. Die Frau tat, was ihr gesagt wurde. Nachdem sie den Auftrag erledigt hatte, sagten die Polizisten: „Gut, jetzt, wo du das getan hast, wirst du auch größere Erledigungen für uns übernehmen, und wenn nicht, dann werden wir deiner Familie etwas antun." Die Frau tat, wie ihr geheißen. Der Kreislauf ging weiter, bis sie sich Jahre später dabei wiederfindet, wie sie dabei ist, eine Tür einzutreten und eine junge Frau umzubringen, die gegen eben jene Kräfte kämpft, die sie zu der gemacht haben, die sie heute ist, einer Person, die sie selbst verachtet. Im Raum herrschte eine große Stille. Ich wusste nicht was tun. Ich wandte mich an den Schauspieler Victor Porter, der den Anführer der Todesschwadron spielte und selbst beinahe dreieinhalb Jahre als politischer Gefangener, teilweise in Einzelhaft, für seinen Einsatz gegen die Todesschwadronen in Argentinien einsaß. Ich fragte ihn, ob er glauben könne, dass das wahr sei. „Ja, das ist wahr", sagte er und erzählte von den Wachen im Gefängnis, die er kennengelernt hatte und von denen einige aus so extremer Armut kamen, dass sie ihr allererstes Paar Schuhe von der Justizbehörde ausgehändigt bekommen hatten.

Das Publikum dieses Abends in dem kleinen, ländlichen Gemeindesaal bestand, so vermute ich, aus Menschen, die in Kanada geboren worden waren. Ihr Wissen über die Fragen von Flüchtlingen und Todesschwadronen war, wie das vieler Leute, beschränkt auf das, was in 30-Sekunden-Beiträgen in den Nachrichten vermittelt wurde. Das Publikum und wir alle machten eine tiefgreifende Erfahrung an diesem Abend. Diese tapfere Intervention von einer Frau, die Dinge verstanden hatte, von denen wir nichts verstehen, entschuldigt nicht das Handeln der Männer in den Todesschwadronen, sie löst auch nicht das Problem der Figuren, die dadurch zu Flüchtlingen wurden. Sie zeigte allerdings den Anführer der Todesschwadron als echten Menschen – nicht als irgendeinen bösen Typen, der als Außerirdischer vom Himmel gefallen ist, um den Menschen seinen Willen aufzuzwingen. Dieser Anführer ist demnach ein Teil von uns, und wenn das der Fall ist, dann verändert das die Art und Weise, wie wir an das Problem herangehen können. Der Moment ging durch Mark und Bein und war zugleich symbolisch, er wurde im Theater erlebt und zog weitreichende Veränderungen für viele von uns, mich mit eingeschlossen, nach sich.

Für mich ergab sich daraus zum ersten Mal die Frage, ob es angemessen ist, Figuren zu entwickeln, die so eindeutig entweder Unterdrücker oder Unterdrückter sind, oder nicht. *¿SANCTUARY?* (*¿ASYL?*) war ein sehr erfolgreiches und viel beachtetes Projekt, aber waren die Figuren zu eindimensional? Rückblickend würde ich diese Frage mit Ja beantworten. Die Figuren waren zum Großteil entweder die „guten Unterdrückten" oder die „bösen Unterdrücker". Indem wir so klare und unrealistische Unterscheidungen trafen, machten wir die Geschichte zu einfach. Und uns machten wir es damit ironischerweise schwerer, tiefer an die Wurzeln und Ursachen der Probleme zu gelangen, die wir auf der Bühne präsentierten, als es nötig gewesen wäre. Dadurch entstand ein Theater, das, so stark es auch war, keinen Zugang zur Komplexität des Lebens ermöglichte, etwas von dem ich glaube, dass es jedes gute Theater bieten sollte.

Das ist ein Beispiel aus meiner eigenen Arbeit. Um diese Ansicht zu untermauern und zu vertiefen, will ich ein weiteres Beispiel anführen, das aus der Forschungsarbeit von jemand anderem stammt.

Selbstmordattentäter[73]

In ihrem Buch *Dying to Kill: The Allure of Suicide Terror*[74] (*Sterben um zu töten: Die Faszination des Schreckens durch Selbstmord*) weist Prof. Mia Bloom darauf hin, dass die Idee der Selbstmordattentate nicht neu ist. Sie geht zurück auf biblische, jüdisch-christliche Zeiten. Wir können sie durch das gesamte 19. Jahrhundert verfolgen, die japanischen Kamikaze des Zweiten Weltkriegs mit eingeschlossen. Es ist, so sagt sie, „eine Taktik des letzten Auswegs". Selbstmordattentate richteten sich historisch gesehen gegen militärische und politische Ziele. Mia Bloom stellt die Behauptung auf, dass die Bombenanschläge der Hamas auf Jugendliche in Einkaufszentren und Diskotheken sowie der Anschlag auf die Twin Towers in New York eine neue Entwicklung seit der Jahrtausendwende darstellen. (Ebenso die jüngeren Ereignisse von 2005 in London und Spanien wie auch die anhaltenden Selbstmordattentate im Irak und in Afghanistan.)

Wie grauenhaft das Bild auch immer sein mag, die Dichotomie bleibt dieselbe. Ich denke, es ist gerechtfertigt zu sagen, dass für jene Menschen, die den Schrecken von Bombenanschlägen durchmachen, der Selbstmordattentäter ein Unterdrücker ist, ein Terrorist. Für die Bewegung, die der Attentäter repräsentiert – und auch das ist, denke ich, gerechtfertigt zu sagen, handelt es sich doch bei obigen Beispielen nicht um kleine Zellen von Fanatikern, sondern um den Ausdruck von Bewegungen auf breiter Basis – sind die Attentäter Helden, die gegen Unterdrückung kämpfen. Welche Version entspricht der Wahrheit? Geschichtlich betrachtet waren die Antworten darauf eine Frage des Standpunktes. Es sind die Gewinner, welche die Geschichtsbücher schreiben.

Dr. Eyad El-Sarraj ist Psychiater und Gründungsvorsitzender des „Gaza

---

[73] Prof. Mia Bloom, ehemalige Professorin für Nahost-Politik an der Cornell University, und Dr. Eyad El-Sarraj, Gründungsvorsitzender des „Gaza Community Mental Health Programme" und Menschenrechtsaktivist, wurden von CBC Radio (Canadian Broadcasting Corporation) am 7. Juli 2003 interviewt. Die Informationen in diesem Kapitel stammen aus der Aufzeichnung dieses Interviews.

[74] Mia Bloom: *Dying to Kill: The Allure of Suicide Bombers*, Columbia University Press, New York, 2005.

Community Mental Health Programme"[75] (Programm für psychische Gesundheit in Gaza/Palästina). Als Psychiater begegnete er ab dem Jahr 1987 jungen Patienten, die zu ihm kamen und ihn für ihre Selbstmordattentatspläne um Hilfe baten. Dr. El-Sarraj verweigerte als Pazifist die Unterstützung ihrer Pläne, aber er begann eine Studie über diese Jugendlichen durchzuführen.

Er untersuchte 3000 Kinder der Intifada und fand heraus, dass 55 Prozent seit frühester Kindheit extreme und anhaltende Gewalterfahrungen gemacht hatten, zu Opfern von traumatischen Ereignissen wurden und zu Zeugen von Erniedrigungen und Schlägen gegen ihre Eltern durch die israelische Besatzungsarmee. Er fand weiters heraus, dass die Jugendlichen, entgegen der häufigen Darstellung in westlichen Medien, nicht verrückt oder wahnsinnig waren. Sie waren allerdings tief betroffen und beeinflusst von der Gewalt und dem beobachteten Verlust der Kontrolle in ihrem eigenen Leben und im Leben ihrer Eltern.

Dr. El-Sarraj hat die Eskalation der Gewalt im Nahen Osten beobachtet, vom Steinewerfen bis hin zu Selbstmordattentaten, und fragt sich, was als nächstes passieren wird, wenn die aktuelle Situation der israelischen Besatzung andauert.

Die Arbeiten von Prof. Mia Bloom und Dr. El-Sarraj, erstere eine Jüdin, zweiterer ein Araber, verlangen nach der Frage: Wie lässt sich der Kreislauf der Gewalt beenden? Selbstverständlich muss die Landfrage geklärt werden, damit ein Ende der Gewalt vorstellbar werden kann. Eine Vergeltungsmaßnahme nach der anderen ist offensichtlich keine Antwort. Die Kriminalisierung der unterdrückten Unterdrücker, aus welchem Blickwinkel man den Konflikt auch immer betrachtet und von dem aus man die Zuschreibung vornimmt, ist nicht die Antwort, genausowenig wie sie die Antwort auf das immer mehr zunehmende Problem der Gewalt in Nordamerika und anderen Teilen der Welt ist. Selbstmordattentäter sind das Produkt eines komplexen Geflechts von tief in die gelebte Wirklichkeit eingebetteten Rückkopplungsschleifen.

Das gilt auch für die gelebte Wirklichkeit in einem anderen Land, wenngleich

[75] Für nähere Informationen siehe: http://www.gcmhp.net/

der zentrale Konflikt ganz woanders stattfindet. Am 7. Juli 2005 explodierten vier Bomben in London. Zum Entsetzen der Briten und vieler Menschen auf der ganzen Welt ergaben die polizeilichen Untersuchungen, dass die Selbstmordattentäter keine radikalen Islamisten waren, die nach Großbritannien importiert wurden. Es waren junge in Leeds geborene und aufgewachsene Männer, die den Islam als ihren rechtmäßigen Glauben annahmen und darüber empört waren, wie ungleich viel Wert einem Menschenleben bei den Kämpfen im Irak beigemessen wurde. Großbritannien hatte gemeinsam mit den USA, Spanien und Australien dem Irak – wie im Nachhinein offensichtlich wurde - aus ungerechtfertigten Gründen den Krieg erklärt. Es gab niemals Massenvernichtungswaffen. Die Begründung für den Krieg bestand aus einem vertrackten Netz aus Lügen. Tausende von unschuldigen Irakern – Frauen, Kinder und Männer – sind umgebracht worden und wurden auch dann noch umgebracht, als die USA den Krieg längst für offiziell beendet erklärt hatte. Obwohl auch die „Alliierten Truppen" erleben mussten, wie ihre Männer und Frauen in Leichensäcken nach Hause kamen, dauerte es bis 2007, bis die im Westen erkennbare Empörung über die andauernden Gräueltaten über ein minimales Maß hinausging. In einer Welt, die dermaßen erfolgreich (das) „Andere" erschaffen hat, schnallten sich diese jungen Männer in Großbritannien, die jedermann als „normale und nette Burschen" ansah, Sprengstoff um ihre Körper, betraten die Londoner U-Bahn und einen Bus und verübten eine erschreckende Tat. Sie sprengten sich selbst in die Luft und rissen viele andere, unschuldige Menschen mit in den Tod. Diese vier Männer werden in die westlichen Geschichtsbücher als Terroristen eingehen. Es ist gewiss die Wahrheit, dass sie ihrer eigenen Meinung und ihrem eigenen Gefühl nach, und nach der Meinung und dem Gefühl vieler anderer, gegen den Terror kämpften.

Es ist unmöglich diese Art von Taten mit immer noch mehr Gesetzen oder mit zunehmender, noch lückenloserer Überwachung zu stoppen, ganz egal, wo auf der Welt sie geschehen werden. Wir müssen aus den reduktionistischen und mechanistischen Denk- und Verhaltensmustern, die in uns die Vorstellung evozieren, alles sei von allem anderen getrennt, aussteigen. Erst wenn wir beginnen, unseren Blick auf den lebendigen Organismus der gesamten

Gemeinschaft zu richten – sei es eine Familie, oder zwei Völker auf engem geografischen Raum, oder diese eine mannigfaltige Familie, die die Erde bevölkert – und erst wenn wir verstehen, dass die Grenze, die wir zwischen Unterdrückern und Unterdrückten ziehen, eine künstliche ist, werden wir die Chance haben, den Ursachen, die diesen Taten zugrundeliegen, gegenüberzutreten, anstatt nur den Symptomen, den Taten selbst.

Viele meiner Einsichten, aus denen sich das *Theater zum Leben* entwickelt hat, habe ich während meiner Zusammenarbeit mit unterschiedlichen Gemeinschaften von First Nations in Kanada gewonnen, als diese nach den Traumata der kolonialen Gräueltaten, wie etwa den Residential Schools, daran gearbeitet haben, wieder gesunde Gemeinwesen zu werden.

Die Kapitel *Out of the Silence* (*Aus der Stille heraus*) und *Reclaiming Our Spirits* (*Rückbesinnung auf unsere Geister* oder *Wir verlangen unsere Seelen zurück*)[76] schildern zwei dieser Projekte detailliert. Beide spielen eine ausschlaggebende Rolle in der Entwicklung des *Theaters zum Leben*. Zunächst will ich aber zurück in den Workshopraum und die uralte Frage stellen: „Ja, aber ist es Kunst?"

[76] In Rücksprache mit David Diamond, der auf Grund der beabsichtigten Mehrdeutigkeit im Originaltitel beiden Übersetzungen inhaltlich zustimmt, wählten wir „Rückbesinnung auf unsere Geister". Die zweite Variante soll aber zumindest einmal aufscheinen und darauf verweisen, dass Europäer/innen die Seelen vieler Nationen und Völker zerstört haben. (Anm. d. Ü.)

Die Kunst interaktiven Theaters

Kunst ist ein Prozess

Eine kanadische Regisseurin teilte mir einmal mit, dass sie der Ansicht ist, ich sollte daran gehindert werden, das zu tun, was ich tue, und zwar mit dem Argument, dass „Theater als Kunstform nicht von gewöhnlichen Menschen gemacht werden könne". Weiters meinte sie, dass meine Arbeit das kanadische Theater unterminiere.

Es ist mir eine Freude schreiben zu dürfen, dass die Profitheatergemeinde von Vancouver am 14. Juni 2004 *Practicing Democracy*[77] (*Gelebte Demokratie*), das gemeinwesenbasierte Forumtheater-Stück – entwickelt und gespielt von Menschen, die in permanenter Armut leben (zwei von der Besetzungsliste waren zu dieser Zeit obdachlos) – mit zwei „Jessie-Richardson-Awards" in der Kategorie „Kleine Theater" ausgezeichnet hat. Der erste war ein Special Artistic Achievement Award für „das Aufzeigen der Kraft des Theaters in der Gemeinschaft". Die zweite Auszeichnung erhielt das Stück als „herausragende Produktion".

Nach Jahren der Argumentation, dass Theater, welches von Mitgliedern einer Gemeinschaft, die sich selbst nicht als Schauspieler/innen bezeichnen würden, entwickelt und gespielt wird, auch den Anspruch stellen kann, Kunst zu sein wie jedes andere Theater auch, war das für mich ein wundervoller Moment. Auch wenn ich weiß, dass die Notwendigkeit weiter zu argumentieren noch immer gegeben ist.

Boal schreibt einführend zum Theater der Unterdrückten über die Kunst und Aristoteles:[78]

> „Die erste Schwierigkeit der wir begegnen, wenn wir die Wirkungsweise der Tragödie nach Aristoteles verstehen wollen, rührt alleine schon von der

[77] Für nähere Informationen zum Stück siehe *Theater zum Leben und seine Beziehung zum Theater der Unterdrückten.*

[78] zit. und übersetzt nach: Augusto Boal: *Theatre of the Oppressed*, New York, 2002 (7. Auflage), S. 1.

Definition, die der Philosoph von Kunst gibt. Was ist Kunst, jede Art von Kunst? Für ihn ist es die Nachahmung der Natur. Für uns bedeutet das Wort ,nachahmen', eine mehr oder weniger perfekte Kopie des Originals anzufertigen. Kunst wäre demnach eine Kopie der Natur. Und ,Natur' bedeutet die Gesamtheit alles Erschaffenen, aller Kreationen und Kreaturen. Kunst wäre daher eine Kopie von Kreiertem.

Aber das hat nichts mit Aristoteles zu tun. Für ihn hat ,Nachahmung' (Mimesis) nichts mit dem Kopieren einer externen Vorlage zu tun. ,Mimesis' bezeichnet eher eine ,Wieder- und Neu-Kreation'. Und Natur ist nicht das Kreierte in seiner Gesamtheit, sondern vielmehr das kreative Prinzip selbst. Wenn Aristoteles also sagt, dass Kunst die Natur nachahmt, müssen wir wissen, dass diese Aussage, die sich in jeder modernen Version der *Poetik* finden lässt, die Folge einer schlechten Übersetzung ist, die wiederum einer einseitigen Interpretation des Textes geschuldet ist. ,Kunst ahmt Natur nach' bedeutet eigentlich: ,Kunst kreiert das kreative Prinzip aller Kreationen immer wieder neu.'"

Kunst ist der Prozess, nicht das Produkt, wobei ich darauf hinweise, dass Kunst oft als Produkt gesehen wird, weil das unserer Konsumgesellschaft entspricht. Ich sage das im Wissen, dass ein Gemälde, also ein fertiges Produkt, Kunst ist, oder wohl eher ein Teil der künstlerischen Gleichung.[79] Vielleicht ist es nicht wirklich Kunst, bis sich ein Betrachter auf den Prozess der Bildbetrachtung und -interpretation einlässt. Wenn das Gemälde dem Betrachter eine Reaktion entlockt, dann beschließt der Betrachter womöglich, dass es sich um Kunst handelt.

Kunst kann das Resultat eines Einzelnen oder einer Gruppe sein, der oder die in einem Raum etwas kreiert. Kunst kann auch die in einem Bild gelungene Nebeneinanderstellung des Kampfes zwischen Kapitalismus und Subsistenzwirtschaft oder einfach alltäglicher menschlicher Existenz auf der Straße sein, wenn das Bild zum Beispiel von einem klugen Fotografen festgehalten wird.

Das *Theater zum Leben* (und andere Prozesse wie das *Theater der Unter-*

---

[79] David Diamond verwendet hier eine mathematische Metapher. z.B. 3 x 5 = 15; „15" ist dabei das Produkt und zugleich eine Seite der Gleichung. (Anm. d. Ü.)

drückten und Gemeinwesentheaterprojekte[80]) arbeitet mit einem *sozialen Kunstverständnis.* Bei diesem Verständnis von Kunst steuert der Joker oder ein Regisseur den Prozess über Improvisationen. Der Prozess bezieht das Gemeinwesen auf einer höchst kreativen Ebene mit ein. Beides, der Prozess selbst und das Resultat des Prozesses, kann, wenn es selbst erlebt wird, sowohl auf die Gemeinschaft als auch möglicherweise auf Menschen, die von außerhalb kommen, ebenso verändernd wirken wie jede andere großartige Kunst.

Alle Menschen, selbst jene, mit denen wir nicht einverstanden sind, sind Teil der Natur. Das bedeutet, dass wir darauf Wert legen müssen, alle Figuren als echte und komplexe Repräsentanten der Menschheit auf die Bühne zu bringen, so wie es dem sozialen Kunstsinn entspricht, der „das kreative Prinzip aller Kreationen immer wieder neu kreiert". Die Menschheit als solche ist selbstverständlich auch ein Teil der Natur.

Wie passt das Publikum zum Prozesshaften der Theaterkunst? Die Art, wie ein Mitglied des Publikums traditionelles Vorzeige-Theater erlebt (d.h. Theater, welches das Publikum nicht dazu einlädt, in die Handlung des Stückes einzugreifen) ist meist die, aus der Distanz, abgegrenzt von der Aufführung, zuzuschauen. Selbst wenn die Regie so inszeniert, dass das Publikum auf der Bühne sitzt und die Schauspieler mit den Zuschauern vermischt werden, wird vom Publikum erwartet, dass es die künstliche Grenze, die zwischen Schauspieler und Zuschauer geschaffen wurde, respektiert.

Das ist manchmal eine wundervolle Angelegenheit. Ich genieße es, diese Art des Theaters[81] von Zeit zu Zeit zu erleben oder zu machen. Diese Art des Theaters beinhaltet das aufwändige Spiel mit Licht, Sound, Kostümen und mit der Poesie der Sprache. Es kann ein Festmahl für die Sinne und die Seele sein – es kann etwas vermitteln und verändern.

---

80 Im Gemeinwesentheater arbeitet ein/e (vielleicht nur für die Projektdauer) ansässige/r Künstler/in oder Theatergruppe mit Mitgliedern und Organisationen aus der Gemeinschaft über einen langen Zeitraum, um ein Stück (inkl. Bühnenbild, Kostüme, Requisiten etc.) zu entwickeln. In diesen Prozessen werden oft Fähigkeiten vermittelt und es entstehen auch Arbeitsverhältnisse zwischen involvierten Beteiligten und Organisationen.

81 Vergleiche *NO`XYA` (Our Footprints, Unsere Fußabdrücke)* (1987), *Mamu* (1994) and *Thir$ty* (*Dur$tig*) (2002) auf http://www.headlinestheatre.com/pastwork.htm

In einer Forumtheater-Produktion ist die Kunst die gleiche, nur muss die Aufführung in jeder Hinsicht so gestaltet sein, dass das Publikum ermutigt wird, die Grenzen des geheiligten Theaterraumes zu überschreiten. Die Zuschauer/innen müssen die Problematik der Situation so unwiderstehlich finden, dass sie das Gefühl haben, gar keine andere Wahl zu haben, als *irgendetwas zu machen*. Deshalb sind die tatsächlich von den Schauspielern gesprochenen Worte, die einem Improvisationsprozess entstammen, nicht derart wichtig wie in einem konventionellen Stück. Was von höchster Wichtigkeit ist, ist die Klarheit der Handlung, die Klarheit der Motivation der Figuren, deren Wünsche und Befürchtungen, in anderen Worten, all die Schichten des unter dem Gesagten liegenden *Subtextes*.

Um keine Unklarheiten aufkommen zu lassen, betone ich, dass die Worte, welche die Figuren im Forumtheater sprechen, manchmal *sehr wichtig* sind und sehr präzise sein müssen, wenn zum Beispiel Auftritte oder Abgänge oder Einsätze daran hängen. Wenn sich die Szene z.B. um rechtliche Angelegenheiten dreht, sind sie ebenfalls besonders wichtig. In diesem Fall müssen die Stückentwickler sehr genau daran arbeiten, die rechtlichen Einzelheiten korrekt zu erfassen und auch alle Hintergründe zu verstehen, damit eine ordentliche Improvisation über die Inhalte erfolgen kann.

Außer in sehr außergewöhnlichen Fällen nehmen die Schauspieler/innen und auch ich in einem Forumtheaterprojekt niemals Papier und Stift zur Hand, um ein Skript zu verfassen. Was die Figuren zueinander sagen und die Geschichte, die sie erzählen, *entwächst* dem Zusammenspiel zwischen dem Joker und den Schauspielern, die ja Mitglieder der Gemeinschaft sind. Der Text wird nicht außerhalb entworfen und in die Gruppe getragen. Der Text ist auch nicht dafür gedacht, auf eine andere Gemeinschaft oder in eine andere Situation, von anderen Schauspielern gespielt, übertragen zu werden. Das würde verhindern, dass es sich um eine authentische Stimme der Darsteller/innen aus der Gemeinschaft handelt.

Ein Skript von Forumtheater-Großprojekten von Headlines Theatre wird normalerweise nach der letzten Aufführung zu archivarischen Zwecken angefertigt.

Die Struktur eines interaktiven Forumtheater-Stücks

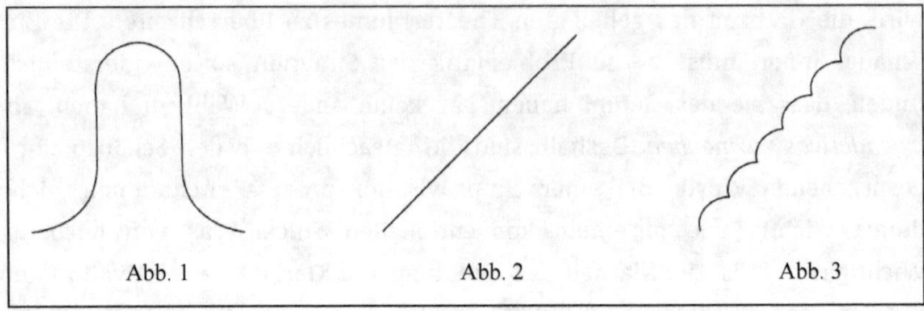

Ein konventionelles Stück weist oft eine Struktur auf, wie sie Abb. 1 zeigt. Im Stückaufbau kommt es zu einer Krise und am Ende geht alles gut aus. Oft geht das Publikum befreit und glücklich aus dem Theater, weil die Figuren im Stück das Problem gelöst haben, damit die Zuschauer/innen es nicht lösen müssen. Wie viele von uns haben die Erfahrung dieses „Uffs" der Erleichterung schon genossen?

Als ich damit begann, Forumtheater zu machen, strukturierte ich die Stücke wie in Abb. 2 dargestellt. Ein Stück steuert unaufhaltsam auf eine Krise zu und hört dann auf. Diese „eine Linie, die geradewegs in die Krise hinein führt", ist gewiss zielführend, es ist allerdings nicht die reichhaltigste Option für interaktives Theater. Innerhalb dieser Struktur tendiert jeder Aspekt des Stückes dazu, sich auf dieser geraden Linie zu bewegen. Eine Figur ist meistens entweder Unterdrücker oder Unterdrückter. Das Leben bewegt sich allerdings nicht in geraden Bahnen. Es ist voller Windungen und Wendungen, voller Ironie und Doppelmoral und steckt voller Komplexität, die uns Menschen ausmacht. Das Stück nach Abbildung 2 enthält, wie es seiner geradlinigen Natur entspricht, kein großes Maß an Komplexität.

Als ich tiefer in die Frage eintauchte, wie die theatralen Momente im Forumtheater am besten gebaut wären, begriff ich, dass ein Ausschnitt der Abb. 2 zwar wie eine gerade Linie erscheinen mag, aber, so kann ich mir vorstellen, vergrößert in Wirklichkeit wie in Abb. 3 dargestellt aussieht – wie eine Serie von ungelösten, unvollendeten (Spannungs-)Bögen. Wie im Leben entsteht eine Krise nicht auf geradem Weg, sondern durch viele zusammenhängende Momente – einige davon sind offensichtlich, andere wiederum versteckt, einige stehen in direkter Verbindung zur Hauptfigur und andere betreffen diese Figur nur indirekt über die Betroffenheit anderer Figuren.

Das Modell entwickelte sich in seiner Darstellung zu einer Serie von unvollendeten Bögen, einige von ihnen hängen offensichtlich zusammen, andere, die sich wie in Abb. 3 zu einer Krise ohne Auflösung hin aufschaukeln, erscheinen unzusammenhängend. Wenn man einen einzelnen Bogen aus Abb. 3 herausnimmt und ihn vergrößert, wird jeder Bogen (jede dramatische Einheit) wiederum eine Serie von unfertigen Bögen sein, einige offensichtlich verbunden, andere scheinbar nicht, die zu einer Krise ohne Auflösung führen. Ein ungelöster (Spannungs-)Bogen zwischen zwei Menschen besteht aus internalisierten ungelösten (Spannungs-)Bögen[82]. Man kann sich solche Bögen als Fraktale vorstellen. Das sind mathematische Gleichungen, die als Computergrafik dargestellt werden können. Die Komplexität wird umso deutlicher, je mehr man hineinzoomt.[83]

Ein Großteil der Arbeit des Jokers und der Schauspieler/innen bei der Erarbeitung und den Proben liegt unter der Oberfläche des Stückes, das konstruiert ist, um Fragen zu stellen, aber keine Antworten zu geben. Sobald die Interventionen aus dem Publikum losgehen und Ideen zur Problemlösung auf die Bühne kommen, öffnen sich Türen zu mehr Verständnis, die stets zu weiteren Türen führen. So werden Schichten der Komplexität sowohl für das Publikum als auch für die Schauspieler/innen enthüllt. Die Forumtheater-Aufführung am heutigen Abend wird aufgrund der Zusammensetzung des Publikums eine andere sein als die Aufführung morgen, und die Interventionen werden deshalb morgen anders ausfallen, obwohl das Stück dasselbe geblieben ist.

Um also ein Stück zu entwickeln, das zu einer genauen Untersuchung einlädt, muss der Joker mit den Schauspielern daran arbeiten und ihnen dabei helfen, die kleinen Momente, die zusammen den Bogen des gesamten Stückes

[82] Im Original ist immer von „arcs" (Bögen) die Rede. Im Zusammenhang mit Theater liegt für mich der Begriff „Spannungsbogen", vor allem wenn es um abgeschlossene und unvollendete Erzählstränge geht, auf der Hand. (Anm. d. Ü.)

[83] Bei Interesse für Fraktale siehe http://www.softsource.com/fractal.html

ausmachen, nicht aufzulösen. Oft würde es sich für die Schauspieler/innen gut anfühlen, wenn sie den Moment abschließen können, das liegt in der menschlichen Natur. Aber man arbeitet eben an einer Struktur, die zu Interventionen aus dem Publikum herausfordert. Diese besteht aus kleinen unaufgelösten Momenten, welche die Zuschauer/innen dermaßen „kitzeln", dass sie auf die Bühne springen müssen.

Wenn man ein derartiges Projekt ins Leben ruft, gilt bereits für die allerersten Schritte, dass man ohne vorgefertigte Lösungen arbeitet. Wenn die Organisatoren in der Gemeinschaft die Antworten auf die Fragen, die sie sich ansehen wollen, bereits wissen – wozu dann Forumtheater? Vielleicht ist es in diesem Fall besser, ein Stück zu machen, welches den Zuschauern die Antworten, die die Organisatoren bereits kennen, mitteilt. Dann sollte die Entscheidung getroffen werden, ein rein vermittelndes Stück zu entwickeln, das diese Antworten transportiert. Es gibt eine schöne und lohnenswerte Tradition dieser Art des Theaters, und wie bereits erwähnt, beteilige ich mich manchmal daran. Forumtheater ist dann am wertvollsten, wenn es den aufrichtigen Wunsch gibt, einen Dialog in der Gemeinschaft entstehen zu lassen, über Fragen und Probleme, mit denen die Gemeinschaft wirklich zu kämpfen hat. Es ist eine Einladung *zusammen* nach Lösungen oder zumindest einem tieferen Verständnis für die Probleme zu suchen.

Authentizität und eine wahrhaftige Stimme

In meiner eigenen Arbeit habe ich unter gewissen Umständen darauf bestanden, dass eine „echte Person" eine bestimmte Figur spielen muss. In *The Dying Game*[84] (*Das Spiel vom Sterben*) zum Beispiel war eine der Figuren ein

[84] *The Dying Game* (1998) ist (bislang) das einzige Forumtheater-Projekt von Headlines Theatre, das auf einem vorgefertigten Skript beruht. Das Stück behandelt meine eigene Erfahrung und Frustration mit dem Gesundheitssystem während der Zeit, als ich meine Mutter in ihrem Sterbeprozess begleitete. Ich schrieb die Textvorlage aufgrund meiner Erfahrungen, wählte die Schauspieler/in aus und führte Regie. Ensemble: Pat Armstrong, Angelo Moroni und Fraser Black, MD. Inspizienz: Claire Nicol. Technik und Bühnenbild: Adrian Muir. Kostüme und Requisiten: Barbara Clayden. Idee, Regie und Joker: David Diamond (mit Unterstützung von Edna Diamond).

Arzt und deshalb wurde die Rolle von einem echten Arzt gespielt. Wäre die Figur nicht in der Lage gewesen, mit dem Wissen eines Arztes zu antworten, hätte die Produktion nur vorgetäuscht, eine ehrliche Untersuchung der Schnittstellen im Leben sterbender Menschen, ihrer Familien und des medizinischen Personals zu sein.

Das bringt mich auf das Thema „Authentizität" zu sprechen. Ein Teil der Kraft und Stärke des *Theaters zum Leben* ist dessen authentische Stimme. Die Menschen aus der Gemeinschaft, die die untersuchten Fragen und Probleme leben und die die Expertinnen und Experten für ihre eigenen Leben sind, entwickeln das Theaterstück und führen es auf. *Squeegee*[85] (*Scheibenwischer*) ist ein gutes Beispiel dafür.[86]

Ein gewöhnliches, konventionelles Theater, das ein Stück über die Problematik von Straßenkindern produziert, würde sehr wahrscheinlich junge professionelle Schauspieler/innen anheuern, die mit Straßenkindern herumhängen würden, um diese zu studieren. Sie würden dann von einem professionellen Kostümdesigner wie Straßenjugendliche eingekleidet werden und sie würden einen Text lernen, der von irgendjemandem stammt – im besten Fall von einem Straßenjugendlichen, höchstwahrscheinlich aber nicht. Und dann würden sie auf der Bühne vorgeben, Straßenkinder zu sein, so gut es ihnen eben möglich ist. Diese Art des Theaters kann sehr erfolgreich sein. Meiner Erfahrung nach kann es aber auch ziemlich weh tun, Schauspieler/innen in ihren Zwanzigern (oder älter!) dabei zuzuschauen, wie sie so tun, als wären sie ihrer Rechte beraubte Teenager, die auf der Straße leben.

Als wir *Squeegee* machten, war es unsere Absicht, die Öffentlichkeit in einen Dialog über die Kriminalisierung Jugendlicher miteinzubeziehen. Wir verwendeten die Form des Forumtheaters, um einen Dialog anzuregen und auch

---

[85] Das sind Scheibenwischer für Autoscheiben, wie sie an Tankstellen zu finden sind, oder wie sie in diesem Fall von Straßenkindern verwendet werden, um an Kreuzungen die Scheiben haltender Autos gegen Kleingeld zu reinigen. (Anm. d. Ü.)

[86] Ein Forumtheater-Stück mit Straßenkindern über die Kriminalisierung dieser Jugendlichen (1999). Die Ensemblemitglieder baten während des Projekts nur mit ihren Vornamen öffentlich erwähnt zu werden. Ensemble: Lisa, Matt, Michael, Rachel, Elizabeth und Yoshi. Live-Musik: Matt Deacon Evans. Inspizienz: Bree Wellwood. Betreuer: Sam Bob. Regie und Joker: David Diamond.
vgl. http://www.headlinestheatre.com/pastwork.htm

inhaltlich zu führen. Können professionelle Schauspieler/innen (die als Jugendliche niemals auf der Straße gelebt haben) Interventionen aus dem Publikum entgegennehmen und in Improvisationen die Lebensrealität der Straße wahrhaftig darstellen? Können sie auf eine jahrelange gelebte Erfahrung zurückgreifen und diese als Basis für ihre Entscheidungsfindung auf der Bühne nutzen? Kennen sie Spannungen, die es in ihrem Verhältnis zu anderen Jugendlichen und zur Polizei gibt? Nein! Ungeachtet wie viel Arbeit wir in die Proben gesteckt hätten oder wie talentiert sie wären. Ein solches Stück wäre ein Phantasieprodukt gewesen. Es hätte bedeutet, dass der Dialog, den wir gehabt hätten, obwohl er vielleicht unterhaltsam gewesen wäre, nicht authentisch und deshalb von geringem Wert für unser Verständnis von der Komplexität der vorhandenen Probleme gewesen wäre. Das er- und gelebte Wissen der Straßenjugendlichen war in diesem Fall genauso wichtig wie das Wissen eines echten Arztes in *The Dying Game*.

Wenn die Schauspieler/innen in der Lage sein sollen, die harte Arbeit zu leisten, die erforderlich ist, um authentische Kunst zu schaffen, dann ist es notwendig, dass die Arbeit in einer Umgebung stattfindet, in der sie sich sicher fühlen und sich konzentrieren können. In diesem Fall boten wir den Jugendlichen, die an *Squeegee* arbeiteten, eine Unterkunft (ein sicheres Hotel), und zwar für den Zeitraum von einer Woche vor dem Start des Projekts bis zumindest zwei Wochen nach dessen Abschluss, in einigen Fällen auch länger. Wir zahlten ihnen auch mehr als den gewerkschaftlichen Mindestlohn und sorgten dafür, dass sie gesunde Mahlzeiten zu sich nahmen, indem wir einmal pro Tag Essen liefern ließen. Wir gewährleisteten, dass diese Mahlzeiten kein Fast Food waren und ein ausgewogenes Verhältnis von Proteinen und Kohlenhydraten beinhalteten. Für den Fall, dass Fragen oder Probleme für die Spieler/innen auftauchen würden, stellten wir sowohl eine Kontaktperson – einen jungen Mann, der selbst einmal auf der Straße gelebt hatte – als auch eine Beratungsperson ein, die beide Vollzeit für das Projekt arbeiteten. Wir boten den Jugendlichen an, ein Konto für sie zu eröffnen und ermöglichten, so gut es ging, Vorstellungsgespräche mit potenziellen zukünftigen Arbeitgebern und/oder vermittelten Trainingsprogramme.

Authentizität vs. „Theater spielen"

Im Forumtheater gibt es zumeist kein geschriebenes Skript und niemals einen vorherbestimmten Ausgang für den interaktiven Teil der Veranstaltung. Wir haben das Originalstück, das zu einer Krise führt und mit der Krise endet, und wir haben Schauspieler/innen, die im Stande sind, dieses Stück immer wieder auf die gleiche Weise aufzuführen. Wenn aber ein/e Zuschauer/in auf die Bühne kommt und eine Figur ersetzt, weiß niemand, nicht einmal der/die betreffende Zuschauer/in, was passieren wird. Die Herausforderung für die auf der Bühne verbliebenen Schauspieler/innen ist es, dem Zuschauer „den Fahrersitz" zu überlassen und ihn die Improvisation lenken zu lassen.

Der Schauspieler muss im *reaktiven* Modus sein. Er darf die Improvisation nicht kontrollieren und muss gleichzeitig ehrlich gegenüber seiner Figur sein. Er muss wirklich zuhören, beobachten und darf keine „Aufträge von außen" verfolgen: Er darf nicht versuchen, die Improvisation unterhaltsam zu machen. Er darf nicht auf Lacher aus sein. Er darf weder ein glückliches noch ein tragisches Ende forcieren. Sein Hauptfokus gilt dem Erzählen der Wahrheit seiner Figur in diesem Moment, so bequem oder unbequem diese Wahrheit auch immer sein mag. Um das tun zu können, muss er zentriert sein. Er muss all seinen Antworten erlauben, aus der Situation zu entspringen, und er darf sie nicht aus einer vorgefassten Meinung darüber beziehen, wer der Zuschauer ist oder was er tun wird. Wenn der Schauspieler eine Handlung initiiert, darf sie nicht dazu dienen, dem Publikum irgendetwas zu demonstrieren. Wir sind nicht dazu da, Lektionen zu erteilen. *Theater zum Leben* schreibt so gesehen nichts vor. Wir sind dazu da, die Idee, die aus der Gemeinschaft kommt, und den Augenblick zu entdecken und zu erforschen.

Das ist eine der schwierigsten Herausforderungen für einen Schauspieler, egal, ob er als Profi auftritt oder als Mitglied der Gemeinschaft, egal, ob er geübt ist oder zum ersten Mal auf einer Bühne steht. Der Schauspieler ist möglicherweise sehr in die Problematik involviert und hat den großen Wunsch, dass das Publikum etwas Bestimmtes lernen soll oder in Bezug auf das behandelte Thema zu einem bestimmten Schluss kommen soll. Um authentisch sein zu können, muss er diesen Wunsch beiseite stellen. Seine Authentizität und

Ehrlichkeit werden die Atmosphäre erzeugen, in der die Gemeinschaft fähig ist, neue Perspektiven in Bezug auf das Thema zu gewinnen. Auf dieselbe Art und Weise, wie eine Person eine tiefgreifende Lernerfahrung erlebt, indem sie ihre eigenen Entdeckungen macht, geschieht dies auch beim Gemeinwesen.

Es besteht ein großer Unterschied zwischen einem Rollenspiel, wie man es im Psychodrama anwendet, welches eine klare therapeutische Absicht verfolgt und womöglich stark gelenkt ist, und dem authentischen Spiel einer Aufführung des *Theaters zum Leben*, dessen Absicht es ist, einen aufrichtigen und echten Dialog entstehen zu lassen.

Damit diese Authentizität erreicht wird und damit die Schauspieler/innen sich in ihren Rollen auf der Bühne wohl fühlen, muss der/die Regisseur/in mit ihnen arbeiten. Es gibt viele Improvisationstechniken, die den Schauspielern dabei helfen, Vorgeschichten für ihre Rollen zu entwerfen, deren Beziehungen untereinander zu verstehen und Klarheit über ihre Wünsche und Befürchtungen zu erlangen. Hier ein paar Techniken, die ich sehr oft in der Probenarbeit verwende.

Die Figur vervollständigen (complete the character)[87]

Ich begegnete dieser Technik, einer Stanislawski-Übung,[88] das erste Mal in den frühen 1970ern auf der Schauspielschule. Der Joker soll den Schauspielern dabei helfen, die Tiefen ihrer Figur auszuloten. Sie werden schließlich in der interaktiven Forumtheater-Aufführung dazu aufgefordert, aus der Rolle heraus zu reagieren. Um das zu erreichen, müssen sie sowohl für die Figur als auch für die Beziehungen der Figur zu den anderen Figuren eine Vorgeschichte entwickeln.

Der Joker interviewt alle Figuren im Stück und stellt Fragen darüber, wer sie sind und wie ihr Verhältnis zueinander ist. Dieses Fragenstellen kann wie ein

---

[87] Diese Technik heißt bei Boal *Interrogation* (*Verhör*). vgl. *Games for Actors and Non-Actors*, S. 212.

[88] Konstantin Stanislawski (1863-1938). Begründer des ersten „Schauspiel-Systems", 1897 Mitbegründer des Moskauer Künstlertheaters (das immer noch existiert) und ein Verfechter des Naturalismus. Stanislawski stellte traditionelle dramatische Bearbeitungen in Frage und etablierte sich als ein Vorreiter des modernen Theaters.

Dialog sein, jede Frage eine Reaktion auf die vorhergehende Antwort. Das hilft dem Schauspieler auf dem Weg seiner Figurenfindung. Die Antworten des Schauspielers können oft zu neuen Momenten in den Szenen des Stücks führen, weil verborgene Hintergründe zu den gezeigten Ereignissen an die Oberfläche kommen.

Eine Erinnerung improvisieren (improvise a memory)[89]

> Wir können nicht etwas verlieren, was wir niemals hatten. Das ist eine gute Technik, um Figuren eine Erinnerung an gute gemeinsame Zeiten zu geben, damit sie deren Nachhall in der Krise spüren, in der sie sich gerade gemeinsam befinden.

Lass die Figuren sich in unterschiedliche Situationen versetzen und erforsche so ihre Beziehungen vor der Krise. Erforsche die Momente des Kennenlernens und des Verliebens bei einem Paar, das gerade in einem Konflikt steckt, oder einen Moment der guten Zusammenarbeit bei zwei Arbeitskollegen, oder den Moment, als ein Elternteil und sein Kind gemeinsam den größten Spaß hatten. Erforsche alles, was den Schauspielern helfen wird, zu wissen, was während der Krise im Stück auf dem Spiel steht.

Der Wunsch zu belehren

Im Laufe von *Squeegee* (*Scheibenwischer*) zeigte sich ein gutes Beispiel dafür, wie der Wunsch zu belehren eine Rolle spielen kann.[90]

Die erste öffentliche Aufführung war sehr aufregend. Es war ein lebendiges Forum und das Publikum hatte sich wirklich beteiligt, aber es gab auch ein seltsames „Aber", eine Einschränkung, die ich nicht benennen konnte. Nach der Aufführung fand ich zu meiner Überraschung sehr aufgebrachte Spieler/innen vor. Warum? Weil sie dachten, dass einige der Interventionen aus dem Publikum „Käse" gewesen wären, mit anderen Worten, blauäugig bis

---

[89] Es gibt weitere Übungen zu Erinnerung und Körpergedächtnis in Boals *Games for Actors and Non-Actors* (S. 161), die Erinnerungen einzelner Teilnehmer/innen zum Ausgang nehmen.

[90] Es folgen Auszüge aus meinen Tagebucheintragungen.

ahnungslos. Sie wollten von mir, dass ich die Art der Interventionen aus dem Publikum kontrolliere.

Ich fragte sie, worüber sie sich eigentlich aufregten. Sie antworteten, dass sie den Menschen vermitteln wollten, wie es wirklich auf der Straße zugehe und dass die Menschen versuchen sollten, Antworten auf die Frage zu finden, wie das Leben auf der Straße für Kinder sicherer gemacht werden könnte.

„Genau. Natürlich, das ist es, warum wir alle hier sind. Allerdings kommen die Leute mit Ideen daher, von denen ihr wisst, dass sie nicht funktionieren."

„Aber was sollen wir damit anfangen?", fragten sie. „Wir versuchen, nicht zu hart mit ihnen zu sein. Das würde dir nicht gefallen!"

Ich gab ihnen Recht, dass es mir nicht gefallen würde, wenn die Schauspieler/innen mit Leuten aus dem Publikum eine Rauferei begännen, aber ich erinnerte sie auch daran, dass sie Figuren waren und es ihre größte Stärke auf der Bühne wäre, *authentisch als ihre jeweilige Figur zu reagieren*. Wenn also jemand aus dem Publikum auf der Bühne etwas machen würde, was sie für „Käse" hielten, dann hätten sie die Möglichkeit als Figur darauf so wahrhaftig als möglich zu reagieren. Die Frustration der Schauspieler war echt und hatte einen guten Grund. Die Blauäugigkeit einiger Zuschauer/innen war auch echt. Die Aufgabe der Spieler war es, ihre Frustration in eine authentische Frustration der Rolle zu verwandeln, und nicht als Schauspieler, der einem Zuschauer etwas beibringen will, frustriert zu sein. „Wir können ihnen sagen, dass ihre Idee bescheuert ist?!" „Selbstverständlich! Als Figur!"

Das Forum an den darauffolgenden Abenden war spektakulär. Die Schauspieler/innen fanden ihre Mitte und einen Weg, sich selbst die Erlaubnis zu geben, auf der Bühne einfach zu *sein*.

Alles ist Theater und der Joker mehr Provokateur als Lehrmeister

Welche Geschichte auch immer auf die Bühne kommt, auf eine gewisse Weise ist es immer der Versuch des Gemeinwesens sich auszudrücken. Wichtige Dialoge können dabei aus unerwarteten Momenten entstehen.

Eines Abends in Prince George, einer Gemeinde im Norden British Columbias, gab es eine Gruppe von jungen Straftätern, die einige Stücke gemacht hatte und nun dabei war, Interventionen aus einer Zuschauermenge von 150 Leuten entgegenzunehmen.[91] Eines der Stücke befasste sich mit Gewalt in der Familie. Ein gewalttätiger Vater wurde von einer der jungen Frauen aus der Gruppe gespielt. Ein junger Mann aus dem Publikum, nennen wir ihn Mike, rief „Stopp!" und wollte den Sohn austauschen.

Mike war um die 16, groß und schlaksig. Er hatte mit einer Gruppe von Freunden hinten im Saal gesessen. Er kam lachend auf die Bühne. Zuerst dachte ich, er wäre nervös, aber dann wurde schnell klar, dass er für seine Freunde eine Show abziehen wollte. Sie feuerten ihn an. Wie es manchmal im Forum passiert, kam er auf die Bühne, um unterhaltsam zu sein.

Mike ersetzte also den Sohn, wandte sich an seinen Vater und sagte: „Dad, ich habe ein Geschenk für Dich." Dann formte er aus seiner Hand einen Revolver, „drückte ab" und machte ein lautes Schussgeräusch. Publikum und Schauspieler brachen in Gelächter aus. Die Frau, die den Vater spielte, schaute mich an, zuckte mit den Schultern und wusste nicht, wie sie reagieren sollte. Ich wartete bis das Gelächter verstummte und dann sagte ich zu ihr: „Leg dich hin. Du bist tot." Sie machte es.

Nun war es sehr still im Saal. „Mike", sagte ich, „ich verstehe, warum du den Vater erschießen willst, und Waffen sind einfach zu beschaffen. Also gut. Er ist tot. Was jetzt?" Wir standen zusammen in der Stille und die Haltung des jungen Mannes veränderte sich. Die Stücke stammten von jungen Straftätern. Die meisten von ihnen waren bereits in Jugendstrafanstalten oder Gefängnissen, einige davon wegen Gewaltverbrechen. Seine „lustige Lösung" für das Problem häuslicher Gewalt war echt. Sie wird in seiner und vielen Gemeinschaften auf der ganzen Welt umgesetzt. Das war der Grund unseres Zusammenseins und der Grund, warum wir Theater machten. „Ich vermute", sagte er, „ich muss raus aus der Stadt. Ich stecke tief in der Scheiße."

---

[91] Aus diesem Workshop heraus entstand die Theatergruppe *Street Spirits*. vgl. http://www.streetspirits.com

Der Joker ist ein Provokateur. Ich fragte das Publikum, warum es so lustig war, als Mike den Vater erschoss. Stille. „Wer denkt, dass das eine aufrichtige, realistische Reaktion ist?" Viele hoben die Hand. „Wer denkt, dass den Vater zu erschießen, das Problem löst?" Niemand hob die Hand. „Also, was machen wir?"

Ich fragte Mike, ob es irgendetwas gäbe, was er sagen möchte. Er bestätigte, dass er, als er auf die Bühne kam, dachte, es wäre lustig. Das war mutig von ihm. Ich dankte ihm für seine Intervention und honorierte, dass wir ohne diese Intervention die Echtheit des Impulses nicht erforschen hätten können. „Gibt es sonst noch Ideen für diesen Moment?" Natürlich gab es welche. Und vermutlich angespornt durch Mikes Intervention tauchten die Zuschauer/innen ein in das Familienleben und versuchten, manche mit Erfolg, für ein sicheres Zuhause zu sorgen.

Als Mike mit seiner Intervention auf der Bühne anfing, wäre es möglich gewesen ihm zu sagen, er solle aufhören herumzualbern. „Mikes" kommen in der einen oder anderen Form des Öfteren auf die Bühne. Wenn wir es mit unserer Bitte an das Gemeinwesen sich auszudrücken ehrlich meinen, dann müssen wir akzeptieren, was auch immer auf die Bühne kommt, und jede Idee mit Respekt behandeln.

Mittel der Inszenierung und Authentizität

Die Mittel der Inszenierung, also die Qualität des Bühnenbilds, der Beleuchtung, der Kostüme, Geräuschkulissen, Soundeffekte usw. bereichern das Theatererlebnis auf wundervolle Art und Weise, aber, so glaube ich, sie sind nicht das Herzstück des Theaters. Das Zusammenspiel der Schauspieler/innen untereinander und das Zusammenspiel zwischen den Schauspielern und dem Publikum ist das Herzstück des Theatererlebnisses.

In einem *Power Play* (*Spiel der Kräfte*), einem sechstägigen *Theater zum Leben*-Prozess, der in einer Forumtheater-Aufführung in einem Gemeindesaal seinen Höhepunkt erlebt, beschäftigen wir uns im Allgemeinen nicht mit Licht, Ton, Bühnenbild usw. Wir haben zum einen keine Zeit dafür und es ist nicht essentiell. Das heißt nicht, dass Inszenierungsmittel keinen Platz im Forumtheater haben. Das Theater ist eine metaphorische Sprache und das ist einer der Gründe dafür, warum es einfach und tiefgehend Zugang zum Gemeinwesen findet. Wir müssen allerdings eine Verhältnismäßigkeit wahren in der Art, wie wir diese Metaphern entwerfen, damit das Publikum nicht auf Grund der Inszenierung vor Ehrfurcht in seinen Sitzen erstarrt.

Die Forumtheater-Großprojekte von Headlines Theatre, die drei bis vier Wochen in der Erarbeitung beanspruchen, haben ein Bühnenbild und beschäftigen Beleuchter und Tontechniker. Die Ausstattung ist aber absichtlich immer relativ einfach.

Wie immer das Bühnenbild aussieht, der Zugang vom Zuschauerraum zum Bühnenraum muss leicht möglich sein. Bei Stuhlreihen in einem großen Saal braucht es zumindest einen Mittelgang. Die Bestuhlung und der Raum müssen so gestaltet sei, dass es freie Bahn für Auf- und Abgänge auf die und von der Bühne gibt.

Die Beleuchtung dient dem Publikum dazu, die Schauspieler/innen gut zu sehen. Sie hat aber auch eine emotionale und psychologische Bedeutung. Die Schweinwerfer im Forumtheater dürfen die Schauspieler/innen auf der Bühne nicht blenden und im restlichen Raum eine gähnende Leere erzeugen. Ich habe diese Art der Beleuchtung als Schauspieler im konventionellen Theater viele Male erlebt. Die Schauspieler/innen und der Joker müssen in der Lage sein, das Publikum zu sehen

Die Produktion *Practicing Democracy* (*Gelebte Demokratie*) von Headlines Theatre aus dem Jahr 2004 war sehr schön inszeniert, mit einer wundervollen Ausleuchtung durch die Beleuchterin Caitlin Pencarrick. Die Hintergrundkulisse war zusätzlich mit Dias des Fotografen Lincoln Clarkes gestaltet. Meine Entscheidung in diesem Fall war es, den Zuschauerraum zu verdunkeln und im ersten Durchlauf des 22-Minuten-Stücks ziemlich hohe Standards an die Inszenierung anzulegen und dann das Licht im Saal für die Forumphase hochzufahren. Dies ermöglichte es dem Publikum während des ersten Durchlaufs des Stücks vollständig in die künstlerische Welt der Inszenierung einzutauchen. Danach, während der Forumphase, waren alle Hindernisse für eine Beteiligung, die durch die Beleuchtung entstanden waren, aus dem Weg geräumt.

Es ist ebenso möglich *reale Orte* als Spielorte zu verwenden. *Don't Say a Word*[92] (*Sag kein Wort*) aus dem Jahr 2003 spielte auf der bzw. rund um die Hauptstiege der Sir Charles Tupper Secondary School. Wir schufen einen Bühnenraum im Foyer der Schule mit 100 Sitzplätzen und luden die Öffentlichkeit über drei Wochen hinweg ein, an diesem Forumtheaterprojekt zum Thema „Gewalt an Schulen" teilzunehmen.

Es war aus künstlerischer Sicht eine überzeugende Entscheidung, diesen Spielort auszuwählen. Wir konnten ihn in das Zuhause von zwei Figuren, in eine U-Bahnstation, eine Brücke und selbstverständlich in Gänge und Treppen der Schule verwandeln. Der Spielort erschuf ein Maß an Authentizität innerhalb der erzählten Geschichte, das wir in einem konventionellen Theater für dieses spezielle Projekt sonst nie erreicht hätten. Die Interventionen des Publikums waren von der Tatsache, tatsächlich in einer High-School zu sein, beeinflusst, wo die ungeschriebenen, aber allgemein verständlichen Verhaltenscodes die Gänge durchdringen.

Alle Schauspieler/innen dieser Produktion waren Schüler/innen der 8. bis 12. Schulstufe. Sie alle hatten sehr komplexe und glaubwürdige Charaktere entwickelt. Eine meiner Theaterkolleginnen sah sich die Vorstellung an und machte anschließend eine Bemerkung, die für die Frage von Bedeutung ist, ob das, was sie gerade gesehen hat, Kunst war oder nicht.

Sie war sehr beeindruckt vom gesamten Ensemble und von der Ehrlichkeit, zu der alle sowohl im Stück als auch in der interaktiven Forumphase fähig waren. Es dauerte allerdings bis nach Ende des Stückes, als sie die Spieler/innen hinter der Bühne mit einigen Freunden sprechen sah, bis ihr bewusst wurde, dass die Schauspieler/innen während dieser zweistündigen Veranstaltung nicht sich selbst gespielt hatten. Sie waren während der ganzen Zeit in ihren Rollen geblieben! Diese Jugendlichen waren nicht die Figuren, die sie auf der Bühne gesehen hatte.

In der Entwicklung und Erarbeitung interaktiven Theaters gibt es reichhaltige

92 Ein Forumtheater-Stück über Gewalt an Schulen. Entwickelt und aufgeführt von Iliana Bonilla, Derek Kwon, Shaun Omaid, Patricia Alducin, John Walker und Qing Jian Zeng. Inspizienz: Melissa C. Powell. Regie und Joker: David Diamond.

und vielfältige Möglichkeiten künstlerischer Praxis. Auch professionelle Künstler/innen haben darin ihren Platz, wenn sie den Wunsch und die Fähigkeit haben, sich aufrichtig auf die Basisarbeit[93] mit der Gemeinschaft einzulassen. Die Vorgehensweise muss flexibel sein, um auf die Rahmenbedingungen, unter denen das Gemeinwesen funktioniert, reagieren zu können, und sie ist dann am ergiebigsten, wenn sie anerkennt, dass die Gemeinschaft selbst lebendig ist und eine Geschichte zu erzählen hat. Eine geschützte Atmosphäre für Arbeits- und Entwicklungsprozesse vorausgesetzt, wird diese Geschichte aus dem Gemeinwesen erwachsen.

[93] Im Original: „at a grassroot level" (Anm. d. Ü.)

Im Workshop-Raum

Der Workshop

Von irgendjemandem, der Theater nützen möchte, um Themen einer Gemeinschaft zu erforschen, ist eine Einladung gekommen. Im Laufe mehrerer Informationsgespräche hat sich ein Organisationsgremium gebildet, und man hat sich für einen weitgefassten Titel, zu dem recherchiert werden soll, entschieden. Die Organisatoren haben Teilnehmer/innen organisiert.

Das Umfeld für den Workshop herstellen

Im Workshop muss in vielfacher Hinsicht eine geschützte Atmosphäre herrschen: Geschützt heißt frei von Urteilen. Ein Ort, der es einem erlaubt, ein Risiko einzugehen, oder auch nicht. Eine geschützte Atmosphäre bedeutet auch, sicher scheitern zu können. Ein Ort, an dem kein Scheitern möglich ist, ist nicht sicher, sondern ein streng kontrollierter Raum, ohne jedes Risiko. Eine geschützte Atmosphäre herrscht dort, wo es möglich ist, neue Gedanken zu denken, neue Gefühle zu fühlen und mit Gefühlen und Gedanken in die Tiefe zu gehen, für sich allein und in der Gruppe, sowohl privat als auch öffentlich. Sichere Räume wahren die Privatsphäre, es sind Räume, in denen fremde Personen nicht ein und aus gehen, einfach zu Besuch kommen oder nur anwesend sind, um zu beobachten. Sichere Räume sind auch frei von physischen Hindernissen (Säulen, hinderlichen Möbeln usw.), sie sind offen, sauber (Ich verbringe viel Zeit mit den Teilnehmern am Boden.) und warm. Die Teilnehmer/innen brauchen Platz, um herumzurennen.

Wie lässt sich eine geschützte Atmosphäre für Gefühle erzeugen? In einem Workshop mit Augusto Boal 1987 beobachtete ich etwas, das tiefgreifende Auswirkungen auf meine Entwicklung als Joker hatte. Eine Frau begann im Workshop zu weinen. Boal schenkte ihren Tränen keinerlei Aufmerksamkeit. Einige der anderen Teilnehmer/innen waren sehr verärgert darüber und warfen ihm die scheinbar fehlende Fürsorge vor. Er blickte sich im Raum um und stellte eine Frage.

„Wenn sie lachen würde“, sagte er, „würdet ihr zu ihr hingehen und sagen, also das ist nicht so lustig, hör auf zu lachen!“? Viele Leute im Raum fingen an zu lachen, auch die Frau, die geweint hatte. Boal brachte in diesem Moment etwas sehr Tiefsinniges auf den Punkt.

Gefühle sind weder gut noch böse. Sie sind einfach Gefühle. Wir Menschen fühlen Hass genauso wie Liebe, Trauer genauso wie Freude, emotionalen Schmerz genauso wie emotionales Vergnügen. Was wir mit diesen Gefühlen anfangen, hat selbstverständlich Folgen. Wir müssen Verantwortung für unsere Handlungen, die aus diesen empfundenen Gefühlen erwachsen, übernehmen, aber die Gefühlsregungen sind einfach nur menschlich.

Wir sind in einem Theaterworkshop und Theater ist eine gefühlvolle Sprache. Die Menschen werden mit an Sicherheit grenzender Wahrscheinlichkeit während des Workshops lachen und sie werden weinen, sie werden sich ärgern und sich freuen. Teil der Aufgabe des Jokers ist es, ein Umfeld zu schaffen, in dem es für die Teilnehmer/innen sicher ist, vollkommen menschlich zu sein.

Der Beginn des Workshops

Das ist ein sehr theatraler Moment. Auf die gleiche Weise, wie die erste Szene eines Theaterstücks oder eines Films den Ton für den ganzen Film oder das ganze Stück vorgibt, geben die ersten Momente eines Workshops den Ton für den Workshop vor.

Der Joker, der ja von irgendwo anders kommt, unterscheidet sich immer irgendwie von den anderen im Raum, aber es gibt Wege, den Abstand zu verringern. Wann immer es möglich ist, betrete ich den Raum am ersten Tag mit einem oder mehreren Organisatoren, Leuten, die in der Gemeinschaft bekannt sind. Am besten ist es, wenn wir alle bereits dort sind, wenn die ersten Teilnehmer/innen anfangen einzutrudeln. Erfrischungen stehen bereit.

Wir sitzen in einem Kreis. Wir stellen uns alle auf möglichst gleichberechtigte Weise vor. Die Teilnehmer/innen können darüber sprechen, was sie sich vom Workshop erwarten und warum sie hier sind, genau so über alles andere, was sie über sich selbst sagen wollen. Ich bin da, um zuzuhören. Wir legen sehr früh fest, dass ihre Expertise *genauso wichtig* ist wie meine. In einiger Hinsicht ist die Expertise der Gemeinschaft sogar wichtiger. Ohne die Teilnahme der Gemeinschaft findet nichts statt.

Nach der Vorstellungsrunde werde ich einige Zeit damit verbringen, den Teilnehmern die Vorgeschichte der bevorstehenden Arbeit zu schildern. Ich werde kurz über Freire und Boal sprechen und über die Entwicklung des *Theaters zum Leben*. Ebenso werde ich die organisatorischen Dinge, wie Anfangs- und Endzeiten, ansprechen, sowie die ungefähre Zeit für die Mittagspause, deren Beginn davon abhängig ist, was wir dann gerade machen. Dann ist es an der Zeit, rasch auf die Beine zu kommen und anzufangen.

Ich beginne jeden Tag mit Spielen. Ich füge einige Spiele zu Illustrationszwecken in dieses Kapitel ein. Weitere Spiele und Übungen sind im Kapitel *Anhang* beschrieben. Wenn ich über die Übungen hier und weiter hinten im Buch schreibe, dann wende ich mich an „dich", den Leser oder die Leserin, als ob du ein/e Workshop-Teilnehmer/in im Raum wärst und ich die Aktivität jokern würde.[94] Die Beschreibung der Aktivitäten wird eingerückt gesetzt. Manchmal wird es auch „Joker-Tipps" geben, wo ich mit dir „hinter die Bühne" gehe, um zu begründen, weshalb ich eine gewisse Übung oder ein bestimmtes Spiel gewählt habe, oder um Einsichten mit dir zu teilen, die ich während eines bestimmten Workshops hatte. Diese werden nochmals eingerückt gesetzt sein.

Balance (balancing)[95]

Schieben (pushing)

> Nehmt euch einen Partner oder eine Partnerin. Das Spiel funktioniert mit jedem/jeder. Steht einander gegenüber und legt die Hände jeweils auf die Schultern des anderen und dann schiebt. Schiebt wirklich. Setzt eure

[94] Der deutschen Workshop-Sprache folgend, wird aus dem „du" ein „ihr". Im Englischen bezeichnet das „you" sowohl 2. Person Singular als auch Plural. (Anm. d. Ü.)

[95] Dieses Spiel gehört in die Kategorie *Spüren, was wir berühren*. Die verschiedenen Kategorien werden im *Anhang* zu Beginn des Kapitels *Spiele und Übungen* erläutert. Es gibt eine Version dieses Spiels mit Namen *Pushing against each other* in Boals *Games for Actors and Non-Actors*, S. 65.

Muskeln ein. Eine/r von euch wird stärker sein. So ist das Leben. Wer schwächer ist, soll sich mehr anstrengen. Wer stärker ist, soll sich zurücknehmen. Schiebt euch nicht gegenseitig durch den Raum. Es geht nicht um Gewinnen oder Verlieren. Die Idee dahinter ist, die Balance der Kräfte zwischen euch zu finden. Macht es ohne zu reden. „Redet" nur mit eurem Körper. Ihr sollt ständig in Bewegung sein. Lehnt euch nicht nur aneinander an, schiebt!

Verwendet unterschiedliche Körperteile. Wechselt Partner und schiebt erneut. Und erneut.

Ziehen (pulling)

Steht einander gegenüber und haltet einander an den Handgelenken. Jetzt lehnt euch zurück, haltet gegenseitig euer Gewicht, so dass der andere nach hinten fiele, wenn einer loslassen würde. Ohne zu reden, lehnt euch weiter nach hinten und setzt euch langsam hin. Das Gesäß auf den Boden. Jetzt zieht euch aneinander hoch und steht auf. Wiederholt es einige Male. Jetzt in einem Kreis zu viert, dann zu acht, zu sechzehnt, usw.

Joker-Tipp: Ich wähle dieses Spiel zum Auftakt jedes Workshops, egal, mit welcher Gemeinschaft ich arbeite. Wir kommen viele Male während des Workshops auf das Kernelement des Prinzips „Schieben" innerhalb der Balance-Übung zurück. Auch wenn die Teilnehmer/innen körperliche Einschränkungen haben, führen wir das Spiel, eventuell in adaptierter Form, durch. Es beinhaltet die Essenz des Theaters und schult die Fähigkeiten, die nötig sind, um Interventionen in der Forumphase annehmen zu können.

Die Essenz des Dramas ist der Konflikt. Eine Figur will etwas, eine andere Figur will etwas anderes. Diese beiden Wünsche stehen im Gegensatz zueinander. Dadurch entsteht ein Drama. Man sieht keine Filme, Fernsehserien oder Theaterstücke über Menschen, die einfach nur gut miteinander auskommen.

Wir werden Theater machen, bei dem die Figuren in Bezug auf die Themen, die wir untersuchen, eine Auseinandersetzung miteinander haben. Alle werden gegeneinander „schieben", unabhängig davon, wie symbolisch das Stück sein wird. Wenn sie es nicht tun, kann es kein Drama geben.

Oft wählen Teilnehmer/innen selbst Figuren, die Dinge tun, mit denen sie als Person selbst nicht einverstanden sind oder die sie selbst nie tun würden. In der Folge fühlen sie sich bei der Aufführung relativ unwohl. Es ist dann hilfreich für sie zu sehen, dass es im Fall des Theatermachens keine hasserfüllte oder negative Handlung darstellt, gegen eine andere Figur anzukämpfen, sondern eine liebevolle Handlung. Wenn die eine Figur nämlich nicht „schiebt", hat die andere nichts, mit dem sie arbeiten kann.

Diese Auffassung ist auch für die interaktive Forumphase wichtig. Es ist nicht die Aufgabe des Schauspielers, auf der Bühne zu jeder Person, die auf die Bühne kommt, „Nein, Nein, Nein" zu sagen – sie sozusagen abzuschieben. Es ist auch nicht die Aufgabe des Schauspielers, übergefällig zu sein und alles zu tun, was der Zuschauer auf der Bühne verlangt – sich also vom Zuschauer herumschieben zu lassen. Es ist die Aufgabe des Schauspielers, gegen den Zuschauer anzuschieben, um ihn dazu zu bringen, sich anzustrengen und um ihm die Möglichkeit zu geben, sich auf die Auseinandersetzung einzulassen und auf seine Weise wirklich seine Idee auszuprobieren.

Innerhalb der Auseinandersetzung muss der Schauspieler in jeder Hinsicht zuhören, zuschauen und nachspüren. Wenn er das macht, wird er in der Lage sein, wahrhaftig zu reagieren. Er wird Ja sagen, wenn ihn der intervenierende Zuschauer dazu bewegt, und Nein, wenn dem nicht so ist. Das ist alles im Balance-Spiel enthalten.

Gruppenbildung[96]

Ein Prozess, in dem Menschen mit dem Ziel zusammenkommen, Theaterstücke zu Problemen zu machen, die sie miteinander teilen, ist am Beginn automatisch mit der Skepsis und den Befürchtungen zumindest einiger Teilnehmer/innen verbunden. Dem muss begegnet werden. Wenn wir verstehen, dass die Menschen im Raum nervös und misstrauisch sind, dann müssen wir zu allererst versuchen, Wohlbefinden zu schaffen und Vertrauen aufzubauen.

Den Großteil des ersten Tages eines einwöchigen Workshops machen Spiele aus. Diese Spiele sind so gestaltet, dass die Gruppe über das Wesen des Theaters nachzudenken beginnt, auch über die gemeinsamen Erfahrungen im Raum, über die Frage, welche Machtverhältnisse herrschen und wie vielschichtig die Ebenen sind, die in Bezug auf das untersuchte Thema existieren.

Alle Spiele sind symbolisch

Die Leute tappen oft in die Falle, zu denken, dass die Spiele zum Aufwärmen da sind und dass die wirkliche Arbeit in den Übungen und im Bilder- oder Forumtheater steckt. Diese Ansicht vernachlässigt alle Aspekte, die im Verlauf der Spiele auftauchen können. Die Spiele sind integraler Bestandteil der Recherche. Gib ihnen jeden Tag Raum und Zeit! Du weißt nie, wer im Workshop ist, auch wenn du die Leute im Workshop kennst. Die Spiele sind selbst Bilder bzw. Vorstellungen, und jede Person wird sie, gefiltert durch die eigene Lebenserfahrung, auf eigene Art und Weise erleben. Durch die Spiele entstehen Verbindungen in der gemeinsam arbeitenden Gruppe, das Gruppenbewusstsein und Vertrauen werden geweckt, aber sie können auch auf überraschende Art und Weise Zugang zu den Themen eröffnen, die die Gruppe untersucht.

Inwiefern sind die Spiele Teil der Arbeit? 1989, als wir *¿SANCTUARY?*[97]

[96] Das Deutsche erlaubt hier die doppelte Bedeutung von „Bildung", einmal im Sinne von „die Gruppe wird geformt, formiert sich" und einmal im Sinne von „voneinander lernen und Weiterbildung". (Anm. d. Ü.)

[97] Entwickelt und gespielt von (Vancouver): Saeideh Nessar Ali, Victor Porter, Nora Patrich, Daniel McLeod, Eduardo Aragon, Paul Kriz, Jose Morales. Tournee-Ensemble: Saeideh Nessar Ali, Victor Porter, Nora Strejilevich, Daniel McLeod, Jose Morales. Regie: David Diamond. Joker: David Diamond und Sherri-Lee Guilbert. Inspizienz: Borja Brown.

(*¿ASYL?*) erarbeiteten, jene Forumtheater-Produktion von Headlines Theatre mit der Flüchtlingsgemeinde, geschah während des Spiels *Wirkungsvolle Hand*, bei dem die Augen geschlossen sind, etwas, das ein wundervolles Beispiel dafür abgibt, wie sich über ein Spiel der Zugang zum Thema eröffnet.

Wirkungsvolle Hand (effective hand)[98]

> Steht mit geschlossenen Augen im Raum. Ohne zu reden, geht los und begegnet einander und berührt und spürt eure Hände für einen Moment und geht dann weiter. Macht das für eine Weile. Dann, nach einer Weile, wenn ihr eine Hand findet, haltet sie. Jede Person sollte zumindest an einer Hand gehalten werden. Es ist in Ordnung, wenn beide Hände gehalten werden, aber es sollen nie drei oder mehr Hände beisammen sein.
>
> Lernt mit geschlossenen Augen die Hand oder die Hände kennen, die ihr haltet. Ist es eine trockenen Hand oder eine feuchte? Eine fleischige Hand oder eine knochige? Eine warme oder kalte Hand? Wer mutig ist, denkt daran, dass er außer dem Tastsinn noch andere Sinne besitzt. Lernt die Hand wirklich kennen. (Gib dem Ganzen einige Zeit!)
>
> Öffnet, ohne zu reden, die Augen und schaut, wessen Hand/Hände ihr haltet, danach schließt die Augen wieder. Verabschiedet euch ohne zu reden und geht mit geschlossenen Augen herum. (Gib dem Ganzen einige Zeit!) Jetzt findet mit geschlossenen Augen und ohne zu reden die gleiche(n) Hand (Hände) wieder.
>
> > **Joker-Tipp:** Es empfiehlt sich die Teilnehmer/innen zu bitten, Ringe und anderen Schmuck (Armreifen) zu entfernen.

Ich habe dieses Spiel viele Male in unterschiedlichen Gruppen gemacht und nie ist irgendetwas Dramatisches passiert. Dieses Mal begann Saeideh,[99] eine der Frauen aus der Gruppe, während des Spiels heftig zu weinen. Alle blieben

---

98 Dieses Spiel gehört in die Kategorie *Spüren, was wir berühren*. Es gibt eine Version mit Namen *Find the hand* in Boals *Games for Actors and Non-Actors*, S. 114.

99 Saeideh Nessar Ali wurde später Joker und für acht Jahre als Koordinatorin für Öffentlichkeitsarbeit bei Headlines Theatre angestellt. Und sie wurde eine enge Freundin. (Ich bekam ihre Erlaubnis sie an dieser Stelle namentlich zu nennen.)

stehen. Dann setzten wir uns für eine lange Zeit im Kreis zusammen.

Das Spiel war sehr symbolisch für sie. Es stellte sich heraus, dass durch das Spiel Erinnerungen an ihre Geschichte wachgerufen wurden. Es ging darum, dass sie mit ihrem Mann aus dem Iran fliehen musste, weil sie in der Zeit, als Ayatollah Khomeini an der Macht war, dabei erwischt wurden, wie sie Studenten versteckten. Das Spiel führte sie zurück an einen Punkt ihrer Geschichte, an dem sie im Dunkeln herumirrte (mit geschlossenen Augen) und dabei versuchte eine hilfreiche Hand zu finden, aber nicht in der Lage war zu sprechen (alles musste im Geheimen geschehen). Sie wusste nicht, wem sie vertrauen konnte und ob sie überhaupt Hilfe finden würde. Die meisten im Raum (alle waren Flüchtlinge) wussten genau, wovon sie sprach.

Wir alle wussten an diesem zweiten Tag eines dreiwöchigen Prozesses, dass wir überraschenderweise etwas gefunden hatten, das im Zentrum des zu erarbeitenden Stückes stehen würde. Es entstand nicht im Bildertheater oder bei irgendeiner anderen Aktivität, von der ich angenommen hatte, dass sich daraus zentrale Bilder ergeben würden. Es entstand aus etwas, von dem wir dachten, es sei ein Aufwärm- oder Gruppenbildungsspiel.

Bilder und Vorstellungen entwickeln

Frier das Leben in einem beliebigen Moment ein. Das ist ein Bild. Frier ein Stück, einen Film oder eine Fernsehsendung in irgendeinem Moment ein. Das ist ein Bild. Bilder sind in Zeitschriften und auf Plakatwänden. Bilder sind überall, wo wir hinschauen. Sowohl im *Theater zum Leben* als auch im *Theater der Unterdrückten* ist ein Bild ein eingefrorenes Tableau, entworfen von einem Workshop-Teilnehmer unter Verwendung seines eigenen Körpers und der Körper anderer. Dieses Tableau ist wie eine lebendige Fotografie von einem *Moment der Auseinandersetzung* aus dem Leben eines Teilnehmers. Bilder können auch durch Zusammenarbeit einer Gruppe von Teilnehmern entstehen. Weil das Bild still und in Ruhe ist, ist es höchst symbolisch und kann auf unterschiedlichste Weisen interpretiert werden.

Bilder sind die zentralen Bausteine des Theaters. Oft entwirft ein Regisseur bei Stellproben Bilder seiner Vision für die Bühne, mit den Körpern der Schauspieler, mit dem Licht und dem Bühnenbild. Bei der Arbeit mit einem Gemeinwesen kommt es darauf an herauszufinden, dass Bilder auf organischem Weg entstehen können und dass dieser Prozess Spaß machen kann, selbst wenn die Bilder von ernsthaften Themen handeln. Es ist bereits am ersten Tag eines Workshops möglich, eine Atmosphäre zu erzeugen, innerhalb derer sich das Gruppenbewusstsein unter Verwendung der Bildersprache ausdrücken kann, manchmal auf einer unbewussten Ebene.

Bilderdialog (complete the image)[100]

Kommt bitte in einem großen Kreis zusammen. Ich werde in der Mitte des Kreises eine Haltung einnehmen. Es kann alles sein, es ist nur eine Haltung, eingefroren in Raum und Zeit. Was seht ihr? Einfach herausrufen! „Einen Bären", „einen Mann, der durch ein Fenster schaut", „jemanden an einer Wand", „jemanden, der von einem Gebäude springt" usw. Gut. Fein. Ihr habt Recht. Alle von euch. Und zwar deshalb, weil es das ist, was ihr seht und was ihr seht, ist richtig.

Wenn ich dagegen in den Kreis gekommen wäre und, beim Einnehmen der Haltung, gesagt hätte: „Hier bin ich und klettere zum ersten Mal im Fels und komme nicht weiter", dann – denke ich – wäre das das Einzige gewesen, was ihr gesehen hättet. Keine anderen Vorstellungswelten wären euch in den Sinn gekommen. Es wäre gewesen, als ob ich in den Kreis gekommen wäre und gesagt hätte: „Ich bin der Einzige hier mit Vorstellungsvermögen, der Künstler. Keiner von euch hat irgendeine Vorstellung. Mann – Fels – Klettern." Ich hätte das Bild verraten und dadurch eure Kreativität abgewürgt.

Genau das, bitte ich euch, sollt ihr *nicht* tun, wenn wir arbeiten. Wir werden an Bildern und Vorstellungen arbeiten und deren Kraft und Stärke liegt in den unterschiedlichen Arten, mit denen wir sie sehen. Also bitte verratet

---

100 Dieses Spiel gehört in die Kategorie *Auf das schauen, was wir sehen*. Es gibt eine Version gleichen Namens in Boals *Games for Actors and Non-Actors*, S. 130.

eure Bilder nicht, bietet sie einfach nur an. Es ist in Ordnung, wenn nicht alle einer Meinung sind.

Könnte jemand zu Demonstrationszwecken in den Kreis kommen und eine Haltung anbieten? Sie muss nichts bedeuten. Es ist einfach nur eine Haltung im Raum. Gut. Jetzt kommt bitte jemand anderer hinzu, und ohne zu reden oder irgendwie zu erklären (kein Gestikulieren bitte!) bietet der oder die eine andere eingefrorene Haltung an und vervollständigt das Bild so, dass es eine Geschichte erzählt. Gut. Die erste Person geht bitte zurück in den Kreis. Was seht ihr jetzt? Jemand anderer ergänzt bitte dieses Bild. Gut. Erste Person bitte raus. Jemand anderer. Denkt daran, es gibt keine Möglichkeit, hier irgendetwas falsch zu machen. Alles, was ihr seht, ist richtig, also zensiert euch bitte nicht selbst. (Führ das eine Weile so fort.)

Jetzt mit einer dritten Person. Gut. Erste Person raus. Was seht ihr? Jemand anderer ergänzt das Bild. (Lass es auch in der Dreierkonstellation eine Weile so gehen.)

In Ordnung. Gut. Von jetzt an machen wir Bilder über (hier das Thema des Workshops einsetzen). Was seht ihr? Jemand stellt sich dazu. Gut. Erste Person raus. Jemand anders. Gut. (Nach einer Weile, wenn ein dramatischer Moment auftaucht.) Eine vierte Person. Eine fünfte. Sechste...siebte...achte und so weiter, solange sich jemand dazustellt.

Joker-Tipp: Anschließend ist es möglich, in diesem eingefrorenen Bild, dem ersten, das im Workshop entstanden ist, herumzuspazieren und die Figuren zu bitten einen *inneren Monolog*[101] zu führen. Voilá – sie haben ein Bild entworfen, das auch sprechen kann.

Der Joker versucht immer eine Atmosphäre zu schaffen, in der *die Inhalte aus der Gruppe* auftauchen können. Das unterscheidet sich davon, Anweisungen zu geben und *ihnen zu sagen, irgendetwas zu machen*. Die Sprache ist sehr wichtig in der Anleitung eines Spiels. Sag etwas wie: „Kommt bitte jemand in den Kreis und macht eine Haltung. Es muss nichts bedeuten, einfach eine Haltung. *Es muss nichts bedeuten*." Wenn du geduldig bist,

[101] vgl. den Abschnitt *Aktivierung der Bilder* in diesem Kapitel.

wird die Gruppe beginnen, Bilder über das zu untersuchende Thema – den Grund ihres Zusammenkommens – zu entwerfen, *ohne dass du ihnen das sagst.* Das dauert vielleicht einige Zeit, aber meiner Erfahrung nach wird das immer passieren. Nachdem es passiert ist, bitte sie, Bilder über das Thema zu entwerfen, so wie oben beschrieben. Das wird es dir ermöglichen, gegenüber der Gruppe zu betonen, dass sie es ganz alleine getan haben, obwohl du sehr bewusst nicht gesagt hast, dass sie es tun sollen. Diese Art, die eigene kollektive Stärke zu erkennen und das kollektive Bewusstsein zu entdecken, ist ein wichtiger Schritt auf dem Weg, das Vertrauen in die Fähigkeit der Gruppe zu stärken und gemeinsam arbeiten zu können.

Partner formen/Bilder entwerfen[102]

Es ist wichtig, dass die Teilnehmer/innen am ersten Tag dazu kommen, persönliche Bilder zu entwerfen. Sie sollen am Ende des Tages den Workshop-Raum verlassen und ein Gefühl dafür haben, wohin der restliche Workshop führen wird, und wissen, dass die Arbeit mit Bildern, die ihre eigene Lebenserfahrung widerspiegeln, im Mittelpunkt des Workshops steht. Damit sie dorthin kommen, brauchen sie etwas Geschick und Können im Formen von Figuren.

Steht eurem Partner gegenüber. Ihr werdet beide jeweils beide Teile dieser Übung machen. Entscheidet, wer von euch zuerst der Bildhauer sein wird und wer das Material, *der intelligente Ton*.

Was ist intelligenter Ton? Dein Partner ist intelligenter Ton. Du kannst deinen Partner in jede Position (innerhalb bestimmter Grenzen) bringen und der Ton wird in dieser Position verharren. Weil dein Partner intelligenter Ton ist, wird er/sie diese Haltung mit Gedanken und Gefühlen auffüllen, die aus der körperlichen Position kommen, in die er/ sie gebracht wurde.

Bildhauer, ihr seid verantwortlich für alle Glieder, den Gesichtsausdruck usw. Scheut euch nicht zu berühren, aber seid respektvoll. Es ist nicht nötig, eine Geschichte darstellen zu wollen, formt einfach eine Haltung. Der Ton, so wie er geformt ist, soll dabei versuchen, die emotionalen Botschaften dieser

102 Dieses Spiel gehört in die Kategorie *Auf das schauen, was wir sehen*. Es gibt unterschiedlichste „Bildhauer-Übungen" in Boals *Games for Actors and Non-Actors*. S. 127.

Haltung zu spüren und zu verstehen. Bildhauer, wenn ihr mit einem Bild fertig seid, radiert es aus[103] und macht ein zweites. (Das dient dazu, Menschen daran zu gewöhnen, die Körper anderer zu formen.) Ton, wenn du einmal in deiner zweiten Haltung bist, merke dir, wie sie aussieht, und dann entspanne dich.

Bildhauer, bringt nun, einer nach dem anderen, eure zweite „Skulptur" in die Mitte des Raums. Es ist, als hätten wir eine Kunstausstellung. Platziert eure Skulpturen in Beziehung zueinander und versucht eine größere Skulptur zu bauen, die eine Geschichte erzählt.

Bildhauer, kommt nun aus der Ausstellung heraus, damit wir alle auf diese größere Skulptur blicken können. Was seht ihr?

Die Gruppe diskutiert daraufhin, was sie in diesem zufällig entworfenen Bild sieht. Gibt es Geschichten? Es gibt immer welche.

Jetzt wird aus dem Bildhauer Ton und aus dem Ton wird der Bildhauer. Bildhauer, formt wieder eine Haltung und wenn ihr damit zufrieden seid, radiert sie aus und macht eine zweite. Ton, wenn ihr in eurer zweiten Haltung seid, merkt sie euch und entspannt euch.

Erneut werden wir darangehen, eine Ausstellung zu machen, indem jeder Bildhauer seine Skulptur in die Mitte des Raumes und sie zueinander in Beziehung bringt. Dieses Mal allerdings ist das Ausstellungsthema das Thema des Workshops.

Joker-Tipp: Das kann eine wichtige Übung sein, um der Gruppe zu helfen, den Prozess des Theatermachens zu entmystifizieren und einen Zugang zu einem größeren Bewusstsein in der Gruppe zu finden. Es erlaubt allen zu sehen, dass allein das Zusammenbringen von Haltungen es ermöglicht, eine kohärente Geschichte zu entwickeln. Das funktioniert, weil jedes Individuum aus der Gruppe sein gesamtes Leben in das Formen des Partners einbringt, nämlich auf einer unbewussten Ebene. Die Hände des Bildhauers übertragen sein Unbewusstes. Wenn die ganze Gruppe be-

[103] „Ausradiert" wird, indem man den Körper abstreift oder mit den Händen wegwischende Bewegungen vor dem Körper macht. (Anm. d. Ü.)

teiligt ist, können die Skulpturen nicht anders, als das Unbewusste der Gruppe widerzuspiegeln. Sehr häufig wird es vorkommen, dass das zentrale Problem, die zentrale Frage der Gruppe, sich in den ersten von der Gruppe gestalteten Bildern zeigt.

Vierer-(oder Fünfer-, ...)Gruppen[104]

Ich verwende diese Übung gern am ersten Tag eines einwöchigen Workshops und ich mag es lieber, wenn ich für die Gruppeneinteilung sorge, damit Leute zusammenarbeiten, die das normalerweise nicht tun würden. Wenn, sagen wir, 25 Teilnehmer/innen im Workshop sind, dann bilde ich fünf Gruppen zu je fünf Leuten. Ich weise jedem eine Nummer zu: „Merkt euch eure Nummer! 1, 2, 3, 4, 5, 1, 2, 3, 4, 5, 1, ... Einser dort hinüber, Zweier dahin, Dreier dorthin ..."

> In diesen Kleingruppen entwirft jede/r von euch ein Bild mit Hilfe des eigenen Körpers und der Körper der anderen aus der Gruppe, ein Bild, das einen Moment aus eurem eigenen Leben zeigt, als ihr mit Schwierigkeiten in Bezug auf (Thema des Workshops) zu kämpfen hattet. Es muss euer eigener Moment sein, nicht der eines Freundes oder Verwandten, nicht Hollywood. Jedes Bild muss zumindest zwei Figuren beinhalten – euch und die Person, mit der ihr gerungen habt. Die Bilder können auch mehrere Figuren enthalten, aber nicht mehr als Personen in der Gruppe sind. Wenn nur zwei Figuren im Bild sind, dann sind die anderen eben nicht im Bild. Ihr seid ihr selbst im Bild. Das heißt, eine Gruppe von fünf Leuten wird fünf Bilder kreieren.
>
> Ihr müsst die Bilder anfertigen, ohne zu reden. Formt eure Partner so detailreich wie möglich. Teil eurer Aufgabe in dieser Übung ist es auch, euch daran zu erinnern, welche Haltung ihr in den jeweils anderen Bildern habt, denn wir werden uns alle ansehen. (Gib der Gruppe 15 bis 20 Minuten Zeit für diese Übung.)

Weil die Zeit immer eine Rolle spielt, tendiere ich dazu, die Teilnehmer/innen alle Bilder *ansehen* zu lassen, aber nur jeweils ein Bild aus jeder Gruppe *zum Leben zu erwecken*. Ich lasse die ganze Gruppe entscheiden, welches Bild

[104] Es gibt eine andere Version dieser Übung mit Namen *Sculpture with four or five people* in Boals *Games for Actors and Non-Actors*. S. 129.

aktiviert werden soll. Ich mache das gern in Form einer Abstimmung, nachdem wir alle Bilder einer Gruppe gesehen haben.

> Wir werden abstimmen. Der Unterhaltungswert oder die beste Gestaltung sollte nicht der ausschlaggebende Grund sein, für ein bestimmtes Bild zu stimmen und für ein anderes nicht. Es soll jenes gewählt werden, das euch am tiefsten berührt, jenes, das die stärkste Verbindung zu eurem eigenen Leben hat. Ihr könnt zwei Stimmen abgeben. Stimmt nicht für alle. Entscheidet euch und stimmt ab.
>
> Das bedeutet, dass eines der Bilder aus der Gruppe aktiviert werden wird, und die anderen nicht. Es ist wichtig, dass ihr das nicht persönlich nehmt. Es heißt nicht, dass euer Leben langweilig ist oder eure Erfahrungen nicht wertvoll sind. Es heißt, dass jemand aus der Gruppe einen Moment angeboten hat, den viele andere im Raum ebenfalls auf irgendeine Weise erlebt haben.

Die Stärke der Bilder, die nicht verraten werden

Indem wir die Bilder nicht verraten, sie nicht erklären, beginnen wir die künstlichen Barrieren zwischen dem individuellen Bewusstsein und dem der Gruppe abzubauen. Dadurch überbrücken wir die Trennung zwischen Geist und Körper und fangen an, das Gruppenbewusstsein zu wecken.

Ein Bild aus einer Vierer-Gruppe entspringt der Erfahrung einer Person. Diese Person gestaltet ein sehr spezifisches Bild. Sie weiß, wer die Charaktere sind, was sie denken, tun und fühlen. Ihre einzige Möglichkeit, all das auch ihren Skulpturen zu vermitteln, ist, sie detailliert zu formen. Sie erschafft möglicherweise ein Bild mit Charakteren, die echten Menschen entsprechen, oder sie erschafft etwas höchst Symbolisches, wo die Charaktere Ideen repräsentieren.

Hat eine Teilnehmerin zum Beispiel einmal ihr äußerst spezifisches Bild der Gruppe vorgestellt, ohne es verraten zu haben, hört es auf, ihr alleiniges Eigentum zu sein. Es beginnt zu einem Bild aus der Erfahrungswelt des lebendigen Gemeinwesens zu werden. Eine geformte Figur, die sich im Bild zum Beispiel auf eine bedrohliche Weise über die Teilnehmerin beugt, könnte in deren Wirklichkeit ihr Vater sein, aber vielleicht denken der Mann oder die Frau, die die bedrohliche Haltung einnehmen, sie seien ihr Chef oder ihr verärgerter Liebhaber oder die menschliche Verkörperung des Konsumdenkens oder etwas anderes. Jeder einzelne Teilnehmer wird das unerklärte Bild aus seiner eigenen Perspektive betrachten, auf Basis der eigenen Lebenserfahrung. Die Teilnehmer/innen sehen und empfinden das Bild womöglich unterschiedlich, aber ihre Wahrnehmung wird, was den emotionalen Inhalt anbelangt, sehr oft in Verbindung zum zentralen Erleben der ursprünglichen Bildgestalterin stehen. Das Bild wird möglicherweise ebenso viele Reaktionen hervorrufen, wie es Leute im Raum gibt. Das ist eine Stärke von Bildern.

Wir können mittels Aktivierung in einen Dialog über das Bild treten. Wir stellen uns selbst als Figur in das Bild, als eine Figur, von der wir glauben, dass wir sie verstehen. Und wir verstehen sie aus unserer eigenen Perspektive. Wenn wir als Figur Sätze sagen, beginnen wir die Figur und das Bild zu verraten. Die Fragen, die dadurch auftauchen, beziehen sich unweigerlich auf die Zusammenhänge, die zwischen den unterschiedlichen Interpretationen des ursprünglichen Bildes bestehen: Welche Verbindung gibt es zwischen dem Vater und dem Chef oder dem Liebhaber, welche Verbindung zum Konsumdenken oder zu unseren Auseinandersetzungen mit der Umwelt oder dem Thema Sucht? Stehen sie als Symbole in einem metaphorischen Zusammenhang?

Um die Darsteller/innen in die Lage zu versetzen, im Bild etwas sagen zu können, hilft es sehr, sie zu ermutigen sich zu entscheiden, wer sie sind, also anzuregen, Menschen darzustellen und keine Dinge. Der Schauspieler kann einen Bankmanager spielen, der die Ideen des Kapitalismus unterstützt, aber er kann nicht den Kapitalismus spielen. Wir arbeiten darauf hin, ein Theaterstück zu entwickeln, das Zuschauer/innen einlädt, in die Handlung einzusteigen und echte Lösungen für die dargestellten Probleme zu finden. Um das zu erreichen, müssen alle Figuren auf der Bühne aus Fleisch und Blut sein, mit Wünschen, Ängsten, Hoffnungen und einer Geschichte. Der Schauspieler spielt mit großer Wahrscheinlichkeit nicht den Bankmanager derjenigen, die das

Bild gemacht hat, sondern er gibt seine eigene Vorstellung eines Bankmanagers. Wenn dies alle Darsteller/innen im Bild tun, werden die Inhalte des nach wie vor unerklärten Bildes auf sehr breiter Basis zum Ausdruck gebracht.

Durch die Tatsache, dass das Bild in der Zeit eingefroren wurde, bietet sich uns die Möglichkeit, in diesem „eingefrorenen Moment" herumzugehen, das Bild aus verschiedenen Blickwinkeln und Perspektiven zu betrachten und seinen Inhalt, symbolisch gesprochen, aufzudecken. Die Figuren im Bild, eingefroren in ihren körperlichen Verhältnissen zueinander, besitzen ihr eigenes Wissen. Über Fragen an sie können sie uns helfen, in die Vergangenheit zu blicken, die Gegenwart zu verstehen und die Zukunft zu erproben. Obwohl das Bild etwas ganz Spezielles darstellt, aber unbenannt und unerklärt bleibt, eignet es sich als breit angelegte Metapher. Menschen denken in Metaphern.[105] Deshalb kann das Bild tief im Bewusstsein der Gruppe eine Resonanz erzeugen und ein Katalysator sein, um die Seele des Gemeinwesens erforschen zu können. Das Bild gehört nun dem von uns geweckten Gruppenbewusstsein.

Die Gruppe und das Individuum

Im *Theater zum Leben* ist es wichtig, dass die Bilder als Symbole angesehen und bearbeitet werden, obwohl sie von Individuen aus deren eigenen Leben entworfen wurden. Das realistische Detail der Geschichte ist nicht so wichtig wie die Wahrnehmung im Raum in Bezug auf die vielen möglichen Varianten der Geschichte, die das spezifische Bild zeigt.

Wenn eine Gruppe dann Theaterstücke macht, ist es analog dazu im selben Ausmaß wichtig, dass die Gruppe nicht die Geschichte einer Person wiedergibt, sondern die fiktive Vorstellung der Gruppe, welche die Wahrheit über Aspekte der Auseinandersetzung des Gemeinwesens mit dem Thema zeigt. Das Stück ist ein Symbol genauso wie das Bild ein Symbol ist.

Es ist dies die Möglichkeit für das Gemeinwesen, eine ursprüngliche Sprache zu verwenden, um seine Geschichten zu erzählen. Und es macht auf eine von vielen Arten deutlich, dass *Theater zum Leben* keine auf das Individuum

---

[105] Capra, a.a.O., S. 93ff.

bezogene Therapie ist. Es ist keine Therapiesitzung für irgendeine Person oder für eine Gruppe von Leuten im Raum.

Aktivierung der Bilder

Die Aktivierung der Bilder vertieft den Dialog innerhalb der Gemeinschaft. Jede Aktivierung ist in Wirklichkeit eine Frage, die die Workshop-Teilnehmer/innen durch Handlungen beantworten. Wesentlich für die Aktivierung von Bildern ist der innere Monolog.

Innerer Monolog

Dies ist eine Technik, die ich allen Workshop-Gruppen am ersten Tag als Teil der Übung *Bilderdialog* beibringe und die ich dann zur Aktivierung von Bildern während des gesamten Workshops verwende.

> Wenn ich mich in so einer Haltung (zusammengekauert) befinde, werden meine Gedanken und Gefühle selbstverständlich andere sein, als wenn ich mich in so einer Haltung (aufrecht stehend mit ausgebreiteten Armen und geöffnetem Mund) befinde. Mein innerer Monolog, also meine Gedanken und Gefühle *als Figur*, wird unterschiedlich ausfallen, je nachdem, ob ich in Kauerstellung oder mit ausgebreiteten Armen dastehe.
>
> Ein innerer Monolog ist wie eine Zwiebel. Er hat Schichten. Um den Weg in tiefere Schichten zu finden, ist es nicht hilfreich, immer und immer wieder dasselbe zu wiederholen. Abhängig von der Haltung ist die erste Schicht des Monologs für eine Figur vielleicht: „Ich hasse dich!" Aber der Monolog lautet nicht: „Ich hasse dich, ich hasse dich, ich hasse dich, ich hasse dich." Was liegt darunter? Vielleicht: „Ich hasse dich, du schüchterst mich ein, ich habe Angst, ich fürchte mich vor..." Und so weiter.
>
> Ein innerer Monolog ist kein Dialog. Zwei Menschen, die nebeneinander stehen, können einander nicht hören und nicht miteinander reden. Es bleibt ein Monolog. Es sind die laut ausgesprochenen Gedanken und Gefühle der

Figur. Alle Figuren führen ihren Monolog gleichzeitig.

Hört nicht auf, bis ich es euch sage. Und los! (Das soll mindestens 30 Sekunden lang dauern – länger, wenn es die Gruppe aushält.)

Stopp! Bleibt eingefroren! Ich komme und werde euch berühren. Wenn ich jemanden berühre, sagt der- oder diejenige als Figur einen Satz, laut, so dass ihn alle hören können. Ich möchte, dass dieser Satz mit den Worten beginnt: „Ich will…" Sprecht als Figur! Und los.

Ängste und Wünsche identifizieren

Warum geht ein Schauspieler quer über die Bühne? Er bewegt sich entweder auf etwas zu, einen Gegenstand oder eine Idee, etwas, von dem er denkt, dass es ihm Freude bereiten wird, oder er bewegt sich von etwas weg, von dem er denkt, dass es ihm Leid zufügen wird. Manchmal werden Freude und Leid verwechselt und das macht das Leben kompliziert. Wünsche und Ängste sind unsere Beweggründe. Sie sind zentral für unser Leben, auf und abseits der Bühne.

„Was willst du (als Figur)?" und „Wovor hast du (als Figur) Angst?" sind Schlüsselfragen, die ein Regisseur einen Schauspieler fragen kann, egal, ob es sich um einen Profischauspieler handelt oder um jemanden, der zum ersten Mal in seinem Leben in einem Theaterworkshop ist.

Bitte jede Figur, ihren Satz mit „Ich will…" zu beginnen. Den Teilnehmer/innen diese Vorgabe zu machen, bedeutet nicht, den Inhalt des Satzes zu bestimmen. Es ist ein Hilfsmittel, sich zu konzentrieren und um Beweggründe der Figur, die sie darstellen, zu entdecken.

Was bringt diese Bitte? Jede Figur will etwas. So ist die menschliche Natur. Dieser *Wille* ist der Beweggrund für Handlungen. Die Bitte hilft den Teilnehmer/innen Klarheit darüber zu erlangen, was sie wollen. Manchmal werden Teilnehmer/innen so etwas sagen wie:

„Ich will, dass er sich ordentlich benimmt." „Ich will, dass sie weggeht." „Ich will, dass er gewinnt."

Diese Formulierungen bringen zum Ausdruck, was der Teilnehmer vom anderen oder für eine andere Person will, nicht was er für sich will. Was willst *du*?

„Ich will mich sicher fühlen." „Ich will alleine sein." „Ich will mich nützlich fühlen."

Andere mögliche Vorgaben, die sich von „Ich will..." unterscheiden, sind: „Ich wünsche mir...", „Ich hoffe...", „Ich frage mich..." usw. Der Joker kann diese Vorgaben sehr wirksam dazu nutzen, um dabei zu helfen, komplexe Schichten des eingefrorenen Bildes abzutragen.

Hier folgen nun einige Techniken zur Aktivierung von Bildern. Mehr davon gibt es im Anhang.

Steh zu deiner Figur (stand with your character)

Das ist eine großartige Technik, um die Relevanz eines Bildes für den Rest der Gruppe abschätzen zu können.

> Wenn irgendjemand von euch beim Betrachten dieses Bildes sagen kann, dass er oder sie jemals eine dieser Figuren war, realistisch oder symbolisch, dann stellt euch zu dieser Figur[106] und nehmt die gleiche Haltung ein. Macht es alle gleichzeitig. Geht! Beginnt jetzt einen inneren Monolog. Wenn ich euch berühre, sagt einen Satz, der mit „Ich will...", „Ich wünsche..." usw. beginnt.

Weitwinkel (wide shot)

> Wenn wir dieses Bild wie in einem Film als Nahaufnahme verstehen und wenn wir dann zurückfahren, um eine Totale zu bekommen, ist das dann das gesamte Bild oder gibt es noch andere Personen, von denen ihr denkt, dass sie ins Bild gehören? Die ganze Gemeinschaft (oder, wenn ihr wollt, die ganze Welt) ist nun in unserem Blickfeld. Wenn ihr andere Personen im Bild

---

106 „Sich zu ‚seiner' Figur stellen" ist die körperliche Ausführung von „zu ‚seiner' Figur stehen". (Anm. d. Ü.)

seht, kommt und stellt sie dar. Innerer Monolog. Sagt einen Satz als diese Figur, usw.

Geheime Gedanken

Ich dachte während eines öffentlichen *Regenbogens der Wünsche* das erste Mal, daran, diese Technik auszuprobieren. Ich hatte in einem Moment das Gefühl, dass die inneren Monologe und ausgesprochenen Sätze der auf der Bühne befindlichen Figuren oberflächlich wären. Deshalb bat ich die Leute in ihren eingefrorenen Haltungen um ihre „geheimen Gedanken".

> Ich werde euch berühren. Wenn ich das mache, sagt euren geheimen Gedanken. Was denkt sich eure Figur tief drinnen jetzt wirklich, was würde sie in dieser Situation aber nie und nimmer laut sagen. Sagt euren *geheimen* Gedanken. Gesteht ihn euch ein, als diese Figur, und bleibt dabei. Verändert ihn nicht, wenn ihr die geheimen Gedanken der anderen Figuren hört.

Gruppendiskussion

Für die Stärkung des Gruppenbewusstseins ist die Diskussion im Anschluss an die Aktivierung eines Bildes sehr wichtig. Unterschiedliche Teilnehmer/innen fühlen sich mit unterschiedlichen Kommunikationsformen wohl, einige kommunizieren lieber mit dem Körper, andere lieber mit Worten. Weil es wichtig ist, das Bild so lange als möglich nicht zu erklären, hat es sich bewährt, mit der körperlichen Arbeit zu beginnen. Sie ist am symbolischsten.

In der Diskussion stellt der Joker so offene Fragen wie möglich. „Was seht ihr?" „Was hört ihr?" Alles wird akzeptiert. Nichts wird forciert. Die Teilnehmer/innen werden gemäß ihrer Lebenserfahrungen antworten. Ein Bild ist wie eine leere Leinwand. In einem gewaltvollen Bild wird jemand einen Lehrer sehen, der einen Schüler schlägt, jemand anderer einen Vater, der seine Tochter schlägt, oder einen Bruder mit seiner Schwester. Jemand anderer wird einen Schaukampf der Geschlechter darin sehen, ein Weiterer eine Ladenbesitzerin, die gegen einen Einbrecher kämpft. In diesem Stadium kann das Bild viele verschiedene Dinge bedeuten. Es ist wichtig, alles zu akzeptieren und wertzuschätzen, was auch immer jemand darin sieht.

Der Joker kann an diesem Punkt auch mitteilen, was er oder sie sieht, allerdings beobachtend, nicht kommentierend. Es kann zum Beispiel sein, dass sich niemand in dem Bild berührt, bestimmte Figuren können einander anschauen, andere schauen vielleicht niemanden an. Das können Dinge sein, die niemand sonst angesprochen hat. Die Beobachtungen des Jokers regen die Gruppe dazu an, ihre Sinne zu schärfen und wache Beobachter zu sein.

Wie bereits erwähnt, steht der Joker höchstwahrscheinlich auf irgendeine Weise außerhalb der Gemeinschaft. Jedes Gemeinwesen hat seinen eigenen Wortschatz, der sich aus den gemeinsamen Lebenserfahrungen der Individuen, aus denen das Gemeinwesen besteht, entwickelt hat. Der Joker interpretiert in ein Bild vielleicht etwas ganz anderes hinein als die Gemeinschaft, mit der er gerade arbeitet. Die Workshop-Teilnehmer/innen werden ihr eigenes Verständnis dessen, was sie sehen, auf die Bilder projizieren. Während ich also glaube, dass es für einen Joker vollkommen in Ordnung ist, mitzuteilen, was er in einem Bild sieht, so ist es nicht seine Aufgabe, zu versuchen die Teilnehmer/innen von der Gültigkeit seiner Sicht zu überzeugen.

Bei der Aktivierung eines Bildes ist es oft weniger wichtig, *welche* Anweisung der Joker einer Schauspielerin oder einem Workshop-Teilnehmer gibt, sondern dass er eine genaue und klare Anweisung gibt. Der Prozess ist ein ernsthafter Dialog. Wenn der Joker eine klare Anweisung gibt, wird der Schauspieler sich sicherer fühlen und in der Lage sein, mit mehr Klarheit zu improvisieren oder etwas auszuprobieren. *Irgendetwas* wird dabei herauskommen, irgendeine Art von Entdeckung. Es unterscheidet sich vielleicht von dem, was wir erwartet haben – und diese Überraschungen sind oft wundervoll –, aber es wird *irgendetwas* sein. Manchmal stehen Hindernisse im Weg, weil der Joker unklar ist oder weil er unsicher ist und nicht zu seinem Einfall steht, den es in der BegLeitung gerade bräuchte. Wenn das geschieht, wird der Schauspieler/Teilnehmer auch unsicher sein und dann wird es durch diese fehlende Klarheit schwieriger zu improvisieren, schwieriger etwas auszuprobieren.

Um das Risiko, bei seinem Einfall zu bleiben, eingehen zu können, muss der Joker bewusst daran denken, dass er zusammen mit den einzelnen Teilnehmern in einen Prozess involviert ist, der ein größeres Bewusstsein im

Raum schafft. Jede/r spielt dabei eine gleichwertige Rolle. Der Joker braucht nicht alle Antworten zu haben, die Teilnehmer/innen besitzen das Wissen des Gemeinwesens zum Thema. Bei jedem Nachforschen bekommen wir die Antworten auf die Fragen, die wir stellen. Der Joker muss klare Fragen stellen und dann darauf warten, dass die Teilnehmer/innen ihren Teil erfüllen.

Die Kraft der Gesten

Vor Entwicklung der gesprochenen Sprache kommunizierten die Menschen durch Gesten. Gesten sind ursprünglich.

Philosophy in the Flesh[107] beginnt mit der Darlegung von drei Haupterkenntnissen der Kognitionswissenschaften: 1. Denken ist von Natur aus körperlich. 2. Gedanken sind meistens unbewusst. 3. Abstrakte Konzepte sind weitgehend metaphorisch.

> „Wir sind neuronale Wesen", schreibt Kognitionswissenschaftler George Lakoff (Berkeley University). „Unsere Gehirne beziehen ihren Input aus unserem restlichen Körper. Wie unsere Körper beschaffen sind und wie sie in der Welt funktionieren, bildet sogar die Grundlage für unser Denken. Wir können nicht einfach irgendetwas denken – nur das, was unsere körperlichen Gehirne erlauben."[108]

Ein Beispiel aus Iqaluit, Nunavut[109]

Ich arbeite sehr oft mit Menschen, die auf die eine oder andere Weise ruhig gestellt wurden. In einem Workshop in Iqaluit in Nunavut (2003) über Suizid-Prävention mit dem Titel *Shutting Down*[110] (*Zumachen,* auch: *ein Ende machen*) hat ein Mädchen während der ersten drei Tage eines achttägigen Workshops kein Wort gesagt. Ihre Lehrer versicherten sich immer wieder, ob sie noch im

---

107 George Lakoff, Mark Johnson: *Philosophy in the Flesh*, Basic Books, New York, 1999
108 zit. nach: The Third Culture „Philosophy in the Flesh" auf http://www.edge.org/3rd_culture/lakoff/lakoff_p1.html
109 Nunavut ist ein eigenständiges Territorium im Nordosten Kanadas. (Anm. d. Ü.)
110 Vollständiger Projektbericht auf http://www.headlinestheatre.com/pastwork.htm

Workshop sei, weil sie sich im Wissen um sie und ihr bisheriges Leben nicht vorstellen konnten, dass dieses Mädchen den Workshop beenden würde. Das hieße schließlich Theater zu spielen, eine Figur darzustellen und womöglich einen Text in einem Stück zum Thema „Zumachen" zu sprechen. Sie wurde eine zentrale Figur und improvisierte wunderbar vor einem Publikum von mehr als 100 Leuten.

Mein Arbeiten mit ihr und den übrigen Teilnehmern in diesem Workshop war keine Therapie. Wir waren Theaterschaffende, aber so wie immer begegnete ihnen das Theater dort, wo sie lebten, in einer Welt, in der die Antwort auf das „Niemals-gehört-Werden" ein „Still-Werden" war. Wie wurde die „Öffnung" erreicht? Indem wir uns länger als üblich auf die Aussagen körperlicher Gesten konzentrierten und dann langsam zu Gesten und Geräuschen übergingen, bevor wir den Sprung zu gesprochenen Dialogen wagten. Ohne den beherzten und nicht zu unterschätzenden Willen des Mädchens weiter zu machen, wäre alles andere unmöglich gewesen.

Ich glaube, dass der Grund dafür, warum die „Öffnung" in solchen Situationen funktioniert, darin liegt, dass Sprache ihren *Ursprung* in körperlichen Gesten hat. Capra zitiert die Arbeit von George Lakoff und die des Anthropologen Gordon Hewes, die beide behaupten, dass frühe Hominiden mit Hilfe von Handzeichen kommunizierten.[111] Weil die Gesten präziser und die Hände durch den Gebrauch von Werkzeugen ausdrucksstärker wurden, wurden die Muster der Gesten komplexer. Capra schreibt, dass die Neurologin Doreen Kimura die Arbeit Hewes´ fortsetzte und entdeckte, dass Sprache und Handbewegungen von der gleichen Gehirnregionen kontrolliert werden. Der Psychologe Roger Fouts bewies zuerst durch seine revolutionäre Arbeit mit Zeichensprache bei Schimpansen und dann mit autistischen Kindern, dass Autismus bei Kindern kein Problem der Sprache an sich, sondern eines der gesprochenen Sprache ist. Er verwendete eine Zeichensprache, um den Kindern zu helfen, die Barriere des Autismus zu überwinden. In manchen Fällen begannen diese Kinder nach einigen Wochen zeichensprachlicher Kommunikation zu sprechen. Die These lautet, dass die Verwendung der

[111] Capra: a.a.O., S. 86

Zeichensprache das Sprechvermögen auslöste, weil beide Funktionen vom selben Bereich des Gehirns gesteuert werden.

Das Mädchen in Iqaluit war nicht autistisch. Ich beobachtete allerdings den Kampf zwischen ihrem Wunsch und ihrer Unfähigkeit zu kommunizieren. Ich staunte auch über den Mut, den sie zeigte, indem sie den Workshop nicht verließ, was ihr jederzeit erlaubt gewesen wäre, wenn sie es gewünscht hätte. Hier sind Ausschnitte aus meinen Workshop-Tagebuchaufzeichnungen.[112]

> 2. Tag: Bei einem der Mädchen stellt sich etwas heraus: Ida will wirklich hier sein, aber wann immer es bei der Arbeit an ihr ist, selbst in einem Spiel, wenn sie *irgendetwas* machen soll, ein Geräusch, eine Geste, erstarrt sie. Sobald sie erstarrt ist, richtet sich alle Aufmerksamkeit auf sie, und ich sehe sie dahinschwinden, dahinschwinden, dahinschwinden. Ihre Augen werden glasig. Sie macht zu. Was Ida passiert, ist das, was wir hier erforschen und worüber wir ein Stück für eine nationale Konferenz über Suizid-Prävention machen.
>
> Ich versuche verschiedene Dinge, wie etwa ihr Raum zu geben oder sie wissen zu lassen, dass sie aussetzen kann, um Druck von ihr zu nehmen, in der Hoffnung, dass ihr das eine Teilnahme ermöglichen wird. Ich bin allerdings besorgt, denn sobald es einmal zur Aufführung kommt (sofern Ida bei uns bleibt, und ich hoffe, sie bleibt), muss sie aus sich heraus reagieren. Letztendlich vor einem Publikum zu stehen und zuzumachen, ist das Schlimmste, was ihr passieren kann. Ich habe die Betreuer/innen gebeten, sie im Auge zu behalten.
>
> 4. Tag: Ich arbeite immer viel mit Gesten, in jedem Workshop, aber in diesem, aufgrund von Idas Anwesenheit und der Anwesenheit einiger anderer, die ein ähnliches, aber weniger ausgeprägtes Problem haben, habe ich ein Spiel verwendet, das ich ein paar Jahre vorher entwickelte. Meine Überlegung war, dass wir durchgehend Gesten verwenden, Hunderte Male am Tag, oft unbewusst. Wenn die gesprochene Sprache ihren Ursprung in Gesten hat, dann sollte es möglich sein, diesen Prozess „wieder zu holen“

[112] Die Namen der Workshop-Teilnehmer/innen wurden geändert.

und potentiellen Schauspielern in einem Workshop zu helfen, ihre Fähigkeit zu finden vor Publikum zu sprechen.

Schnelle Gesten (speed gestures)[113]

Ich verwende diese Übung, um eine Gruppe von „Nicht-Schauspielern" sehr behutsam ans Improvisieren heranzuführen. Sie beginnt mit einer *Geste mit offenem Ende*, einer Geste also, die auf unterschiedliche Arten interpretiert werden kann. Das kann zum Beispiel ein ausgestreckter Arm mit einem herbeiwinkenden Finger sein oder ein Blick nach oben mit erhobenen Armen oder ein Umdrehen und Wegschauen. All diese Gesten können unterschiedlich interpretiert werden. Eine Geste mit offenem Ende *stellt keine Objekte dar*. Wenn man zum Beispiel so tut, als ob man durch ein Fernglas schauen würde. Auch wenn die Person durch das Fernglas vielleicht verschiedene Dinge sehen kann, so wird sie immer durch ein Fernglas schauen.

> Alle stellen sich bitte entlang der Wand in einer Reihe auf. Hat jemand eine Geste mit offenem Ende, die er oder sie anbieten kann? Ok. Komm her und schau in Richtung Gruppe. (Das ist Person „A".) Lass uns die Geste dreimal hintereinander sehen, jedes Mal aus einer neutralen Haltung heraus, so dass wir sie deutlich erkennen. Fülle die Geste mit einer Emotion.
>
> Jetzt wird einer nach dem anderen (Das ist jeweils Person „B".) von einem Ende der Reihe aus in die Mitte rennen und vor „A" stehen bleiben. Und, bitte. Ok.
>
> Mach Deine Geste „A"! „B", antworte schnell mit einer anderen Geste, so dass sich ein kurzer Austausch ohne Worte ergibt. Gut. „B", lauf zurück ans andere Ende der Reihe!
>
> Jetzt kommt die nächste Person „B" an die Reihe. Mach Deine Geste „A"! „B", antworte ganz schnell mit einer anderen, *neuen* Geste (Gesten von „B" dürfen sich nicht wiederholen!). Es ist ein kurzer Austausch ohne Worte. Gut. „B", zurück in die Reihe. Nächstes „B" vom Anfang der Reihe. Macht es

[113] Diese Übung entwickelte sich aus Boals Übung mit dem Namen *Ritual gestures. Games for Actors and Non-Actors*, S. 182.

bitte schnell. (Jede und jeder kommt dran und erfindet immer etwas Neues. Es ist wichtig klar zu machen, dass man dabei nichts falsch machen kann, solange die Gesten eine Reaktion aufeinander sind.)

Gut. Danke! „A", geh bitte zurück in die Reihe. Ein anderes „A" mit einer anderen Geste bitte. Lass uns die Geste dreimal sehen, jedes Mal aus einer neutralen Haltung heraus, so dass wir sie deutlich sehen können. Fülle die Geste mit einer Emotion.

(Weiter wie oben beschrieben.)

Gut. Danke, „A". Geh bitte zurück in die Reihe. Ein anderes „A" mit einer anderen Geste, bitte. Lass uns die Geste dreimal sehen, jedes Mal aus einer neutralen Haltung heraus, so dass wir sie deutlich sehen können. Fülle die Geste mit einer Emotion.

Jetzt rennt „B" in die Mitte, dreht sich so, dass er oder sie zur Gruppe schaut und bleibt stehen. „A" macht die Geste. „B" reagiert sehr schnell mit einer anderen Geste *und einem Wort oder kurzen Satz, direkt entsprungen aus der Geste*, auf die „A" mit einer anderen, *neuen Geste und einem Wort oder kurzen Satz* reagieren wird, wodurch ein kurzer Austausch entsteht, der *gesprochene und gestische Sprache* aufweist. „A" muss die Wirklichkeit akzeptieren, die „B" erschafft. „B" läuft dann zurück in die Reihe. Gut. Nächstes „B". (Wie oben.) Alle kommen dran und erfinden immer etwas Neues. Wiederum ist es wichtig klarzumachen, dass man nichts falsch machen kann, solange die Gesten und Worte eine Reaktion aufeinander sind. Dann noch einmal mit einer anderen Geste von einem anderen „A".

Jetzt kommt die letzte Stufe: Ein neues „A" kommt bitte mit einer neuen Geste. Lass uns die Geste dreimal sehen, jedes Mal aus einer neutralen Haltung heraus, so dass wir sie deutlich sehen können. Fülle die Geste mit einer Emotion. „B", los und stehen bleiben! Mach die Geste, „A"! „B" reagiere schnell mit einer anderen Geste und einem Wort oder kurzen Satz, direkt aus der Geste heraus, auf die „A" mit einer anderen, neuen Geste inklusive Wort oder Satz antworten wird. Dann werden „A" und „B" weiter machen, ohne Gesten, einfach mit einem Dialog. Macht weiter, hört zu und antwortet einander in einer Improvisation, redet und bewegt euch. Schaut einfach, wohin euch das führt. Hört bitte nicht auf, bis ich es euch sage. Ok, gut. Stopp!

„B" rennt zurück. Ein neues „B" kommt, erfindet immer etwas Neues, so lange, bis alle dran waren.

Und noch einmal mit einem anderen „A" und einer anderen Geste.

> **Joker-Tipp:** Ein Schlüssel zu dieser Übung ist, sie zügig ablaufen zu lassen. Ermutige die Teilnehmer/innen, sich nicht selbst zu zensieren, nicht zu viel zu denken und dem ersten Impuls zu folgen. Man kann nichts falsch machen.

„Ja, und" – „Ja, aber"[114]

Um die Aufgabe bei der Übung *Schnelle Gesten* erfüllen zu können, muss „A" wirklich sehr aufmerksam sein. Er muss sorgfältig auf die unterschiedlichen Angebote von jedem „B" schauen und hinhören und authentisch reagieren. Um der Gruppe zu helfen, zu verstehen, was damit gemeint ist und wie das funktioniert, verwende ich sehr oft die folgende Improvisationstechnik.

Bitte einen Teilnehmer, sich neben dich zu stellen und beispielsweise nach oben zu schauen und zu sagen:

> Teilnehmer: „O, was für ein bezaubernder Mond."[115]
> Joker: „Es ist helllichter Tag."
> Teilnehmer (reagiert irgendwie, nehmen wir an, er sagt Folgendes): „Gut, es ist helllichter Tag… was für eine herrliche Sonne."
> Joker: „Das ist ein nettes Restaurant."

Das ist ein Beispiel dafür, wie eine Improvisation *blockiert* wird. Es ist unmöglich eine stimmige (kohärente) Wirklichkeit zu erzeugen, weil ein Spieler nicht akzeptiert, was der andere anbietet. Nochmals von vorn:

---

[114] Ich begegnete dieser einfachen aber effektiven Improvisationstechnik zum ersten Mal 1971 an der Schauspielschule und verwende sie seit 1986 im *Theater zum Leben*. Sie vermittelt ein zentrales Element der Improvisationskunst.

[115] Der Joker hat dem Teilnehmer diesen ersten Satz vorgegeben.

Teilnehmer: „O, was für ein bezaubernder Mond."
Joker: „Ich habe schon ganz andere gesehen."
Teilnehmer (reagiert irgendwie, nehmen wir an, er sagt Folgendes): „Aber er ist so rund und voll."
Joker: „Weißt du noch, die Nacht als wir in den Bergen campiert haben..."

In diesem zweiten Beispiel ist alles möglich. Im ersten Gesprächsteil sagt sich der Joker innerlich: „JA, ich sehe den Mond, ABER ich habe schon ganz andere gesehen." Im zweiten Teil sagt sich der Joker innerlich: „JA, es ist Vollmond, UND ich erinnere dich an diese andere Nacht."

Hier nun einige weitere Tagebucheinträge aus Iqaluit.

(Immer noch der 4. Tag) Ida schwitzte viel bei diesem Spiel. Sie war während der ersten drei Tage und bis zu diesem Moment praktisch stumm. Auch jetzt zwang sie niemand teilzunehmen, außer vielleicht die Tatsache, dass es sich um eine Gruppenaktivität handelte und sie einfach an der Reihe war. Jedesmal war es ihre Entscheidung hineinzurennen. Als sie es das erste Mal tat, stoppte sie und starrte mich wie versteinert an. „Es kann alles sein", sagte ich zu ihr. Sie zeigte Person „A" den Mittelfinger („Fuck you!") und rannte zurück. „YES!" Der Raum heulte auf vor Anerkennung.

Beim nächsten Mal, als Ida hineinrannte, war die Geste feinsinniger und zehn oder fünfzehn Minuten später sagte Ida ganz leise einen Satz, als sie an der Reihe war.

5. Tag: Ida beteiligte sich in einer Gruppe, die ein Stück entwickelte und spielte auch darin mit. Bis zum gestrigen Tag sagte sie, sie würde nicht auftreten. Die Workshopgruppe hat insgesamt drei Stücke entwickelt. Eines handelt davon, wie es ist, von Freunden ausgenutzt zu werden und ein anderes, sehr komplexes, von Alkohol, Drogen und Betrug. Ich werde nur das Stück von Idas Gruppe eingehend schildern.

Die Szene: Eine Gruppe von Mädchen sitzt in der Bücherei der Schule und unterhält sich darüber, wie ekelerregend der Mädchenwaschraum ist. Ein Mädchen, das neu an der Schule ist, kommt hinzu. Sie versucht sich am

Gespräch zu beteiligen. Die Mädchen weisen sie zurück, außer Ida, die einen zögerlichen Versuch macht „ihr die Hand zu reichen", aber von den anderen Mädchen abgehalten wird. Die Neue geht auf die andere Seite der Bücherei und sitzt dort allein.

Die Mädchen beginnen einander zu fragen, ob sie zum bevorstehenden Tanzabend gehen. Es stellt sich heraus, dass eine von ihnen mit einem Jungen hingeht, mit dem eine andere gerade vor zwei Tagen Schluss gemacht hat. Das ist echt fies. Es beginnt ein Streit, der aber von der Anführerin der Gruppe unterbrochen wird. Sie sagt, dass sie sich das Mädchen später nach der Schule vorknöpfen würden. Ida ist nicht einverstanden mit dem, was sich zwischen ihren Freundinnen abspielt und geht quer durch den Raum, um zu sehen, ob sie sich mit der Neuen anfreunden kann. Ihre Freundinnen schreien ihr Beschimpfungen hinterher, aber Ida ignoriert diese. Die Neue ist sehr verletzt und wütend und als sich Ida ihr nähert, weist sie sie zurück und geht. Jetzt ist Ida alleine und eine Außenseiterin. Ende des Stücks.

7. Tag: Heute waren mehr als 100 Leute im Publikum. Eine der großen Freuden im ersten Stück war Ida. Sie brachte Ideen ins Forum ein und improvisierte! Und wenn ich sie fragte, warum sie als Figur das getan hat, was sie getan hatte, dann antwortete sie mir! Mit lauter Stimme!!! Es ist schwer zu beschreiben, was für ein erstaunlicher Moment das war. Mitglieder der Gruppe sprachen im Abschlusskreis darüber.

8. Tag: Ida ist in den letzten Tagen wirklich aufgeblüht, zu Beginn ganz still und am Ende eine tragende Säule des Stücks. Viele im Publikum kennen sie und ihr Schweigen. Sie bekam heute ungeheuren Applaus für ihre improvisatorischen Fähigkeiten.

PS.: Viele Leute im Flugzeug aus Iqaluit haben die Aufführung auf der Konferenz gesehen. Ich führte lange Gespräche mit Leuten aus der Suizidprävention aus Quebec, darunter mit einem Arzt und einem Polizeibeamten, selbst ein Inuk,[116] der sehr bewegt war von den Stücken

[116] Einzahl von Inuit; (Anm. d. Ü.)

der Gruppe und von der Forumtheater-Aufführung. Meine Gesprächspartner sprachen davon, wie aufschlussreich und themenbezogen sie war, und dass durch die Aufführung sie selbst und ihre Auffassung von Suizid verändert wurden.

Ein Inuk sagte etwas, das mich richtig beeindruckte. Wir sprachen darüber, warum Kinder (in diesem Moment sprachen wir im Speziellen über Inuit-Kinder) Selbstmord verüben. Ich verstand das, was er sagte so: „Deshalb weil, wenn Kinder geboren werden, dann sind sie rein, das heißt sie werden ‚in einer Tradition' geboren – und sie sehen in einem sehr frühen Alter, dass ihre Eltern und Großeltern versuchen Weiße zu sein. Und sie wissen, dass irgendetwas sehr falsch läuft und dass es ihr Leben betrifft, und sie wissen nicht, wie sie es reparieren können. Dieses Stück von euch und wie es mit dem Publikum arbeitet, hilft uns zu verstehen, wie wir etwas reparieren können."

Er brachte mich dazu, darüber nachzudenken, wie sich das, worüber er gesprochen hatte, vielleicht auf andere Kulturen und Situationen übertragen ließe. Ich dachte über die Reinheit aller Kinder nach, die ja nicht geboren wurden, um globalisierte Konsumenten zu sein, die aber in eine Kultur des Konsums geboren werden. Bereits in frühestem Alter kämpfen sie damit, sich an ein unnatürliches Wertesystem anpassen zu müssen, das darauf basiert, wie wir wahrgenommen werden, anstatt darauf, wer wir sind, was wir denken und fühlen und was wir tun.

PPS.: Jonathan (der Hauptorganisator) hat mir erzählt, dass Ida auf ihn zugekommen sei und gefragt habe, ob sie Teil der Theatergruppe sein könne, die sich aus dem Workshop formiert hat.

Stückentwicklung

Wenn eine Gruppe von Individuen einen *Theater zum Leben*-Workshop beginnt, sind das oft Leute, die sich noch nie zuvor gesehen haben. Eine Woche später, wenn sie die Stücke, die sie entwickelt haben, aufführen, arbeiten sie auf vielfältige Weise zusammen. Sie zeigen die Qualitäten eines Ensembles und daraus geht die Identität des Gemeinwesens hervor. Sehr einfach ausgedrückt sieht das, was sich aus Sicht des Jokers während des Verlaufs eines Workshops abspielt, so aus:

Individuell unterschiedlich werden die Teilnehmer/innen zu unterschiedlichen Zeiten bereit, miteinander zu kommunizieren, einander zu vertrauen, zu improvisieren, Stücke zu entwickeln. Für manche geschieht dies früh, vielleicht sogar schon am Ende des ersten Tages. Diese Teilnehmer/innen sammeln sich in einem metaphorischen Raum und werden ziemlich ungeduldig. Ihre Ungeduld geht in Form von Energie auf andere in der Gruppe über. Jeden Tag sammeln sich mehr Gruppenmitglieder in diesem energiegeladenen Raum und je mehr dort sind, desto dringender wird der Impuls dieser organischen Verbindung, Stücke zu entwickeln. Es wird ihnen nicht erlaubt. Erst muss eine kritische Masse erreicht werden. Mehr aus der gesamten Gruppe müssen in diesen Bereitschaftsraum kommen, bis am vierten oder fünften Tag so viele wie möglich gegen die Zwänge und Einschränkungen des Bildertheaters rebellieren.

Der Joker muss sie auf gewisse Weise zurückhalten, tiefer und tiefer in das Thema eintauchen und Wege finden, um den gesamten Organismus des Gemeinwesens anzuregen, zu aktivieren, einzuladen und aufzuwecken. Es geht dabei nicht darum, irgendjemanden aus der Gruppe zum Mitmachen zu überreden oder dazu zu bringen mit einer anderen Sicht der Dinge übereinzustimmen. Nicht übereinzustimmen ist wertvoll und stellt einen gestaltenden Aspekt der notwendigen und wichtigen Spannung sowohl im Erarbeitungsprozess als auch im eigentlichen Stück dar. Aber schlussendlich ist am vierten oder fünften Tag die Zeit gekommen, die Energie im Raum freizulassen und die Gruppe ihre Stücke machen zu lassen. Oft ist es wie das Loslassen eines überdimensionalen Gummibands. Es gibt nun eine Dringlichkeit, die Komplexität des Themas in mehr als nur in eingefrorenen Bildern auszudrücken. Die in der Gruppe ausgebrüteten Stücke zeigen nun einen vielschichtigen Ausdruck der Geschichte des größeren Gemeinwesens. Das heißt nicht, dass die Stücke nicht noch sehr unausgegoren wären und nicht noch viel Arbeit bräuchten.

Ein einwöchiger *Theater zum Leben*-Prozess, der Stücke für eine öffentliche Aufführung entwickelt, nimmt sich unter Verwendung oben genannter und anderer Techniken normalerweise drei oder vier Tage Zeit für Bildertheater. In dieser Zeit beschäftigen wir uns damit zu sammeln. Ich bitte die Teilnehmer/innen, bewusst zuzulassen, dass sich Bilder in ihnen anhäufen und dass sie die Arbeit des einen Tages bei den Entscheidungen in Momenten der Auseinandersetzung am nächsten Tag berücksichtigen.

Um diesen Prozess abzuschließen, verwende ich normalerweise eine der beiden folgenden wundervollen Gruppenübungen: *Lied der Meerjungfrau* oder *Magnetisches Bild*.

Vor dem Lied der Meerjungfrau

Bevor ich mit dem *Lied der Meerjungfrau* beginne, setze ich mich mit den Teilnehmern zusammen und zeige ihnen ein Diagramm mit entgegengesetzten Kräften (nächste Seite) und mache eine Liste mit ihnen. Diese Liste gibt alle Themen wider, die im Verlauf des Workshops aufgetaucht sind. Nachdem ich die Teilnehmer/innen ja gebeten habe, sich aktiv am Prozess des Sammelns zu beteiligen, ist das normalerweise eine einfach zu erfüllende Aufgabe.

Damit ein Stück erfolgreich als Forumtheater funktioniert, muss es eine gewisse Struktur aufweisen. Wir müssen in der Lage sein, die Figuren auf dem Weg in die Krise, die das Herzstück des Stückes ausmacht, zu beobachten, dabei, wie sie sich in eine Auseinandersetzung mit anderen Figuren begeben und nicht fähig sind, die Krise aufzulösen. Im interaktiven Teil mit dem Publikum, wenn die Bühnenspieler/innen in der Szene nicht „schieben" (vgl. die Balance-Übung „Schieben"), verliert der einsteigende Publikumsspieler jegliche Möglichkeit, aus der theatralen Auseinandersetzung irgendeinen Wissenszuwachs zu erzielen. Die Bühnenspieler/innen müssen die Figur, die sie spielen, wirklich verstehen. Deshalb ist es essentiell, dass die Schauspieler/innen Mitglieder der Gemeinschaft sind und in eigener Sache forschen und nicht Schauspieler/innen von außen kommen, die kein Wissen über das Thema besitzen.

Wie bereits erwähnt, enthält die Balance-Übung das Herzstück des Theaters.

In dem Teil, wo es ums „Schieben" geht, gibt es zwei Figuren. Figur „A" (der Protagonist im Diagramm) will etwas, und Figur „B" (der Antagonist im Diagramm) will etwas Anderes. Diese zwei Kräfte schieben gegeneinander an und erzeugen dadurch das Drama.

Die Aufgabe der Gruppe ist es, die Krise in ihrem Stück ausfindig zu machen und dann rückwärts zu arbeiten und die Figuren aus der Krise herauszuführen. Das Stück zeigt dann die Geschichte, bei der das Publikum dem Weg der Figuren in die Krise folgen kann.

Entgegengesetzte Kräfte[117]

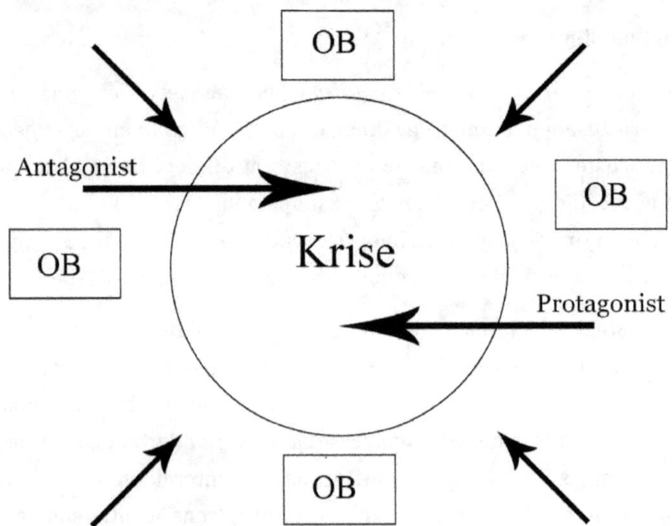

Die Vielschichtigkeit im Forumtheater wird nicht nur dadurch erzeugt, dass beobachtet werden kann, wie Antagonist und Protagonist in die Krise geraten, sondern auch durch Figuren, die ihnen nahe stehen und durch die Verbundenheit in Allianz oder Gegnerschaft mit ihnen ebenfalls in dieselbe Krise geraten. (die anderen Pfeile) In vielen Forumtheater-Stücken gibt es auch Figuren, die „ohnmächtige Beobachter" (OB) sind.

[117] Dieses Diagramm stammt im Original (ohne den Ohnmächtigen Beobachter) von Augusto Boal aus einem Workshop in Paris 1994.

Ohnmächtige Beobachter

Figuren, die ich inzwischen „ohnmächtigen Beobachter“ nenne, tauchten erstmals in meiner Antirassismus-Arbeit an Schulen in den frühen 1990ern auf. Oft waren europäischstämmige Teilnehmer/innen nicht direkt Opfer von Rassismus, zeigten aber dennoch ihre Betroffenheit in dieser Sache. Wie können sie diese Arbeit innerhalb des Regelwerks von Unterdrückten und Unterdrückern machen, wie wir es damals noch formulierten, wenn sie das spürten, selbst aber noch niemals unmittelbar unterdrückt waren? Hätten wir die jungen Leute in eine Diskussion über „weiße“ Privilegien und eine Analyse darüber geführt, wie sie durch ihr Schweigen oder ihr scheinbar inkonsequentes Handeln in den Schulgängen womöglich selbst Unterdrücker waren, wäre das weitaus „belehrender“ gewesen, als diese Arbeit meinem Verständnis nach sein soll. Das Lernen geschieht im Moment einer individuellen Entdeckung.

Die Antwort kam von den Schülern selbst. Viele Male waren Teilnehmer/innen in einer rassistischen Situation präsent und aus unzähligen Gründen (Gruppendruck und Angst waren die häufigsten) haben sie nichts getan, obwohl sie wussten, dass das was geschah, falsch war. Oft sagten sie, sie fühlten sich „ohnmächtig“. Ich begann zu begreifen, dass es ihnen möglich war, diesen ohnmächtigen Zustand als eine Form der selbsterlebten Unterdrückung zu verstehen. Wir fanden, dass das Einbauen ihrer Erfahrungen für die Öffnung des Themas hinsichtlich eines wesentlichen Aspekts sehr wertvoll war: der Kultur des Schweigens.

Weil die Erforschung des Themas in einer Umgebung stattfand, in der sich die Teilnehmer/innen wohlfühlten, kam es in dieser notwendigerweise geschützten Atmosphäre in vielen Fällen auch dazu, dass dieselben Teilnehmer/innen bemerkten, wie ihr eigenes Verhalten zum Problem beitrug.

Manche mögen die Bezeichnung „ohnmächtige Beobachter“ nicht. Ich experimentierte eine Zeit lang damit, sie in „Zeuge“ abzuändern. Ich finde allerdings, dass diese Figuren im Augenblick der Krise *handeln wollen*, sich aber *ohnmächtig fühlen*. Sie sind tatsächlich „ohnmächtige Beobachter“. Sich selbst als Zeuge wahrzunehmen, mag für sich genommen schon ein ermächtigender Schritt sein, der auf die Aktivierung des ohnmächtigen Beobachters folgt.

Wenn es um die Strukturierung eines Forumtheater-Stücks geht, muss der Joker den Teilnehmern helfen, ihrem natürlichen Drang zu widerstehen, das Problem innerhalb des Stücks zu lösen. Wenn sie das täten, wäre das Publikum seiner Rolle als Eingreifer beraubt. Die von den Teilnehmern entwickelten Stücke brauchen nur das Problem zu zeigen. In der Tat ist dann die beste Zeit für Forumtheater, wenn die Teilnehmer/innen wirklich nicht mehr wissen, wie sie den anstehenden Problemen begegnen sollen.

Lied der Meerjungfrau (song of the mermaid)[118]

> Legt euch mit geschlossenen Augen und möglichst viel Zwischenraum zwischen einander auf den Boden. Achtet auf euren Atem. Euer Körper atmet von ganz allein, so wie euer Herz schlägt. Jetzt, bitte alle, ausatmen. Presst die gesamte Luft aus euch hinaus. Weiter, mehr. Presst mehr hinaus, mehr... noch mehr! Und dann, wenn ihr nicht noch mehr Luft hinauspressen könnt – dann presst mehr! Jetzt – lasst die Luft in eure Lungen strömen und von nun an lasst euren Körper atmen, ohne ihn zu kontrollieren.
>
> Wir haben während der letzten Tage viele Bilder gesehen, kraftvolle Bilder und Improvisationen, und wir haben Diskussionen geführt. Ich kann mir vorstellen, dass viele von euch Einblicke gewonnen haben, Dinge gelernt haben, über die ihr noch mit niemandem geredet habt. Das ist gut so. In dieser Übung werden wir so viele Dinge wie möglich auf organische Weise zusammen bringen. Aber wie gesagt, ihr werdet in eurer Gruppe persönliche Geschichten nur dann erzählen, wenn ihr sie erzählen *wollt*. Und jetzt lasst bitte die Bilder und Einblicke vor eurem geistigen Auge an euch vorbeiziehen. Und atmen.
>
> Ich werde euch die Liste der Auseinandersetzungen vorlesen, die wir gemacht haben, bevor wir mit dieser Übung begonnen haben. Während ihr zuhört, möchte ich, dass ihr alle Bilder, die für euch mit diesen Worten verbunden sind, zulasst, ganz egal, welche das sind. Irgendwann möchte ich,

---

118 Es gibt eine Version dieser Übung mit Namen *The siren's song* in Boals *Games for Actors and Non-Actors*, S. 115. Als ich der Übung bei Boal zum ersten Mal 1984 begegnete, nannte er sie *Song of the mermaid*.

dass ihr euch auf die für euch wichtigste Auseinandersetzung konzentriert. Ich möchte, dass ihr euch jetzt nur auf Bilder konzentriert, die während des Workshops entstanden sind, keine neuen Bilder. Womöglich ist es etwas, das ihr im Workshop angeboten habt, womöglich hat jemand anderer etwas angeboten, das mit euren Erfahrungen eng zusammenhängt. (Dann wird die Liste langsam vorgelesen.)

Ihr seid die Person, die in dieser Auseinandersetzung mit dem Problem zu kämpfen hat. Ihr müsst diesen Moment nicht nochmals durchleben, ihr könnt ihn aus der Entfernung beobachten, aber schaut ihn euch genau an. Wo findet er statt? Wer sind die Akteure? Wie spät ist es? Welche Temperatur hat es? Was passiert? Und am wichtigsten: Was fühlt ihr in diesem Moment? Seid genau. Achtet darauf, dass es zum Beispiel einen Unterschied zwischen Wut und Zorn gibt. Konzentriert euch auf das stärkste Gefühl.

Jetzt möchte ich, dass ihr für euch, nur innerlich, ohne einen Laut von euch zu geben, dieses Gefühl in ein Geräusch verwandelt. Es soll ein Geräusch sein, das ihr mit eurer Atemluft erzeugt, kein mechanisches Geräusch wie Klatschen oder Stampfen, keine Sprache, keine Worte. Wenn es nur einen einzigen Weg gäbe, dieses Gefühl auszudrücken, und das wäre über ein Geräusch, dann gilt es jetzt dieses Geräusch zu machen. Wer das Geräusch innerlich hören kann, hebt die Hand, der Ellbogen bleibt dabei am Boden. Ich werde warten, bis einige Hände in der Höhe sind.

Lasst die Hände nach unten gehen. Ich werde eine Person auswählen. Jede/r, auch die von mir ausgewählten Person, lässt bitte die Augen geschlossen. (Hilf der ausgewählten Person auf die Beine und führ sie in eine Ecke des Raums.) Ich werde die Person bitten, ihr Geräusch drei Mal zu wiederholen, laut genug und hörbar für alle. Bitte, jetzt. Wenn irgendjemand das Geräusch nicht gehört hat, hebt er oder sie bitte die Hand. (Wenn Hände oben sind, soll die Person das Geräusch bitte wiederholen.)

Wenn euer eigenes Geräusch so ähnlich war, bietet es bitte nicht an. Ich möchte, dass nur diejenigen ein Geräusch anbieten, die eines haben, das sich von diesem unterscheidet. Wer hat eines? Hebt bitte eure Hände. In Ordnung, senkt sie wieder, ich werde eine Person auswählen.

Joker-Tipp: Wiederholt obigen Vorgang so lange, bis es zumindest drei unterschiedliche Geräusche gibt. Abhängig von der Gruppengröße können es auch vier oder fünf sein. Die Kalkulation dahinter: Wenn es 20 oder mehr Leute sind, dann nehmt mindestens drei, aber passt euch der Zeit an, die zur Verfügung steht, um jede Szene zu proben, die aus jedem Geräusch hervorgehen wird.

Gleich werde ich die ausgewählten Personen bitten, ihr Geräusch zu machen und solange zu wiederholen, bis ich sie bitten werde, wieder damit aufzuhören. Das wird eine Zeit lang dauern, also findet bitte einen Weg, bei dem ihr nicht heiser werdet oder die Kehle zu schmerzen beginnt. Wenn die Geräusche beginnen, möchte ich, dass der Rest von euch *mit geschlossenen Augen* zu dem Geräusch geht, das entweder dem eigenen am ähnlichsten ist, oder zu dem ihr den stärksten Bezug habt. Dabei ist es wichtig, dass ihr zwischen dem Geräusch und der Person unterscheidet, solltet ihr wissen, wer das Geräusch macht. Geht nicht zu einer Gruppe, um bei einem Freund zu sein. Geht auf Grund des Geräusches.

An die Personen, die Geräusche machen: Es kann passieren, dass niemand zu eurem Geräusch kommt. Eine Zweiergruppe ist in Ordnung für diese Übung, aber eine „Einzelgruppe" geht nicht. Wenn es passieren sollte, dass ihr die Augen öffnet und alleine seid, dann versucht es nicht persönlich zu nehmen. Es gibt viele mögliche Gründe: das Geräusch könnte verängstigt haben, es könnte zu abstrakt gewesen sein, jemand anderer könnte etwas angeboten haben, das leichter verstanden wurde oder sich angenehmer angefühlt hat. Entscheidet euch, nur für den Fall, dass das passiert, für ein Geräusch, zu dem ihr gehen würdet.

Für alle klar? Gut, wenn alles klar ist, dann los.

So, jetzt haben wir vier (oder drei oder fünf) Gruppen. Ich möchte, dass sich jede Gruppe in einem Kreis zusammensetzt, die einzelnen Kreise so weit als möglich voneinander entfernt. Diejenigen, die die Geräusche gemacht haben, sind in keinster Weise für die Gruppe oder deren Leitung verantwortlich. Wenn ihr bestimmte Geschichten zu erzählen habt, dann ist das in Ordnung, aber ihr müsst eure Geschichten nicht mitteilen, wenn ihr das nicht wollt. Ich möchte allerdings, dass ihr die Gefühle mitteilt, die zu eurem eigenen Geräusch geführt haben. Wenn ihr das macht, werdet ihr herausfinden, dass es etwas gibt, das ihr alle teilt. Macht euch aktiv danach auf die Suche. Es ist eine Art der Auseinandersetzung, die euch verbindet. Es gibt einen Grund, warum ihr in dieser Gruppe, mit genau diesem Geräusch seid und nicht in einer anderen Gruppe. Findet heraus, was ihr gemeinsam habt und benennt es.

Wenn ihr damit fertig seid, möchte ich, dass ihr die Techniken aus diesem Workshop verwendet. Beginnt mit eingefrorenen Bildern und geht dann über zu bewegten Improvisationen, inklusive Sprache, über die Schwierigkeiten in Bezug auf das Thema, die ihr in der Gruppe teilt. Die Improvisation kann 30 Sekunden dauern, sie muss nicht lang sein. Sie muss mindesten zwei Figuren beinhalten, die in den zentralen Konflikt involviert sind. Denkt an die Grafik mit den entgegengesetzten Kräften. Entscheidet euch für einen Moment der Krise am Schluss und bewegt dann eure Figuren in der Zeit rückwärts aus dieser Krise heraus. Euer Stück ist dann der Weg der Figuren in die Krise hinein.

Selbstverständlich kann euer Stück auch aus mehr als zwei Figuren bestehen. Bleibt aber genau beim Stück. Es müssen nicht alle von euch darin mitspielen, besonders dann nicht, wenn jemand nicht möchte. Wenn jemand *möchte*, dann lasst ihn oder sie mitspielen. Besetzt euch selbst für eine Rolle, besetzt euch nicht gegenseitig. Wenn ihr irgendwelche Fragen habt oder nicht weiter wisst, meldet euch und ich werde zu euch kommen.

(Normalerweise gebe ich den Gruppen 90 Minuten Zeit, um diese Aufgabe zu erfüllen.)

Joker-Tipp: Der Joker sollte der Versuchung widerstehen, den Gruppen in diesem Stadium bei der Erstellung ihres Stückes zu viel zu helfen. Das Stück muss der Gruppe gehören. Der einzige Weg dorthin, damit es ihnen gehört, ist es selbst zu machen. Ein Teil des Entwicklungsprozesses mag vielleicht auch sein, herauszufinden, wie man zusammen arbeiten kann. Das Stück kann wirklich eine dreißigsekündige Rohfassung sein. Nachdem die Gruppe das Stück, so wie sie es gemacht hat, präsentiert hat, kann und soll der Joker ganz genau mit der Gruppe arbeiten, um ihnen zu helfen, das Bestmögliche aus dem Stück herauszuholen.

Magnetisches Bild (magnetic image)

Diese Übung entstand aus einer Notsituation. 1994 leitete ich einen einwöchigen Workshop, aus dem ein Forumtheater entstehen sollte, aber der Workshop hatte aufgrund eines Todesfalls in der Gemeinschaft mit zwei Tagen Verspätung begonnen. Ich musste eine Übung erfinden, die die Arbeit von zwei Tagen in einem zusammenfasste. Inzwischen verwende ich *Magnetisches Bild* sehr oft, weil es sehr rasch das Potenzial für Improvisationen abruft.

Setzt euch alle in einer Reihe auf eine Seite des Raums. Denkt an einen Moment, in dem ihr mit dem Problem, mit dem wir uns gerade beschäftigen (hier das Problem konkret bezeichnen), zu kämpfen hattet. Es muss wiederum etwas aus eurer eigenen Lebenserfahrung sein. Es kann etwas sein, das ihr bereits angeboten habt, oder etwas Neues. Eure Wahl sollte von unserer bisherigen Arbeit beeinflusst sein.

Die Art, wie ihr diesen Moment darbieten werdet, ist eine Körperhaltung, die euer stärkstes Gefühl in diesem Moment der Auseinandersetzung zum Ausdruck bringt. Alles, was ihr dazu braucht, ist euer eigener Körper in einer eingefrorenen Haltung. Wer hat eine Haltung, die er oder sie anbieten kann? Gut, komm her! Zeig deine Haltung, so dass sie alle sehen können.

Das ist die erste Haltung. Wenn die Haltung, die ihr selbst darbieten wolltet, irgendwie so ähnlich ist wie diese, bietet sie bitte nicht an. Gibt es eine andere Haltung, die sich unterscheidet? Gut, komm heraus. Zeig deine Haltung, so dass sie alle sehen können. Gibt es eine dritte Haltung, anders als diese beiden?

(Abhängig von der Gruppengröße eignen sich wahrscheinlich drei bis fünf Haltungen. Diejenigen, die eine Haltung anbieten, sollten nicht sprechen.)

Zu den Leuten in den Haltungen: Es ist möglich, dass niemand zu eurer Haltung kommen wird. Das passiert manchmal. Wenn es passiert, versucht, es nicht persönlich zu nehmen. Vielleicht habt ihr etwas dargeboten, das die anderen verängstigt hat, oder ihr seid in einem Moment, der sehr spezifisch für euch ist. Es gibt viele Gründe, warum womöglich niemand zu euch gekommen ist. Falls es passiert, entscheidet euch für eine Haltung, zu der ihr gehen würdet. Eine Zweiergruppe ist in Ordnung, aber einer alleine geht nicht. Man kann die Übung nicht alleine machen.

Ihr, die ihr noch sitzt, bitte trennt zwischen der Person und der Haltung, die sie macht. Achtet darauf, nicht zu einem Freund oder einer Freundin zu gehen, nur weil ihr mit ihm oder ihr in einer Gruppe sein wollt. Und genauso, falls jemand, den ihr vielleicht nicht mögt, eine Haltung anbietet, die euch stark anzieht, dann seht über das Persönliche hinweg und geht zu der Haltung. Trennt die Person von der Haltung. Jetzt geht bitte in Stille zu der Haltung, die jener, die ihr gemacht hättet, am ähnlichsten ist oder die euch am stärksten anzieht und zu der ihr am meisten Bezug habt.

Jetzt haben wir Gruppen. Setzt euch bitte im Kreis zusammen. Die Person, die die Haltung gemacht hat, hat keinerlei Verantwortung für die Gruppe. Ich möchte allerdings, dass der- oder diejenige zuerst spricht. Wenn du eine Geschichte zu erzählen hast, kannst du sie erzählen, sofern du willst. Du musst nicht. Aber ich möchte, dass du über das Gefühl redest, das dich dazu gebracht hat, diese Haltung einzunehmen. Der Rest der Gruppe hört aktiv zu. Denkt darüber nach, was in eurem Leben der Bezug zu unserem behandelten Thema ist und wie das in Verbindung zu dem steht, was die Person sagt, die die Haltung eingenommen hat. Wer an der Reihe ist, kann seine oder ihre persönliche Geschichte erzählen, muss aber nicht. Ich möchte, dass ihr über das verbindende Gefühl, das euch zu dieser Haltung geführt hat, in Bezug auf eure eigene Auseinandersetzung mit dem Thema redet.

Während ihr redet, werdet ihr bemerken, dass ihr eine Ahnung bekommen werdet von dem, was euch verbindet. Findet heraus, welche Schwierigkeiten in Bezug auf das Thema ihr gemeinsam habt. Benennt sie. Das ist der zentrale Konflikt eures Bildes oder eures Stückes.

Die Verwendung des Magnetischen Bildes zum Entwurf eines Bildes

Wenn ihr einmal erkannt habt, was euch verbindet, arbeitet gemeinsam an einem eingefrorenen Bild, das Figuren zeigt, die an diesem gemeinsamen Konflikt, an dieser Auseinandersetzung, beteiligt sind. Jede/r von euch wird dabei wissen, wer er oder sie ist und was er oder sie in diesem Bild macht. Entwerft eine erfundene Geschichte, die die Wahrheit der Gruppe erzählt. Macht kein Bild von der Geschichte einer Person.

Die Verwendung des Magnetischen Bildes zum Entwurf eines Stücks

Um die Übung *Magnetisches Bild* für die Entwicklung eines Stücks zu verwenden, wird die Gruppe gebeten, wie oben beschrieben, Bilder zu entwerfen. Dann werden die Bilder unter Verwendung der Aktivierungstechniken (*Innerer Monolog*, *Steh zu deiner Figur*, *Weitwinkel*) nacheinander vor der gesamten Workshopgruppe aktiviert. Die Aktivierungstechniken und das Feedback der anderen im Raum werden dazu verwendet, um der Gruppe zu helfen, zu einem tieferen Verständnis der dargestellten Figuren und der erzählten Geschichte zu gelangen. Anschließend wird die Gruppe rund um das *Magnetische Bild* gebeten, in der Kleingruppe weiterzuarbeiten.

Jetzt, wo ihr von den anderen Workshop-Teilnehmer/innen Feedback zu eurem Bild bekommen habt, arbeitet zusammen an einer Improvisation, in der ihr euch bewegt und sprecht, die uns die beteiligten Figuren in der Auseinandersetzung zeigt. Das eingefrorene Bild ist vielleicht der Augenblick der Krise. Wenn dem so ist, dann führt die Figuren rückwärts aus der Krise heraus und lasst ihren Weg in die Krise hinein das Stück sein. Entwickelt eine erfundene Geschichte, die die Wahrheit der Gruppe erzählt. Macht kein Stück über die Geschichte einer Person.

Joker-Tipp: Sowohl beim *Lied der Meerjungfrau* als auch beim *Magnetischen Bild* ist es manchmal wichtig, den Teilnehmern dabei zu helfen, den schwierigen Übergang vom Sitzen und Reden zum Aufstehen und Stückemachen zu schaffen. Erinnere sie daran, dass sie die im Workshop gelernten Bildertheater-Techniken als Ausgangspunkt verwenden können. Wenn sie einmal das zentrale Bild bzw. die zentrale

Auseinandersetzung und die Krise, zu der die Auseinandersetzung führt, gefunden haben, haben sie das Herzstück des Stücks. Darüber hinaus *darf der Joker nicht dabei helfen, das Stück zu entwickeln.* Sie müssen das Stück alleine machen, selbst wenn das für die Gruppe eine große, schreckliche, entsetzliche und hässliche Auseinandersetzung an sich bedeutet. Und in seltenen Fällen ist es so. Die erste Version des Stückes braucht nicht lang zu sein. Es kann eine 20- oder 30-sekündige Rohfassung sein. Das ist der einzige Weg, damit das Stück ihnen gehört. Wenn sie das Stück einmal entworfen haben, dann kann und soll der Joker mit ihnen in das Stück eintauchen und die Regie übernehmen, um es bühnentauglich zu machen.

Der Joker verwandelt sich vom Workshop-BegLeiter in einen Theaterregisseur

Wenn die Stücke erst einmal entworfen sind, liegt es in der Verantwortung des Jokers, gemeinsam mit dem Ensemble in das Stück einzutauchen und das beste Theater unter den Umständen, unter denen die Gruppe arbeitet, herauszuholen. Es gibt Leute, die mit diesem Zugang nicht einverstanden sind. Die haben zu mir gesagt, dass Workshop-Teilnehmer/innen keine professionellen Schauspieler/innen sind und dass es, trotz allem, ein Gemeinschaftstheater-Projekt[119] sei, weshalb die Stücke der Gruppen genau so zur Aufführung gelangen sollten, wie sie sich nach dem Gruppenprozess gezeigt haben – als echte und ungefilterte Stimme.

Ich glaube, dass es in der Verantwortung des Jokers sowohl gegenüber den Gruppenmitgliedern als auch gegenüber dem größeren Gemeinwesen liegt, mit der Gruppe das bestmögliche Theater unter den gegebenen Umständen, unter denen sie arbeiten, zu machen. Was ist es, das für die Gemeinschaft eine tiefe Verbindung mit den gezeigten Stücken erzeugt? Ist es, den eigenen Nachbarn, das eigene Kind, den Partner oder die Partnerin, so wie sie sind, auf der

[119] Der Begriff „community theatre" hat in der kanadischen Theaterlandschaft keinen guten Klang und steht vielfach für schlechtes laienhaftes Theater. Headlines Theatre versteht sich als professionelles Theater, das „community based" arbeitet. (Anm. d. Ü.)

Bühne zu sehen? Es ist gewiss beeindruckend, jemanden zu sehen, den man kennt, und zu sehen, wie er eine Geschichte erzählt, die von der eigenen Gemeinschaft handelt. Aber das ist nur eine Seite der Medaille. Ist es, dass das Stück die wahren Themen der Gemeinschaft widerspiegelt? Wiederum ist auch das nur ein Teil des größeren Gesamtbildes.

Zwei essentielle Zutaten sind es, die eine tiefe Verbindung zum Stück erzeugen: die emotionale und die metaphorische Beteiligung. Theater ist eine emotionale und symbolische Sprache. Es gibt einen Unterschied zwischen dem Beobachten von Menschen auf der Bühne, die *so tun, als ob sie etwas fühlen würden*, und dem Sehen, wie sie *authentische Gefühle zeigen*. Es ist die Authentizität der Geschichtenerzählung, die das Publikum packt. Und weil wir Menschen in Metaphern denken, sind es ebenso die starken theatralen Symbole, die aus der Gemeinschaftserfahrung herauswachsen und die tief in das Bewusstsein der Gemeinschaft reichen. Es sind diese künstlerischen Elemente, genauso wie das Ensemble und die Auswahl der Geschichte, die die Mitglieder des Gemeinwesens dazu drängen und ermutigen, die heilige Regel des Theaters zu durchbrechen und die Spielfläche zu betreten, um in das Stück einzusteigen, zu intervenieren, und so auf ihre eigene authentische Weise an der Überwindung der Probleme zu arbeiten oder für Sicherheit in der Welt des Stückes zu sorgen.

Das ist auch der Grund, warum es so wichtig ist, dass die Workshop-Gruppen die Stücke zunächst eigenständig entwickeln, ohne Hilfe des Jokers. Die Stücke müssen ihnen gehören. Aber als Teil des gemeinsamen Workshops muss der Joker jetzt seine Kunstfertigkeit ausspielen und mit der Gruppe an den Stücken arbeiten. Es gibt in diesem Arbeitsverhältnis unterschiedliche Zuständigkeitsbereiche. Der Joker ist der Experte für das Theater. Er kann als Auge und Ohr von außen fungieren, als Wegweiser, Dramaturg, Bühnenbildner, Inspizient,[120] was immer es braucht. Im Theater braucht es einen Regisseur oder eine Regisseurin, und während dieser Phase ist dies die vorrangige Aufgabe des Jokers. Die Workshop-Teilnehmer/innen sind Experten im Wissen um ihre kollektiven Geschichten. Der Joker und die Teilnehmer/innen können zusammen etwas erschaffen, das wahrscheinlich einer alleine nicht zuwege

[120] Im anglo-amerikanischen Raum übernimmt der *stage manager* auch weitergehende Aufgaben im Vorfeld, bei der Organisation und den Proben. (Anm. d. Ü.)

brächte: themenbezogene, bedeutungsvolle *Kunst*, die ein wahrhafter Ausdruck des Gemeinwesens ist.

Der Workshop war bis zu diesem Punkt sehr gemeinschaftlich ausgerichtet. Jetzt muss er die Gangart wechseln. Von jetzt an müssen die Workshop-Teilnehmer/innen für ihre jeweilige eigene Rolle Verantwortung übernehmen. Das heißt auch, sie müssen es vermeiden, andere herum zu kommandieren oder füreinander zu antworten. Dem Schauspieler, der den Vater spielt, wird es nicht möglich sein, sich während der Aufführung an einen anderen Spieler zu wenden und zu fragen, was er jetzt tun soll. Er wird es eigenständig herausfinden müssen, auf eine Weise, die seiner Figur entspricht. Es wird Zeit, zu beginnen.

Gleiches gilt für die Befolgung von Regieanweisungen, die sich wahrscheinlich widersprechen, wenn sie ein Spieler einmal vom Joker und einmal von einem Mitspieler entgegennimmt. Im Theater kann es nur eine Person geben, die Regie führt, jemanden, der für die Orchestrierung des Gesamtbildes verantwortlich ist. Diese Person muss kein Diktator sein, sie kann von jedem Vorschläge entgegennehmen, aber die letzte Entscheidung muss bei ihr liegen. Eine andere Vorgehensweise riskiert die Verwirrung der Schauspieler/innen und öffnet Unsicherheiten bei der Aufführung Tür und Tor.

Im Normalfall schaue ich mir die Stücke der Kleingruppen an, gebe etwas Feedback und beschließe den Tag mit einem gemeinsamen Kreis. Das gibt mir die Möglichkeit, die Stücke über Nacht zu verarbeiten und am nächsten Tag mit Ideen zurückzukommen, an denen ich mit jeder Gruppe weiter arbeite. Ich bevorzuge es, jedes Stück ziemlich langsam durchzugehen, manchmal in Abschnitten von fünf oder zehn Sekunden, so dass diese funktionieren, gehe dann zurück zum Anfang, lasse einen anderen Abschnitt durchspielen, immer wieder von Beginn des Abschnitts weg, und so weiter. Wenn wir durch sind, wissen die Spieler/innen ihren gesamten Text von vorne nach hinten und von hinten nach vorn, ohne dass jemals etwas notiert worden wäre. Sie können dann normalerweise an jeder Stelle des Stücks einsetzen, was für das Forum unbedingt notwendig sein wird.

Grundlegendes fürs Schauspiel

Es gibt einige grundlegende technische Anforderungen. Die Figuren müssen sicht- und hörbar sein. Unser Theater handelt vom wahren Leben, aber es ist Theater und nicht das wahre Leben. Im wirklichen Leben reden viele Leute oft gleichzeitig. Im Allgemeinen kümmern wir uns nicht darum, ob wir von den anderen gesehen werden, in welche Richtung wir schauen, ob unsere Stimme am anderen Ende des Raumes gehört wird. Für alle theatererfahrenen Personen sind das einfache, grundlegende Dinge, aber in der Arbeit mit Leuten, für die das Theater neu ist, ist das gar nicht so einfach. Es handelt sich um erlernbare Fähigkeiten, die wir bei Aufführungen bewusst abrufen müssen. Wenn das Publikum nichts sehen und/oder hören kann, wird die ganze wundervolle Arbeit der Gruppe zunichte gemacht.

Es folgen einige wenige sehr einfache Techniken.

Die Stimme erheben

Es gibt Menschen, die ihr Leben lang die Stimme erforschen. Als Joker hat man vielleicht eine halbe Stunde, um Lautstärkenprobleme zu lösen. Ich habe noch nie jemanden getroffen, der sprechen konnte und der nicht auch, wenn er wollte, nach einem Freund quer durch einen Saal oder über ein Spielfeld rufen konnte und gehört wurde. Mach das mit dem ganzen Ensemble. Mach daraus ein Spiel. Die Fähigkeit haben alle und normalerweise verwenden die Menschen sie auch im Alltag außerhalb des Workshops. Gib ihnen die Möglichkeit, es zu erleben, und dann übertrage diese Erfahrung, nämlich einen Freund zu rufen, auf die Aufführungssituation. Das ist zwar nicht dasselbe wie jahrelanges Stimmtraining, aber es wird ihnen am Tag der Aufführung helfen.

> Ich gehe ans hinterste Ende des Zuschauerraums, an den am weitesten von der Bühne entfernten Punkt, an dem noch ein Zuschauer stehen könnte. Stellt euch bitte alle in einer Reihe an die Rückwand der Bühne. Jetzt antwortet einer nach dem anderen (links oder rechts anfangen und dann der Reihe nach) auf meine Fragen. Wie war dein Tag? Lauter bitte! Was gab's zum Mittagessen? Gut, du erreichst mich. Wann immer du sprichst, muss es mindestens so laut sein. Nächste/r.

Blickfeld

Nur in sehr seltenen Fällen ist es angemessen, dass ein Schauspieler dem Publikum den Rücken zudreht. Es ist noch seltener angebracht, dass ein Spieler den Blick des Publikums auf einen anderen verstellt. Manchmal darf sich der Joker nicht davor scheuen, bei Menschen, die noch nie zuvor auf einer Bühne gestanden haben, während einer Probe in die Szene einzugreifen und die Schauspieler/innen behutsam zu verschieben. Manchmal reicht es nicht aus, ihnen etwas zu sagen. Ihre Köpfe und Herzen sind während dieser Phase einfach voll, sie müssen es körperlich spüren. Ihre Körper werden es sich manchmal besser merken als ihre Gehirne.

Gedanken sichtbar machen

Es kann leicht geschehen, dass Schauspieler/innen sich in ihren Köpfen verfangen. Wenn das Stück erst einmal erarbeitet ist, die Schauspieler/innen die Abfolge und den Text sowie ihre Auftritte und Abgänge kennen, dann ist folgende Übung wunderbar, um die Körperlichkeit zurück ins Spiel zu bringen.

> Spielt die Szene ganz normal, haltet euch an den Text, aber was immer ihr euch dabei denkt, tut es – *macht eure Gedanken sichtbar*. Wenn ihr zum Beispiel in einer Szene scheinbar ruhig zu einer anderen Figur sprecht, aber euch in Wirklichkeit dabei denkt, dass ihr dem Anderen gegen die Brust hämmern möchtet, dann *tut das* (selbstverständlich sachte), aber spielt dabei weiter. Wenn ihr euch unter dem Tisch verstecken wollt, euch wünscht verschwinden zu können, dann *tut das – macht den Gedanken sichtbar*, aber spielt die Szene weiter.

Ausgelassene und aufschlussreiche Dinge können passieren. Schauspieler/innen und Joker machen dabei Entdeckungen, von denen manche in das Stück übernommen werden können.

Spielen ist nicht spielen[121]

Wenn eine Gemeinschaft Theater machen will, dann ist ein Grund dafür fast immer die Hoffnung, dass der Prozess der Gemeinschaft helfen wird, irgendeine Art der Veränderung herbeizuführen. Es sind nicht ausschließlich die Gedanken, die bei jemandem zu einer Verhaltensänderung führen. Unser Denken ist nur eine Ebene des Bewusstseins. Es sind unsere Gefühle, die uns antreiben. Gerade in diesem Kontext wird diese Übung deshalb besonders wichtig, denn wenn die Aufführungen durch die Schauspieler/innen das Publikum aktivieren sollen, dann müssen die Schauspieler/innen das Publikum auf körperlicher, emotionaler und psychologischer Ebene mit einbeziehen. Alle Ebenen müssen transportiert werden. Der einzige Weg dorthin ist, den Schauspielern selbst zu erlauben, die Körperlichkeit, die Emotionen und die Psychologie der von ihnen gespielten Figuren zu spüren.

> Spielt die Szene, wie wir sie geprobt haben, aber ohne zu reden. All eure Absichten, Wünsche, Befürchtungen, der Subtext der Figur müssen ohne Worte kommuniziert werden. Das ist keine Pantomime-Übung. Drückt die Körperlichkeit, die Gefühle, die Psychologie des Augenblicks aus, so dass das Publikum alles verstehen kann, was die Szene ausmacht.

Analyse mit Gefühlen[122]

Die Gefühle eines Menschen sind oft, wenn nicht sogar immer, ein komplexes „Tohuwabohu". Zum Glück ist das Theater ein Versuchsraum. Manchmal kann es hilfreich sein, komplexe Dinge in ihre Einzelteile zu zerlegen. Und das, obwohl wir ja grundsätzlich versuchen, das Paradigma, das die Welt auf mechanische, unzusammenhängende Komponenten reduziert, zu überwinden. Nachdem wir die individuellen Komponenten verstanden haben, sind wir

---

[121] Ich begegnete dieser Übung bereits in der Schauspielschule. Als ich die Übung das erste Mal bei Boal miterlebte, nannte er sie *Acting without words*, aber in *Games for Actors and Non-Actors*, S. 211, heißt sie jetzt *Play to the deaf*. Seit vielen Jahren heißt die Übung bei mir *Acting Is Not Acting* – das ist das Wichtigste und Grundlegendste, was ein Schauspiellehrer (Bernie Segal) je zu mir gesagt hat, als ich 1972 ein Schauspielschüler war: „Acting is not acting – acting is being."

[122] Es gibt eine Version dieser Übung mit Namen *Analytical rehearsal of emotion* in Boals *Games for Actors and Non-Actors*, S. 214.

vielleicht in der Lage, sie wieder zusammen zu bauen und die ganze Komplexität zu verstehen.

Spielt die Szene (oder einen Ausschnitt daraus) und konzentriert euch dabei ausschließlich auf ein Gefühl. Spielt zum Beispiel eine Liebeszene hindurch das Gefühl „reiner Liebe", aber dann spielt sie auch mit „blankem Hass". Jeder spielt die Szenen wie vereinbart, aber fühlt dabei nur dieses eine Gefühl, so stark und rein wie möglich. Jetzt entscheidet euch für ein anderes Gefühl und wiederholt die Szene und konzentriert euch ausschließlich auf dieses Gefühl. Dann mit einem anderen Gefühl. Dann spielt die Szene nochmals und, nachdem ihr euch über die Erkenntnisse ausgetauscht habt, versucht diese Komplexität mit einzubauen.

> **Joker-Tipp:** Das Gefühl kann offensichtlicher Bestandteil des Inhalts der Szene sein. Es kann aber auch wertvoll sein etwas auszuprobieren, was dem Inhalt der Szenen entgegengesetzt scheint. Man muss aufpassen, nicht zu viele Gefühle durchzuspielen, um die Schauspieler/innen nicht zu überfordern. Man muss gezielt auswählen.

Schneller und lauter

Die wundervolle Berufsschauspielerin Pat Armstrong erzählte mir eine Geschichte über den kanadischen Theaterregisseur John Hirsch, als wir uns in den Proben zu *The Dying Game* (*Das Spiel vom Sterben*) befanden. Er wäre, offensichtlich am Ende des Probenprozesses, im Dunklen gesessen und hätte ständig nur zwei Anweisungen an seine Schauspieler gebrüllt: „Schneller, lauter! Schneller, lauter!"

Hilfreiche Probetechniken können theatrale Momente auch zerstückeln. Die Schauspieler/innen nehmen eine große Menge an emotionalen, psychologischen und körperlichen Informationen auf und versuchen diese Informationen in eine authentische Aufführung zu integrieren. Dadurch werden die Spieler/innen oft langsam. Das ist für die Proben eine Zeit lang in Ordnung, muss aber irgendwann einmal aufhören, denn eines darf Theater nicht sein: für das Publikum langweilig.

Spielt das Stück (oder die Szene) mit doppelter (oder dreifacher) Geschwindigkeit wie gerade eben. Lasst nichts aus, fühlt, was ihr dabei fühlt, bewegt euch dorthin, wo ihr hingehört, seid aufmerksam, nur macht alles ganz, ganz schnell – und dazu sehr laut.

Wie fühlte es sich an? In den meisten Fällen sage ich dann: „Ja, und es schaute auch großartig aus und hörte sich großartig an. Macht es bitte von jetzt an genau so."

Forumtheater-Probe

Es ist unmöglich vorherzusagen, was Zuschauer/innen in einer interaktiven Forumtheater-Aufführung machen werden. Es ist jedoch möglich und notwendig, den Ensemblemitgliedern eine ungefähre Vorstellung davon zu geben, wie es sein wird, wenn Fremde mit völlig neuen Ideen zur Problemlösung in ihr Stück eingreifen. Das heißt nicht, dass der Joker den Schauspielern sagen soll, was sie zu tun haben oder wie sie reagieren müssen, sondern ich komme auf das *Schieben* aus der Übung *Balance*[123] zurück. Im Kontext der Einstiege heißt das, dass die Schauspieler/innen dagegenhalten müssen. Das können sie üben, indem Workshop-Teilnehmer/innen während der Proben wechselseitig in die Stücke der anderen einsteigen.

Wann immer ein/e Zuschauer/in in das Stück einsteigt, kommt er/sie, um gegen einen oder mehrere Schauspieler anzuschieben. Die Schauspieler müssen derart zurück schieben, dass sich der Zuschauer anstrengen muss: nicht zu stark, um ihn nicht augenblicklich zu besiegen, aber auch nicht zu nachgiebig, wie jemand, der gleich aufgibt. Der Schauspieler muss ganz aufmerksam sein und mit der Idee mitgehen, wenn die einsteigende Person ihn auf irgendeine Weise überzeugt. Ist er nicht überzeugt, bleibt er als Figur seinem Standpunkt treu. In jedem Fall wird der Joker den Schauspieler für die Handlungen seiner Figur auf der Bühne zur Verantwortung ziehen. Der Schauspieler muss in der Lage sein, seine Handlungen als Figur rechtfertigen zu können.

Das gilt genauso für alle anderen Schauspieler/innen im Stück. Die Ein-

[123] vgl. den Absatz *Der Beginn des Workshops* im Kapitel *Im Workshop-Raum*.

steiger/innen ersetzen vielleicht die Mutter in einer Szene beim Küchentisch mit dem Vater, während die Kinder im Wohnzimmer sind. Die Schauspieler/innen, die die Kinder spielen, sind „am Leben". Sie dürfen nicht zu Zuschauer/innen werden, die auf der Bühne sitzen und „ihre Eltern" beim Spielen der Szene beobachten. Wenn irgendetwas in der Küche passiert, das sie nachvollziehbar sehen oder hören können und das sie, im wahrsten Sinne des Wortes, bewegt, wenn sie beispielsweise etwas „in die Küche zieht" oder aus dem Wohnzimmer vertreibt, dann müssen sie dies zulassen.

Solche Aspekte entdecken die Schauspieler/innen während der Forumtheater-Probe vielleicht zum ersten Mal. Es ist auch die einzige Möglichkeit für den Joker, vor der Aufführung vor Publikum herauszufinden, wie die einzelnen Stücke jeweils zu jokern sind.

Für den Joker, der kein unmittelbares Mitglied des Gemeinwesens ist, ist das außerordentlich wichtig. Die Stücke, die er und die Mitglieder der Gemeinschaft entwickelt haben, sind nur „die Spitze des Eisbergs"[124] im Verhältnis zu den Problemen, um die es für die Gruppe geht. Es ist eine wundervolle Möglichkeit für den Joker, sich Zeit zu nehmen und zu versuchen, einiges von der den Stücken zugrundeliegenden Komplexität zu verstehen. Das wird ihm auch helfen, tiefergehende Fragen im Forum zu stellen. Denn es ist eine seiner Aufgaben, das Gemeinwesen herauszufordern, die Themen aus ungewohnten Perspektiven zu sehen und in der Diskussion so kreativ und bei der Problembewältigung so hilfreich wie möglich zu sein.

Ich hoffe, dass langsam klar wird, dass der Joker bei diesem Theatermodell eine sehr flexible Position einnimmt. Der Joker ist ein Animateur, ein Aktivist, ein Dirigent, ein Spiegel, eine eigene Figur, ein Verkehrspolizist, ein „Erschwerer" (wie Boal sagen würde),[125] ein Improvisateur, ein Energiekanal, eine Blankokarte, ein Künstler auf dem Hochseil.

---

[124] Boal hat dies als „Loch-Ness-Phänomen" bezeichnet. Die Leute sehen immer nur den Kopf des legendären schottischen Monsters über die Wasseroberfläche herausragen. Der größte Teil des Ungeheuers ist unsichtbar, obwohl wir wissen, dass es unter der Oberfläche lauert.

[125] Das Kunstwort „difficultator" steht als Gegenbegriff zum „facilitator", dem „Ermöglicher, Erleichterer". vgl. auch *Danksagung und Vorwort des Übersetzers.* (Anm. d. Ü.)

Der Joker wurde eingeladen, die Grenzen des Gemeinwesens zu überschreiten, wodurch er auf einzelne Mitglieder der Gemeinschaft trifft und zusammen mit ihnen eine metabolische Struktur – die Workshop-Gruppe – bildet. In der symbolischen Sprache des Theaters formuliert, arbeiten die Gemeinschaft und der Joker zusammen, um die Geschichten des Gemeinwesens erst zu entdecken und dann zu erzählen.

Zwei Fallstudien darüber, wie so etwas vor sich geht, werden im nächsten Kapitel geschildert.

Schlüsselerlebnisse in der Zusammenarbeit mit First Nations

Wie ich in den *Danksagungen* erwähnt habe, stammen viele der Einsichten, die weg vom Modell Unterdrücker/Unterdrückter und hin zum *Theater zum Leben* geführt haben, aus der Arbeit mit Gemeinschaften der First Nations. Ich möchte zwei dieser Projekte näher ausführen.

Bevor ich das tue, ist es wichtig anzumerken, dass ich oft eingeladen werde, zu Gewaltthemen zu arbeiten, mit den unterschiedlichsten Gemeinschaften. Obwohl die zwei in diesem Kapitel umrissenen Projekte *Out of the Silence* (*Aus der Stille heraus*) und *Reclaiming Our Spirits* (*Rückbesinnung auf unsere Geister*) beide das Thema „Gewalt" behandeln und beide Projekte mit First Nations durchgeführt wurden, möchte ich betonen, dass Gewalt etwas ist, das unsere gesamte menschliche Kultur durchdringt. Es ist nicht das Problem irgendeiner bestimmten Gemeinschaft.

Out of the Silence (Aus der Stille heraus)

1989 begann ich, als Antwort auf den mutigen Einstieg der Zuschauerin in *¿SANCTUARY?* (*¿ASYL?*), die den Anführer der Todesschwadron ersetzte,[126] zum Publikum zu sagen: „Wer in welchem Moment dieses Stückes unterdrückt ist, ist eure Entscheidung." Mehr fiel mir damals nicht dazu ein.

Dann, 1990, rief mich Ron George an, der zu dieser Zeit Präsident der UNN (United Native Nations, Vereinte Nationen der Ureinwohner) war. Er wollte wissen, ob es für Headlines Theatre möglich wäre, eine Produktion mit First Nations in Städten zu machen. Er spürte, dass trotz all der wichtigen Aktivitäten in ganz Kanada rund um Landrechte und Selbstbestimmung die Probleme in den Städten, wo die Menschen aus vielen verschiedenen First

[126] vgl. den Absatz *Der unterdrückte Anführer der Todesschwadron* im Kapitel *Rückkopplungsschleifen*.

Nations aus dem ganzen Land zusammenkommen, in der Diskussion nicht vorkamen. Dieses Gespräch mit Ron führte zu einem Treffen zwischen Headlines Theatre und URBAN (Urban Representative Body of Aboriginal Nations), bei dem wir beschlossen eine Koproduktion durchzuführen. Wir überließen es URBAN und UNN zu entscheiden, worauf sich das Projekt konzentrieren sollte, und sie entschieden sich für das Thema „Gewalt in der Familie".

Die Vorstände der Organisationen hatten eine Bitte. Wir wussten alle, dass aufgrund der Thematik eine Figur in dem Stück vorkommen würde, die andere misshandeln oder missbrauchen würde. Sie wollten die Zusicherung, dass diese Figur als jemand gezeigt werden würde, der einer Heilung bedarf und nicht als ein Krimineller, der auf ewig hinter Schloss und Riegel gehört, auch wenn die Produktion die Taten dieser Figur in keinster Weise entschuldigen würde.

Das knüpfte direkt an die Erfahrung mit *¿SANCTUARY?* (*¿ASYL?*) einige Jahre zuvor an und sollte einfach umzusetzen sein. Allerdings hatte ich meine eigenen Kämpfe damit. Ich spürte dieser Bitte gegenüber einen sehr großen Widerstand. Die Situation mit der Todesschwadron in *¿SANCTUARY?* war nicht persönlich. Diese würde es sein. Ich selbst hatte eine Kindheit voller Alkohol, Drogen und Gewalt durchlebt. Je mehr wir allerdings darüber sprachen, desto mehr fing ich an zu verstehen, dass unsere Gefängnisse voll sind mit Menschen, die anderen Gewalt antun und die als Wiederholungstäter/innen wieder herauskommen. Die Kriminalisierung dieser Menschen löst das Problem nicht und verschlimmert in einigen Fällen die Situation, indem sie die Haupt- oder einzige Einkommensquelle der Familie wegsperrt, was die Familien oft zu Sozialhilfeempfängern in einem System macht, aus dem sie nie wieder herauskommen. Mir wurde von den Vorstandsmitgliedern der UNN und von URBAN eine andere Sicht auf das Problem gezeigt. Während für sie klar war, dass die Symptome von Gewalt in der Familie eine „Frage der Justiz" sind, war ihnen ebenso klar, dass es auf der Ursachenebene eine „Frage der (sozialen) Gesundheit" ist. Sie baten um ein Projekt, das nach Wegen suchen würde, die Gewaltspirale zu beenden.

Das Projekt gelangte 1991/92 zur Aufführung und hieß *Out of the Silence* (*Aus der Stille heraus*).[127] Die Vorstände der UNN und von URBAN hatten Recht. Ihre Richtungsvorgabe half, ein sehr beeindruckendes und kraftvolles Forumtheater-Projekt zu entwickeln, das in Vancouver und weiteren 27 Gemeinden quer durch British Columbia aufgeführt wurde und das die Entwicklung des *Theaters zum Leben* vorantrieb.

Zu dieser Zeit war bei mir noch immer sehr stark die Rede von Unterdrücker und Unterdrücktem, aber die Art und Weise, wie wir die Figuren anlegten, hatte sich verändert. Wir bauten die Erfahrung des missbrauchenden Vaters aus den Residential Schools (Internatsschulen; siehe weiter unten) in das Stück ein, indem wir ihm eine sehr symbolische Szene gaben, in der er von den verinnerlichten Stimmen der Nonnen und Priester gepeinigt wird, die ihn als Kind missbraucht haben. Wir hießen seine Taten nicht gut. Wir betteten ihn jedoch in einen Kontext, der uns zu verstehen half, warum er solche Taten beging.

Obwohl die kanadische Regierung vor kurzem eine finanzielle Entschädigung für die verbliebenen Opfer der Internatsschulen angekündigt hat, bleibt die Angelegenheit ein unaufgearbeiteter Teil der kanadischen Geschichte.

Im frühen 20. Jahrhundert bat die kanadische Regierung die christlichen Kirchen, Schulen zu eröffnen, die die Kinder der First Nations an die eurozentristische kanadische Kultur anpassen sollten. Das Ziel war, um mit den Worten der Regierung zu sprechen, den „Indianer aus dem Kind zu entfernen".

Es wurde zum Gesetz, dass Kinder der First Nations diese Schulen besuchen mussten. Wenn ihre Eltern sie nicht hergaben, wurden sie mit Gefängnis bedroht. In vielen Fällen wurden Kinder mitten in der Nacht von zuhause entführt. In den meisten Fällen waren die Schulen weit weg von den Heimatgemeinschaften der Kinder. In den Schulen war es ihnen nicht erlaubt, ihre traditionelle Kleidung zu tragen, die langen Haare wurden ihnen abgeschnitten

[127] *Out of the Silence* wurde in seiner ersten Fassung entwickelt und aufgeführt von: Dolores Dallas, Evan Adams, Sam Bob, Sophie Merasty, Sylvia-Anne George, Valerie Roberts. Regisseur: David Diamond. Regie-Assistenz: Patti Fraser. Choreographie: Denise Brillon. Joker: David Diamond, Saeideh Nessar Ali und Levana Ray. Ausstattung: Paul Williams und Mia Hunt. Inspizienz: Dena Klashinsky. Unterstützung: Donna Lee Johnson und Susan Elaine Martin.

und sie wurden streng bestraft, wenn sie ihre Kultur ausübten (ihre Lieder sangen, in ihrer Sprache redeten, usw.).

Manchmal kam es vor, dass Kinder mit sieben oder acht Jahren in eine Schule kamen und – bis auf kurze Besuche bei ihren Familien – bis sie achtzehn waren, nicht mehr hinaus kamen. Geschwister wurden durch Zäune getrennt, ihnen wurde verboten miteinander zu sprechen. Vorfälle von Missbrauch durch Nonnen und Priester (Vergewaltigung von Mädchen und Buben, Prügel, Hunger, psychische und seelische Gewalt) kamen extrem häufig vor. Ein Mann erzählte mir, dass er als Kind so oft vergewaltigt wurde, dass er hinter den Vorhängen in der Turnhalle regelmäßig seinen Bauch kontrollierte, weil er fürchtete, womöglich schwanger zu sein. Ein anderer erzählte mir, dass er, als er zwölf war, versuchte davonzulaufen und nach Hause zu gelangen und bei der Überquerung eines zugefrorenen Sees gefasst wurde. Er wurde zur Schule zurück gebracht, ans Bett gefesselt und ausgepeitscht. Es gibt viele ähnliche Geschichten.

Der folgende Abschnitt stammt von der Homepage der Gesellschaft der Überlebenden von Internatsschulen (Indian Residential School Survivors Society):[128]

> „Psychischer und seelischer Missbrauch stand auf der Tagesordnung: Bloßstellung durch öffentliches Verprügeln nackter Kinder, Herabwürdigung der indigenen Kultur, permanenter Rassismus, öffentliches Ausziehen und Untersuchung der Genitalien, Kontaktverbot mit den Eltern und Einbehaltung von Briefen von Familienmitgliedern, Einsperren von Kindern in Kästen und Käfigen, Trennung nach Geschlecht, Trennung von Geschwistern, Verbot von indigenen Sprachen und indigener Spiritualität. Zusätzlich waren die Schulen Orte schwerer körperlicher und sexueller Gewalt: sexuelle Übergriffe, erzwungene Abtreibungen bei von Schulbediensteten geschwängerten Mädchen, in die Zungen gestochene Nadeln für das Sprechen der Muttersprache, Verbrennungen, Verbrühungen, Prügel bis zur Bewusstlosigkeit und/oder Zufügung von dauerhaften Schäden durch Verletzungen.

[128] http://www.irsss.ca

Sie erduldeten ebenfalls Elektroschocks, erzwungenes Essen des eigenen Erbrochenen bei Krankheit, Aussetzen bei Temperaturen unter dem Gefrierpunkt, Vorenthaltung von Medikamenten, Kahlrasuren der Köpfe (kulturelle und soziale Vergewaltigung), Hunger (als Bestrafung), Zwangsarbeit unter gefährlichen Bedingungen, absichtliche Ansteckung durch verseuchte Decken, unzureichende Ernährung und/oder verdorbene Lebensmittel. Schätzungen gehen davon aus, dass nicht weniger als 60 Prozent der Schüler/innen in den Internaten starben (an Krankheiten, nach Prügeln, bei Fluchtversuchen oder Selbstmorden).

Ungeachtet der Unterzeichnung der Völkermord-Konvention der Vereinten Nationen (UN) hat Kanada 40 weitere Jahre bis zur Schließung der letzten dieser Internatsschulen Völkermord begangen:

‚Art. II: In dieser Konvention bedeutet Völkermord eine der folgenden Handlungen, die in der Absicht begangen wird, eine nationale, ethnische, rassische oder religiöse Gruppe als solche ganz oder teilweise zu zerstören: (...) e) gewaltsame Überführung von Kindern der Gruppe in eine andere Gruppe.‘ *(UN-Konvention über die Verhütung und Bestrafung des Völkermordes vom 9. Dezember 1948)*“ [129]

Und so wurden drei Generationen ganzer Völker dem System der Residential Schools ausgesetzt. Die letzte dieser Schulen in Kanada schloss Mitte der 1970er-Jahre. First-Nations-Gemeinschaften quer durch Kanada wurden von diesem versuchten Völkermord zutiefst getroffen. Die Kinder, die aus diesen „Konzentrationslagern“ kamen, hatten von den Nonnen und Priestern, die sie aufgezogen hatten, das „Eltern-Sein“ gelernt. Die Folgen sind in den First-Nations-Gemeinschaften bis heute (2007) spürbar, obwohl äußerst mutige Wege eingeschlagen und Fortschritte erzielt wurden sowie Heilung stattfinden konnte und dies auch heute noch geschieht.

Die Art, wie *Out of the Silence* (*Aus der Stille heraus*) hinsichtlich des gemeinschaftlichen Zusammenwirkens zustande kam, und die Art, wie das Stück aufgebaut war, waren für mich als Regisseur und Theatermacher bahnbrechend. Der ganze Aufbau und Ablauf von *Theater zum Leben*-Projekten

---

[129] http://www.hrweb.org/legal/genocide.html; Übersetzung in Auszügen auf der Seite der Gesellschaft für bedrohte Völker: http://www.gfbv.de/inhaltsDok.php?id=1548

entwickelte sich zu dieser Zeit: die Partnerschaft mit Gemeinschaften, Öffentlichkeitsarbeit, Workshop-Bewerbung, Rollenverteilung, Anstellung von Vollzeitmitarbeitern, der Prozess während der Erarbeitung und den Proben und die Forumtheater-Aufführungen. All das half mir die Grundlagen meiner Arbeitsweise mit lebendigen Gemeinwesen zu erarbeiten und auszugestalten.[130] Eine der augenscheinlichsten Veränderungen war, dass wir anfingen, eine offene Einladung an das Publikum auszusprechen, auch die Figur zu ersetzen, die wir als Hauptunterdrücker erachten würden: „Wenn ihr versteht, welchen Kampf gegen innere oder äußere Schwierigkeiten diese Figur führt, und ihr eine Idee habt, wie die im Stück dargestellten Probleme gelöst werden könnten, dann ersetzt diese Figur." Mehr dazu weiter unten, aber zuerst mehr über die Erstellung der Rahmenbedingungen des Projekts.

Erstellung der Rahmenbedingungen des Projekts

Wir wollten eine Person bei URBAN, die unsere permanente Verbindung zur städtischen First-Nations-Community sein würde. Alle Entscheidungen das Projekt betreffend mussten gemeinsam getroffen werden, und es wäre zu verwirrend gewesen, immer eine andere Ansprechperson zu haben. Levana Ray, eine Freiwillige bei URBAN, übernahm diese Rolle. Ihre unmittelbarsten Aufgaben waren es, die Workshop-Teilnehmer/innen aus der städtischen First-Nations-Community zusammenzubringen und die 28 Prozent des Projektbudgets aufzustellen, die URBAN zugesagt hatte. Headlines Theatre würde den Rest des Geldes aufbringen und sich um Aufführungs- und Proberäume, Öffentlichkeitsarbeit, Projektleitung und Anstellung des übrigen Personals kümmern. Levana bekam eine Vollzeitanstellung bei Headlines Theatre.

Es wurde ebenso vereinbart, dass Levana die Forumtheateraufführung cojokern würde, und zwar gemeinsam mit uns beiden von Headlines Theatre, Saeideh Nessar Ali und mir. Es war entscheidend, einen First-Nations-Joker zu haben, sowohl aufgrund des Themas als auch aufgrund der Art, wie das Projekt entwickelt wurde.

---

130 Ein sehr detailreicher Bericht über dieses Projekt findet sich im Kapitel *Out of the Silence* in Mady Schutzman/Jan Cohen-Cruz (Hrsg.): *Playing Boal: Theatre, therapy and activism*, Routledge, Oxford, 1994

Ich wollte viel Bewegung in die Forumszenen einbauen und mit Einstiegen in tänzerischer Form experimentieren. Ich wollte schauen, ob wir zu nonverbalen Einstiegen auffordern könnten, um mithilfe von Bewegungen internalisierte Momente von Unterdrückung zu erforschen, insbesondere solche, die sich in der Folge in Gewaltausbrüchen entladen. Weil viele First Nations traditionell mittels Tanz kommunizieren, war dies eine geeignete Form.

Damals gab es mit „Spiritsong" eine First-Nations-Theaterschule in Vancouver, die den Kontakt zwischen mir und Denise Brillon herstellte, einer First-Nations-Choreografin, die mit Nicht-Tänzern themenbasierte Tänze erarbeitete. Denise stimmte einer Zusammenarbeit zu. Ich stellte mir eine Choreografie vor, die im Stück in einem Moment der Gewalt zu Geräuschen und Bewegungen „explodieren" würde – gegebenenfalls unter der Verwendung von Sprechrhythmen als „Musik" für den Tanz. Wenn wir versuchen würden, Einstiege in den Tanz aufzunehmen, würde das nicht zu Musik vom Band gehen.

Paul Williams war bereits technischer Leiter und Inspizient bei der Entwicklung und ersten Tournee von *NO` XYA`* (*Our Footprints, Unsere Fußspuren*) von 1987 bis 1990, einer Headlines Co-Produktion mit den Hereditary Chiefs[131] der Gitx̲an und Wet'suwet'en über deren angestammtes Land.[132] Paul willigte ein, die technische Leitung und Inspizienz sowie Teilaufgaben im Ausstattungsteam zu übernehmen. Mia Hunt, die Co-Ausstatterin, war eine First-Nations-Künstlerin und arbeitete zu dieser Zeit vorrangig mit Stoff und Leder. Sie und Paul nahmen in der ersten Woche am Workshop teil und entwarfen dann gemeinsam das Bühnenbild und die Kostüme. Wie es bei Zusammenarbeiten dieser Art oft der Fall ist, gab es einen künstlerisch-handwerklichen Austausch in beide Richtungen.

Der Plakatentwurf kam auf dieselbe gemeinschaftliche Weise zustande. Levana fand Richard Thorne, einen First-Nations-Künstler. Er erschuf das grafische Erkennungszeichen des Projekts: einen Vogel in traditionell indigenem Design mit einer Träne, in der eine Frauenfigur zu sehen ist. Doug Simpson, ein versierter Plakatgestalter aus der Theater- und Musikszene,

---

[131] vgl. Fußnote 58

[132] vgl. http://www.headlinestheatre.com/pastwork.htm

integrierte Richards Grafik als zentrales Motiv in ein aussagekräftiges Plakat.

Wir hatten weiters zwei First-Nations-Beraterinnen zur Unterstützung über eine Vollzeitanstellung in das Projekt eingebunden. Sie waren beim Workshop dabei, kamen zu allen Proben und waren bei allen Aufführungen anwesend. Sie standen allen Mitarbeitern des Projekts und allen Zuschauern zur Verfügung. Ebenso jenen, die ein Gespräch brauchten oder an eine Einrichtung weiter vermittelt werden wollten, um Fragen nachzugehen, die durch die Teilnahme am Projekt ausgelöst wurden. Die Beraterinnen waren Donna Lee Johnson und Susan Elaine Martin.

Das Finden der Workshop-Teilnehmer/innen und der Besetzung

Levana informierte 55 Organisationen, die über URBAN vernetzt waren, darüber, dass wir nach Menschen Ausschau hielten, die an einem Workshop teilnehmen wollten, der ihre Lebenserfahrung als Basis für ein heilsames Theaterstück über familiäre Gewalt nutzen würde. Wir beide interviewten alle Bewerber/innen. Alle, die beim Workshop dabei sein wollten, würden auch dabei sein können. Unsere finanziellen Möglichkeiten erlaubten ein Maximum von 30 Leuten. Das einzige Kriterium war ihre Zusage, sich für die gesamte Zeit zu verpflichten, und ihre Bereitschaft, offen und ehrlich in Bezug auf ihre persönliche Lebenserfahrung zu sein, im Wissen, dass wir kein Material direkt verwenden würden. Das bedeutet, dass es nicht einem oder einer Teilnehmer/in persönlich zugeordnet werden kann. Wir betonten, dass keinerlei Schauspielerfahrung notwendig wäre. Wir wählten 17 Teilnehmer/innen aus, hinzu kamen die zwei Beraterinnen. Alle wurden für die Teilnahme am Workshop über dem kollektivvertraglichen Mindestlohn (der kanadischen Schauspielergewerkschaft) bezahlt.

Obwohl das Geld für die Leute wichtig war, wusste ich, dass es nicht ihr Hauptgrund für die Teilnahme war. Selbst in diesem frühen Stadium erkannte die Gemeinschaft, welches Potenzial dieses Projekt hatte, um das Problem familiärer Gewalt auf kreativem und positivem Weg öffentlich zu machen, und wie heilsam und gesund dies für die Gemeinschaft sein würde.

Ich wollte *vor* dem Workshop über die Besetzung entscheiden, damit der

Workshop selbst nicht zu einem Konkurrenzkampf werden würde. Es wäre schrecklich gewesen, eine Dynamik in Gang zu setzen, bei der der Workshop ein Wettkampf und der Preis ein Platz auf der Besetzungsliste gewesen wäre. Jeder, der für das Ensemble in Betracht gezogen werden wollte, musste mit mir improvisieren. Ich suchte nach der Fähigkeit spielen zu können, nicht nach formalem Können. Ich wollte Leute finden, die „im Moment" sein können. Nach den Interviews setzten Levana und ich die Theatergruppe aus Mitgliedern der Workshop-Gruppe entsprechend dem Vorspielen und der Verfügbarkeit der Leute zusammen. Wir besetzten vier Frauen und zwei Männer, ohne genau zu wissen, welche Rollen sie spielen würden.

Die Gemeinschaft kommt zusammen

Der Workshop und alle Proben fanden im „Vancouver Aboriginal Friendship Centre" statt, wo sich die Teilnehmer/innen einigermaßen zuhause fühlen würden. Es war ein großartiger Ort, um das Stück zu entwickeln, und alle dort unterstützten uns sehr. Uns wurde ein Raum mit Teppichboden zur Verfügung gestellt, der für drei Wochen ausschließlich uns gehörte, und ein weiterer Raum, in dem auch die Holzschnitzer des Centers arbeiteten, wo wir das Bühnenbild bauen und malen konnten.

Jeder Tag sowohl des Workshops als auch des Probenprozesses begann mit einem traditionellen „Smudge" (dabei werden Süßgräser oder andere Kräuter rituell zur spirituellen Reinigung verbrannt) und endete mit einem traditionellen Gesprächskreis.

Bei dieser täglichen formalen Abschlussrunde verwendeten wir eine Adlerfeder, die von Donna Lee, einer der unterstützenden Beraterinnen im Projekt, mitgebracht worden war. Die Feder wurde in die Mitte des Kreises gelegt. Wer beginnen wollte, nahm sie aus der Mitte zu sich. Wer auch immer die Feder in der Hand hielt, hatte die absolute und ungeteilte Aufmerksamkeit aller. Es war eine Zeit für Monologe, nicht für Dialoge. Es war eine Zeit, um was auch immer zu sagen, um den Tag zu beschließen. Die Feder ging im Uhrzeigersinn die Runde. Wenn jemand nicht sprechen wollte, gab er oder sie die Feder weiter. Dieses heilige Ritual wurde für uns alle außerordentlich wichtig, als wir immer tiefer in den Erarbeitungsprozess eintauchten. Jetzt verwende ich anstatt der Feder Steine, die ich von Menschen aus aller Welt bekommen habe. Aber immer noch endet jeder Tag jedes Workshops mit diesem Ritual.

„Smudging" ist nicht bei allen First Nations ein Teil des Brauchtums. Ein täglicher „Smudge" war dennoch der Wunsch dieser Workshop-Gruppe. Es wurde ein Teil unseres täglichen Zeremoniells, das wir während aller Aufführungen in Vancouver und auf der gesamten Tour durch British Columbia beibehielten, indem wir das Theater vor jeder Aufführung mit dem Rauch der Süßgräser reinigten. Vor allem Zuschauer/innen aus First Nations waren sehr angetan davon und meinten oft, dass sich für sie dadurch schon beim Betreten des Saals ein Gefühl der Sicherheit eingestellt hatte. Es war ihnen auch bewusst, dass ihre Tradition als Teil des Prozesses wertgeschätzt wurde, obwohl Headlines offenkundig kein First-Nations-Theater war.

Der Workshop

Die Standbilder, die am ersten Tag entstanden, waren außergewöhnlich stark. Wir fotografierten die Bilder mit einer Polaroid-Kamera und gaben ihnen allen einen Titel. Das gab uns die Möglichkeit, uns mit diesen Bildern zu umgeben, indem wir sie an die Wände hängten, um später darauf zurück zu kommen. Viele Motive dieser ersten Bilder tauchten als Zitat oder als Charakterzug einer Figur im Stück auf. Einige der Titel dieser Bilder waren: „Don't worry, be happy!", „What is a family?" (Was ist eine Familie?), „Don't take my baby away!" (Nimm mir mein Kind nicht weg!) und „Assault in Residential School" (Übergriffe im Internat).

Wie es häufig in Workshop-Gruppen in Gemeinschaften außerhalb meines eigenen kulturellen Hintergrunds passiert, befand ich mich selbst in einer intensiven Lernsituation. Die Fragen, für die ich mich entschied, und die Richtungen, die ich als BegLeiter einschlug, zielten teilweise darauf ab, die Thematik selbst besser verstehen zu können. Ich bemerkte, wenn ich selber ehrlich war in Bezug auf Dinge, die ich nicht verstand und nachfragte, dass dann die Teilnehmer/innen in der Lage waren, mir Dinge auf eine Art und

Weise zu erklären, die auch ihnen half, Fragen für sich und füreinander zu klären, und das in einer Atmosphäre echten Dialogs und Forschens.

Das muss innerhalb des Entwicklungsprozesses, der zu einem Stück mit einer klar umrissenen Geschichte führt, so sein. Es erinnerte mich an ein Plakat, das ich einmal in einem Erwachsenenbildungszentrum gesehen hatte und auf dem zu lesen war: „Die dümmste Frage ist die, die nicht gestellt wird." Ein guter Hinweis.

Am Ende des Workshops für die Community (am 5. Tag) machten wir ganz kurze Stücke und veranstalteten ein Mini-Forum innerhalb der Gruppe, um den Prozess abzuschließen. So wie es dann bei zukünftigen Projekten auch immer sein würde, verließen uns an dieser Stelle die Teilnehmer/innen, die nicht für das Stück besetzt waren. Wir wollten ihnen das Gefühl eines runden Abschlusses vermitteln.[133] Das Mini-Forum half auch allen zu verstehen, welche Art von Stück wir machen würden und wie es sich von einer normalen Theatervorführung unterscheidet, wie es sich bis zum Moment der Krise steigert, ohne eine Lösung anzubieten. Es gab den ganzen Workshop hindurch einigen Widerstand gegen dieses Konzept. Warum machen wir ein Stück, so fragten einige, wenn wir ausschließlich das Problem aufzeigen? Am Ende konnten die Teilnehmer/innen erkennen, wie wertvoll Lösungen sind, wenn diese aus dem Publikum kommen und wie kraftvoll Forumtheater als Mittel zur Veränderung sein kann.

Dann hatten das Ensemble, das Produktionsteam und ich ein paar Tage Zeit, um das Grundgerüst des Stücks und seine Hauptbestandteile zu diskutieren und unsere Erkenntnisse aus dem Workshop herauszufiltern. Es wurde festgelegt, wer welche Figur spielen würde. Ich überließ es den Ensemblemitgliedern, nachdem ich sie darüber nachzudenken gebeten hatte, welche Art von Figur sie spielen möchten, sowohl für sich selbst als auch im Sinne des Projekts. Sie entschieden sich für folgende Rollen: Sam (der Vater; Bill), Dolores (die Mutter; Emily), Sylvia-Anne (die Tochter von Bill und Emily; Kelly, 13 Jahre), Evan (der Sohn von Emily; Dylan, 16 Jahre), Sophie (Emilys

---

133 Workshop-Teilnehmer/innen sind allerdings während der Proben jederzeit herzlich willkommen.

Schwester, die im gleichen Haushalt lebt; Theresa), und Valerie (eine Freundin von Emily und Sophie, die für die Kinder eine Art Tante darstellt; Rose).

Sam, ein sehr sanftmütiger Mann, entschloss sich, den Täter Bill zu spielen. Er leistete hervorragende Arbeit und half uns allen seine Figur zu verstehen, die sich selbst in einer Krise befindet, innerhalb der Familie isoliert ist und von ihrer Vergangenheit verfolgt wird. Bill handelt und verhält sich so, wie er es in der Internatsschule und in anderen kolonialen Zusammenhängen gelernt hat, wo er von der dominanten europäischen Kultur seiner Stärke und Macht als Mann seines Kulturkreises beraubt wurde.

Wir alle wussten, dass es wichtig war darauf hinzuweisen, dass häusliche Gewalt und Missbrauch bei heutigen, städtischen First Nations historische Ursachen hat. Aus diesem Grund entschlossen wir uns, dem Stück eine Reihe von Tableaus (eingefrorene Standbilder) voranzustellen, die im Workshop entwickelt worden waren. Zu sehen sind:

- Eine Nonne und ein Indian Agent[134] nehmen einer First-Nation-Familie die Tochter weg und bringen sie in eine Internatsschule;
- Eine Nonne prügelt ein First-Nation-Kind, während dessen Freunde gezwungen werden dabei zuzusehen;
- Ein Priester, der ein First-Nation-Kind im Schlafsaal sexuell missbraucht, während der Indian Agent den anderen aufwachenden Kinder deutet, sie sollen leise sein (pscht);
- Ein auseinandergebrochener Kreis von Menschen, einer stimmt traditionelle Gesänge an und wird dabei von einem Indian Agent, der „dummer Indianer!" brüllt, unterbrochen, während eine Nonne und eine weitere Person gaffend daneben stehen.

Stückentwicklung und Probe

Weil die Erfahrungen aus dem Workshop hinsichtlich des grundlegenden Materials für ein Stück und die möglichen Figuren darin so reichhaltig waren,

---

134 Der Indian Agent (ein europäischstämmiger Kanadier) war zur damaligen Zeit der Repräsentant der kanadischen Regierung. Er wäre in Wirklichkeit nur in der ersten Szene tatsächlich physisch anwesend gewesen, symbolisch kommt er aber in allen Szenen vor.

waren wir in der Lage, einen einfachen Übergang zum zweiwöchigen Proben- und Stückentwicklungsprozess zu schaffen. Was den Inhalt anbelangte, stand das Stück relativ schnell. Wir erachteten die erste Probenwoche als Chance, eine „erste Skizze" anzufertigen. Ich setze das unter Anführungszeichen, denn außer einer Liste als Ergebnis der Anregungen aus dem Workshop mit groben Vorkommnissen, von denen wir dachten, dass sie im Stück vorkommen sollten, machten wir keinerlei Aufzeichnungen. Wir fingen einfach an, auf Grundlage der Figuren und Situationen zu improvisieren, von denen wir wussten, dass wir sie darstellen wollten.

Mit *Die Figur vervollständigen*[135] vertieften wir uns in die Figuren. Eine spezielle Szene, in der sich Bill bei Dylan entschuldigt, entwickelte sich unmittelbar aus Bildern, anhand derer wir den Kreislauf von Schlagen und Entschuldigungen genauer erforschten. Einige Teilnehmer/innen aus dem Ensemble hatten diese Erfahrung selbst mit ihren Eltern gemacht. Eine Übung, bei der die Schauspieler ihre Rollen tauschten, wirkte sich auf die Aufführung nachhaltig aus. Evan spielte den um Verzeihung bittenden Vater und Sam spielte den geschlagenen Sohn. Als Sam dann verstand, was die Figur des Dylan in der Szene brauchte, um diese authentisch darstellen zu können, konnte er es als Bill darbieten.

Während dieser sehr intensiven und mutigen emotionalen Recherchen gab es bei allen von uns viele Tränen. Um die Wahrheit im Stück erzählen zu können, mussten wir alle der Wahrheit in unseren Leben gegenübertreten. Mehrmals am Tag mussten wir eine Pause einlegen, um „die Luft zu reinigen" und durchzuatmen. Wir tauschten uns in vielen Gesprächsrunden untertags aus, um die großen Gefühle, die im Raum standen, zu verarbeiten. Alle hatten wir voneinander die Telefonnummern und an den Abenden waren die Leitungen immer besetzt.

Die Choreografie verfolgte die Absicht, Momente der Gewalt zu erforschen. Unter Verwendung von Gesten und Geräuschen, von den Schauspielern aus der jeweiligen Figur heraus erarbeitet, entwickelten wir ein Repertoire an

---

135 vgl. den Absatz *Authentizität vs. „Theater spielen"* im Kapitel *Die Kunst interaktiven Theaters.*

Bewegungen und Schlagworten, die wir während des Workshops gesehen oder gehört hatten: „Dummer Indianer!", „Du verdienst es!", „Verlierer!", „Säufer!", „Nichtsnutz!". Wir fanden, dass die Gesten und Worte internalisiert im Kopf des Täters und somit in der Gegenwart existieren, obwohl sie aus den Internatsschulen und von Familienmitgliedern aus der Vergangenheit des Täters stammen. Deutlich wird das zum Beispiel in dem Moment, in dem Bill seinen Sohn schlägt. Wir schafften es, mit der Choreografie eine Zeitblase zu kreieren, einen Moment zu erzeugen, in dem das Stück eine andere Gestalt annimmt und wir das Innere von Bills Seele sehen und die internalisierten Stimmen hören, die ihn quälen und die ihn zum Missbrauch treiben. Nichts von alledem geschah in der Absicht, die Taten der Figur zu entschuldigen, sondern im Gegenteil, um zu verdeutlichen, wie all unsere Handlungen, ungeachtet dessen, wie abscheulich sie auch sein mögen, ein Produkt unseres gelebten Lebens sind. Denise, unsere Choreografin, half den Ensemblemitgliedern einfache Gesten zu entwickeln, die aus diesen Schlagworten entsprangen.

Während der zweiten Probenwoche machten wir die Handlung(en) und die Absichten dahinter deutlicher, wir kürzten das Stück, entfernten alles, was uns für die Erzählung dieser konkreten Geschichte überflüssig erschien. Und dann machten wir die Handlung(en) und die Absichten noch deutlicher. Wir waren langsam startklar fürs Forumtheater.

Je klarer, am besten kristallklar, und konkreter ein Stück ist, desto universeller wird es werden. Die Klarheit ist es, die dem Publikum die Möglichkeit gibt, das eigene Leben im Stück widergespiegelt zu sehen. Je mehr ein Stück versucht, alles Mögliche für alle Möglichen zu sein, aus einem Pflichtgefühl heraus, alle Themen einer Gemeinschaft zu berühren, umso orientierungsloser wird es sein. Eine Aufgabe des Jokers ist es, Entscheidungen zu treffen.

Die Aufführungen in der Gemeinschaft

Obwohl wir in der dritten Aufführungswoche pro Abend vor mindestens 150 Leuten spielten und bereits Einladungen erfolgten, durch British Columbia zu touren, brauchte es seine Zeit, bis sich Publikum für dieses Projekt fand. Die Premiere war natürlich voll mit Freunden und Kollegen, die irgendwie dem

Projekt verbunden waren. Diese Art des Theaters kam in der konventionellen Theaterwelt allerdings nicht vor, obwohl sich die Kritiken in den Massenprintmedien begeistert zeigten (siehe unten). Interaktives Theater über Gewalt in der Familie war und ist in der Theaterszene schwer zu verkaufen.

> „... unglaublich kraftvoll. Ich ging mit einem Gefühl der Hoffnung aus dem Theater und im Glauben daran, dass diese Methode das Potenzial hat für wirkungsvolle, maßgebliche und nachhaltige Veränderungen bei Einzelnen, in den Familien und Gemeinschaften."
> Suzan Denis, *The Observer*, Queen Charlotte Islands, 1992

> „...stimmig und komplex. Ich kann mich an wenige Gelegenheiten erinnern, wo ich im Theater so bewegt war ... elektrisierende Augenblicke ... *Out of the Silence* (*Aus der Stille heraus*) bietet Trost und lässt Möglichkeiten zu."
> Colin Thomas, *Georgia Straight*, 1992

Das Publikum kam aber aufgrund der Mundpropaganda. Ein sehr hoher Prozentsatz der Menschen, die sich das Stück ansahen, kam aus First Nations. Aber ungeachtet ihrer Herkunft machten viele Zuschauer/innen derart eindrucksvolle Erfahrungen im Theater, dass sie gar nicht anders konnten als anderen davon zu erzählen. Diese Erfahrungen zogen Kreise durch ihre Familien und ihr weiteres Umfeld. Aber es dauerte.

Die darauffolgende Tournee durch British Columbia führte uns in 27 Gemeinden quer durch die Provinz und gipfelte in einer interaktiven Live-Satellitenübertragung, die in ganz British Columbia und einigen angrenzenden Teilen von Washington State (USA) ausgestrahlt wurde.[136] Diese Aufführungen außerhalb von Vancouver fanden in Zusammenarbeit mit der Vereinigung der Indian Friendship Centres in British Columbia sowie vielen Organisationen in den einzelnen Gemeinden statt. Die Auslastung war sehr hoch.

Die Stimmung im Raum war jeden Abend anders und es war spürbar, wie das kollektive Bewusstsein von Wut, manchmal auch Zorn, zur Trauer und schließlich in die Tat überging. Einzelne kamen auf die Bühne, aber es war offen-

[136] Die Praxis der TV- und Internet-Übertragungen werden im Kapitel *TV und Internet* im *Anhang* geschildert.

sichtlich, dass mehr als ein/e Einzelne/r dachte, fühlte und experimentierte.

Besonders interessant war das Verhältnis des Publikums zur Figur von Bill. Zu Beginn der interaktiven Forumphase kamen Leute auf die Bühne, um die Tochter und die Mutter zu ersetzen, und sie versuchten mit Bill sowohl zu kämpfen als auch vernünftig zu reden. Sehr oft spielten sie mit Tränen in den Augen. Viele von ihnen erzählten später, dass sie sich immer gewünscht hatten, sie hätten in ihrem eigenen Leben so gehandelt, wie es ihnen im Rahmen des Theaters möglich war, dass sie dazu aber nie in der Lage waren.

Ebenfalls von speziellem Interesse war der choreografierte Teil des Stücks, in dem Bill seinen Stiefsohn Dylan schlägt. Das Skript der Szene[137] liest sich folgendermaßen:

> Die Erwachsenen haben bis zu dieser Stelle das ganze Stück hindurch gefeiert. Sie sind alle betrunken. Bill regt sich auf, als er bemerkt, dass das Zeitlimit, das er Dylan und seiner Tochter Kelly für die Rückkehr von einem gemeinsamen Kinoabend gesetzt hatte, bereits überschritten ist. Seine Frau Emily und deren Schwester Theresa spielen die Verspätung herunter, plaudern unbeschwert und bitten Bill, ihnen eine Geschichte zu erzählen aus der Zeit, als er 13 war:
>
> Bill: Ihr wollt eine Geschichte von mir als 13-Jährigem hören? Ich will diese Geschichte nicht erzählen.
> Emily: Jetzt komm, Bill. Mach schon!
> Bill: Ich war in einer Internatsschule, als ich 13 war. Es war spät. Ich sollte eigentlich schlafen, aber ich tat's nicht. Weil ich hungrig war. Ich ging spazieren. Ich ging den Gang hinunter. Vorbei an den Schlafräumen der jüngeren Buben. Ich hörte etwas. Ich wusste nicht, was es war, also ging ich nachschauen.
>
> (Kelly und Dylan schleichen sich ins Haus. Theresa sieht sie zuerst.)
>
> Theresa: (zu Bill) Nur einen Moment, ich bring dir noch etwas Wein.
> Bill: Willst du die Geschichte hören?!

[137] Als das Projekt zu Ende war, wurde die TV-Aufzeichnung transkribiert.

Theresa: Ja, ich will die Geschichte hören.

(Theresa hat Bills Aufmerksamkeit auf sich gezogen und ihn dazu gebracht, sich in seinem Sessel zu drehen, so dass er den sich hereinschleichenden Kindern den Rücken zukehrt.)

Bill: Also ging ich zum Türeingang. Ich kann meinen Cousin Kenny sehen. Sein Bett steht an der Wand. Neben dem Bett gibt es ein Fenster. Durch das Fenster kommt etwas Licht und ich kann sehen, dass Kenny noch wach ist. Wisst ihr, warum Kenny noch wach ist? Weil er nicht alleine ist. Ich kann ihn weinen hören. Frater McIntyre liegt bei ihm. Ich weiß nicht, was ich tun soll. Aber da liegt dieses Stück Holz, das die Tür offen hält. Ich hebe es auf.

(Dylan und Kelly haben in der Zwischenzeit die Treppen erreicht, die zum Badezimmer hinauf führt. Dylan stolpert über eine Stufe.)

Dylan! Warum schleichst du ins Haus? Wie spät ist es?

Dylan: Wir haben den Bus verpasst, Bill.

Bill: Was habe ich gesagt, wann ihr zuhause sein sollt? He? Wie spät ist es?

Kelly: Papa, wir haben den Bus verpasst!

Dylan: Bill! Nicht!

Bill: Wann hab ich gesagt, sollt ihr zuhause sein?

(Bill packt Dylan, wirft ihn mitten im Raum zu Boden und beginnt ihn zu schlagen.)

Kelly: Nein!

Bill: Ha?! Du gehorchst mir nie!

Emily: Nicht, Bill!

(Das Licht wechselt und schließt einen engen Ring um die Schauspieler/innen. Dylan rollt unter Bill heraus. Die nächste Sequenz wird von choreografierten Bewegungen und Gesten begleitet, mit denen die anderen Mitglieder des Ensembles zu Stimmen aus Bills Vergangenheit werden.)

Bill: Du gehorchst mir nie!

Theresa: Dummer Indianer!
Alle: Dummer Indianer!

Bill: Du dummer Indianer!
Kelly: Du verdienst es!
Alle: Du verdienst es!
Theresa: Verlierer!
Alle: Verlierer!
Emily: Nichtsnutz!
Alle: Nichtsnutz!
Dylan: Säufer!
Alle: Säufer!

(Bill kauert am Boden und beginnt traditionelle Gesänge anzustimmen, als sich die Stimmen noch zweimal wiederholen. Dann erhebt er sich aus seinen Gesängen. Als er steht, rollt Dylan zurück in die Position unter Bill, dorthin wo er war, als Bill auf ihn einschlug. Das Licht wechselt in die Ausgangsstimmung zurück.)

Als wir mit den Aufführungen von *Out of the Silence* (*Aus der Stille heraus*) begannen, baten wir für diese Sequenz um Einstiege aus dem Publikum auf dieselbe Weise wie für die anderen Sequenzen des Stücks auch. Mir wurde jedoch rasch klar, dass sich die theatrale Sprache dieser Bewegungschoreografie von der theatralen Sprache im Rest des Stücks unterschied. Im restlichen Stück gab es Dialoge, in dieser Szene aber war die Kommunikation rein körperlich angelegt. Deshalb hatte ich ja mit einem Choreografen gearbeitet. Es war also sinnvoll, die Einladung abzuändern.

Wir sahen, dass es befreiend auf die Zuschauer/innen wirkte, wenn wir ausdrücklich um nonverbale Einstiege für die Bewegungssequenz baten. Diese Einstiege gaben wundervolle, nonverbale Einblicke in den Heilungsprozess, dessen Erforschung sehr wertvoll war. Beispielsweise erhob sich ein First-Nation-Mann, der für Bill einstieg, von seinen Knien und erwies den „Vier Richtungen" seine Ehre. Das ist Teil einer traditionellen First-Nations-Zeremonie. Was er uns zeigte, war der Weg, wie er seine eigenen „Stimmen" überwunden hatte, indem er wieder Kontakt mit der Spiritualität seiner Kultur aufnahm. Er war bereit, mit uns und dem Publikum seine eigene Erfahrung zu teilen, dass es zwar keine leichte Sache aber dennoch möglich und für ihn die Lösung war, den Kreislauf von missbraucht werden und missbrauchen zu durchbrechen. Diese Art eines Einstiegs geschah bei mehreren Gelegenheiten.

Andere Einstiege in diesem Teil zeigten manchmal das inständige Bitten Bills um Vergebung (die von den anderen Figuren immer nur sehr zögerlich gewährt wurde, weil sie sagten, dass sie Bill nicht glauben konnten, dass es ihm leid täte, solange sich sein Verhalten nicht änderte), oder Bills Aufschrei: „Ich bin kein dummer Indianer!" oder „Ich bin kein Verlierer!" usw. Die Reaktionen der anderen Figuren darauf gingen in die Richtung, dass dies zu erkennen, zwar ein erster richtiger Schritt wäre, aber dass darauf auch Taten folgen müssten.

Während der Proben war der Schauspieler, der Bill verkörperte, sehr besorgt darüber, dass er von den Leuten gehasst werden würde, die nicht zwischen ihm persönlich und der Figur trennen könnten. Exakt das Gegenteil war der Fall. Frauen und Männer, nicht nur First Nations, standen nach der Aufführung Schlange, um ihm für seine Aufrichtigkeit in der Darstellung der Figur zu danken. Sie sahen einen Menschen auf der Bühne, den sie kannten. Wir scheuten uns nicht, seine Gräueltaten zu zeigen, inklusive der Vergewaltigung seiner eigenen Tochter im Suff gegen Ende des Stücks. Aber uns (und speziell diesem mutigen Schauspieler) gelang es, einen Mann darzustellen, der die gesamte Komplexität und Widersprüchlichkeit des Lebens verkörperte. Wir können die Handlungen dieses Mannes im Wissen darum verurteilen, dass er für sie zur Verantwortung gezogen werden muss, aber dennoch können wir verstehen, dass er das Produkt seiner Geschichte war, einer Geschichte, die ihm auf die gleiche Weise aufgebürdet wurde, wie er sie nun seiner Frau und seinen Kinder aufbürdete.

Was davon blieb

Jetzt, auch Jahre später, wenn ich im Zuge meiner *Theater zum Leben*-Arbeit quer durch British Columbia reise und in die verschiedensten Gemeinschaften komme, sprechen mich nach wie vor viele, viele Leute an und erzählen mir

Geschichten darüber, wie sich ihr Leben veränderte, als *Out of the Silence* (*Aus der Stille heraus*) in ihre Gemeinde kam.

Am 6. Januar 2006 war Headlines Theatre zu einem Treffen im Skwah-Reservat (bei Chilliwack, östlich von Vancouver) eingeladen, das von Marion Robinson und dem Fraser Basin Council[138] organisiert wurde. Lester Mussel, Ratsmitglied der Skwah-First-Nation, sowie weitere angesehene Mitglieder der Sto:Lo-First-Nation, unter anderen aus dem Ältestenrat Violet George und Grand Chief Dr. Elizabeth Rose Charlie, waren mit dabei.

Bei diesem Treffen wurde die Erarbeitung des provinzweiten *Theater zum Leben*-Projekts mit dem Titel *Meth*[139] in Auftrag gegeben. (vgl. *Epilog*)[140]

Crystal Meth wurde als „die neue Pest" bezeichnet. Es gäbe jede Menge Leid, erzählten die Leute, und über viele Dinge würde nicht gesprochen. Gleichzeitig, sagten sie, werde ihnen in Vorträgen von verschiedensten Experten erzählt, was sie ohnehin schon wüssten. Es bräuchte etwas Anderes, meinten sie.

Beim Skwah-Treffen wurde über häusliche Gewalt und sexuelle Übergriffe gesprochen. Und es wurde über eine Zeit berichtet, als es Gemeinschaften quer durch die Provinz als äußerst schwierig empfanden, über diese Themen zu sprechen. 1992, so wurde erzählt, passierte etwas, das einen Wendepunkt markierte, etwas von dem die Ältesten quer durch alle First-Nations-Communitys in ganz British Columbia immer noch sagen, dass es das Thema ans Licht der Öffentlichkeit brachte. Sie sprachen von der Headlines-Tournee von *Out of the Silence* (*Aus der Stille heraus*).

Warum hinterließ *Out of the Silence* einen derart starken und bleibenden Eindruck? Vom ersten Funken einer Idee, einem Gespräch mit Ron George von United Native Nations, über den Workshop und alle Aufführungen, handelte es sich um eine Zusammenarbeit mit dem lebendigen Gemeinwesen. Jeder Aspekt des Fundraisings, der Organisation, des künstlerischen und kreativen Pro-

---

138 Der Fraser River ist der größte Fluss British Columbias. Der FBC ist eine Organisation, die in ihrem Einzugsgebiet soziale, ökonomische und ökologische Nachhaltigkeit fördert. (Anm. d. Ü.)

139 Abk. für Crystal Meth, ein Methamphetamin, (halb)synthetische Droge; (Anm. d. Ü.)

140 vgl. http://www.headlinestheatre.com/pastwork.htm

zesses, des Tourmanagements bis hin zu den abschließenden Rückmeldungen war vom kollektiven Wesen des Projektes getragen. *Out of the Silence* war der wahrhafte Ausdruck des lebendigen Gemeinwesens. Es brach mit den Mustern vorangegangener Projekte, weil es das Thema in seiner Menschlichkeit zeigte, ohne die Taten des Missbrauchs zu verharmlosen. Ich glaube, dass es deshalb einen wahrhaften Dialog in der Gemeinschaft in Gang setzte, der zu wirklichen Veränderungen im lebendigen Gemeinwesen führte.

> „Es ist eine große Aufgabe, Themen und Inhalten, die normalerweise nicht offen und ehrlich diskutiert werden, eine ‚Stimme' zu geben. Die Darstellung und Behandlung des schwierigen Themas ‚Gewalt in der Familie' hatte die Klarheit, den scharfen Blick und die Brillanz, die aus der unmittelbaren Erfahrung kommt."
>
> Lorna Williams, Spezialistin für Bildungsfragen bei First Nations,
> Schulverwaltung Vancouver, 1992

> „*Out of the Silence* wird Unschätzbares zu einer neuen Ansammlung von Wissen und Verständnis über die tieferen Ursachen und Wirkungen missbräuchlichen Verhaltens, wie drastisch oder subtil es auch immer sein mag, beitragen."
>
> Blair Harvey, Vancouver Aboriginal Friendship Centre, 1992

> „Ich fühlte, dass von dieser kleinen Bühne mehr Energie ausging, als bei irgendeiner der Abendgarderoben-Premieren in glitzernden großen Stadttheatern, die ich je besucht hatte. Die kathartische Kraft des Stücks kommt daher, dass es ihm gelingt, nicht einfach nur Licht in die dunklen Ecken der Seele zu bringen, sondern Menschen, die mit Dämonen kämpfen, eine Stimme zu verleihen. *Out of the Silence* verbreitet die erlösende Hoffnung, die Problemlösungen selbst in der Hand zu haben.
>
> Stephen Hume, *Vancouver Sun*, 1992

Reclaiming Our Spirits (Rückbesinnung auf unsere Geister)[141]

Eine bahnbrechende Frage

Als *Out of the Silence* gegen Ende des Jahres 1992 auf Tour war, spielten wir eines Abends in Port Albani, einer Gemeinde auf Vancouver Island. Dort sah eine Frau mit Namen Lisa Charleson zum ersten Mal in ihrem Leben eine Forumtheater-Aufführung. So etwas hatte sie noch nie zuvor gesehen. Lisa und Mary Martin, beides Nuu-Chah-Nulth-Frauen,[142] hatten eine Gruppe mit dem Namen „Native Families in Crises" (First-Nations-Familien in Krisen) gegründet, mit dem Ziel, sich Probleme anzuschauen, die aus den Erfahrungen mit den Internatsschulen in ihrer eigenen Gemeinschaft erwuchsen. 1995 kontaktierte mich Lisa mit der Anfrage, ob wir mit den Theatertechniken, die sie in Port Albani bei der Aufführung gesehen hatte, Fragen rund um die Internatsschulen-Problematik in den Gemeinden der Nuu-Chah-Nulth angehen könnten.

Im ersten Workshop entwickelten wir eine Modellszene, aus der sich eine provinzweite Initiative entwickelte. Dieser Workshop wurde von Tofino und Ucluelet[143] aus auf Nuu-Chah-Nulth-Gebiet organisiert. Schließlich erreichte das Projekt *Reclaiming Our Spirits* (*Rückbesinnung auf unsere Geister*) zehn First Nations quer durch British Columbia und führte zur Zusammenarbeit von Headlines Theatre und der Nuu-Chah-Nulth-Ratsversammlung. Die Joker für das Projekt waren abwechselnd Jacquie Brown, Saeideh Nessar Ali und ich. Es folgen (immer eingerückt) Auszüge aus meinem Bericht über diesen ersten Workshop:

> 1. Tag: Es sind 17 Teilnehmer/innen – 3 Männer und 14 Frauen, mit einer großen Bandbreite an Alter und Erfahrung, von der Mittzwanzigerin bis zu einem Alter von weit über achtzig. Eine Frau gehört dem Ältestenrat an. Alle Teilnehmer/innen haben mit Problemen in ihrem momentanen Leben zu kämpfen, die ihre Ursachen in den Erfahrungen in den Internatsschulen

---

[141] vgl. Fußnote 76

[142] Informationen über die Nuu-Chah-Nulth finden sich auf http://www.nuuchahnulth.org

[143] zwei kleine Städte auf Vancouver Island, Tofino gilt als Surfer-Paradies; (Anm. d. Ü.)

haben. Einige der Teilnehmer/innen waren Schüler/innen der Christie Residential School. Wir arbeiten im alten Turnsaal dieser Schule auf Meares Island, nördlich von Tofino.

Die Vorstellungsrunde heute dauerte zwei Stunden. Am Nachmittag arbeiteten wir zur Gruppenbildung und machten die Teilnehmer/innen mit dem Formen von Haltungen vertraut. Die Bilder am Ende des Tages waren stark und für viele von uns sehr ergreifend.

Die Organisatoren und Teilnehmer/innen wollten für den Workshop an die Stätte der Internatsschule zurückkehren. Jacquie und ich, die den Prozess als Joker begleiteten, fanden das eine ziemlich gewagte Entscheidung. Einerseits waren es die emotionalen Fragen, die sich mit der Ortswahl ergaben, andererseits war es aber auch die Tatsache, dass sich die Schule auf Meares Island befindet und nur mit dem Boot erreicht werden kann. Auch die Versorgung erfolgt nur per Boot. Die Schule wurde bereits vor Jahren aufgelassen, allerdings haben die Nuu-Chah-Nulth angrenzend daran vor kurzem ein Heilzentrum eröffnet. Aber das lebendige Gemeinwesen wusste, was es tat. Es gab ein immanentes Wissen darüber, dass die Kraft dessen, was wir entwickeln würden, an einem geografischen Ort verwurzelt ist. Auf selbstregulative Weise war das Gemeinwesen bereit, das Risiko zu tragen.

2. Tag: Am Vormittag arbeiteten wir mit Vertrauensübungen. Obwohl die Teilnehmer/innen die Übungen schwierig fanden, liebten sie es, auf ihre Weise mit ihnen zurechtzukommen und sie fanden Wege einander zu vertrauen. Sie schafften dabei persönliche Durchbrüche, oft nur für sich, und sprachen erst Stunden später darüber.

Am Ende des Vormittags fragten wir, ob es irgendwelche Bilder vom Vortag gäbe, die sie sich genauer ansehen wollten. Die Gruppe einigte sich auf eines, das einen Buben zeigte, dem auf die Finger geschlagen wurde, weil er nicht pünktlich beim Läuten der Schulglocke erschienen war. Bei der Übung *Steh zu deiner Figur* beteiligten sich viele an diesem Bild, und es nahmen alle die Haltung des Buben ein. Sie hatten alle die gleichen Erfahrungen gemacht. Als wir das Bild aktivierten und die Teilnehmer/innen baten, aus ihrer dargestellten Figur heraus Sätze zu sagen, herrschte großes Schweigen. Zurückzureden bedeutete natürlich noch mehr Schläge. Es handelte sich um eine Lektion aus der Kindheit in Schweigsamkeit.

Das zweite Bild zeigte ein Mädchen, das von einer Nonne ausgepeitscht wurde. Es gab nur diese zwei Personen in diesem sehr „gefühllosen" Bild. Das Mädchen, jetzt eine alte Frau, präsentierte der Nonne ihren Hintern zum Auspeitschen. Während der Aktivierung dieses Bildes weinte die Frau, die es kreiert hatte, bitterlich. Viele aus der Gruppe weinten mit ihr, und als die Tränen vergossen waren, hielten sie einander fest und lachten.

Menschen sind emotionale Wesen und das Theater, eine ursprüngliche Sprache des Menschen, ist eine emotionale Sprache. Wir kreierten Bilder wirklicher Ereignisse. Die Bilder waren nicht das wirkliche Ereignis, aber es waren wahrhaftige Bilder.

Die zwei von der Gruppe zur Weiterarbeit ausgewählten Bilder erzeugten die meiste Resonanz innerhalb der Gruppe. Die Bilder gehörten von nun allen und waren nicht mehr nur das Bild eines Einzelnen. *Die Gruppe* bahnte sich ihren Weg durch ihr eigenes Schweigen hindurch, um schließlich Stücke entwickeln und aufführen zu können.

Es gibt ebenso viele unterschiedliche Arten von Tränen, wie es unterschiedliche Arten von Schnee gibt. (Ich bin in Winnipeg/Manitoba aufgewachsen, demnach weiß ich allerhand über Schnee.) Schnee kann in großen, wunderschönen, daunengleichen Flocken fallen, die komplexe Kristallstrukturen erkennen lassen. Schnee kann auch in Form von harten, beißenden Graupeln fallen, die vom Wind aufgepeitscht werden. Man weiß, dass es Gefahr bedeuten kann, wenn man sich in so einem Sturm befindet. Manchmal ist es ein ergreifender und wunderschöner Luxus, in einem geschützten Rahmen zu weinen.

Gibt es so etwas wie schlechte Gefühle? Brauchen wir nicht die gesamte Fülle aller Emotionen, um wahrhaftig Mensch zu sein? Das ist unter anderem das Wundervolle am Theater: Es erzeugt einen Raum, in dem es uns erlaubt ist, zu fühlen. Manchmal müssen Menschen weinen, und manchmal müssen sie es öffentlich tun. Es hat etwas von einem archaischen Ritual, vor anderen zu weinen, wobei die anderen einfach da sind und die Tränen annehmen, ohne sie zu bewerten. Manchmal muss eine gesamte Gruppe weinen. Ist es dann eine Gruppe von Individuen, die weint, oder ist es eine größere Einheit, die weint? Weinen Gemeinwesen? Bestimmt. Der Mikrokosmos dieser Nuu-Chah-Nulth-Gemeinschaft hat an jenem Tag geweint und gelacht, um sich auf die Geschenksübergabe (die Aufführung der Stücke) an den Makrokosmos – das größere Gemeinwesen – vorzubereiten.

3. Tag: Heute Vormittag setzten wir mit weiteren Spielen und Vertrauensübungen fort. Innerhalb der Gruppe hat sich ein eigenes Gefühl für das Spiel entwickelt, wobei viele meinen, dass sie die Aufforderung zu spielen – womöglich auch noch Kinderspiele – bei anderen Workshops gehasst hätten. Es hätte sie verärgert und verschreckt. Aber hier genießen sie es wirklich zu spielen und bei dieser Gelegenheit gleich Erkenntnisse über sich selbst zu gewinnen.

Obwohl die Gruppe sich mit den Vertrauensspielen schwer tut, finden sie ihren eigenen Zugang. Heute hat sich jede/r Teilnehmer/in, Jacquie und mich eingeschlossen, von einer Treppe rückwärts in die Arme der Gruppe fallen lassen. Einige der Teilnehmer/innen sind weit über 80. Eine Frau war besonders ängstlich. Selbstverständlich hat sie niemand dazu gezwungen, sich fallen zu lassen. Sie wartete, bis alle anderen an der Reihe gewesen waren und sie gesehen hatte, dass alle aufgefangen worden waren. Dann, zitternd wie Espenlaub, fiel sie von der ersten Stufe in die Arme der Gruppe. Wir alle weinten.

Auf die Spiele folgte das *Magnetische Bild*, wodurch sich drei Gruppen bildeten. Aus dieser Übung entstanden Bilder und Diskussionen darüber,

- wie Kinder sich „verstecken" und dann manchmal ihr ganzes Leben hindurch im Verborgenen bleiben.
- wie Menschen, die helfen wollen, manchmal diejenigen, denen sie helfen wollen, erdrücken.
- wie einige Umstände, deren Ursachen in den Internatsschulen begründet liegen, sich einfach auf die Situationen aktueller häuslicher Gewalt übertragen lassen: Aus Nonnen werden so zum Beispiel Mütter, aus Priestern werden Väter oder Onkel.

An den dritten Workshop-Tagen verwendeten wir im Verlauf des Projekts *Reclaiming Our Spirits* oft *Polizisten im Kopf*.[144] Ich möchte dazu von einer Begebenheit erzählen, die sich bei einem der Folge-Workshops abspielte – nicht bei dem, von dem bisher die Rede war.

Die dargestellte Geschichte stammte von einer Frau, die selbst nicht in einer Internatsschule erzogen wurde, wohl aber ihre Eltern. Diese hatten sie mit der Strenge erzogen, die sie als Kinder erfahren hatten. Jetzt, wenn der Sohn der Erzählerin sein Zimmer nicht aufräumte, geriet sie in Rage und schlug ihn. Die Geschichte dieser Frau wurde anonymisiert von der Gruppe ausgewählt, weil es von allen erzählten Geschichten in der Gruppe den stärksten Bezug dazu gab.

Die Polizisten – das sind Stimmen, die in diesem Moment im Kopf der Mutter auftauchen – sagten schreckliche Dinge wie: „Er ist ein Wilder, der nur Schläge versteht." Und: „Er wird durch seine Schmerzen gereinigt werden." Und: „Er ist ein dreckiger Indianer." Leute aus dem Workshop wurden zu diesen Stimmen und stellten sie dar.

An einem Punkt während der Übung stieß die Frau, deren Geschichte im Zentrum der Vorstellung stand, hervor: „O, mein Gott! Es sind die Nonnen!" Die Nonnen hatten all das ihren Eltern angetan, und diese hatten die Sätze, die Taten und die Nonnen selbst verinnerlicht. Ihre Eltern gaben die Stimmen dann an sie weiter, als sie selbst als Kind geschlagen wurde. Obwohl sie also selbst gar nicht in der Internatsschule war, waren die Nonnen in ihrem Kopf. Noch vor einigen Jahren hatte sie gedacht, so erzählte sie uns, es wären ihre eigenen Stimmen gewesen. Im Verlauf ihrer jahrelangen Therapie kam ihr zu Bewusstsein, dass es die Stimmen ihrer Eltern waren. In der Übung *Polizisten im Kopf* begriff sie, dass der Ursprung der Stimmen jenseits ihrer Eltern lag.

Die Gruppe wurde sehr, sehr still. Es trat so etwas wie eine Lähmung ein. Es wurde unmöglich, mit der Übung fortzufahren. Wir machten eine Pause und dann einen Gesprächskreis. Zuvor hatten wir uns entschieden, den Tag

---

144 vgl. dazu *Polizisten im Kopf* im Kapitel *Das Gruppenbewusstsein wecken*.

damit zu beenden. Am Abend im Hotel sprachen Jacquie und ich ausführlich darüber und beschlossen, künftig bei diesen Workshops nicht mehr mit *Polizisten* zu arbeiten. Wir hatten uns für den nächsten Tag eine Erklärung vorgenommen und wollten um Entschuldigung bitten.

Wir kamen nicht weit. Als die Teilnehmer/innen realisierten, was wir vorschlagen wollten, unterbrachen uns viele und rangen uns das Versprechen ab, bei allen weiteren Workshops zu *Reclaiming Our Spirits* weiterhin *Polizisten im Kopf* einzusetzen. Sie berichteten uns, dass viele von ihnen die ganze Nacht nicht geschlafen hätten, aber dass die Aufdeckung des Ursprungs der Stimmen das Verhältnis zu ihren Eltern, von denen einige bereits nicht mehr am Leben waren, verändert hatte.

Sie sagten selbst, dass es nicht darum ginge, das Verhalten ihrer Eltern ihnen als Kinder gegenüber gut zu heißen, sondern darum, eine neue Sicht der Dinge und Verständnis dafür zu gewinnen. In diesem Verständnis liegt Vergebung und in der Vergebung die Fähigkeit, die Stimmen in ihnen loszulassen, sodass sie diese nicht an ihre eigenen Kinder weiter geben. Jacquie und ich hörten auf die Gruppe. Sie, Saeideh und ich verwendeten *Polizisten im Kopf* in allen Workshops von *Reclaiming Our Spirits.*

4. Tag: Wir adaptierten die Übung *Lied der Meerjungfrau*[145] für die Bedürfnisse in diesem Workshop.

Wir wussten bereits, dass es zwei Stücke geben würde – eines über die geschichtlichen Hintergründe und das andere über die Auswirkungen der Internatsschulen auf das Leben der Menschen in der Gegenwart. Also verwendeten wir *Lied der Meerjungfrau* nicht wie sonst, um Gruppen zu bilden, sondern die Teilnehmer/innen mussten sich zuerst für eines der beiden Stücke entscheiden. Im Anschluss an die Aufteilung baten wir die Teilnehmer/innen jeder Gruppe, sich in einen schwierigen Moment aus dem Internatsleben zurückzuversetzen, sich auf das stärkste Gefühl in diesem Moment zu konzentrieren und dieses Gefühl durch ein Geräusch auszudrücken. Dann arbeiteten wir einzeln mit jeder Gruppe und baten alle, das

[145] vgl. *Lied der Meerjungfrau* im Abschnitt *Stückentwicklung* im Kapitel *Im Workshop-Raum.*

jeweilige Geräusch zu machen und mit geschlossenen Augen auf ein anderes Geräusch (innerhalb der eigenen Gruppe) zuzugehen, dem sie sich zugehörig fühlten. So entstanden in einer Gruppe zwei und in der anderen drei Untergruppen.

Anschließend baten wir die Untergruppen, sich zusammenzusetzen und zu reden, um herauszufinden, welche Gefühle sie miteinander teilten, um davon ausgehend ein zentrales Anliegen zu entdecken und zu formulieren. Diese emotionalen Anliegen sollten das Herzstück der Szenen bilden. Die Untergruppen kamen wieder zusammen. Durch das Erkennen und Benennen der Gefühle waren sie in der Lage, Figuren und Handlungen zu entwickeln. Davon ausgehend konnten sie kurze Stücke erarbeiten, in denen die Figuren versuchten, mit ihren Anliegen durchzukommen.

Es gibt nun zwei starke Stücke, die wir morgen proben werden. Am Ende des Tages dauerte unsere Gesprächsrunde zwei Stunden. Viele der Teilnehmer/innen sprachen darüber, wie wunderbar sie sich fühlten. Jacquie wird bei der Szene in der Vergangenheit Regie führen und ich bei der Szene in der Gegenwart.

5. Tag: Wir probten den ganzen Tag. Unsere Aufgabe war es, die Stücke so deutlich wie möglich zu machen, und, weil die Inhalte derart emotional sind, Wege für die Spieler/innen zu finden, authentisch, gleichzeitig aber auch geschützt zu sein.

Ab wann ist ein Teilnehmer eines Workshops ein Schauspieler? In *Theater zum Leben*-Workshops werden ständig sehr ausdrucksstarke und gefühlsbetonte Szenen gespielt. Wird eine Szene zum ersten Mal gespielt, gibt es darin fast immer eine „Wahrhaftigkeit des Augenblicks", weil die Workshop-Teilnehmer/innen sehr nah an ihrer eigenen Lebenserfahrung sind. Aber wenn eine Szene das erste Mal gespielt wird, dann ist das noch kein „Theaterspielen". Der Teilnehmer ist noch kein Schauspieler. Er wird dazu, wenn er aufgefordert wird, die Szene zu wiederholen, noch einmal und immer wieder. Er wird zum Schauspieler, wenn von ihm verlangt wird, die Kunst in jedem Moment neu zu erschaffen, stets denselben Sprechrhythmus zu erzeugen, um den Text dem Ablauf entsprechend bringen zu können, weil ein anderer Teilnehmer (aus dem ebenfalls ein Schauspieler wird) auf sein Stichwort wartet. Wenn er stets dieselben Gänge einzuhalten hat, Schläge auszuführen hat – die keine echten Schläge sind, aber nach echten Schlägen aussehen – eine emotionale Wirklichkeit immer und immer wieder erzeugen muss und dabei alles sichtbar, hörbar und authentisch bleiben muss, dann erfolgt der Übergang vom Teilnehmer zum Schauspieler.

Im Rahmen der Ausweitung des Projekts *Reclaiming Our Spirits* auf die gesamte Provinz British Columbia machten wir die jeweiligen Organisatoren stets darauf aufmerksam, dass sie unterschiedliche Möglichkeiten in Bezug auf die Öffnung der Forumtheater-Aufführung hätten. Die Aufführung konnte im privaten Rahmen stattfinden, ausschließlich für geladene Gäste. Sie konnte ausschließlich für Mitglieder der First Nations stattfinden. Sie konnte offen sein für die Bewohner einer Region, unabhängig davon, ob First Nations oder nicht, oder sie kann frei und öffentlich zugänglich sein, auch für die Medien. Unterschiedliche Möglichkeiten wurden gewählt. Einige wollten eine große öffentliche Veranstaltung und sahen die Aufarbeitung der Internatsschulenproblematik in der Gemeinschaft als Teil der allgemeinen Bildungsarbeit. Andere wählten die Möglichkeit, die Aufführung ausschließlich für First Nations zu öffnen, weil sie das Projekt als intime Veranstaltung im Rahmen eines Heilungsprozesses für die Gemeinschaft betrachteten. Im beschriebenen Fall wählten die Nuu-Chah-Nulth die große Öffentlichkeit, inklusive der Medien. Das war typisch für ihre Rolle, die sie in British Columbia in Bezug auf die Öffentlichmachung des Internatsschulenthemas einnahmen.

Stück 1: Das erste Stück, jenes über die Vergangenheit, spielt in der Christie Residential School.[146] Es beginnt damit, dass in einer Klasse von First Nations die Schüler/innen in ihrer Muttersprache (Nuu-Chah-Nulth) herumalbern. Alle Rollen werden dabei von Älteren, sie sind zwischen 60 und 90, verkörpert. Sie lachen. Eine Nonne kommt in die Klasse und beginnt sie anzuschreien, dass sie nicht „indianisch" zu sprechen hätten. Einer der Schüler besteht darauf, dass sie das gar nicht getan hätten. Er wird von der

[146] Für die Figuren wurden eigene Namen gewählt, nicht die der Darsteller/innen, damit diese anonym bleiben.

Nonne hinter der Bank herausgeholt.[147] Sie streiten sich. Sie ruft eine andere Nonne zu Hilfe, die ihn nach vorne gebeugt festhält, während die andere ihn vor der gesamten Klasse mit einem Besenstiel prügelt und ihn anschreit, er solle nicht „indianisch" sprechen.

Danach gehen die Nonnen zu einem Mädchen und fragen es, ob „indianisch" gesprochen wurde. Das Mädchen antwortet nicht. Dann gehen sie zu einem anderen Mädchen, das neu in der Klasse ist und kein Englisch spricht, und sagen zu ihr, sie solle auf die Frage, ob „indianisch" gesprochen wurde, mit Ja antworten. „Sag Ja!", brüllt die Nonne dauernd. Das Mädchen versteht sie nicht, denkt aber, die Nonne würde Nuu-Chah-Nulth sprechen und etwas sagen, das zwar wie „sag Ja" („say yes") klingt und „krabbeln" („to crawl") bedeutet. Das Mädchen geht in seiner Aufregung auf alle Viere und beginnt zu krabbeln, was den Rest der Klasse in schallendes Gelächter ausbrechen lässt. Die Nonnen schreien sie an, reißen sie vom Boden hoch und lassen sie in die Ecke stehen. Das Mädchen versteht nicht, wie ihr geschieht. Eine der Nonnen zieht ein anderes Mädchen, „Anne", zu sich und befiehlt ihr, dem Mädchen zu sagen, sie solle sich in die Ecke stellen und dürfe sich nicht rühren. Sie gibt keine Begründung dafür an. Anne erklärt es der Mitschülerin auf Nuu-Chah-Nulth.

Daraufhin brüllt die Nonne Anne an, sie solle aufhören „indianisch" zu reden. Anne protestiert und meint zur Nonne: „Wie denn jetzt?" Die Nonne sagt Anne, dass sie als Strafe für ihren Widerspruch ins Büro des Direktors (eines Priesters) müsse. Anne bricht in Panik aus und bettelt darum, nicht zum Direktor zu müssen. Die Nonne zerrt sie hin.

Im Büro des Direktors schildert die Nonne, dass Anne widersprochen habe, „indianisch" rede und deshalb bestraft werden müsse. Der Direktor schickt die Nonne hinaus, um mit Anne allein zu sein. Er legt mit einer wutentbrannten Tirade über das Reden in „des Teufels Sprache" los und spricht von der Notwendigkeit, sie zu bestrafen. Sie bettelt darum, gehen zu dürfen

147 Hier haben wir die historische Wahrheit abgeändert. Buben und Mädchen wurden getrennt unterrichtet. Aber das Ensemble entschied sich dafür, eine gemischte Klasse zu spielen. So musste niemand eine Figur anderen Geschlechts spielen und alle konnten sich an der Szene beteiligen.

und verspricht, es nie wieder zu tun. Er befiehlt ihr, das Kleid auszuziehen und auf seinen Schreibtisch zu legen. Dabei redet er sie mit ihrer Nummer „62" an und nicht mit ihrem Namen.[148] Sie weint. Er brüllt den Befehl erneut, schlägt mit seiner flachen Hand auf den Schreibtisch und sagt, sie sei eine Sünderin und müsse bestraft werden. Sie zieht ihr Kleid aus und legt es auf den Schreibtisch. Er befiehlt ihr, die Hände auf den Schreibtisch zu legen und dort zu belassen. Sie gehorcht. Er kommt hinter seinem Schreibtisch hervor und erläutert, dass die Bestrafung, die sie erhalten wird, zu ihrem Besten sei. Sie heult und schluchzt. Er vergewaltigt sie.

Als er fertig ist, sagt er ihr, dass sie sich ihr Kleid wieder anziehen und gehen solle. Im Gang draußen weint sie. Eine der Nonnen legt den Arm um sie und erklärt ihr aufs Neue, dass dies zu ihrem Besten war und dass sie sich jetzt waschen gehen solle. Anne geht an ihrer Klasse vorbei und geht sich waschen. So endet das Stück.

Alles, was in diesem Stück vorkam, stammte auf irgendeine Weise aus dem Leben der Teilnehmer/innen. Zu diesem Stück gab es keine Forumphase. Uns allen war klar, dass wir nicht in die Vergangenheit reisen und das Geschehene ungeschehen machen können. Wir entwickelten und zeigten dieses Stück, um das zweite, heutige, in einen angemessenen Kontext zu setzen.

Bei der Erarbeitung des Stücks über die Vergangenheit wurde etwas für uns alle offensichtlich. Unsere Aufgabe war es nicht, gegen die Nonnen und Priester „in den Kampf zu ziehen". Die Schulen waren längst geschlossen, doch die Kultur des Schweigens in Bezug auf die Problematik war sehr lebendig. Wir konnten die Geschichte nicht ändern. Das dringend anstehende Problem bestand darin, dass die damaligen Unterdrücker von den Seelen der Kinder, die in diesen Schulen aufgewachsen und die heute erwachsen sind, Besitz ergriffen hatten. Es waren jene Erwachsenen, die jetzt sich selbst, ihre Partner/innen und Kinder missbrauchten. Wir alle waren uns dessen bewusst und hatten diese Tatsache auch offen diskutiert, dass Menschen, die andere

[148] Das war in diesen Internatsschulen gängige Praxis. Den Kindern wurden ihre Namen genommen und sie bekamen stattdessen Nummern.

missbraucht hatten (Unterdrücker waren), im Workshop waren und dass noch mehr von ihnen im Publikum sitzen würden. Es handelte sich bei ihnen um zutiefst unterdrückte Unterdrücker, aber zweifelsohne um Unterdrücker. Es war erneut, wie bereits 1992 bei *Out of the Silence* (*Aus der Stille heraus*) und bis zu einem gewissen Grad bei *¿SANCTUARY?* (*¿ASYL?*) 1989, außerordentlich schwierig und problematisch, die Unterdrücker von den Unterdrückten abzuspalten.

> Stück 2: Das zweite und heutige Stück beginnt in einer Bar. Penelope[149] kippt quasi vom Stuhl. Bert kommt mit zwei Bier und murrt vor sich hin, dass sie schon einschläft, noch bevor er ihr an die Wäsche gehen konnte. Er weckt sie auf. Sie sagt, sie wolle nach Hause. Er schlägt ihr vor, auf sein Zimmer ins Hotel zu gehen. Sie sagt Nein und bittet ihn, sie zu sich nach Hause zu bringen, sie wolle schlafen. Er sagt, sie könne in seinem Zimmer schlafen, sie könne ihm vertrauen und sie könnten weiter feiern, nachdem sie sich ausgeruht hätte. Sie stimmt zu. Sie stolpern aus der Bar hinaus und in sein Zimmer hinein. Bert umarmt sie. Penelope legt ihren Kopf auf seine Schulter und unendlich langsam gleitet ihre Hand seinen Rücken hinauf, die Umarmung erwidernd. Es ist nach diesem theatralen Moment offensichtlich, dass sie miteinander schlafen werden.
>
> Sechs Monate später begegnen sie einander auf der Straße. Penelope ist schwanger. Sie möchte Bert eigentlich nicht sehen, bleibt aber stehen. Sie sagt ihm, dass sie mit seinem Baby schwanger sei. Er lehnt jede mögliche Verantwortung ab, indem er sagt, dass er wisse, dass sie mit allen möglichen Männern schlafe. Sie sagt: „Na dann, fick dich." Er sagt: „Gut, fick dich auch." Dann gehen sie getrennte Wege.
>
> Fünf Jahre später. Ein fünfjähriges Mädchen, Francine, rennt über die Bühne und spielt mit einem Game Boy. Ihre achtjährige Schwester Carol rennt hinter ihr her und möchte ihr Spielzeug zurück. Sie streiten. Penelope schreit die beiden an, dass sie sie, wenn sie nicht sofort aufhörten, „ins

[149] Es sind, wie bereits erwähnt, die Namen der Figuren und nicht die Namen der Darsteller.

Jenseits befördern"[150] würde. Sie schreit, sie sollten zu Bett gehen. Francine protestiert. Es sei zu früh. Penelope droht ihr, dass es besser wäre zu gehorchen, denn Carols Vater, Chuck, käme bald nach Hause. Francine ist still. Die Schwestern gehen zu Bett.

Chuck kommt, bringt Alkohol mit und fragt, was all das Geschrei solle, das er bis auf die Straße hinaus hören konnte. Penelope klagt über ihre beiden „Gören". Chuck fragt, wo das Problem sei. Er kaufe seiner Tochter doch alle Spielsachen, die sie wolle. Versuche dieser andere Fratz, die Tochter von Bert, ihr die Spielsachen wegzunehmen? Er sagt, er müsse auf die Toilette.

Penelope liegt am Sofa und trinkt. Chuck geht in das Mädchenzimmer. Carol schaut ihn an. Er bedeutet ihr, leise zu sein. Er setzt sich auf das Bett und streichelt Francines Rücken. Francine rührt sich nicht. Carol stützt sich auf ihre Ellbogen und starrt ihren Vater an. Er sagt ihr, sie solle sich umdrehen und einschlafen. Sie schüttelt verneinend den Kopf. Er sagt ihr, sie solle tun, was man ihr sagt. Sie gehorcht.

Chuck deckt Francine ab und legt die Decke zu Carol hinüber. Er kriecht auf das Bett und vergewaltigt Francine. Er geht. Carol deckt ihre Schwester wieder zu.

Am Morgen kommt Penelope ins Zimmer und schreit die Mädchen an, sie hätten verschlafen und kämen zu spät zur Schule. Sie zieht ihnen die Decke weg und bemerkt, dass Francine (wieder einmal) eingenässt hat. Sie schreit sie an, sie solle das Klo benutzen. Francine entschuldigt sich. Penelope wickelt die nasse Bettdecke um den Kopf ihrer Tochter, schimpft sie einen „dreckigen Indianer!"[151] und schreit sie an, sie solle „das schmecken!". Dabei zwingt sie sie, die Decke in die Waschmaschine zu stopfen. Penelope weist Carol an, den Lederriemen zu holen. Carol starrt sie an. Penelope schreit sie an, sie solle sie nicht so anschauen. Carol holt den Riemen und gibt ihn ihrer Mutter. Francine kommt zurück und Penelope packt sie. Francine beginnt ihre Mutter anzuflehen, sie nicht zu schlagen. Penelope schreit, dass das zu

[150] Das ist ein Zitat das wortgleich von einer Nonne im historischen Stück gesprochen wird. (im Original: „Kick them to Kingdom come!" Anm. d. Ü.)

[151] Ein weiteres Zitat aus dem historischen Stück. Die Nonnen sagten das häufig.

ihrem eigenen Besten sei und holt mit dem Riemen aus. So endet das Stück.

Nach Erarbeitung der Stücke und den Proben kehrten wir für die Aufführung in eine Turnhalle auf die Hauptinsel zurück (in die Stadt Tofino auf Vancouver Island). Die Leute, die dort die Organisation übernommen hatten, erzählten uns, dass die Nonnen der lokalen Kirchengemeinde durch die Straßen gegangen waren und die Plakate heruntergerissen hatten. Ihre Bemühungen, die Nuu-Chah-Nulth dadurch zum Schweigen zu bringen, waren vergebens. Die Veranstaltung wurde von traditionellen Gesängen und Reden begleitet und es gab zu essen. Ungefähr 250 Menschen, die meisten davon Nuu-Chah-Nulth, füllten den Turnsaal. Im Publikum waren alle Altersstufen, vom Kleinkind über die Jugend bis zu den Erwachsenen und den Ältesten, vertreten.

Die Einstiege in der Forumphase begannen augenblicklich und gingen über zwei Stunden. Einige der Einstiege zu Beginn des Forums beinhalteten:

- einen Freund für Penelope in der Bar
- eine Penelope, die „Feuer! Feuer!" ruft, als sie von Bert in der Bar nicht in Ruhe gelassen wird, was ihn vergrault
- einen Bert, der sich mit seinem Frauenbild auseinandersetzt
- eine Penelope, die sich weigert mit Bert zu schlafen, solange er kein Kondom verwendet
- die zwei Mädchen, die sich auf unterschiedliche Weise gegen Chuck wehren.

Es ist offensichtlich, was ihr *nicht wollt*. Was *wollt* ihr?

Sobald wir bei der Sequenz mit Chuck angelangt waren, verfing sich das Forum in einer sich wiederholenden Schleife von Leuten, die „Stopp!" riefen und die unterdrückten Figuren, also entweder eines der Mädchen oder Penelope, ersetzten und Chuck im Alleingang „einen Kampf lieferten". An dieser Stelle wurde etwas für mich klar.

Die Zuschauer/innen kamen auf die Bühne und versuchten *sich von dem zu befreien, was sie nicht wollten*. Wir baten sie auf die Bühne, baten sie eine unterdrückte Figur zu ersetzen und eine Idee auszuprobieren, die die Unterdrückung durchbrechen sollte. Sie wollten nicht missbraucht werden, also versuchten sie genau das – nicht missbraucht zu werden. Das war es, *was sie nicht wollten*. Ich fragte sie, ob das tatsächlich der Fall wäre. Wenn dem so wäre, *was wollten sie*? Hätten einige von ihnen Ideen für einen Versuch, wie das zu erreichen wäre, *was sie wollten*?

Die Einstiege änderten sich augenblicklich. Anstatt auf die Spielfläche zu kommen und einen einsamen Kampf gegen Chuck zu führen, begannen die Einsteigenden mit ihrer Schwester zu reden oder mit ihrer Mutter zu reden, sie versuchten sich aus der Isolation zu befreien und Schutz zu finden, und das nicht als Einzelkämpfer/in, sondern gemeinsam mit anderen Familienmitgliedern. Manchmal beinhalteten diese Einstiege auch eine Behandlung für Chuck. Die Abänderung der Einladung führte zu einer subtilen, aber tiefgreifenden Richtungsänderung bei der Untersuchung des Themas.

Das war für mich ein weiterer Schritt auf dem Weg zu einer Neuformulierung der zentralen Frage im *Theater der Unterdrückten*, wie ich es bisher verstanden und angewandt hatte. Welcher Art müsste eine Sprache sein, die es möglich macht und dazu anregt, zu untersuchen, was eine gesunde Familie ausmacht, ohne unterschwellig zu polarisieren und ohne etwas vorzuschreiben, so dass das Gemeinwesen noch genügend Raum hat, selbst nach Erkenntnissen zu suchen?

Einige der späteren Einstiege beinhalteten:

- eine Francine, die ihrer Mama erzählt, warum sie sich vor Chuck fürchtet
- viele Frauen, Männer, Buben und Mädchen (in der Rolle als Francine) die nach ihrer Mama rufen oder andere Wege finden, sich Chuck zu verweigern, entweder gemeinsam mit der Schwester oder auch alleine;
- die Idee eines achtjährigen Buben, der gegen Ende des Stücks auf die Bühne kam.

Das führte zu einer Diskussion im Publikum darüber, welches Verhalten Kinder gegenüber Erwachsenen, die sie missbrauchen, an den Tag legen. Die daraus resultierende eindeutige Botschaft von einigen der führenden Nuu-

Chah-Nulth (Männer und Frauen) bestand darin, dass sie für ihre Kinder Wege finden müssten, Nein zu sagen. Und dass die Kinder das Gefühl bräuchten, Menschen um sich zu haben, an die sie sich wenden und um Hilfe bitten könnten, auch wenn das den Beginn eines schmerzvollen Weges bedeutete.

Dann passierte etwas Fürchterliches und zugleich Erstaunliches und Wundervolles. Ein Weißer, um die 40 Jahre alt, stand auf und begann herumzubrüllen, dass die ganze Veranstaltung einen Missbrauch darstellte und wir sie beenden müssten. „Man soll Kindern nicht sagen, dass sie ‚Nein' sagen hätten sollen. Sie haben einen Weg gefunden, um zu überleben und mit diesem Schmerz muss man später umgehen lernen", sagte er. Er erklärte uns, dass die Kinder nicht für ihren Missbrauch verantwortlich wären, und dass wir damit aufhören müssten, ihnen Schuldgefühl einzureden, weil sie es nicht geschafft hätten Nein zu sagen. Dieser Mann war in einer höheren Beratungsposition innerhalb der Gemeinde. Er klagte uns für etwas an, was sicher nicht in unserer Absicht lag. Ich überlegte mir gerade eine Antwort darauf, weil ich als Co-Leiter der Veranstaltung das Gefühl hatte, ich müsste etwas sagen. Aber bevor ich etwas sagen konnte, kam zum Glück ein Teilnehmer auf die Bühne. Es war einer der Chiefs der Nuu-Chah-Nulth. Er war derart verärgert, dass er zitterte. Er zeigte auf den Mann, der eine ranghohe Regierungsposition in der Gemeinde inne hatte, und sagte:

> „Kann ich etwas sagen? Setzt euch. Setzt euch. Setzt euch, bitte. Worüber wir sprechen, ist unser Schmerz. Es ist der Schmerz, durch den wir jahrelang gegangen sind. Wir bitten niemanden, sich zu ändern. Was wir sagen ist: ‚Hört uns!' Bitte, hört uns. Lasst uns reden. Gebt uns die Möglichkeit zu sagen: ‚Der Schmerz gehört uns.' Vielleicht habt ihr ihn uns nie gegeben. Irgendwer hat ihn uns gegeben. Aber es ist Zeit, dass dieser Mann und dieser Mann, die hier heroben waren (er zeigt auf zwei Männer, die Einstiege gezeigt hatten) die Möglichkeit bekommen, mit Menschen etwas zu bearbeiten, die wissen, wovon sie reden. Denn dieser Mann und diese Frau (zwei aus dem Workshop, die das Projekt wesentlich mitorganisiert haben), haben mitgemacht, was wir mitgemacht haben.

Bitte anerkennen Sie uns dafür. Danke Ihnen."[152]

Der Raum brach in Applaus und Jubel aus.

Das führte zu einer Anzahl von Reden weiterer Nuu-Chah-Nulth aus dem Publikum darüber, dass sich die Gewaltspirale bereits zu lange drehte. Dann setzten wir das Forum fort.

Nach dem Forum wurden viele weitere Reden gehalten. Simon Lucas, ein weiterer Chief der Nuu-Chah-Nulth und einer der Ältesten, sprach sehr eindrücklich über seinen eigenen Lebensweg und seinen Weg als Workshopteilnehmer, und wie kraftvoll und beeindruckend diese Erfahrung für ihn war, so dass er jede Bemühung, die Theaterarbeit in der Gemeinde zu vertiefen, unterstützen würde. Der Abend endete mit einem Festessen, es wurde getrommelt und getanzt bis spät in die Nacht hinein.

Was davon blieb

Auf Grund der positiven Auswirkungen dieses ersten Workshops beschloss der Nuu-Chah-Nulth Tribal Council *Reclaiming Our Spirits* in bis zu neun anderen Gemeinden von First Nations in British Columbia zu sponsern, zwei davon innerhalb ihres eigenen angestammten Territoriums. Headlines Theatre und der Tribal Council schickten eine Beschreibung des Ablaufs und eine Schilderung des Potenzials des Prozesses aus, und sieben andere First Nations luden das Projekt zu sich ein. In jeder Gemeinde begannen wir von vorn, das heißt bei der Erarbeitung eines Stücks über die Internatsschulen, also ohne ein vorgefertigtes Produkt. Alle Stücke waren einander erschreckend ähnlich. Diese immer gleiche Art von Geschichten wurden von unterschiedlichen Gemeinschaften immer und immer wieder erzählt.

Die Nuu-Chah-Nulth hatten bei dem Ganzen eine Vorreiterrolle, zum Teil auch deshalb, weil sie auf dem Rechtsweg gegen Kirchen wegen der von ihnen begangenen Missbrauchsfälle vorgingen und dabei an vorderster Front standen. Sie wussten, dass das Theater für die Gemeinden eine heilende Wirkung hätte, und auch, dass Menschen, die missbraucht wurden, für ihre Aussage vor

[152] Transkription aus dem Videomitschnitt der Veranstaltung.

Gericht vorbereitet werden würden. Die Impulse, die vom Projekt ausgingen, waren sowohl spiritueller, als auch praktischer Natur.

> „Erarbeitung und Aufführung von *Reclaiming Our Spirits* [bei den Gitxsan] waren hervorragend! Das Bewusstsein, das auf persönlicher und gemeinschaftlicher Ebene erzeugt wurde, hat uns einen Schritt auf dem Weg, die Problematik und die Folgen der Internatsschulen anzusprechen, weiter gebracht. Das (Theater)Training bot eine Fülle an Informationen und neuen Methoden für Betreuer/innen und/oder BegLeiter/innen (Facilitators)."
>
> Sharon D. Russell, North West Coordinator,
> Provincial Residential School Project, 1996

> „Der Workshop *Reclaiming Our Spirits* (in Terrace, British Columbia) hat mich zutiefst berührt. Ich fühle mich wie neugeboren, habe die vergangenen negativen Erfahrungen, die ich mein ganzes Leben hindurch gemacht habe, losgelassen. Ich habe gelernt, meine Polizisten im Kopf zu kontrollieren."
>
> Men ga den wii hayastk – Helen Johnson,[153]
> Clan der Lax Kw'alaams, 1996

Das Projekt *Reclaiming Our Spirits* war ein kleiner Teil eines größeren fortschreitenden Bewusstmachungsprozesses, nicht nur von Einzelnen, sondern des lebendigen Gemeinwesens. Jetzt wird es Zeit, über das Gruppenbewusstsein zu reden.

[153] Viele Menschen aus First Nations führen einen traditionellen und einen westlich-christlichen Namen oder je nach Kontext nur einen der beiden. (Anm. d. Ü.)

Das Gruppenbewusstsein wecken

Auf meinen Reisen habe ich mit vielen verschiedenen ursprünglichen Kulturen in Nordamerika, in Namibia und in Neuseeland gearbeitet. Obwohl die Auswirkungen des Kolonialismus verheerend gewesen sind, sind die zentralen Glaubenssysteme und Weltanschauungen in den meisten dieser Kulturen immer noch ersichtlich und werden in vielen Fällen von Generation zu Generation weiter gegeben. Die Glaubenssysteme variieren, aber sie scheinen alle etwas gemeinsam zu haben: das Wissen darum, dass die Vögel, die Fische, alle Tiere, die Menschen, die Steine und die Bäume auf eine gewisse Art „Brüder und Schwestern" sind.

Es folgt ein sehr schönes Spiel, um Teilnehmer/innen die Verbundenheit innerhalb einer Gruppe erleben zu lassen.

Blinde Magneten (blind magnets)[154]

> **Joker-Tipp:** Meistens stelle ich dieses Spiel an das Ende einer Reihe von Spielen mit geschlossenen Augen am ersten Tag eines sechstägigen Workshops. Befreie den Raum von allen Hindernissen oder schiebe sie alle auf eine Seite. Dann erzeuge eine künstliche „Wand", indem du Teilnehmer/innen sanft bei den Schultern nimmst und umdrehst, wenn sie auf Hindernisse zusteuern.

Findet einen Platz im Raum, legt die Arme an eure Seite, steckt sie in eure Taschen oder überkreuzt sie vor eurer Brust. Schließt die Augen, und wenn ihr bereit seid, beginnt ganz langsam zu gehen. Bitte seid ganz still dabei. Denkt daran, euren Kopf hoch zu halten. Folgt eurem Herzen. Ihr werdet mit anderen zusammenstoßen. Das ist in Ordnung. Falls es passiert, versucht bitte eure Augen nicht zu öffnen und nicht zu sprechen, geht einfach an der anderen Person vorbei. Wenn ihr unruhig werdet, vergesst nicht zu atmen.

---

[154] Dieses Spiel gehört in die Kategorie *Spüren, was wir fühlen.* Das erste Mal begegnete ich einer Variante dieses Spiels 1971 als erstsemestriger Schauspielschüler an der Universität von Alberta. Eine andere Version mit Namen *The magnet – positive and negative* findet sich in Boals *Games for Actors and Non-Actors*, S. 109.

Versucht, die Augen nicht zu öffnen. Geht eine Weile.

Jetzt, im Gehen, möchte ich, dass ihr euch vorstellt, ihr seid Magnete. Magnete können zwei Dinge: Sie stoßen ab und sie ziehen an. Für den Moment möchte ich, dass ihr euch vorstellt, ihr seid Magnete, die abstoßen. Es ist, wie wenn ihr ein mildes Kraftfeld um euch herum hättet, das es für euch unmöglich macht, etwas oder jemanden zu berühren. Versucht das zu spüren. Erweitert eure Sinne. Ihr seid Magnete, die abstoßen. Berührungen sind unmöglich. (Warte eine Weile.)

Jetzt seid ihr Magnete, die anziehen. Wenn ihr jemanden berührt, zum Beispiel Schulter an Schulter, bleibt ihr dort hängen. Aber ihr bewegt euch weiterhin, von nun an gemeinsam. Haltet die Augen geschlossen und versucht, nicht zu sprechen. Fühlt euch angezogen von der Energie im Raum. Ihr seid anziehende Magnete. (Warte eine Weile.)

Jetzt, sehr behutsam und ohne Gewalt, seid ihr Magnete, die abstoßen. Berührungen sind unmöglich. (Warte eine ganze Weile.)

Jetzt seid ihr, ein letztes Mal, anziehende Magnete. Fühlt euch angezogen von der Energie im Raum. (Gib der Gruppe genügend Zeit, sich zu einem oder zwei Haufen zusammenzuschließen.) Friert jetzt ein. Ich werde euch bitten, etwas zu tun. Macht es bitte noch nicht. Ich werde euch bitten, die Augen zu öffnen und euch ohne zu sprechen im Raum umzusehen und über einige Punkte nachzudenken: Wo bin ich? In wessen Nähe bin ich? In wessen Nähe bin ich nicht? Nehmt euch einen Augenblick, um darüber nachzudenken. Jetzt, bitte.

Joker-Tipp: Danach und nach allen Spielen in einem Workshop setze ich mich mit der Gruppe zusammen und frage sie, was sie erlebt und erfahren haben und auch, ob es irgendeine Verbindung zum Thema gibt, das wir gerade behandeln. Die Kommentare der Teilnehmer/innen nach diesem Spiel werden unweigerlich ihrer Faszination darüber Ausdruck verleihen, abstoßende Magnete zu sein. Sie entdecken ihre Fähigkeit, andere um sich herum wahrzunehmen. Ob es die Körperwärme sei, frage ich. Nein. Ist es der Geruch? Nein. Also, was ist es? Meistens werden dann ein oder mehrere Teilnehmer/innen es so bezeichnen, dass sie die Energie einer Person wahrnehmen können. Ich werde diese Gelegenheit dann nützen, um zu fragen, wie viele dieselbe Erfahrung gemacht haben. Normalerweise heben dann mehr als die Hälfte der Leute im Raum die Hand.

Ich frage die Teilnehmer/innen, ob sie je von René Descartes gehört haben. In den seltensten Fällen gibt es jemanden, obwohl die meisten den berühmten Satz „Ich denke, also bin ich!" kennen. Nach einer Erklärung, wer er war und was er getan hat,[155] nütze ich die Gelegenheit, um kurz über die Trennung von Geist und Materie zu sprechen. Ich teile ihnen Entdeckungen der Physik und anderer Disziplinen zur Verbundenheit allen Seins mit.

Ich lege Wert darauf zu sagen, dass es zwischen mir und der Person, die neben mir sitzt, konkrete Grenzen gibt, die respektiert werden müssen. Auf subatomarer Ebene allerdings, wenn wir uns zwischen den kleinsten Bausteinen der Materie herumbewegen würden, würden wir keinen Unterschied zwischen uns, dem Boden, auf dem wir sitzen und der Person neben uns wahrnehmen. Wir alle sind Energie. Das ist keine Science Fiction. Das ist eine Tatsache. In unserer reduktionistischen Kultur wird uns nicht beigebracht, auf diese Dinge zu achten, was aber nicht bedeutet, dass diese Wirklichkeiten nicht existieren.

Alle Spiele mit geschlossenen Augen eröffnen die Möglichkeit, einander und die Verbindungen im Raum auf diese Weise erfahrbar zu machen. *Blinde Magneten* ist das eindeutigste Beispiel. Es ist nun möglich, und das ist immer auch der Fokus des Workshops, ungeachtet der kulturellen Herkunft der Teilnehmer/innen, diese zu fragen, was es für sie hinsichtlich unseres behandelten Themas bedeutet, wenn wir *wirklich alle miteinander verbunden sind*. Ändert das unser Verhältnis zu den Fragen und Problemen im Hinblick auf das Thema? So wird es möglich darüber zu reden, wie das behandelte Thema des Workshops nicht nur jeden Einzelnen im Raum betrifft, sondern ebenso das Gemeinwesen.

---

[155] vgl. den *Prolog*

Emergenz[156]

Die meisten Leute werden in einen *Theater zum Leben*-Workshop kommen und einige Leute aus der Gruppe bereits kennen, aber nicht alle. Sie werden eine Ahnung davon haben, was wir machen werden, ohne es aber wirklich zu wissen, weil es erlebt werden muss. Jede/r Teilnehmer/in steht auch an einem bestimmten Punkt auf dem eigenen Lebensweg, wenn er/sie in den Workshop kommt. Das ist manchmal ein Ort erfahrener Ohnmacht, wenn es ums Sprechen und Gehört-Werden geht. Oft sprechen Menschen davon, sich isoliert zu fühlen.

Die Entstehung von Kunst ist kein linearer Prozess. Es kann ziemlich chaotisch zugehen. In der Arbeit mit Gruppen treffen unterschiedliche Elemente aufeinander, aber nicht notwendigerweise jedes Mal in der gleichen Reihenfolge. Einige Mitglieder der Gruppe beginnen zu begreifen, wie man mit eingefrorenen Bildern (einem Tableau von einer bestimmten Lebenserfahrung eines Teilnehmers) arbeitet, während andere sich mit gesprochenen Dialogen wohler fühlen und andere wiederum das Wesen von Bewegungen ohne Worte erfassen. Einige Figuren werden rasch festgelegt, als erkennbare Figuren aus Fleisch und Blut, während andere sich aus allgemeinen Symbolen entwickeln.

Es liegt daran, miteinander arbeiten zu müssen, sich in einen Zustand des Ungleichgewichts zu begeben und zu versuchen, einen Zustand des Gleichgewichts zu erreichen, dass sich die Gruppe von einer Ansammlung einzelner Individuen in ein Mehr als die Summe seiner Teile verwandelt – in eine organisierte Gemeinschaft.[157] Sobald die organisierte Gemeinschaft wirksam wird, entsteht eine Geschichte.

---

156 Begriff der neueren engl. Philosophie, wonach höhere Seinsstufen durch neu auftauchende Qualitäten aus niederen entstehen. (...) emergieren [lat.]: (veraltet) auftauchen, emporkommen, sich hervortun. Duden: Fremdwörterbuch (Anm. d. Ü.)

157 original: „organized body"; „body" ist hier als Körper im Sinne von Gemeinschaft, wie es im Deutschen etwa in Zusammensetzungen wie „Lehrkörper" oder „Körperschaft" vorkommt, zu verstehen. Zu „organisiert" vgl. den Eintrag im Duden-Herkunftswörterbuch, wo es heißt: organisieren: (...) eigentlich „mit Organen versehen" (...) zu einem lebensfähigen Ganzen zusammenfügen". (Anm. d. Ü.)

Nobelpreisträger Ilya Prigogine[158] beschreibt eine „dissipative Struktur" als „ein offenes System, das sich selbst in einem Zustand fern von Gleichgewicht erhält. Auch wenn sich dieser Zustand sehr vom Gleichgewicht unterscheidet, ist er gleichwohl stabil: Die gleiche Gesamtstruktur wird trotz eines anhaltenden Flusses und einer Veränderung von Komponenten aufrechterhalten."[159]

Eine lebende Zelle ist eine solche dissipative Struktur und existiert in einem Zustand permanenten Ungleichgewichts. Sie ist ständig am Zerfallen und würde auf Dauer gesehen sterben. Was die Zelle am Leben erhält, ist die Tatsache, dass der Zerfallsprozess durch die permanente Aufnahme von Nährstoffen ausgeglichen wird. Diese werden dazu verwendet, Zellbestandteile zu reparieren, und zwar zumindest in dem Ausmaß, in dem sie zerfallen und als Abfallstoffe ausgeschieden werden.

Prigogine entdeckte, dass dissipative Strukturen sogenannte Bifurkationen erreichen, nennen wir sie „Weggabelungen", die an Stellen extremer Instabilität erzeugt werden. An diesen Stellen kann sich aus dem lebenden System eine neue Struktur und/oder eine neue Art der Ordnung entwickeln.

> „Dieses spontane Entstehen von Ordnung an entscheidenden Punkten der Instabilität ist eines der wichtigsten Konzepte des neuen Verständnisses von Leben. Fachsprachlich nennt man es Selbstorganisation, oft spricht man einfach von ‚Emergenz'. Dieses Phänomen der Emergenz ist eines der Kennzeichen von Leben. Es gilt als der dynamische Ursprung von Entwicklung, Lernen und Evolution. Mit anderen Worten: Kreativität – die Erzeugung von neuen Formen – ist eine Schlüsseleigenschaft aller lebenden Systeme. Und da Emergenz ein integraler Bestandteil der Dynamik offener Systeme ist, gelangen wir zu der wichtigen Schlussfolgerung, dass offene Systeme sich entwickeln. Das Leben greift ständig nach Neuem."[160]

---

158 Ilya Prigogine (1917-2003) war ein führender Forscher im Bereich der nichtlinearen Dynamik in der Chemie, dessen Forschung dabei half, ein besseres Verständnis für die Rolle der Zeit in Biologie und Physik zu entwickeln. Im Besonderen trug er wesentlich dazu bei, dass Wissenschaftler in der Lage sind, dynamische Prozesse in komplexen Systemen zu analysieren. vgl. das Ilya Prigogine Centre for Studies in Statistical Mechanics and Complex Systems: http://order.ph.utexas.edu

159 Capra: a.a.O., S. 31

160 Capra: a.a.O., S. 32

Capra erklärt Emergenz so:

> „Die Emergenz führt zur Schöpfung von Neuem, und dieses Neue unterscheidet sich oft qualitativ von den Phänomenen, aus denen es hervorging. Dies lässt sich leicht anhand eines bekannten Beispiels aus der Chemie veranschaulichen: der Struktur und den Eigenschaften von Zucker.
>
> Wenn sich Kohlenstoff-, Sauerstoff- und Wasserstoffatome auf eine bestimmte Weise zu Zucker verbinden, weist die sich ergebende Verbindung einen süßen Geschmack auf. Die Süße liegt weder im C noch im O noch im H – sie liegt in dem Muster, das aus ihrer Interaktion hervorgeht. Sie ist eine emergente Eigenschaft. Außerdem ist die Süße, streng genommen, keine Eigenschaft der chemischen Bindung. Sie ist eine Sinneserfahrung, die entsteht, wenn die Zuckermoleküle mit der Chemie unserer Geschmacksknospen interagieren, was wiederum eine Reihe von Neuronen veranlasst, bestimmte Impulse abzugeben. Das Erleben von Süße geht aus einer neuronalen Tätigkeit hervor."[161]

Das Ganze ist größer als die Summe seiner Teile.

Emergenz ist entscheidend für eine Diskussion über die Entstehung von Kunst. Ein/e Künstler/in oder eine Gruppe von Künstlern bringt Bestandteile (wie Atome) zusammen, um Kunst zu erschaffen. Diese Bestandteile können real sein, also ganze Gegenstände wie in der Objektkunst, die aus gefundenen Dingen entsteht, oder es können Farben und Pinselstriche sein, oder das gesprochene Wort und Vorstellungen, oder eine Reihe von Bearbeitungen mit einem Meißel, usw. Aber wann wird aus diesen einzelnen Bestandteilen etwas, das wir Kunst nennen? Ich erinnere daran, dass C, O und H durch die Interaktion mit unseren Geschmacksknospen und der neuronalen Tätigkeit im Gehirn zu einem süßen Geschmackserlebnis werden. Dialog, Darstellung, Licht und Ton werden zu Theater, wenn sie mit unseren Augen und Ohren interagieren, komplexe neuronale Aktivitäten anregen und einen Moment der Verwandlung erzeugen – ein Kunsterlebnis.

---

[161] Capra: a.a.O., S. 65

Mitgenommensein[162]

Das Mitgenommensein ist ein Schritt auf dem Weg zur Emergenz. Menschen steigen unentwegt in Rhythmen ein. Manchmal geschieht das bewusst und manchmal unbewusst. Wenn wir eine Straße entlang gehen und Musik ertönt und wir im Rhythmus der Musik zu gehen beginnen, dann ist das ein unbewusster Einstieg. Wenn wir in den polternden Rhythmus des Gezeters in einem Stau miteinstimmen, dann ist das ein unbewusster Einstieg. Wenn jemand nach Hause kommt und beruhigende Musik auflegt, dann ist das ein bewusster Akt, um in einen anderen, ruhigeren Rhythmus einzusteigen. Das folgende Spiel hilft einer Gruppe, einen bewussten Einstieg und ein bewusstes Mitgenommensein zu erleben.

Klatschkreis (clap exchange)[163]

Dieses Spiel bringt eine Gruppe auf bewusstem Weg in einem gemeinsamen Rhythmus zusammen. Es ist eine riesengroße Hilfe bei der Gruppenbildung und bei der Entwicklung dieser unsichtbaren und unbegreiflichen Verbindungen, die für eine arbeitsfähige Gruppe notwendig sind. Es fördert zudem eine unerlässliche Fähigkeit: das Zuhören.

> Schritt 1: Wir setzen uns in einen engen Kreis, sodass sich unsere Knie beinahe berühren. Ich werde einen Klatschimpuls durch den Kreis schicken. Der geht folgendermaßen die Runde: Oberkörper drehen, Person links von einem anschauen und diese wendet sich einem ebenfalls zu; beide klatschen gleichzeitig. Es gibt nur ein Geräusch. Dann dreht sich die Person links weiter und wendet sich der Person zu ihrer Linken zu. Beide klatschen gleichzeitig und so wandert der Klatschimpuls durch den Kreis. Hört auf den Rhythmus, den gesamten Kreis hindurch. Jetzt noch einmal schneller, und schneller, und noch einmal, schneller, mehrere Male durch den Kreis, bis der

---

162 original: „Entrainment". von „to entrain" – in den Zug einsteigen; im übertragenen Sinn ein „Mitgenommen- oder Mitgerissensein". (Anm. d. Ü.)

163 Dieses Spiel gehört in die Kategorie *Auf das horchen, was wir hören*. Es gibt eine gänzlich andere Version eines Klatschspiels mit Namen *The clapping series* in Boals *Games for Actors and Non-Actors*, S. 92.

Klatschimpuls durch den Kreis fliegt, so schnell wir können! Nur ein Geräusch. Hört auf den Rhythmus.

Schritt 2: Versuchen wir, statt eines einzelnen Klatschimpulses, einen etwas komplexeren Rhythmus. Und zwar startet der Klatschimpuls mit dem Zusammenklatschen beider Hände mit denen des rechten Nachbarn (wie beim Abklatschen, „High-five"), dann klatscht man selbst irgendeinen Rhythmus. Dann dreht man sich nach links für das Abklatschen mit der Person zu seiner Linken, die dann den gleichen Rhythmus klatscht wie man selbst vorhin und sich anschließend zum Abklatschen wieder nach links wendet. So geht der Rhythmus ein paar Mal im Kreis die Runde. Zuhören!

Jetzt beginnen wir mit mehreren Klatschimpulsen, immer im gleichen Rhythmus, die durch den Kreis gehen. Haltet sie beisammen, hört auf den Rhythmus. Die Klatschgeräusche sollten immer gleichzeitig ertönen und nicht nach Applaus klingen.

Schritt 3: Wie Schritt 2 nur mit einem komplexeren Rhythmus.

> **Joker-Tipp:** Es handelt sich um ein Hör-Spiel, nicht um ein Schau-Spiel. Die Teilnehmer/innen meinen oft, dass sie den Rhythmus dann gut klatschen können, wenn sie dem Klatschimpuls zuschauen, wie er die Runde geht. Aber zuschauen kann sie aus dem Rhythmus bringen. Es ist ein Hör-Spiel. Und erinnert die Teilnehmer/innen auch daran, dass jede/r von ihnen in der Lage ist, falls der Klatschimpuls aus dem Rhythmus zu ihnen kommt, ihn wieder im Rhythmus weiterzugeben.

Der Joker als Störfaktor

„Eine Maschine lässt sich steuern (...). Das systemische Verständnis von Leben hingegen besagt, dass menschliche Organisationen sich niemals lenken lassen – sie können nur gestört werden."[164]

---

[164] Capra: a.a.O., S. 151

„Das Ziel des Theaters der Unterdrückten ist nicht Ruhe und Ausgeglichenheit, sondern ein Ungleichgewicht, das den Weg für eine Handlung vorbereitet."[165]

Auf Grund der Arbeiten von Prigogine und Capra können wir erkennen, wie notwendig das Ungleichgewicht, das Aus-der-Balance-Sein, sowohl in der Natur als auch in Organisationen ist. In der Reaktion auf das Ungleichgewicht tauchen Neuheiten auf. So hat sich das Leben entwickelt. Interessanterweise habe ich Boal auch sagen hören, wie er vom Joker als „difficultator" (Erschwerer) und nicht als „facilitator" (Erleichterer)[166] geredet hat.

Die Rolle des Jokers ist es, einen geschützten Rahmen für die Teilnehmer/innen zu schaffen, der es ermöglicht, sich auf das Ungleichgewicht einzulassen. *Sie müssen es wollen.* Durch die Risikobereitschaft geraten die Menschen aus der Balance oder werden, um mit den Worten Capras zu sprechen, „gestört". Innerhalb dieser kollektiven Störung ist die Kreativität lebendig.

Abhängig davon, wer die Teilnehmer/innen am kreativen Prozess sind, werden einige vielleicht sehr vertraut damit sein und mit dieser Störung gut zurechtkommen, andere verspüren vielleicht ein Unbehagen. Sie werden sich vielleicht drüber beschweren, dass sie nicht wissen, was zu tun ist. Einige werden sich vielleicht dagegen wehren, weil es ein Zustand ist, in dem es wenig Kontrolle zu geben scheint.

Bildertheater und Forumtheater stören das lebendige Gemeinwesen, das sich im Raum befindet. Das Theater zeigt und untersucht Krisen, ohne Lösungen anzubieten. Das befördert die Teilnehmer/innen und/oder das Publikum in ein Ungleichgewicht. Deshalb muss sich das Gemeinwesen umstellen, wie sich eine einzelne Zelle bei einer Störung umstellen muss, um zu versuchen, erneut ein Gleichgewicht zu finden. Zu Beginn des Workshops geschieht das über die Teilnahme an den Aktivierungen im Bildertheater. Im Forumtheater geschieht es über die Einstiege.

Das ist der Schlüssel zum Gruppentransformationsprozess. Die durch das Bild,

---

165 Augusto Boal: *Regenbogen der Wünsche*, a.a.O., S. 72
166 vgl. *Danksagung und Vorwort des Übersetzers* (Anm. d. Ü.)

die Vorstellung oder das Stück in der Gemeinschaft erzeugte Störung erzeugt umgekehrt das Potenzial für einen Weg vom Ungleichgewicht zum Gleichgewicht, auf dem sowohl ein Lernen als auch Veränderungen auftreten können. Wenn das geschieht, ist es so, als erreichte die Gruppe eine neue Bewusstseinsebene. Es gibt dabei interessante Parallelen zu Untersuchungen darüber, wie sich Bewusstsein zeigt.

Epoché

Francisco J. Varela, PhD, (1946-2001) war unter anderem Forschungsdirektor der Abteilung für kognitive Neurowissenschaften und bildgebende Verfahren in der Hirnforschung des CNRS (Centre national de la recherche scientifique/ Nationales Zentrum für wissenschaftliche Forschung; vergleichbar mit der deutschen Max-Planck-Gesellschaft) und Leiter der dortigen Neurodynamik-Einheit am Hôpital de la Salpêtrière in Paris. Er war weiters ranghohes Mitglied des Lehrkörpers an der Technischen Universität CREA (Centre de Recherche en Épistémologie Appliquée/Forschungszentrum für angewandte Wissenschaften).

Varelas Arbeiten zeigen, dass Bewusstsein in jenem Moment entsteht, in dem verschiedene Regionen des Gehirns sich auf eine Weise miteinander verbinden, sodass ihre Neuronen zur gleichen Zeiten „feuern". Es bilden sich kurzfristige und flüchtige „Zellverbände". Dieser Zustand kann durch Sinneswahrnehmungen, Erinnerungen, Gefühle, Bewegungen etc. ausgelöst werden. Ich beobachte, wie das auf einem höheren Niveau in Workshop-Gruppen geschieht. Die Gruppe selbst kommt zu einem Bewusstsein, indem verschiedene Mitglieder der Gruppe – inspiriert durch ein Spiel, ein Bild, eine Vorstellung, eine Diskussion oder eine entstandene emotionale Verbindung – ein neues Verständnis und neue Perspektiven in Bezug auf Themen und Probleme erlangen.

Wie entsteht das tatsächlich? Wiederum liefert Varelas Werk Einblicke, die mit meinen eigenen Beobachtungen übereinstimmen. In *The Gesture of Awareness*

– *An Account of Its Structural Dynamics*[167] (Die Bewegung des Bewusstseins – Eine Beschreibung seiner strukturellen Dynamik) beschreiben Varela und sein/e Kollege/Kollegin den Akt der Bewusstwerdung bei einem Individuum:

> „...eine Anfangsphase der *Aufhebung des gewohnten Denkens und Urteilens*, gefolgt von einer Phase der *Umkehrung der Aufmerksamkeit* von ‚der Außenseite zur Innenseite', endend mit einer Phase des *Loslassens* oder der *Aufnahme* der Erfahrung."

Varela und sein/e Kollege/Kollegin nennen diese drei organisch miteinander verbundenen Phasen „Epoché".[168] Eine Workshop-Gruppe macht sich in einem *Theater zum Leben*-Prozess auf eine Reise, die eine Epoché auf bemerkenswerte Art widerspiegelt.

Die *Aufhebung des gewohnten Denkens und Urteilens* beim Einzelnen und in der Gruppe wird durch Spiele und Übungen, die unser gewöhnliches *Sehen*, *Hören* und *Fühlen* herausfordern, sowie durch die Aufforderung an den Einzelnen und die Gruppe, die Sichtweisen aller anderen Teilnehmer/innen in Bezug auf Einzel- oder Gruppenvorstellungen zu akzeptieren, ausgelöst. Bestärkend bei der Aufhebung des Urteilens wirkt auch die Praxis der traditionellen Gesprächskreise, bei denen jede/r Teilnehmer/in den Raum, zu sprechen und gehört zu werden, bekommt, ohne beurteilt zu werden.

Die *Umkehrung der Aufmerksamkeit* beim Einzelnen und der Gruppe von der Außen- zur Innenseite wird angeregt durch Theaterübungen, die den Einzelnen und die Gruppe dazu auffordern, sich auf gruppeninterne Erfahrungen zu konzentrieren und nicht auf abwesende Freunde, Verwandte oder Hollywood-Filme.

Den gesamten Prozess hindurch sind die Individuen und die arbeitende

---

[167] Francisco J. Varela, Natalie Depraz und Pierre Vermersch: in *Investigating Phenomenal Consciousness* (Die Untersuchung des phänomenalen Bewusstseins), Benjamins Publishers, Amsterdam, 1999; In diesem Aufsatz heißt es: „This text is adapted from a forthcoming book: *On Becoming Aware: A pragmatics of experiencing.*" (Dieser Text ist eine Adaption eines demnächst erscheinenden Buchs: *Über die Bewusstwerdung: Eine Pragmatik des Erfahrens*) Es erschien bei John Benjamins Publishers, Amsterdam, 2003.

[168] Griechisch: „Zurückhalten des Urteils". Duden: Fremdwörterlexikon. (David Diamond zitiert, bei gleicher Erklärung, die *Encyclopædia Britannica.* Anm. d. Ü.)

Gruppe gefordert, vorgefasste Meinungen und individuelle Ansichten *loszulassen*, also nicht Theater zu machen, das bereits die Antworten kennt, oder Theater über die Erlebnisse einer einzelnen Person. Sie sind auch aufgefordert, sich Gruppenbilder auszudenken und dann gemeinsam Stücke zu entwickeln, die die schwierigsten und ehrlichsten Fragen zum vorliegenden Thema stellen. Um das zu schaffen, müssen die Einzelnen und die Gruppe oft lang gehegte Annahmen über die Geschichte und die Figuren in der Geschichte *loslassen*, um die Figuren entsprechend der Komplexität echten Lebens darstellen zu können. Um dorthin zu gelangen, müssen die Einzelnen und die Gruppe auch *aufnahmefähig* sein für Sichtweisen anderer und neue Ideen. Jede/r Teilnehmer/in und Schauspieler/in muss *im Moment sein*, damit er/sie die wahren Beweggründe der Figur erkennen kann. In diesem *Loslassen* und *Aufnehmen* werden sie jeden Tag des Workshops durch all die Theater- und im Besonderen die Vertrauensspiele bestärkt. Das reicht vom einfachen Zurücklehnen und Abgeben des eigenen Gewichts an andere Gruppenmitglieder bei dem Spiel *Die Glasflasche*[169] bis hin zum rückwärts Hinunterfallen von einem Tisch in die Arme der anderen im Spiel *Fallen*.[170]

Im weiteren Verlauf des Workshops sehen alle Teilnehmer/innen die Vorstellungen der anderen, akzeptieren unterschiedliche Interpretationen und sind dann in den Proben sowohl als einzelne/r Darsteller/in als auch als Gruppe gefordert, die sinngebenden Beweggründe der Figuren zu entdecken und sich zu eigen zu machen – auch diejenigen, die zu Dingen führen, mit denen wir nicht einverstanden sind.

In der Forumtheateraufführung schließlich, muss sich die Workshop-Gruppe auch davon verabschieden (sie muss *loslassen*), im Zentrum des Workshops gestanden zu sein. Die Entdeckungsreise beschränkt sich nicht länger auf den Mikrokosmos der Workshop-Gruppe, sie bezieht sich nun auf den Makrokosmos des größeren Gemeinwesens, das die Grenzen des Workshops oder des Theaters überwindet, um an den interaktiven Stücken teilzunehmen.

Die Epoché, das Erwachen des Gruppenbewusstseins, geschieht im

---

[169] vgl. dazu das Kapitel *Vertrauensspiele* im *Anhang*.
[170] vgl. dazu das Kapitel *Vertrauensspiele* im *Anhang*.

Allgemeinen nicht am ersten oder zweiten Tag. Sie offenbart sich am dritten, vierten oder manchmal auch erst am fünften Tag eines intensiven Prozesses von sechs Tagen und acht Stunden pro Tag.

Ist es auch möglich, dass der Prozess zu einem Erwachen des noch größeren Gemeinwesens beiträgt, das die Veranstaltung womöglich nicht besucht hat?

Während ich den Beweis für eine Epoché im Workshopverlauf und bei Forumtheater-Aufführungen für erbracht sehe, habe ich keine konkrete Antwort auf diese größere Frage. Allerdingst steht Epoché auf einer höheren Gemeinschaftsebene vielleicht in Verbindung mit dem Vorliegen von sogenannten „morphischen Feldern".[171] Das sind energetische Felder, von denen angenommen wird, dass in ihnen Verhaltensmuster enthalten sind. Indem ein Mikrokosmos des Gemeinwesens (z.B. die Workshop-Gruppe) eine Epoché erfährt, verbreitet sich das „neue Bewusstsein" vielleicht tatsächlich auch im Rest des Gemeinwesens.

In ihrer Abhandlung *Embracing the Earth Charter: Community Transformation through Inter-Being*[172] (*Die Erd-Charta*[173] *begrüßen: Transformation der Gemeinschaft durch ein Miteinander*) schreibt Dr. Mukti Khanna, klinische Psychologin und Spezialistin für expressive Kunst:

> „Als Zeuge von David Diamonds Arbeit mit *Theater zum Leben* in konfliktträchtigen Gemeinschaften[174] habe ich gesehen, wie die intensive Arbeit mit Bildern, interaktivem Theater und Dialog mit den führenden Mitgliedern

---

[171] vgl. Rupert Sheldrake, *A New Science of Life*, Tarcher, 1981. dt. *Das schöpferische Universum. Die Theorie des morphogenetischen Feldes*, 1983, Neuaufl. 2008 und *The Presence of the Past*, Times Books, 1988. dt. *Das Gedächtnis der Natur. Das Geheimnis der Entstehung der Formen in der Natur*, 1990. Das Konzept der morphischen Felder ist umstritten. Als guter Einstieg zum Thema eignet sich: http://de.wikipedia.org/wiki/Morphisches_Feld (Ehemals war der Begriff „morphogenetisches Feld" gebräuchlich. Die Änderung im vorliegenden Text wurde in Absprache mit dem Autor vorgenommen. Anm. d. Ü.)

[172] Vorgestellt bei der „Internationalen Konferenz für Konfliktlösung", St. Petersburg, 2003.

[173] Die Erd-Charta stellt eine Deklaration grundlegender ethischer Prinzipien für eine nachhaltige Entwicklung im globalen Maßstab dar und soll als völkerrechtlich verbindlicher Vertrag von der internationalen Staatengemeinschaft ratifiziert werden. (Anm. d. Ü.) vgl. http://de.wikipedia.org/wiki/Erd-Charta

[174] Dr. Khanna hat 1998 zwei *Theater zum Leben*-Workshops in Ignacio und Durango (Colorado/USA) organisiert, einen mit dem Volk der Ute zur Frage „Respekt/Respektlosigkeit" und einen weiteren in der Durango-High-School zum Thema „Gewalt an Schulen".

beider Seiten eines Konflikts ein morphisches Feld der Resonanz und Heilung erzeugen kann. Ich war äußerst interessiert daran, wie dies zur Abnahme von Gewaltvorfällen in der erweiterten Gemeinschaft geführt hat. Andere Teile der Gemeinschaft waren sich der intensiven Konflikttransformationsarbeit vielleicht nicht bewusst, die sowohl in mit rassistischer Gewalt durchsetzten High-School-Zusammenhängen als auch in Reservaten, in denen die Gemeinschaften eine Vielzahl an Tötungsdelikten erleben, erfolgt war. Wie auch immer. Nachdem eine Kerngruppe von Hauptbeteiligten beider Seiten eines Konflikts innerhalb einer Gemeinschaft mit Hilfe expressiver Kunst und den Mitteln des Bildertheaters intensiv an den Problemen der Gemeinschaft gearbeitet hat, schien sich das energetische Feld der erweiterten Gemeinschaft hin zu mehr Kommunikation und Harmonie bewegt zu haben. Die Gewalt hat signifikant abgenommen."

Praxis[175]

Praxis, im Sinne der absichtlichen Erzeugung von Rückkopplungsschleifen, ist ein wesentlicher Teil des Gruppenprozesses.

Antonio Gramsci (1891-1937), ein italienischer Sozialist, politischer Aktivist und Theoretiker, beschrieb einen Kreislauf von Planung, Aktion und Reflexion, der in jedem Entwicklungsprozess notwendig ist.[176] Praxis beinhaltet die Notwendigkeit aller drei Stufen in Aufbau und Durchführung jeglicher Bewegung.[177] Nimmt man eine der drei Stufen aus dem Prozess heraus, wird die Möglichkeit zu wachsen oder zu einer erfolgreichen Entwicklung geringer werden:

- Wenn eine Gruppe nur plant und reflektiert, gibt es keine Aktionen, keine Handlung.

---

175 In diesem Zusammenhang bezeichnet Praxis die "durch praktische Tätigkeit gewonnene Erfahrung". (Anm. d. Ü.)

176 vgl. Antonio Gramsci: *Gefängnishefte*. Hrsg. von Klaus Bochmann und Wolfgang Fritz Haug, 10 Bände. Argument-Verlag, Hamburg, S. 1991ff.

177 „Bewegung" kann hier sowohl physisch – Bewegung eines Körpers, eines Systems – als auch sozial, z.B. als politische Bewegung – verstanden werden. (Anm. d. Ü.)

- Wenn es nie zu einer Analyse (Reflexion) der durch- und ausgeführten Aktionen und Handlungen kommt, ist keine Anpassung auf Grund neuer Einsichten möglich.
- Wenn Aktion und Reflexion stattfinden, aber keine Planung, sind die Aktionen in jedem Augenblick improvisiert und ziehen keinen Nutzen aus der Analyse.

Die ***Planung*** in einem Workshop des *Theaters zum Leben* geschieht auf mehrere Arten. Die Absprache zwischen dem Joker und den Organisatoren und zwischen dem Joker und der Gruppe über ihre Bedürfnisse und Wünsche sind Teil der Arbeit. Weitere Formen der Planung und der Vorbereitung von Aktionen innerhalb des Workshops sind:

- ein Check-in am Beginn eines jeden Tages, der auch dabei hilft, die Aktivitäten einzuordnen
- die laufenden Rückmeldungen der Gruppe, die ebenfalls die Aktivitäten in einen Kontext bringen
- die Klarheit, mit der Spiele und Übungen erklärt werden.

Die Spiele und Übungen, die unterschiedlichen Aktivierungen von Bildern, die Proben usw. sind die ***Aktionen.*** Innerhalb dieser Aktionen haben die Teilnehmer/innen sehr viele Freiheiten, Entscheidungen zu treffen.

In den Gruppendiskussionen unmittelbar nach jeder Aktion passiert die ***Reflexion***. Das geschieht auch in den Abschlussrunden am Ende einesb jeden Tages und im privaten Rahmen während der Mahlzeiten und außerhalb der Arbeitszeiten. Reflexion im Sinne einer abschließenden Einschätzung findet mit Teilnehmern, Sponsoren und Organisatoren statt, nachdem das Projekt abgeschlossen ist.

Gruppenreflexion

Nach jedem Spiel und jeder Übung eines *Theater zum Leben*-Workshops schlage ich einen entspannten und kurzen Austausch vor, wobei ich eine Frage stelle: „Was steckt für euch in diesem Spiel/dieser Übung?“ Eigentlich sind es zwei Fragen. Alle Spiele stellen einerseits eine Erfahrung dar und andererseits haben sie einen symbolischen Gehalt. Sie werden für unterschiedliche Teilnehmer/innen unterschiedliche Bedeutungen haben. Meine Frage lädt die Gruppe dazu ein, darüber zu reflektieren, was jede/r Einzelne bei der aktiven Durchführung auf einer persönlichen Ebene erfahren hat, und ob der Symbolgehalt der Handlungen in Verbindung zum behandelten Thema steht oder nicht. Es gibt dabei weder richtige noch falsche Antworten auf diese Frage. Es ist nur wichtig, dass sich die Teilnehmer/innen dazu äußern und dass sie gehört werden. Das Resultat des Austauschs sind geknüpfte Verbindungen. Die Ideen und Ansichten von jemandem werden sowohl bestätigt als auch angezweifelt, je nachdem, ob jemand beim selben Bild die gleiche Ansicht teilt oder eine andere hat oder wenn jemand etwas bemerkt hat, das für den anderen zu einer Erkenntnis führt. Manchmal stellt einfach nur das Aussprechen eines Gefühls oder einer Idee ein großes Risiko für die jeweilige Person dar. In diesem Moment ist es sehr wichtig, gehört zu werden.

Der Joker muss allen den Raum geben, ihren Gedanken in einer Umgebung Ausdruck verleihen zu können, in der ihre Meinungen etwas gelten. Dann, durch die sich wiederholenden Praxisrunden,[178] kann Epoché entstehen, nicht nur für die Einzelnen, sondern auch für das größere Bewusstsein im Raum.

Auf gewisse Weise zielt jede Entscheidung in einem Workshop auf das Erwecken des Gruppenbewusstseins ab, daraufhin, Wege zu finden, die Praxis so zu gestalten, dass sie zu einer Epoché führt. Damit das passieren kann, muss es für die Leute ungefährlich sein, unterschiedliche Meinungen zu haben. Es sollte vielmehr so sein, dass zu unterschiedlichen Meinungen ermutigt wird. Daraus erwächst ein sinnvoller Dialog mit anderen und sich selbst.

Zur Komplexität ermutigen

Jede/r von uns führt einen ständigen inneren Dialog, bei dem über die Vor- und Nachteile einer bestimmten Entscheidung diskutiert wird, und wägt verschiedene Sichtweisen auf ein Ereignis aus seinem Leben ab. Das ist normal. Das ist menschlich. Wenn wir mit der Vorstellung einverstanden sind, dass eine Gemeinschaft ein größerer lebendiger Organismus ist, fällt es leicht

[178] Kreisläufe aus Aktivität, daraus gewonnener Erfahrung und neuer Aktivität; (Anm. d. Ü.)

zu erkennen, dass eine Workshop-Gruppe auf die gleiche Wiese funktioniert. Es ist ein Teil der Rolle als Joker, für genügend Sicherheit zu sorgen, so dass Meinungsverschiedenheiten existieren dürfen, ohne diese beilegen zu müssen. Unstimmigkeiten müssen erlaubt sein und die Teilnehmer/innen müssen sogar dazu ermutigt werden, denn bei der Erarbeitung von eingefrorenen Bildern und von Stücken suchen wir noch nicht nach Lösungen. (Lösungen werden erst im Bilder- oder im Forumtheater angeboten, die eine Antwort auf die Bilder oder das Forumtheater-Stück darstellen.) Im Erarbeitungsprozess suchen wir nach Vielschichtigkeit und Reichhaltigkeit. Wahrhaftige Bilder sind wie das Leben voller Widersprüche.

Das Äußern unterschiedlicher Sichtweisen innerhalb der Gruppe ist Teil des Nachdenkprozesses des größeren Organismus. Davor darf man sich nicht fürchten und das muss auch nicht „behandelt" werden, solange es nicht respektlos wird. In diesem Fall, damit sich jede/r sicher fühlt und in der Lage ist, weiter zu machen, müssen vielleicht Regeln eingeführt werden. Unterschiedliche Gruppen von Menschen funktionieren unterschiedlich und Regeln, wenn es sie braucht, sollten aus einem Bedarf erwachsen und nicht von Anfang an einer Gruppe aufgezwungen werden. Der Joker muss allerdings umsichtig agieren, damit Regeln nicht aus einer Krise heraus eingeführt werden, sondern aus einem sich entwickelnden Bedürfnis.

Boal hat eine wundervolle Formulierung dafür gefunden, die ich von ihm oft in Workshops gehört habe: „Was nicht ausdrücklich verboten ist, ist erlaubt."

Das Wissen im Raum

Es gibt Zeiten in einem Workshop, in denen es wichtig ist, dass die Person, die das Angebot für den Moment macht (der Erzähler oder Hauptdarsteller der Geschichte), die Richtung vorgibt, egal, welches Bild oder welche Improvisation dabei entwickelt wird. Die Übung *Vierer-Gruppen*,[179] die am Anfang eines Workshops eine erste Gelegenheit zur Entwicklung von Bildern sein kann, ist ein gutes Beispiel dafür. Hier bringt ein Einzelner erstmals seine Gedanken und Gefühle zum Ausdruck. Diese ersten Bilder bieten den

---

[179] vgl. den Abschnitt *Bilder entwerfen* im Kapitel *Im Workshop-Raum*.

Einzelnen im Raum die Möglichkeit, die Bilder anderen zu sehen. Sie eröffnen Fenster in deren jeweilige Lebenserfahrung. Dadurch werden individuelle Erfahrungen anerkannt und Verbindungen zwischen den Teilnehmern geschaffen. Wenn Person „A“ sieht, dass Person „B“ ein Bild entworfen hat, das aus ihrem eigenen Leben stammen könnte oder zu dem sie einen starken Bezug spürt, entstehen dadurch eine Vertrauensbasis und ein gemeinsames Ziel, die es ermöglichen, die Arbeit zu vertiefen.

Allerdings ist es die Herausforderung im *Theater zum Leben*, über das Individuelle hinaus zu gelangen und mit dem Gemeinwesen zu arbeiten. Übungen haben ihren Ausgangspunkt in den meisten Fällen in einem individuellen Moment, auf den die restlichen Teilnehmer/innen reagieren, aufbauen und dadurch eine Vorstellung entwickeln, die *dem Raum gehört* und nicht den Einzelnen. Doch dazu muss der Protagonist seine Eigentümerschaft an diesem seinen Moment an einem Punkt der Übung aufgeben. Nachdem er zu Beginn seine Vorstellung, in Form eines Bildes oder einer Improvisation, eingerichtet hat, darf er dann zu den Darstellern nicht mehr sagen: „Du musst die Szene so spielen!“ oder „Halte deinen Arm so!“

Wir schaffen kein therapeutisches Setting für den Einzelnen. Wir machen Theater, das ein Ausdruck der erweiterten Gemeinschaft ist, indem wir mit mikrokosmischen Repräsentanzen des Ganzen, nämlich mit den Teilnehmern des Workshops, arbeiten.

Wir müssen dem Wissen im Raum vertrauen und auch darauf, dass es in Verbindung steht mit dem Wissen der erweiterten Gemeinschaft außerhalb der physischen Grenzen des Workshopraums oder dass es ein impliziter Teil von ihr ist. Manchmal ist dieses Wissen schwer zugänglich, weil die Mitglieder des Gemeinwesens nicht gewohnt sind, als Gruppe gehört zu werden, gefragt zu werden oder als gemeinschaftliche Autorität für irgendetwas wahrgenommen zu werden. In unserer mechanistischen, reduktionistischen Gesellschaft, wo alles von allem getrennt wird, ist es das *Individuum,* das die Autorität sein soll, nicht die Gruppe. Ironischerweise sind viele Individuen in unseren hierarchischen Strukturen darin geschult und dazu erzogen worden, zu glauben, sie seien dumm und ihre Gedanken wären es nicht wert, formuliert zu werden. Das macht die Herausforderung, Zugang zum Wissen des Gemeinwesens zu erlangen, doppelt schwierig.

Auf die gleiche Weise wie ein individuelles Bewusstsein entsteht, wenn scheinbar getrennte Neuronen in unserem Gehirn auf den selben Reiz hin feuern, wird das Gruppenbewusstsein durch die Interaktion scheinbar getrennter individueller Gedanken, die als Reaktion auf ein Bild, eine Improvisation oder eine Diskussion angeregt wurden, geweckt. Es braucht allerdings individuelle Ausdrucksformen, damit das Gruppenbewusstsein geweckt wird.

Die Angst vor Stille überwinden

Vor Jahren habe ich eine Studie über Lehrer/innen gelesen. Ich sehe mich selbst als Theatermacher, Regisseur und Joker, aber nicht als Lehrer im herkömmlichen Sinn. Die Studie ist nichtsdestoweniger von Bedeutung.

Die Studie zeigt, dass Lehrer/innen bei einer an die Klasse gestellten Frage durchschnittlich 2,5 Sekunden auf die Antwort warten. Einundzwanzig, zweiundzwanzig, dreiundzwanzig. Wenn die Antwort nicht innerhalb dieser sehr kurzen Zeitspanne kommt, so die Studie, antwortet der Lehrer selbst. Vielleicht fühlt sich der Lehrer unter Zeitdruck. Vielleicht interpretiert der Lehrer die kurze Stille als Indiz dafür, dass die Schüler/innen die Antwort nicht wissen. Als Mensch und weil er positive Bestärkung braucht, gerät er in Panik. Vielleicht, weil die Stille bedeutet, dass er ein schlechter Lehrer ist. Was auch immer der Grund dafür sein mag, der durchschnittliche Lehrer wird der Klasse nach durchschnittlich 2,5 Sekunden Bedenkzeit die Antwort liefern. Wie respektlos.

Dadurch entsteht natürlich ein Kreislauf des Schweigens im Raum. Ist der Lehrer wirklich an der Antwort, die die Klasse vielleicht auf die Frage hätte, interessiert? Anscheinend nicht. Warum also sich um Antworten bemühen? Er ist entweder nicht interessiert oder er denkt, wir seien alle dumm.

In einem *Theater zum Leben*-Workshop werden an die Einzelnen in der Gruppe wichtige Fragen gestellt, tiefgehende Fragen über ihr Leben, ihren

Platz in der Gemeinschaft, ihre Probleme. Sie sind gefragt, auf neue Weise zu denken und die Verbindungen zu formulieren, die sie zwischen den Bildern anderer und ihrer eigenen Erfahrung entdecken. Sie sind gefragt, sowohl körperlich als auch emotional, Momente aus ihrem eigenen Leben anzubieten, die dann von der Gruppe analysiert werden. Auf einer tieferliegenden Ebene ist das Gruppenbewusstsein, das tief schläft, aufgefordert, aufzuwachen.

Manchmal kann es 15, 30 oder (tief durchatmen) sogar 60 Sekunden dauern, bis jemand antwortet. Eine Ewigkeit an Stille in einem Raum voller Menschen – Jahre im Theater!! Und doch sind es nur 30 Sekunden oder eine Minute. Eigentlich überhaupt keine Zeit.

Der Raum kennt die Antworten. Immer. Die gegebenen Antworten unterscheiden sich vielleicht von dem, was sich der Joker, die Sponsoren oder Organisatoren erwartet oder manchmal sogar erhofft haben, aber die Antworten, die das Gemeinwesen gibt, sind die wahrhaftigen Antworten der Menschen und werden den Workshop in seine nächste Phase überleiten.

Das Ergebnis einer Öffnung von Zeit und Raum, wo Praxis, die zu Epoché führt, gewonnenen werden kann, wird ein Theater sein, das aus der Gemeinschaft *heraus gewachsen ist*. Dieses Theater erzählt die Wahrheit, weil es von jedem und jeder handelt, aber nicht von einer bestimmten Person aus der Gruppe. Es ist keine dokumentarische Wahrheit, die wirkliche Personen in einer wirklichen Situation zeigt. Es ist eine erfundene Wahrheit, in der wirkliche Menschen in Übereinstimmung miteinander eine symbolische Repräsentanz dessen erschaffen und darstellen, was ihre Wirklichkeit ist. Wir (die Gruppe und der Joker) vertrauen darauf, dass das Gemeinwesen diese Wirklichkeit als Wahrheit (an)sehen und (an)erkennen wird.

Im Anhang findet sich die Fallstudie über *Dancers of the Mist* (*Tänzer des Nebels*), ein Beispiel für eine Gruppe, die über Generationen hinweg auf die Sprache des Tanzes zurückgreift und über den Tanz eine wahrhafte Geschichte über die Gegenwart erzählt. Zuvor schauen wir uns allerdings internalisierte Stimmen an.

Der Regenbogen der Wünsche

Regenbogen der Wünsche und *Polizisten im Kopf*[180] (Die *Polizisten* werden im nächsten Kapitel erläutert) sind die am unmittelbarsten therapeutisch wirkenden Techniken innerhalb der Boalschen Methoden. Sie wurden in Frankreich entwickelt.

1971 war Boal Regisseur am Teatro de Arena in Brasilien und leistete Widerstand gegen das Militärregime. Er wurde inhaftiert und gefoltert. Er emigrierte nach Argentinien und ging 1976 nach Frankreich.

Während seiner Zeit in Frankreich rief Boal ein Zentrum für das *Theater der Unterdrückten* ins Leben, um seine Arbeit fortzusetzen. Frankreich und Brasilien unterscheiden sich kulturell gesehen sehr. Er begann zu erkennen, dass die in Brasilien entwickelten Arbeitsmethoden in Paris nicht auf die gleiche Weise funktionierten. Boal erzählte davon, wie es den Leuten in seinen Pariser Workshops manchmal schwer fiel, ihr Unterdrücktsein und ihre Unterdrücker zu benennen. Es lag nicht daran, dass sie keine hatten. Es fiel ihnen schwer, sie in Bildern auszudrücken.

Boal begann zu erkennen, dass die Menschen, mit denen er in Frankreich arbeitete, wo es allgemein eher eine Kultur des Wohlstands gibt als in Brasilien, andere Erfahrungen von Unterdrückung hatten. Sie hatten ihre Unterdrücker internalisiert. Er begann, Techniken zu entwickeln, die diese Formen der Unterdrückung behandelten.[181] Diese Entdeckungsreise führte zum *Regenbogen der Wünsche* und zu *Polizisten im Kopf*.[182]

In meiner eigenen Arbeit wurden *Polizisten* und *Regenbogen* zu wertvollen

[180] Diese beiden Übungen, die ich ebenfalls für mich adaptiert habe, werden in Boals *The Rainbow of Desire*, Routledge-Verlag, 1995 (dt. *Der Regenbogen der Wünsche. Methoden aus Theater und Therapie*, Kallmeyer, Seelze (Velber), 1999 (Neuauflage: Schibri, Uckerland, 2006)) ausführlich beschrieben.

[181] Im Deutschen erlaubt „behandeln" drei Lesearten: 1. aktives Handeln; 2. jemanden (gut, schlecht oder vorsichtig) behandeln; 3. therapeutisches Behandeln; (Anm. d. Ü.)

[182] Eine wundervolle Schilderung dieser Entdeckungsreise liefert Adrian Jacksons Vorwort zu *The Rainbow of Desire*. Adrian Jackson ist der Übersetzer vieler Bücher Boals und der künstlerische Leiter von *Cardboard Citizens* in England. http://www.cardboardcitizens.org.uk

Werkzeugen zur Untersuchung der Komplexität der Rückkopplungsschleifen, innerhalb derer wir alle existieren. Wir alle haben unsere internalisierten Kämpfe, die sich in unserem Verhalten manifestieren, das dann sowohl uns als auch den Menschen um uns herum schadet.

Die Wahl zwischen Regenbogen der Wünsche und Polizisten im Kopf

Wenn es, allgemein gesagt, um einen Moment geht, in dem zwei Menschen guten Willens aufeinander zugehen, aber auf Grund der Vielschichtigkeit ihrer Ängste und Wünsche oder auf Grund ihrer Unkenntnis darüber die Begegnung schief geht und sie dieser Moment verwirrt, verletzt, ohnmächtig etc. zurücklässt, dann mache ich einen *Regenbogen*. Ich entscheide mich bei dieser Übung immer dafür, den Regenbogen sowohl des *Protagonisten* als auch des *Antagonisten*[183] zu animieren. Diese Übung ermöglicht auf wunderschöne Art und Weise, Annahmen und Missverständnisse zwischen zwei Menschen zu erforschen und sich beide Seiten eines Problems anzuschauen. Weil wir Theater machen, ist die Übung höchst symbolisch und lässt sich leicht vom Individuum auf die Gruppe übertragen. Eine vollständige Erklärung der Übung folgt im nächsten Kapitel.

Ich entscheide mich dazu *Polizisten im Kopf* zu machen, wenn der Protagonist findet, dass er in einer Situation irgendwie gelähmt ist oder immer die „falsche" Entscheidung trifft und sich die Geschichte immer wieder wiederholt. Oft, bei der Entwicklung einer Geschichte für *Polizisten im Kopf*, finde ich, dass der Protagonist entweder alleine ist oder dass der Antagonist zweitrangig für das internalisierte Geschehen des Augenblicks ist. Ich habe mich aus diesem Grund bis dato entschieden, ausschließlich die Polizisten des Protagonisten zu erforschen.

Es liegt in der Natur der „Polizisten in unseren Köpfen", dass sie von beinahe

---

183 Der *Protagonist* ist die Person, die im Mittelpunkt der Geschichte steht – der Erzähler/die Erzählerin. Sie spielt die tragende Rolle im Geschehen. Es wäre einfach anzunehmen, es handelt sich dabei um die unterdrückte Figur, obwohl das bei näherer Betrachtung vielleicht gar nicht der Fall ist. Der *Antagonist* ist die Person in der Geschichte, die den Auffassungen des Protagonisten entgegen steht. Er ist die Opposition. Ebenso wäre es zu einfach vom Antagonisten anzunehmen, er wäre ein Unterdrücker. Das ist ebenfalls nicht immer der Fall.

allem auf den Plan gerufen werden können. (Ich habe einmal eine wundervolle *Polizisten im Kopf*-Übung gejokert über eine Frau, die im Supermarkt versucht, sich zwischen hässlichen ökologischen und schönen genmanipulierten Tomaten zu entscheiden.) Im Zentrum der Übung steht nicht das Verhältnis zweier Personen zueinander, sondern eine Person und deren innere Stimmen. Wie der *Regenbogen* ist es eine theatrale und hochsymbolische Übung, die schnell eine Übertragung von individuellen Erkenntnissen auf die Gruppe zulässt.

Regenbogen der Wünsche

Ich habe Regenbögen in einwöchigen Workshops verwendet, ebenso in halbtägigen, sowohl als Technik zur Figurenentwicklung in Probenprozessen für große Produktionen, als auch für sich als zweistündige eigenständige Veranstaltung in einem Theater oder bei einer Konferenz, wo alle Geschichten und Teile des Regenbogens von einem zahlenden Publikum[184] oder den Konferenzteilnehmern gekommen sind.

Diese Übung zur Sichtbarmachung von widerstreitenden inneren Stimmen ist äußerst hilfreich bei der Untersuchung von komplexen Beziehungen, zum Beispiel: Kinder und Eltern, Liebende, Arbeitgeber/innen und -nehmer/innen. Um einen *Regenbogen der Wünsche* entstehen zu lassen, muss ein/e Workshop-Teilnehmer/in (der/die Protagonist/in bzw. der/die Erzähler/in) der Gruppe eine Situation anbieten, die voller innerer Konflikte steckt, sowohl für ihn selbst als auch für den/die Gegenspieler/in. Er/Sie wählt einen Moment, in dem die zu untersuchende Beziehung verwirrend, widersprüchlich, kompliziert wird. Die Beziehung und der Moment müssen real sein, nicht erfunden. Allerdings können die Identitäten geheim gehalten werden. Es genügt zum Beispiel „mein Arbeitgeber" zu sagen, oder „mein Arzt", ohne den Arbeitgeber oder Arzt namentlich zu nennen.

[184] Eine solche Veranstaltung war *Safe Sex* (*Safer Sex*), eine Produktion von Headlines Theatre im Havana Theatre in Vancouver 1996. vgl. http://www.headlinestheatre.com/pastwork.htm

Grundlagen der Übung

Alle Übungen und Spiele sind ständig in Veränderung begriffen und entwicklen sich aus dem Vorhergehenden. Ich glaube, dass es allerdings im Kontext dieses Buches nützlich ist, die einzelnen Schritte der Übung anzuführen und genau zu beschreiben. Was nun also folgt, zunächst für einen *Regenbogen*, später für die *Polizisten*, ist ein anschauliches Beispiel, wie die Übung gemacht werden kann.

Wenn die Übung nicht Teil eines mehrtägigen Prozesses ist, wo die Gruppe bereits mit Bildern gearbeitet hat, schlage ich vor, mit einem *Bilderdialog*[185] zu beginnen. Er ist ein wundervolles Mittel, um der Gruppe dabei zu helfen, die Arbeit mit Bildern und das Prinzip innerer Monologe verständlich zu machen.

Zu Beginn bittet man um drei Geschichten aus der Gruppe. Man lädt Freiwillige ein, auf die Spiel- bzw. Arbeitsfläche zu kommen, aber erst wenn sich drei gemeldet haben, kann jede/r seine/ihre Geschichte erzählen. Das hat damit zu tun, dass die Geschichten nicht verraten werden sollen.[186] Wenn eine erste Person gleich damit beginnen würde, eine Geschichte zu erzählen, würde das augenblicklich zu internen Vergleichen führen und andere daran hindern, eine Geschichte anzubieten. Die Gruppe muss die Möglichkeit haben, aus mehreren Geschichten eine auszuwählen.

Die Gruppe wählt anschließend eine Geschichte aus, um an ihr zu arbeiten. Der Grund, warum eine Geschichte einer anderen vorgezogen wird, ist, dass wir jene auswählen, welche die größte Resonanz bei der Mehrheit im Raum erzeugt. Dann fragt man, wer in der Lage wäre und sich bereit erklären würde, freiwillig den Antagonisten zu spielen. Dabei geht es nicht darum, ein Zerrbild oder eine Karikatur dieser Figur zu entwerfen, sondern die Gedanken und Gefühle des Antagonisten so aufrichtig wie möglich darzustellen. Diejenigen, die sich anbieten, den Antagonisten zu spielen, sollten etwas an dieser Figur erkannt und verstanden haben. Der Protagonist (der/die Erzähler/in) wählt dann unter den Freiwilligen jemanden aus, der den Antagonisten spielt. Deroder diejenige kommt auf die Bühne und setzt sich.

---

185 vgl. dazu den Abschnitt *Bilder entwerfen* im Kapitel *Im Workshop-Raum.*
186 vgl. das Kapitel *Die Stärke der Bilder, die nicht verraten werden.* (Anm. d. Ü.)

Alle bekommen die Gelegenheit, für ein paar Minuten Fragen an den Protagonisten zu stellen, um ein möglichst klares Bild des Moments und der Beziehung der beiden Figuren zueinander zu erhalten. Obwohl wir nicht versuchen, das Leben des Protagonisten genau zu rekonstruieren, wollen wir soweit als möglich vom gleichen „Hier" ausgehen. Es ist im Speziellen für den Antagonisten wichtig, Fragen zu stellen. Die Figur, die von ihm oder ihr entwickelt werden wird, wird nicht so sein wie der tatsächliche Antagonist, weil es eine Mischung aus ihm oder ihr und der erhaltenen Information sein wird. Man braucht allerdings eine solide reelle Basis, von der aus man improvisiert.

Hier sind einige Richtlinien für die Ausgangsimprovisation. Der Protagonist erzählt der Gruppe und dem Antagonisten,

- wo das Ereignis stattgefunden hat,
- wie er oder sie sich dabei gefühlt hat,
- was passiert ist,
- was er oder sie wollte,
- was seiner Meinung nach der Antagonist wollte.

Der Protagonist richtet mit Hilfe des Jokers und dem, was im Raum gerade zur Verfügung steht, die Bühne ein. Der Protagonist und der Antagonist improvisieren eine kurze Szene. Sie sollen in jedem Moment so wahrhaftig wie möglich sein und solange improvisieren, bis sie gebeten werden aufzuhören. Der Joker hält Ausschau nach einem Moment emotionaler Betroffenheit und echter Komplexität, nach einem Moment, in dem die widerstreitenden Ängste und Wünsche beider Seiten am augenscheinlichsten sind. Wenn dieser Moment auftaucht, „friert" der Joker die Improvisation an dieser Stelle für den Rest der Übung ein.

> **Joker-Tipp:** Es ist wichtig klar zu machen, dass es sich nicht länger um die Geschichte des Protagonisten handelt, sobald die Gruppe sich für diese Geschichte entschieden und begonnen hat, daraus eine symbolische Darstellung zu machen. Jener Teilnehmer, der den Antagonisten spielt, ist ja auch nicht der echte Antagonist, sondern jemand, der etwas in Bezug auf den Antagonisten verstanden hat. Er erschafft eine Figur, die ein

Hybrid aus der Information des Protagonisten und seinem eigenen Leben darstellt. Mit anderen Worten: Die Geschichte beginnt, dem „Raum" zu gehören.

Den Regenbogen des Protagonisten entwickeln

In diesem eingefrorenen Moment bestehen beim Protagonisten Wünsche gegenüber dem Antagonisten. Ohne zu sprechen zeigt der Protagonist einen davon. Er gibt diesem Wunsch eine Form, indem er mit seinem Körper eine Haltung einnimmt – so ausdrucksstark wie möglich. Jemand aus dem Publikum oder dem Workshop bietet sich an, dieses Fragment, diese Farbe des Regenbogens zu spielen. Dazu kopiert er oder sie die Haltung. Warum sollte jemand das machen? Nicht weil er oder sie weiß, was im Protagonisten vorgeht, sondern weil er oder sie denkt und/oder das Gefühl hat, den gezeigten Wunsch zu verstehen. Es ist auch sein/ihr eigener Wunsch. Auf diese Weise bekommt der Zuschauer eine Figur zu sehen, die zwar in ihrer Haltung eingefroren ist, aber sprechen und zuhören kann. *Diese Figur ist der Protagonist in seiner Gesamtheit.* Es ist eine sehr konzentrierte Figur, die etwas sehr Spezifisches will, das durch die Haltung verkörpert wird.

Nun wird der Protagonist gebeten, einen weiteren Wunsch zu zeigen, der von einer neuen Person dargestellt wird.

Anschließend wird er um eine Angst gebeten. Es ist so, dass Ängste, wie Wünsche auch, Handlungsimpulse in uns auslösen, die durch eine Haltung verkörpert werden können. Jemand aus der Gruppe wird zu einer Angst. Dann wird eine andere Angst von einer anderen Person verkörpert.

Gibt es eine Angst oder einen Wunsch, von dem die Gruppe glaubt, dass sie/er im Protagonisten steckt und bisher noch nicht dargeboten wurde? Ja? Dann soll diese Angst/dieser Wunsch dargestellt werden. Wenn der Protagonist diese Angst oder diesen Wunsch von sich kennt, kann die Haltung bleiben, wenn nicht, muss sie ins Publikum zurück. Das geht solange, bis eine (oder mehrere) Figur(en) als Anteil(e) des Regenbogens gefunden und akzeptiert wird (werden).

Die Ängste und Wünsche (die inzwischen Figuren sind) werden vom Protagonisten in ihren Haltungen rund um den Antagonisten herum positioniert. Alle beginnen gleichzeitig einen inneren Monolog zu führen. Nach ungefähr einer Minute wird jeder von ihnen gebeten, einen Satz zu sagen. Mir gefällt es, wenn dieser Satz mit „Ich will..." anfängt. Diese einfache Einschränkung zwingt die Figuren, etwas zur Sprache zu bringen, das eine klare Handlung, auf Grundlage der Haltung, in der sich ihr Körper befindet, nach sich zieht.

Den Regenbogen der Wünsche aktivieren

Jetzt haben wir den Regenbogen der Ängste und Wünsche des Protagonisten. Es ist dies sein *Team*. Der Protagonist und sein Regenbogen gehen auf eine Seite der Bühne. Einer nach dem anderen, in einer vom Protagonisten festgelegten Reihenfolge, betreten die Ängste und Wünsche die Spielfläche, um mit dem Antagonisten zu improvisieren. Ihre Aufgabe ist es, das Gewünschte vom Antagonisten zu bekommen. Sie nehmen ihren Platz ein, eingefroren in ihrer Haltung. Sie können sich durch den Raum bewegen, aber sie müssen für die gesamte Improvisation ihre Haltung bewahren. Die Körperhaltung fungiert als Filter, durch den alles, was sie sagen, hören und tun, vom Antagonisten, ihnen selbst und den Zuschauern interpretiert wird. Der Antagonist kann sich bewegen, gehen, sprechen und zuhören. Der Antagonist muss seine Figur so aufrichtig wie möglich darstellen und eigene Wünsche und Ängste mit den vom Protagonisten erhaltenen Informationen vermischen. Dabei muss er immer versuchen, bei der augenblicklichen Wahrheit der Figur zu bleiben. Die Herausforderung ist es, so wahrhaftig wie möglich zu sein. Wahrhaftigkeit kann nicht erzwungen werden. Es muss ihr ermöglicht werden, aus der Stille zu erwachsen. Die Schauspieler/innen müssen aufmerksam sein, denn bei der Wahrheit der Figur zu bleiben, kann auch heißen, flexibel zu sein. Wenn sie wirklich zuhören und zuschauen, dann können Dinge, die die andere Figur sagt oder tut, möglicherweise die eigene Taktik verändern. Oder auch nicht. Die Schauspieler/innen sind die Experten für den Augenblick.

Die Improvisation kann eine oder zwei Minuten dauern, das kann eine lange Zeit auf der Bühne sein. Wir sehen ein Regenbogenfragment nach dem anderen mit dem Antagonisten improvisieren. Obwohl es schwierig ist, muss der Antagonist versuchen, jede Improvisation, nachdem sie beendet ist, wieder aus seinem Kopf zu bringen und sich von allen Gefühlen zu befreien, damit er dem nächsten Fragment als unbeschriebenes Blatt begegnen kann.

Während so einer Sequenz ist es oft sehr hilfreich, die Improvisation einzufrieren und verschiedene Bildertheater-Techniken zu verwenden, um den Moment genauer in seiner ganzen Fülle zu erforschen. Unser Anliegen ist es dabei zu untersuchen, wie die Spezifika eines jeden Fragments (z.B. der Wunsch, dem Antagonisten an die Gurgel zu gehen oder die Angst alleine zu sein, die dazu führt, dass sich der Protagonist an den Antagonisten klammert) die Interaktion beeinflussen.

Einige Bildertheater-Techniken, die dem Bild Leben einhauchen:[187]

TITEL	ÜBUNG
Gefühlshaltung:	Freeze. Ich werde in meine Hände klatschen. Sobald ich das tue, nehmt ihr eine neue Haltung ein. Gebraucht dazu euren Körper so viel wie möglich. Die neue Haltung zeigt das stärkste Gefühl *der Figur* jetzt gerade im Augenblick. Klatschen.
Was wollt ihr:	Freeze. Ich werde in meine Hände klatschen. Sobald ich das tue, macht einen Schritt, eine Bewegung, um das zu bekommen, was ihr gerade jetzt *als Figur* wollt. Gebraucht dazu euren Körper, so viel ihr könnt. Macht jedes Mal, wenn ich klatsche, einen weiteren Schritt. Klatschen... klatschen... klatschen...
... voneinander:	(wie oben) ... einen Schritt, um das zu bekommen, was ihr *voneinander* wollt, *als Figur*, gerade jetzt. Klatschen... klatschen... klatschen...
Geheimer Gedanke:	Freeze. Ich werde euch berühren. Sobald ich das tue,

[187] Jede dieser einfachen Aktivierungstechniken ist jederzeit im Workshop, bei den Proben oder einer Aufführung einsetzbar und zwar mit jeder Figur oder auch mit mehreren Figuren gleichzeitig.

sprecht ihr euren geheimsten Gedanken aus. Das, was eure Figur wirklich im tiefsten Inneren denkt, aber nie und nimmer in dieser Situation laut sagen würde. Entscheidet euch im Stillen für einen Gedanken und bleibt dabei. Ändert ihn nicht, wenn ihr hört, was die andere Person sagt.

Was seht ihr? Kurze Diskussion mit dem Publikum zu dieser Frage;

Den Regenbogen des Antagonisten entwickeln

Ich entwickle *immer* auch den Regenbogen des Antagonisten. Ich mache das, weil das Gemeinwesen ebenso voller komplexer Widersprüche steckt wie jedes einzelne Mitglied der Gemeinschaft. Es ist die Dynamik zwischen den beiden Figuren, die Rätsel aufgibt, nicht nur die Ängste und Wünsche des Protagonisten. Wenn wir versuchen, die für das Gemeinwesen relevanten Themen zu untersuchen, dann ist es nicht angemessen, die Untersuchung zu beenden, nachdem man nur eine Seite der Medaille gesehen hat. Das wäre kein Dialog, es wäre ein Monolog. Es können große Erkenntnisse darüber gewonnen werden, welche Richtung in Bezug auf das behandelte Thema einzuschlagen ist, sodass alle profitieren, wenn der Regenbogen des Antagonisten untersucht wird, und zwar mit derselben Aufrichtigkeit, die beim Protagonisten geherrscht hat.

Es folgt der beim Protagonisten beschriebene Prozess für den Antagonisten. Der Protagonist empfängt nun in Improvisationen die Fragmente des Regenbogens des Antagonisten.

Das Gruppenbewusstsein vertiefen

Nach der Recherche zum Regenbogen des Antagonisten stellen sich die beiden Teams inklusive Protagonist und Antagonist links und rechts am Bühnenrand auf. Der Antagonist entsendet ein Mitglied seines Teams auf die Spielfläche, wobei er oder sie sich so positioniert, als wäre der Protagonist anwesend. Der Protagonist wählt, je nachdem, welche Figur entsendet wurde, jemanden aus seinem Team, von dem er denkt, dass er zur Wahl des Antagonisten passt. Es ist wichtig, dass der Protagonist, von dem ja die Geschichte ursprünglich stammt, die Auswahl der Paarungen kontrolliert. Der Antagonist entscheidet also über die Reihenfolge und der Protagonist entscheidet, welches Fragment seines Regenbogens am besten zum Fragment des Antagonisten passt.

Das vom Protagonisten bestimmte Regenbogenfragment tritt auf und positioniert sich so, als wäre der Antagonist anwesend. Das bedeutet, dass sie sich möglicherweise in einer körperlichen Ausrichtung befinden, wo sie einander nicht sehen können. Die beiden Figuren sind in ihrer jeweiligen Haltung eingefroren und *können ihre Körper nicht auftauen, aber sie können sich durch den Raum bewegen*. Sie können allerdings sprechen und hören, was die andere Figur sagt. Sie müssen versuchen zu erreichen, was die Figuren voneinander wollen, müssen aber gleichzeitig so wahrhaftig wie möglich bleiben. Sie können emotional, psychologisch und körperlich beweglich sein, wenn es echte Beweggründe für die Figur gibt. Auf Grund der Einschränkung durch die eingefrorene Haltung ergeben sich höchst metaphorische Improvisationen.

Die Gruppe sieht auf diesem Weg alle Fragmente, aufgeteilt auf Teams und in Zweierimprovisationen. Wie zuvor kann der Joker die Handlung anhalten und eine Technik anwenden, die dabei hilft, die zu Tage tretende Beziehung in ihrer ganzen Fülle zu erforschen. Die Herausforderung liegt nicht darin, Antworten oder Lösungen für das Problem zu finden, sondern darin, einzelne Schichten der vielschichtigen symbolischen Darstellung zu entfernen.

Zu jeder Zeit während jeder Improvisation kann sich der Joker an die Gruppe oder bei einer öffentlichen Aufführung an das Publikum wenden und nachfragen, was gesehen wird. Die Frage zielt dabei auf die allgemeine Beziehungskonstellation, nicht auf den Protagonisten persönlich (dessen Geschichte es ja ist) oder auf die darstellerischen Fähigkeiten der Teilnehmer/innen.

Nachdem die Gruppe alle Improvisationen gesehen hat, werden die Darsteller/innen der Ängste und Wünsche bedankt und gefragt, ob jemand von ihnen etwas sagen möchte, und aus ihren Figuren entlassen.

Forum mit fließenden Übergängen

Ein Forum mit fließenden Übergängen kann eine energetisierende und positive Art sein, einen *Regenbogen der Wünsche* zu beenden, wenngleich es nicht unbedingt notwendig ist.

Die Gruppe hat das Theater als Labor verwendet, die ursprüngliche Vorstellung (die Geschichte) auseinander zu nehmen, sie zu analysieren und wieder zusammenzubauen. Indem sie das gemacht hat, haben alle sehr viele Informationen darüber gesammelt, welche Annahmen es über das Geschehen innerhalb dieser symbolischen Repräsentanz der Gemeinschaft gibt. Gibt es nun Ideen, wie das Dilemma entweder aus Sicht des Protagonisten oder des Antagonisten gelöst werden kann?

Die Ausgangsimprovisation wird so originalgetreu wie möglich wiederholt. Die Schauspieler/innen müssen dabei versuchen, die ursprüngliche Szene zu spielen, ohne Erkenntnisse miteinzubeziehen, die sie während der Übung gewonnen haben. Die Zuschauer/innen können nun „Stopp!“ rufen und eine der beiden Figuren ersetzen und zwar diejenige, mit deren innerem oder äußerem Kampf mit den vorhandenen Schwierigkeiten sie sich identifizieren. Jemand steigt ein, wenn er/sie eine Idee hat, wie die Situation in gesündere Bahnen gelenkt werden könnte. Bei diesem Forum mit fließenden Übergängen ist es nicht notwendig, zu den ursprünglichen Spielern zurückzukehren. Die Besetzung der Figur kann sehr schnell wechseln. Es ist, als würden die beiden Figuren ständig neu besetzt. Sie können von jedem und jeder im Raum gespielt werden, solange der- oder diejenige sich gleichsam in den von der Figur geführten Kampf stürzt. Es bleibt allerdings die Aufgabe des Jokers zu gewährleisten, dass niemand wieder ausgetauscht wird, bevor er nicht seine Idee auf der Spielfläche zeigen konnte.

Abschluss der Übung

Antagonist und Protagonist werden einzeln bedankt und gefragt, ob es etwas gibt, das sie sagen möchten, und dann aus ihren Rollen entlassen. An dieser Stelle ist es wichtig, allen, die zu Beginn der Übung eine Geschichte angeboten haben, Dank und Anerkennung auszusprechen. Es kann nur eine ausgewählt werden, aber es braucht Mut, um für eine derartige Übung eine Geschichte anzubieten.

In der Gruppendiskussion im Anschluss an die Übung ist es mir ein Anliegen, die Teilnehmer/innen zu bitten, dem Protagonisten eine Pause zu gönnen und ihn oder sie nicht mit Fragen zu löchern. Er oder sie war großzügig genug. Es ist nicht das Ziel der Diskussion, die Handlungen des Protagonisten einer Psychoanalyse zu unterziehen oder ihn zu fragen, was er aus der Übung gelernt hat. Es ist aber in Ordnung, wenn der Protagonist selbst etwas dazu sagen will.

Das Gute daran, den Unterdrücker als Menschen zu betrachten

Das folgende Beispiel stammt aus einer praktischen Anwendung eines *Regenbogens der Wünsche*.

Der 21. März ist der Welttag gegen Rassismus. 2005 stellten die Gleichbehandlungsbeauftragten der Universität von British Columbia ein Drei-Tages-Programm gegen Rassismus zusammen, darunter auch einen *Theater zum Leben*-Workshop. Die freundliche Anfrage der Gleichbehandlungsbeauftragten lautete, etwas zu machen, das die Leute aufrütteln und gängige Auffassungen über Rassismus in Frage stellen sollte. Ich entschied mich dafür, einen *Regenbogen der Wünsche* zu machen.

Die Leute im Raum wählten folgende, von einem Mitglied der Workshop-Gruppe angebotene, Geschichte aus: Eine Frau chinesischer Herkunft kauft in einem wohlhabenden und nicht sehr durchmischten Viertel in einer Drogerie ein. Sie war noch nie zuvor in diesem Geschäft. Als sie alles gefunden hat, was sie braucht, geht sie zur Kassierin, einer Frau europäischer Herkunft. Die Kassierin schaut ihr direkt in die Augen, registriert sie also offensichtlich, dreht sich dann um, macht sich kurz an einem Regal zu schaffen und geht. Als die Frau merkt, dass die Kassierin so tut, als wäre sie nicht da, möchte sie etwas sagen, sagt aber nichts. Und weil sie in dem Moment nichts sagt, sagt sie auch nichts, als die Kassierin geht und nicht wieder kommt. Sie stellt ihren vollen Einkaufskorb ab und verlässt das Geschäft. Viele der Teilnehmer/innen merkten an, dass ihnen Dinge dieser Art regelmäßig passieren.

Ich möchte festhalten, dass die Übung immer auch symbolisch ist, obwohl sie auf einer Geschichte aus dem wahren Leben beruht. Die Frau, die die Kassierin spielt, ist nicht die Kassierin. Aber wir stimmten darin überein, dass wir uns, obwohl es sich nur um eine Momentaufnahme handelte, in der Kassierin in gewissem Sinn, aufgrund ihrer Wut und ihrer Ängste, die ihrer eigenen Lebenssituation entsprangen, wiedererkannten. In einem der gezeigten Regenbogenfragmente (einer Angst) entdeckten wir die Wahrscheinlichkeit, dass die Kassierin ihre Tage damit zubringt, Leute zu bedienen, die sie sehr oft nicht wie einen Menschen, sondern „nur wie eine Kassierin" behandeln. In ihrer Wahrnehmung sind das „all diese Leute" aus einem anderen Land, Leute, von denen sie annimmt, dass sie viel mehr Geld haben als sie selbst, Leute, die sie, so empfindet sie es, ihr Leben lang bedienen muss, Leute, die sie aus ihrer Sicht aller Chancen berauben. Sie ist wütend auf sie, ohne sie zu kennen.

Nochmals, diese Erkenntnisse dienen in keinster Weise dazu, den Rassismus der Figur auf irgendeine Weise gutzuheißen oder zu entschuldigen. Die Teilnehmer/innen, darunter viele Anti-Rassismus-Aktivisten, fanden die Einsichten aus der Übung allerdings sehr aufschlussreich und tiefgründig. Wir erkannten während der Recherche, dass wir uns mit den Ängsten und Wünschen der Kundin, die den Rassismus zu spüren bekam, bereits gut auskannten. Obwohl das für uns alle interessant war und es wichtige Entdeckungen darüber zu machen gibt, wie sich Rassismus durch solche Recherchen bekämpfen lässt, bestätigte es zu einem hohen Grad Dinge, die wir bereits wussten. Es sind die Ängste und Wünsche des Rassisten, die meist im Verborgenen liegen und unerkundet bleiben. Diese sind deshalb von großer Wichtigkeit, weil es unser Anliegen ist, den Ursachen von Rassismus zu begegnen und nicht nur den Symptomen.

Im Anschluss an die Übung fand eine sehr lebendige und positive Gruppendiskussion statt. Ich denke, wir alle wurden mit unserer symbolhaften Verbundenheit zu dieser Figur und mit unserem eigenen Rassismus, Klassendenken, Sexismus oder mit einem auf andere Weise ausschließenden Verhalten konfrontiert. Und das, obwohl wir alles Leute sind, die sich mehr oder weniger in der Anti-Rassismus-Arbeit engagieren.

Es war uns allein deshalb möglich, das Thema auf dieser Ebene zu untersuchen, weil wir riskierten, den Regenbogen der Ängste und Wünsche der rassistischen Kassierin zu entwickeln. Wir anerkannten ihre Menschlichkeit, ohne ihr Handeln zu entschuldigen.

Polizisten im Kopf

Während der *Regenbogen der Wünsche* die inneren Stimmen von Ängsten und Wünschen behandelt, also unterschiedliche Aspekte derselben Person, handelt die Übung *Polizisten im Kopf*[188] von anderen Personen, die in unsere Köpfe eingezogen sind. Diese eingelernten Stimmen von unseren Eltern, Vorgesetzten, Lehrern, Freunden, Geliebten usw., die uns sagen, dass wir dumm seien oder nicht in der Lage, etwas zu erreichen, sind ursprünglich nicht unsere eigenen Stimmen. Sie sind von woanders gekommen und geben sich als unsere Stimmen aus. Wie können wir diese Stimmen identifizieren und aus unserem Innenleben vertreiben oder zumindest lernen, sie zu akzeptieren und mit ihnen auf gesündere Art klar zu kommen? Ich würde zudem die Frage stellen, ob diese Stimmen auch in unserer kollektiven Psyche existieren. Wenn dem so ist, ist es dann auch möglich, auf einer Gemeinschaftsebene an ihnen zu arbeiten, so wie es auf individueller Ebene möglich ist?

Ich verwende dieselben Aufwärmspiele und Übungen für die Polizisten wie für den Regenbogen. Die Geschichten, nach denen ich frage, sind solche, in denen der Protagonist eine Entscheidung treffen muss, wobei er in diesem Moment der Entscheidung erstarrt oder verleitet ist, nicht zu seinem Besten zu handeln. Die Geschichte wird nach demselben Prozedere wie beim Regenbogen ausgewählt. Es kann eine Geschichte sein, in der der Protagonist alleine ist, in diesem Fall wird die Szene ein Monolog sein, es kann aber auch einen Antagonisten geben, der auf dieselbe Weise wie beim Regenbogen ausgewählt wird. (Für die Übungsbeschreibung werde ich davon ausgehen, dass der Protagonist nicht alleine ist und es einen Antagonisten gibt.)

---

[188] Versionen der Übung *Polizisten im Kopf* finden sich in Boals *Games for Actors und Non-Actors*, S. 192 und *Rainbow of Desire*, S. 136, dt. *Regenbogen der Wünsche* (1999), S. 116ff.

Wie beim *Regenbogen der Wünsche* entscheidet sich die Gruppe für jene Geschichte, die bei der Mehrheit der Teilnehmer/innen am meisten Resonanz erzeugt. Der Protagonist wählt eine/n Freiwillige/n aus der Gruppe für die Rolle des Antagonisten und erzählt die Geschichte mit mehr Details. Der Antagonist und die Gruppe hören zu und stellen anschließend Fragen. Dann wird der zu untersuchende Moment improvisiert. Der Joker hält Ausschau nach jenem Moment in der Improvisation, in dem der Protagonist „stecken bleibt", wo es offensichtlich wird, dass alle Stimmen in seinem Kopf die volle Lautstärke erreicht haben und wir die Verwirrung sehen können, die sie in ihm erzeugen. An dieser Stelle wird die Improvisation eingefroren. Ausgehend von diesem Freeze wird diese eine Sekunde (oder Millisekunde) der Szene erforscht.

Die Polizisten entdecken

Die Schauspieler/innen bleiben emotional in diesem eingefrorenen Moment verankert und der Joker bittet den Protagonisten eine Haltung einzunehmen, die darstellt, was die lauteste Stimme zu ihm sagt. Die Polizisten sind sehr spezifische Stimmen. Es sind keine Ängste oder Wünsche wie beim Regenbogen. Sie sind Stimmen *anderer Leute,* die jetzt im Kopf des Protagonisten sitzen und *schlechte Ratschläge* erteilen. Der Protagonist nimmt selbst die Haltung der lautesten Stimme ein, so ausdrucksstark wie möglich, als ob dieser Polizist mit ihm in der Szene reden würde.

„Wer erkennt diesen Polizisten?" Viele Hände werden in die Höhe gehen. „Wer kann herauskommen und diesen Polizisten *aufrichtig* spielen?" Viele Hände werden wieder nach unten gehen, aber jemand wird kommen.

> **Joker-Tipp:** Diese Einladung enthält eine Anzahl von Bedingungen. Wie bei der gesamten Arbeit mit dem *Theater zum Leben* ist es eine der Herausforderungen für die Teilnehmer/innen, Figuren zu spielen, von denen sie etwas verstehen[189] und die vielleicht etwas tun, mit dem sie nicht einverstanden sind. Es hilft uns bei unserer Recherche nicht weiter, wenn wir diese Figuren ins Lächerliche ziehen oder sie verteufeln. Sie tun

[189] Im Sinne von „für die sie Verständnis haben" und „von denen sie eine Ahnung haben" und „die sie nachvollziehen können". (Anm. d. Ü.)

das, was sie tun, aus ihren eigenen, guten Gründen. Wir stimmen vielleicht nicht mit ihnen überein, aber ihre Handlungen sind aus ihrer Sicht berechtigt.

Warum soll jemand auf die Bühne kommen und eine Stimme aus dem Kopf des Protagonisten spielen? Nicht weil er weiß, was im Kopf des Protagonisten vorgeht, sondern weil er etwas von den Polizisten aus seinem eigenen Kopf an diesem Polizisten, den der Protagonist darbietet, *wiedererkennt bzw. verstanden hat*. Nochmals, wir fangen mit der Geschichte einer Person an, bewegen uns aber dann in Richtung der Mehrheit. Die Geschichte beginnt dem „Raum" zu gehören.

Die Person aus dem Publikum übernimmt die Haltung des Polizisten. Der Protagonist muss diese Darstellung überprüfen und freigeben. Wenn die Haltung, der Gesichtsausdruck etc. nicht korrekt ist, dann muss der Protagonist Korrekturen vornehmen, bis die Haltung zu seiner Zufriedenheit ausgeführt ist. Dann positioniert der Protagonist diese Haltung in Relation zu sich selbst.

Dann folgt ein anderer Polizist, der sich vom ersten unterscheidet. Mit diesem wird ebenso verfahren. Es folgt ein nächster und noch einer. Gibt es eine/n Zuschauer/in, der/die der Meinung ist, dass es in dieser Szene noch nicht gezeigte Polizisten im Kopf des Protagonisten gibt, die er/sie darstellen kann? Ja? Komm heraus und zeig, ohne zu sprechen, deine Haltung. Stimmt der Protagonist zu, dass dieser Polizist auch tatsächlich in seinem Kopf ist, bleibt er. Wenn dem nicht so ist, geht der/die Zuschauer/in zurück auf seine/ihren Platz. Es ist allerdings wichtig, dass einige Polizisten aus dem Publikum kommen. Das erhöht die Mehrheitsfähigkeit der Geschichte.

Erste Aktivierung der Polizisten

Die Polizisten sind in ihren eingefrorenen Haltungen rund um den Protagonisten positioniert. Zeitgleich beginnen alle mit einem inneren Monolog. Jede/r drückt die Gedanken und Gefühle seiner/ihrer klar umrissenen Figur aus. Die Körperhaltung gibt ebenso Hinweise wie die eigene Erfahrung in Bezug auf diesen Polizisten. Es muss den Polizisten klar sein, dass sie nicht den Protagonisten spielen. Sie sind eine Figur, die sich mit dem Protagonisten in einer Szene befindet. Sie sind nicht länger in seinem Kopf, sondern präsent und auf der Bühne sichtbar.

Freeze! Der Joker geht zu jedem Polizisten, berührt ihn und dieser sagt dann einen Satz, der folgendermaßen beginnt: „(Name des Protagonisten), ich will, dass du ...“. Dieser Satz ist sein Wunsch an den Protagonisten. Zum Beispiel: „Ich will, dass du dich zu deiner eigenen Sicherheit ruhig verhältst!“ oder „Ich will, dass du davonläufst!“ oder „Ich will, dass du dich daran erinnerst, dass du nichts wert bist!“ oder „Ich will, dass du tust, was man dir sagt!“ usw. Die Polizisten erteilen dem Protagonisten Ratschläge, die ihn auf irgendeine Weise erstarren lassen oder ihn auf einen unheilvollen Weg führen. Sie sind ganz spezifische Stimmen.

Jetzt ist der Protagonist an der Reihe. Er geht in beliebiger Reihenfolge zu jedem Polizisten und sagt ihnen:

- Wer sie sind: „Du bist mein Bruder (meine Mutter, mein Lehrer etc.).“
- Einen Schlüsselsatz, den sie an den Protagonisten richten.

Die Workshop-Teilnehmer/innen, die die Polizisten spielen, haben nun diese beiden spezifischen Anweisungen vom Protagonisten und zusätzlich ihren eigenen Satz, sowie die Entdeckungen aus ihrem inneren Monolog. Jede/r Einzelne von ihnen wird all das einbauen, um eine möglichst komplette Figur zu entwickeln.

Dann beginnen alle Polizisten *hinter dem Protagonisten her zu sein*, alle gleichzeitig. Alle können sich bewegen, die Polizisten müssen ihre Haltungen aber so gut wie möglich bewahren. Sie müssen alles in ihrer Macht Stehende unternehmen (keine tatsächliche, nur theatrale Gewalt ist erlaubt), um den Protagonisten dazu zu bringen, das zu tun, was sie wollen. Der Protagonist muss alles ihm Mögliche tun (keine tatsächliche, nur theatrale Gewalt ist erlaubt), um mit den Polizisten zurechtzukommen. Er versucht möglicherweise die Polizisten zurückzudrängen oder vor ihnen zu flüchten, zu argumentieren, für sie zu singen, zu tanzen etc. Das wird uns höchstwahrscheinlich vor Augen führen, dass der Protagonist unsere Hilfe braucht und dass die Kombination aus allen Stimmen zu viel Druck auf ihn erzeugt, um in der Lage zu sein, heil aus dieser Situation heraus zu kommen.

Aktivierung von Antikörpern zur Behandlung[190] der Polizisten

Alle Polizisten gehen auf eine Seite der Spielfläche. Wir bekommen Gelegenheit, einen nach dem anderen zu behandeln. Die Reihenfolge bestimmt der Protagonist. Ein Polizist/Eine Polizistin kommt und positioniert sich in Haltung und im Verhältnis zum Protagonisten wie zuvor in der Übung festgelegt. Die Ursprungsimprovisation zwischen Protagonist und Antagonist wird wiederholt. In dem Moment, in dem die Improvisation eingefroren wird, „schwenken die Scheinwerfer" vom Antagonisten zum Polizisten. Der Antagonist verstummt und der Polizist übernimmt die Szene. Er versucht den Protagonisten zu überzeugen, seinem Ratschlag zu folgen. Der Protagonist muss in seiner Auseinandersetzung mit dem Polizisten wahrhaftig bleiben.

Wenn jemand aus dem Publikum eine Möglichkeit sieht, wie man mit diesem Polizisten im Namen des Protagonisten umgehen könnte, ruft derjenige „Stopp!" und ersetzt den Protagonisten (und wird so mit den Worten Boals zu einem Antikörper) und probiert seine Idee aus, genau wie im Forumtheater. Viele unterschiedliche Ideen können in Bezug auf jeden Polizisten ausprobiert werden. Langsam arbeiten wir uns von Polizist zu Polizist, bis alle an der Reihe waren.

Während dieses Teils der Übung ist es, wie beim Regenbogen möglich, verschiedene Aktivierungstechniken anzuwenden. Es ist nicht wirklich notwendig, tatsächliche Lösungen zur Überwindung der Polizisten zu finden, obwohl das vorkommen kann und auch vorkommt. Wichtig ist die Recherche, weil viele Einsichten und Erkenntnisse in Bezug auf eine Neudefinition der eigenen Beziehungen zu den Stimmen für viele Leute im Raum auftauchen werden und im Weiteren auch für das Gemeinwesen.

Analyse der ursprünglichen Position der Polizisten

Wurde die Recherche mit den Polizisten vollständig durchgeführt, was mit Pausen zwei oder mehr Stunden dauern kann, gehen alle Polizisten und der

---

190 Behandlung hier im Sinne von „Umgang mit", aber auch im Sinne einer heilsamen Behandlung; Die Wahl der Übersetzung folgt dabei der Überlegung, dass es darum, geht zu handeln und Theater immer (eine) Handlung braucht.

Protagonist auf ihre ursprünglichen Plätze zurück. Nun kann der Protagonist die Polizisten sich selbst gegenüber neu positionieren, je nachdem wie er nun denkt oder fühlt, nachdem er in der Übung beobachtet und erlebt hat. Welche Macht haben sie jetzt über ihn? Hat sich etwas verändert? Vielleicht hat er etwas Neues über die Polizisten gelernt, über deren Schwächen und Stärken, und vielleicht ist einer (oder mehrere) sogar auf bisher ungeahnte Weise nützlich. Jeder Polizist sollte an dieser Stelle ein paar Sätze von seinem neuen Platz aus sagen. Jetzt ist eine gute Zeit, um das Publikum zu fragen, was es sieht und hört.

Abschluss der Übung

Ich bedanke mich bei den Polizisten, frage sie, ob sie etwas sagen möchten und entlasse sie aus ihren Rollen. Ich bedanke mich beim Antagonisten, frage, ob er etwas sagen möchte und entlasse ihn aus seiner Rolle. Ich bedanke mich beim Protagonisten, frage, ob er etwas sagen möchte und entlasse ihn aus seiner Rolle. Wie beim Regenbogen lege ich Wert darauf, die Teilnehmer/innen zu bitten, dem Protagonisten eine Pause zu gönnen und ihn oder sie während der anschließenden Diskussion nicht mit Fragen zu löchern.

Ich habe *Polizisten im Kopf* bei vielen verschiedenen Gelegenheiten angewandt. Wie bereits erwähnt, haben wir die Polizisten während *Reclaiming Our Spirits* (*Rückbesinnung auf unsere Geister*) dazu verwendet, die Probleme, die aus den Internatsschulen resultierten, zu untersuchen. Ich habe die Technik auch dazu verwendet, um zu Fragen des Klimawandels zu recherchieren: Was hindert uns daran, diesbezüglich aktiv zu werden?

2000 entwickelte Headlines Theatre eine Forumtheater-Produktion zu Fragen der Globalisierung mit dem Titel *Corporate U* (*Unternehmen Uni*).[191] Als Teil der Recherche zu diesem Projekt kam mir die Idee, die Polizisten zu verwenden, um zu untersuchen, inwiefern die Stimmen der Unternehmen in unsere kollektive Psyche eingedrungen sind und ob wir das Theater dazu ver-

[191] Entwickelt und aufgeführt von: Emme Lee, Valerie Laub, Kevin Millsip, Charlene Wee. Inspizienz: Kelly Creelman. Regie und Joker: David Diamond. Ein vollständiger Bericht findet sich auf http://www.headlinestheatre.com/pastwork.htm

wenden könnten, diese Stimmen besser zu verstehen bzw. sie zu vertreiben.

Wir buchten ein kleines Theater und kündigten eine Theaterveranstaltung an, in der es keine Textvorlage, kein fertiges Stück und keine Schauspieler/innen geben würde, so wie wir das zuvor schon mit Produktionen wie *Safe Sex* (*Safer Sex*)[192] getan hatten. Wir nannten es *Corporations in Our Heads* (*Firmen in unseren Köpfen*) und gestalteten fünf interaktive Abende.

Die Erfindung von *Corporations in Our Heads* (*Firmen in unseren Köpfen*)

Firmen teilen uns hunderte, vielleicht tausende Male pro Tag etwas mit. Ihre Botschaften erreichen uns via Fernsehen, Radio, Zeitungen, Magazine, Reklameflächen, den Firmenzeichen auf den Kleidungsstücken der Leute, über Luxusmarken sowie Gegenstände des täglichen Gebrauchs. Möglicherweise schenken wir den Stimmen der Firmen mehr Beachtung als den Stimmen so mancher Menschen. Es handelt sich dabei nicht um menschliche Stimmen, z.B. die Stimmen der Firmenchefs, aber vielleicht sind es dennoch Stimmen von etwas Lebendigem.

Im Buch *Culture Jam: The Uncooling of America*[193] führt der Autor und Gründer von *Adbusters*[194] Kalle Lasn aus, wie Unternehmen die rechtliche Gleichstellung mit Menschen erlangt haben. Ein Wendepunkt in dieser Entwicklung war die „Santa-Clara-Railway-Entscheidung" aus dem Jahre 1898, in welcher ein US-amerikanisches Gericht erklärte, die Eisenbahngesellschaft habe die Rechte einer „natürlichen Person".[195] Seither wird dieser Fall im Unternehmensrecht als Präzedenzfall herangezogen.

So problematisch es sich auch anhört, wenn man Firmen unter dem Gesichtspunkt der Systemtheorie betrachtet, treten sie mit den gleichen Eigenschaften auf wie lebendige Systeme. Capra schreibt:

---

[192] vgl. http://www.headlinestheatre.com/pastwork.htm

[193] Kalle Lasn: *Culture Jam: The Uncooling of America*, Eagle Book, New York, 1999. dt. *Culture Jamming – Das Manifest der Anti-Werbung* (Taschenbuch) oder *Culture Jamming – Die Rückeroberung der Zeichen* (gebundene Ausgabe), Freiburg, 2005

[194] vgl. http://www.adbusters.org; auf Deutsch etwa „Werbejäger". (Anm. d. Ü.)

[195] Das Rechtswesen unterscheidet normalerweise zwischen natürlichen Personen, d.h. Menschen und juristischen Personen, d.h. Firmen, Vereinen, AGs etc. (Anm. d. Ü.)

„So stellen wir zum Beispiel fest, dass Stoffwechselnetzwerke in biologischen Systemen Kommunikationsnetzwerken in sozialen Netzwerken entsprechen, dass chemische Prozesse, die materielle Strukturen erzeugen, gedanklichen Prozessen entsprechen, die semantische Strukturen erzeugen, und dass Energie- und Materieflüsse Flüssen von Information und Ideen entsprechen."[196]

Es folgen nun meine Notizen über den ersten Abend von *Corporations in Our Heads* (*Firmen in unseren Köpfen*) als Beispiel dafür, was passiert ist.

21. September 2000

Ich war zu Beginn dieses ersten Abends nervös, weil ich von vielen Dingen nicht wissen konnte, ob sie funktionieren würden, solange ich sie nicht ausprobiert hatte. Ich wollte mir die Stimmen von *Firmen* anschauen, die in unsere Köpfe Einzug gehalten haben, Stimmen, die versuchen uns zu etwas zu bewegen, was vielleicht nicht zu unserem Besten, zum Besten des Planeten, zum Besten derer, die wir lieben usw. ist. Könnten wir dazu Theaterübungen verwenden? Könnten und/oder wollen Leute diese Stimmen auf der Bühne verkörpern und als Figuren darstellen? Ja. Die Menschen im Raum heute Abend haben das wunderbar getan.

Die ausgewählte Geschichte: Eine in der Antiglobalisierungsbewegung aktive Frau geht durch die Robson Street (eine trendige Straße im Einkaufsviertel von Vancouver). Sie kommt gerade von einer internationalen Konferenz. Sie kommt an „The Gap" (einer Bekleidungskette) vorbei. Sie erklärt uns: „Das ist das einzige Geschäft, das Jeans verkauft, die mir passen. Ich weiß, dass ‚The Gap' seine Jeans in Sweatshops[197] produzieren lässt, trotzdem gehe ich schlussendlich hinein."

Die Improvisation, die sie entwirft, ist ein Monolog. Es gibt nur sie und „The Gap".[198] Ich bitte sie, die Szene einmal ohne Worte zu spielen, um den körperlichen Ablauf zu finden. Dann soll sie die Szene wiederholen und all

[196] Capra, a.a.O., S. 337

[197] Betriebe, die ihre Mitarbeiter/innen ausbeuten und unter billigsten Bedingungen produzieren; (Anm. d. Ü.)

[198] Rückblickend frage ich mich, was passiert wäre, wenn wir aus dem Geschäft eine Figur, den Antagonisten, gemacht hätten. Vielleicht probiere ich das irgendwann einmal aus.

ihre Gedanken laut aussprechen. In ihrer Improvisation gibt es einen Moment, in dem sie sich umsieht und sich fragt, ob jemand sie beobachtet, der sie kennt. Sie schaut auf die Uhr. Sie beschließt, dass es „ungefährlich" sei und ist im Begriff ins Geschäft zu gehen. Diesen Moment friere ich ein.

Wie bei der Übung *Polizisten im Kopf* bitte ich die Protagonistin, die Stimmen in ihrem Kopf zu entwerfen, bei denen sie spürt, dass sie ihr schlechte Ratschläge erteilen. Dazu bitte ich sie, die Aussagen der Stimmen mit einer Haltung zu verkörpern. Ich bitte Leute aus dem Publikum, diese Stimmen darzustellen. Sobald sich alle in Position befinden, beginnen alle Stimmen einen inneren Monolog zu führen und sagen dann einen Satz zur Protagonistin. Dann gibt die Protagonistin jeder Stimme einen weiteren Satz und – in diesem Fall – einen Markennamen.

Die erste und lauteste Firmenstimme ist „The Gap" selbst. Sie sagt zur Protagonistin, dass sie wüsste, wie dick sie sei und dass diese Jeans sie schlanker erscheinen ließen. Die zweite Stimme ist „Eddie Bauer", eine weitere Kleidermarke. Sie sagt, dass die Bekleidungsindustrie die Menschenrechte wirklich unterstütze und die Arbeitsbedingungen der Mitarbeiter bereits ändere, dass sie also ruhigen Gewissens hineingehen könne. Die dritte Stimme ist „Revlon", eine Kosmetikfirma, die ihr erzählt, sie verdiene diese Jeans, sie sei schön und diese Jeans machen sie noch schöner. Die vierte Stimme ist „Nike", die ihr sagt, dass sie eine Verliererin sei, wenn sie nicht – „just do it" – reingehe und die Jeans kaufe.

Dass die Stimmen namentlich identifiziert werden, regt eine lebendige Diskussion mit dem Publikum darüber an, wie erstaunlich einfach es für die Protagonistin und uns ist, diese Stimmen zu benennen. Es ist wie eine Offenbarung. Als die Stimmen ihre Namen bekommen, gibt es viel Applaus und Gelächter. Wir alle haben die Stimmen der Firmen wirklich im Kopf. Die Menschen im Theater erleben einen gemeinsamen Moment der Erkenntnis. (Rückblickend betrachtet würde ich sagen, das war eine kollektive Epoché.)

Es gab viele Einstiege aus dem Publikum, die versuchten, die Stimmen der Firmen zu vertreiben. Etwas geschah immer wieder: Die Leute suchten mit den Stimmen der Firmen Streit, manchmal mit Vehemenz, und die Stimmen der Firmen wollten sich mit ihnen wirklich ernsthaft darauf einlassen. Es wurde allerdings offensichtlich, dass es nicht unbedingt eine Lösung bedeutete, sich mit ihnen einzulassen. Oft war es genau das, was die Stimmen der Firmen wollten. Sie wollen, dass wir uns auf irgendeine Weise mit ihnen einlassen, wissend, dass wir für die Kraft ihrer Botschaften empfänglich sind.

Einer der Einsteigenden wies andererseits darauf hin, dass, je mehr er über den Charakter einer einzelnen Stimme herausfand, je mehr er die Taktik einer Stimme verstand, er umso mehr die Kraft verspürte, der Kontrolle dieser Stimme über ihn zu entgehen. Es ist also die Art und Weise, wie wir der Stimme begegnen, die wichtig ist. Begegnen wir ihr kritisch?

Eine andere Situation machte deutlich, dass unsere Verantwortung als brave Bürger in der Kultur, in der wir leben, anscheinend darin besteht, zu kaufen. Wenn wir es schaffen, mit dem Kaufen aufzuhören, dann lautet die Antwort der Firmen in einigen Fällen, dass wir sie damit ihres Rechts auf Verkauf und Verdienst beraubten.

Im Allgemein war es für das Publikum leichter mit Stimmen umzugehen, die sie personifizieren konnten. Mit den Stimmen, die auf Distanz blieben, war es am schwierigsten zurechtzukommen. Ich denke, dass das ein wichtiger Anhaltspunkt in Bezug auf die Taktik ist. Wir müssen uns die Zeit nehmen, die spezifischen Botschaften der Firmen und ihre eigentliche Bedeutung zu verstehen, bevor wir hoffen können, uns von ihrer Kontrolle über unser Leben und unsere kollektive Psyche zu befreien.

Im Zuge dieses Abends kam unter anderem der Vorschlag, in allen Schulstufen zu unterrichten, unter welchen Gesichtspunkten man sich Werbung und andere Formen von Reklame anschauen soll. Das scheint für die konsumorientierte Welt, in der wir leben, angemessen zu sein. Wir können jungen Menschen eine Hilfestellung geben, sich der Auswirkungen der Stimmen von Firmen auf unser Leben bewusst zu werden.

Es gibt in der Tat eine wunderbare Organisation in Vancouver, die genau das in der Sekundarstufe versucht. Sie nennen sich „Check your Head“.[199]

---

[199] vgl. http://www.checkyourhead.org

Regenbogen der Wünsche und *Polizisten im Kopf* sind Beispiele aus Boals Schaffen, die sich im Laufe seines Lebens je nach Kontext – er ging von Brasilien nach Frankreich – entwickelt haben. Ein Teil der Kraft, die von seinem Werk ausgeht, besteht darin, dass es sich anpasst und den Menschen dort begegnet, wo sie gerade ihr Augenmerk hinrichten, gleichgültig, ob sie sich auf äußere oder innere Fragen konzentrieren oder auf eine Mischung aus beidem.

Ich bemerkte in meiner eigenen Arbeit, wie viele Menschen und Gemeinschaften, zu denen ich eingeladen war, mit ihrer emotionalen und psychologischen Verortung zu kämpfen hatten. Sie fühlten sich sehr unwohl mit ihrem „Hier" und wollten unbedingt ein „Dort" finden. Deshalb begann ich darüber nachzudenken, die Sprache der Bilder, wie sie im Bildertheater, beim Regenbogen und den Polizisten vorkommt, zu nutzen, um eine Übung zur Entwicklung von Gemeinschaftsvisionen zu entwerfen, die einen symbolischen Handlungsablauf von „Hier" nach „Dort" darstellt. Das Ergebnis *Your Wildest Dream* (*Euer kühnster Traum*) wird im nächsten Kapitel erläutert.

Von hier nach dort

Paulo Freire schreibt in *Pädagogik der Hoffnung*: „... du kannst nie *dorthin* gelangen, indem du von *dort* losgehst, du gelangst *dorthin,* indem du von *hier* losgehst."[200] Zur besseren Erklärung und um diesen Satz nicht aus seinem Kontext zu reißen: Freire schreibt, dass ein „... Pädagoge (educator) wissen muss, dass sein ‚Hier' und ‚Jetzt' fast immer das ‚Dort und Dann' der Auszubildenden (educands)[201] ist." Er erläutert, dass ein Pädagoge, der von außen in eine Gemeinschaft kommt, dort beginnen muss, wo sich die Auszubildenden befinden und nicht dort, wo er wünscht, dass die

[200] zit. und übersetzt nach Paulo Freire: *Pedagogy of Hope*, Sheed and Ward, Lanham MD, 1972, S. 58.

[201] Die Beziehung zwischen Lehrer/in und Schüler/in entspricht der Beziehung zwischen Pädagoge/Pädagogin (educator) und Auszubildendem/Auszubildender (educand). Allerdings ist bei ersterem der Lehrer traditionellerweise ein Experte, der den Schüler mit Wissen füttert. Bei zweiterem ist der Pädagoge ein BegLeiter (guide), der den Auszubildenden, der bereits über Wissen verfügt, auf eine Entdeckungsreise mitnimmt.

Auszubildenden wären. Es ist nicht die Aufgabe eines Theaterregisseurs oder Jokers, in der Arbeit mit Gemeinschaften den Teilnehmern in einem Workshop etwas über ihr Leben beizubringen. Sofern ein Joker auf irgendeine Weise ein „Lehrer" ist, dann einer für die Techniken des Theaters. Die Teilnehmer/innen sind selbst die Experten, wenn es um ihr Leben geht. Sie führen ihre eigenen Recherchen im Verlauf des Workshops, um Einsichten in ihr Leben und das Leben ihrer Gemeinschaft zu gewinnen. Der gemeinsame Prozess, ein Theaterstück zu entwickeln und die Gemeinschaft zu analysieren, ist an sich ein Bildungsprozess, den der Joker möglich macht und beg-leitet.

Wenn eine Gruppe von Leuten zusammenkommt, um mit Hilfe von Improvisationen ein Theaterstück zu entwickeln, ist es zwingend notwendig, dass man sich ausreichend Zeit nimmt und herauszufinden versucht, wo sich das „Hier" der Gruppe befindet. Das ist sowohl für die Gruppe als auch für den Joker hilfreich. Ich habe noch nie erlebt, dass sich eine Gruppe, auch nicht eine Gruppe, deren Mitglieder bereits sehr miteinander vertraut sind, darüber im Klaren war oder darin übereinstimmte, wo sich ihr „Hier" in Bezug auf ein Thema befand. Ich spreche nicht über ein individuelles „Hier". Es geht um ein gemeinschaftliches „Hier".

Ich habe bei zahlreichen Gelegenheiten beobachtet, wie es in einer Gruppe Widerstände gab, das „Hier" zu erkunden. Dieser Widerstand ist allerdings sinnvoll. „Hier" ist womöglich kein angenehmer Ort. (Wenn er angenehm wäre, ist es unwahrscheinlich, dass wir Theater machen würden, welches das Ziel verfolgt, einen Dialog in der Gemeinschaft anzuregen.) Die Tendenz in Gruppen geht dahin, dass sie sehr rasch nach „Dort" gelangen wollen. Es gibt keine Abkürzungen. Es gibt nur das Versprechen, dass nach getaner Arbeit das „Hier" in seiner Vielschichtigkeit verstanden wird, und dass die daraus entstandene dialogfördernde Theateraufführung danach forschen wird, wie die Gemeinschaft als Ganzes zu einigen „Dorts" gelangen kann.

Ich habe ebenso Gemeinschaften beobachtet, die große Schwierigkeiten damit haben, sich ein „Dort" vorzustellen. Sie stecken möglicherweise dermaßen im „Hier", dass es unmöglich scheint aufzublicken und eine Perspektive zu gewinnen. So wie beim einzelnen Menschen hängt auch die Gesundheit einer

Gemeinschaft mit ihrem Vorstellungsvermögen zusammen. Im Folgenden beschreibe ich eine Übung für Gemeinschaftsvisionen, die entwickelt wurde, um dem Gemeinwesen zu gemeinsamen Träumen und Vorstellungen[202] zu verhelfen.

Your Wildest Dream (Euer kühnster Traum)

Nachdem ich 1997 zum ersten Mal dem oben erwähnten Freire-Zitat begegnet war, begann ich eine Technik zu entwickeln, die Bildertheater und Polaroid-Fotos beinhaltete, um Gemeinschaften zu helfen, sich eine Route von „Hier" nach „Dort" auszumalen. Ich habe *Your Wildest Dream* in der Arbeit mit dem Nuxalk-Volk in British Columbia verwendet und mit Gruppen aus dem Passamaquoddy-Volk im US-Bundesstaat Maine und der kanadischen Provinz New Brunswick.[203] Nach fünf *Theater zum Leben*-Workshops in drei Jahren gründeten Letztere eine Theatergruppe mit dem Namen *The Passamaquoddy Players.* Sie verwenden Theater, um ihr Augenmerk auf Fragen rund um Sprache und Kultur zu richten. Teilnehmer/innen aus den *Theater zum Leben*-Trainingsworkshops haben die Übung zum Beispiel auch in den Schulbezirk von Regina/Saskatchewan getragen.[204, 205]

Your Wildest Dream richtet seine Aufmerksamkeit nicht auf externe Themen, die die Gemeinschaft vielleicht betreffen. Die Aufmerksamkeit richtet sich auf *die Gemeinschaft selbst.* Wie kann eine Gemeinschaft effektiv an Themen arbeiten, die sie betreffen, wenn sie selbst an einer Funktionsstörung leidet?

Your Wildest Dream spannt sich am besten über zwei oder drei Tage und funktioniert am besten mit Leuten, die sich kennen und miteinander leben und/oder arbeiten, einer Gemeinschaft, die auf irgendeine Weise einen Ort

---

[202] im dreifachen Wortsinn: 1) Theatervorstellung 2) Vorstellung im Sinne von sich bekannt machen, in diesem Fall: mit sich selbst 3) Vision, Imagination (Anm. d. Ü.)

[203] Das angestammte Gebiet der Passamaquoddy liegt dies- und jenseits der heutigen Grenze zwischen den USA und Kanada.

[204] Kurz vor Drucklegung dieses Buches (des engl. Originals 2007) hörte ich von Adam Perry, der 2006 am *Theater zum Leben*-Trainingsworkshop teilnahm und für eine Organisation mit dem Namen InterChange arbeitet. Adam war gerade dabei, einen *Your Wildest Dream*-Workshop für die Exilgemeinde aus Ruanda in Toronto zu leiten.

[205] *Your Wildest Dream* entwickelte sich 2007 in Calgary weiter, was zu einer 1.1 Version der englischen Originalausgabe dieses Buches führte.

miteinander teilt, selbst wenn es der Arbeitsplatz ist. Die Teilnehmerzahl reichte bisher von 15 bis 40. Die Übung wird schwieriger, ist aber immer noch möglich, wenn das einzig Gemeinschaftsstiftende ein gemeinsamer Fokus der Teilnehmer/innen ist. Vielleicht setzen sich alle für soziale Gerechtigkeit ein oder alle sind Lehrer/innen. In beiden Fällen werden sie in den Workshop gekommen sein, um den kühnsten Traum der Gemeinschaft der Sozialaktivisten oder der Lehrergemeinschaft zu kreieren.

1. Tag

Ich würde *Your Wildest Dream* mit einigen der folgenden Übungen und Spiele beginnen. Sie können je nach Verlauf auch variieren:[206]

Balance
Hypnose
Den Blinden führen
Blinde Autos
Bilderdialog
Partner formen
Die Glasflasche
Vierer-Gruppen

Wildest Dream: Phase 1

Man stellt die Frage, ob irgendjemand ein Bild *der Funktionsstörung* der Gemeinschaft entwerfen kann. Wie sieht die nicht funktionierende Gemeinschaft aus? Das Bild kann realistisch oder symbolisch sein, es kann zwei oder alle Teilnehmer/innen beinhalten. Jemand beginnt dieses Bild zu entwerfen. Alle schauen es sich an, gehen, sofern es gewünscht wird, um das Bild herum und sehen es aus unterschiedlichen Perspektiven. Dann wird ein anderes Bild entworfen. Wieder wird es betrachtet. Es gibt soweit keine Diskussion, nur Schauen, Spüren, Aufnehmen. Ein anderes Bild folgt und noch eines. Wir lassen uns Zeit, um Bilder der Funktionsstörung der Gemeinschaft in den Raum zu stellen. Nachdem sechs oder acht, vielleicht auch zehn Bilder entworfen wurden, lautet die Frage, ob jemand noch ein

[206] Spiele, die noch nicht erklärt wurden, werden im *Anhang* beschrieben.

Bild hat, das sich gänzlich von den bisher gesehenen unterscheidet. Vielleicht gibt es einige. Sie werden angeschaut und erst dann folgt die nächste Phase.

Wildest Dream: Phase 2

Nachdem all diese Bilder der Funktionsstörung des Gemeinwesens gesehen wurden, geht es nun um den Versuch eine Synthese herzustellen, um *das* Bild zu entwerfen, das alle anderen miteinschließt. Es kann realistisch oder symbolisch sein und so viele Leute beinhalten wie im Raum sind, oder auch nur zwei. Sind es nur zwei, sollte das Bild der Funktionsstörung zumindest einen Protagonisten und einen Antagonisten beinhalten.

Es ist also nun nicht mehr die Aufgabe, *ein* Bild der Funktionsstörung zu entwerfen, sondern *das* Bild der Funktionsstörung, das *die Essenz* der Funktionsstörung der Gemeinschaft darstellt.

Jemand entwirft also *das* Bild. Die Gruppe stimmt ab. Wenn eine Mehrheit der Gruppe denkt, das ist nicht *das* Bild, fragt man nach einem anderen Bild. Wenn die Mehrheit der Gruppe denkt, das könnte *das* Bild sein, wird es beibehalten und nur durch Hinzufügungen, Wegnahmen oder in Details verändert. Das geht so lange, bis alle zufrieden sind, oder so zufrieden, wie es eben geht. Das kann einige Zeit dauern. Es ist wichtig, dass alle daran denken zu atmen.

Dann macht man ein Polaroid-Foto (oder ein digitales Foto, das man mit entsprechendem Equipment sofort ausdrucken kann) vom Bild *der* Funktionsstörung des Gemeinwesens und hängt es an die Wand. Das kann das Ende eines emotional anstrengenden Tages sein. Ich empfehle zum Abschluss einen formellen Kreis, wo jede/r (sofern er/sie möchte) die Möglichkeit zu sprechen und gehört zu werden hat.

2. Tag

Am zweiten Tag wähle ich für den Beginn, verglichen mit dem ersten Tag, herausforderndere Spiele. Abhängig vom bisher Geschehenen entscheide ich mich zum Beispiel für:

Zeigen und drehen
Auf Lücke gehen
Blinde Busse
Klatschkreis
Die Röhre

Wildest Dream: Phase 3 und 4

Nach den Spielen zur Gruppenbildung wiederholt man Phase 1, aber dieses Mal in der Vorstellung, dass es die Funktionsstörung des Gemeinwesens nicht gibt. Träumt! Sucht zuerst nach *einem* Traumbild, um in einen gemeinsamen Fluss zu kommen und dann nach dem Bild *des kühnsten Traums der Gemeinschaft.* Nicht *ein* Bild, sondern *das* Bild ist gefragt. Wie schaut die gesunde, funktionierende Gemeinschaft im kühnsten Traum der Gruppe aus?

Es ist wichtig, zwischen diesem Konzept des „kühnsten Traums" und Boals „Bild des Übergangs" oder dem „Idealbild"[207] zu unterscheiden. Wir suchen nicht nach einem Bild als Reaktion auf ein Bild der Unterdrückung und nichteinmal auf das Bild der Funktionsstörung vom Vortag. Das ist einer der Gründe, warum ich die Arbeit eines Tages gerne vom nächsten Tag trenne. Beim kühnsten Traum stellen wir uns vor, dass die Funktionsstörung, der Kampf, die Unterdrückung nicht existiert. In dieser wilden Fantasie, wie schaut die Gemeinschaft aus, wie fühlt sie sich an?

Wenn alle im Raum zufrieden sind oder so zufrieden, wie es eben geht, macht man ein Foto von diesem kühnsten Traum und hängt es sechs bis zehn Meter vom Bild der Funktionsstörung entfernt auf. Das kann dann wieder das Ende eines emotional anstrengenden Tages markieren. Ich empfehle noch einen formellen Abschlusskreis.

3. Tag

Ich würde wieder mit Spielen beginnen, die noch herausfordernder sind als die der vorangegangenen Tage. Abhängig vom bisher Geschehenen wähle ich vielleicht:

---

[207] vgl. *Games for Actors and Non-Actors*, S. 173.

Gefahr und Beschützer
Klatschkreis (anderer Rhythmus als am Vortag)
Wirkungsvolle Hand
Fallen

Wildest Dream: Phase 5

Nach einigen Gruppenbildungs- und Vertrauensübungen wird die Gruppe gebeten, Bilder anzubieten, die irgendwo zwischen dem Bild der Funktionsstörung und des Traums liegen. Jemand entwirft ein Bild. Es kann realistisch oder symbolisch sein und nur eine oder auch alle Personen beinhalten. Das Bild kann jetzt deshalb nur aus einer Person bestehen, weil es die Spannung zwischen einem Protagonisten und einem Antagonisten nicht mehr enthalten muss, die es für die Darstellung der Funktionsstörung brauchte. Die Gruppe ist nun auf der Suche nach Bildern, die sich irgendwo auf dem zwischen der Funktionsstörung und dem Traum liegenden Weg befinden. Sie können realistisch oder symbolisch sein. Alle Bilder werden ohne zu fragen und ohne Erklärung akzeptiert.

Man macht von jedem entworfenen Bild ein Foto. Die Gruppe bestimmt, wo zwischen den beiden Extrembildern das neue Bild positioniert werden soll. Wenn es keine Übereinstimmung gibt, wird ein Platz zwischen den beiden am weitesten voneinander entfernten vorgeschlagenen Punkten gewählt. Die Bilder sind nicht unverrückbar. Sie können später, sofern notwendig, verschoben werden. Langsam mehren sich die Bilder an der Wand.

> **Joker-Tipp:** Die Wahl, wo die Bilder hinkommen sollen, ist eine andere als die Wahl bei der Aktivierung der Bilder im Bildertheater. Entscheidungen werden nicht nach dem Mehrheitsprinzip getroffen. Es wird auch nicht nach einem Konsens gesucht. Der Joker versucht das Bewusstsein im Raum in Bezug auf jedes einzelne Bild einzuschätzen und wo es im Zusammenhang mit den anderen Bildern hingehört. „Kompromiss" lautet das Motto des Tages.

Ungefähr die ersten sechs Bilder sind normalerweise relativ einfach zu platzieren. Danach braucht es immer mehr Diskussion, um ein Bild zu positionieren. Vielleicht müssen zwei Bilder, von denen die Gruppe dachte, dass sie nebeneinander liegen würden, auseinander rücken, um einem neuen Bild Platz zu machen. Vielleicht beschließt die Gruppe, dass ein neues Bild außerhalb der Grenzen der Extrembilder existiert, in anderen Worten, das neue Bild definiert das Extrem der Funktionsstörung oder des Traums neu. (Es zeigt sich dadurch die Fähigkeit der Gemeinschaft ihr „Hier“ zu definieren oder sich gemeinsam ihr „Dort“ vorzustellen).

Joker-Tipp: Während dieses Prozesses müssen die Bilder in einer Reihe horizontal an die Wand gehängt werden. Stell dir die Fotos als symbolische Straßenkarte vor, wie eine Buslinie. Wir wissen, dass Busse nicht notwendigerweise die direkte Route fahren. Allerdings zeichnen die Verkehrsunternehmen gerade Linien auf die Routenpläne, damit die Fahrgäste den Plan lesen können und sehen, welche Haltestelle auf die nächste folgt. Wenn man sich an diese Regel hält, bekommt man eine Struktur, innerhalb derer die Gruppe kritisch prüfen muss, welcher Schritt als nächstes folgt.

So viele Bilder wie möglich werden aufgehängt. Ich habe noch nie eine Gruppe mit mehr als 40 und weniger als 10 Bildern erlebt.

Kühnster Traum: Phase 6

Die Gruppe soll sich hinsetzen und ihren *Wildest Dream* betrachten. Ich frage, ob ein/e Freiwillige/r aus der Gruppe anhand der symbolischen Bilder auf dieser Straßenkarte entweder die eigene Lebensgeschichte oder seine/ihre Eindrücke in Bezug auf die Geschichte der Gemeinschaft nachzeichnen kann?

Es ist erstaunlich, welch unterschiedliche und komplexe Geschichten anhand derselben Fotografien erzählt werden. Es stellen sich Menschen zu dieser Straßenkarte und sind in der Lage, eigene Lebenswege nachzuzeichnen. Sie beziehen sich auf spezifische Ereignisse in ihrem Leben, wo sie z.B. an einen bestimmten Punkt gelangten, dann zurück mussten und bestimmte Schritte wiederholten und oftmals irgendwo auf der Route stehen blieben. „Ich bin jetzt hier. Ich hoffe, dass ich eines Tages weiterkomme, nach dort." Das Gleiche passiert mit persönlichen Eindrücken in Bezug auf die Gemeinschaft.

Wenn die Übung beendet ist, werden die Bilder der Reihe nach nummeriert. Das erleichtert das Abnehmen und erneute Aufhängen zu einem späteren Zeitpunkt, wenn Bedarf besteht.

Ich habe in allen Fällen, wo ich diese Übung durchgeführt habe, die Bilder in der Gemeinschaft gelassen. Bei den Nuxalk, im Zentrum British Columbias, blieb die Straßenkarte über Monate an der Wand hängen und die Leute kamen immer wieder darauf zurück.

In einem anderen Fall, mit den Passamaquoddy, erkannte die Gruppe, dass wir ein zweites Foto vom Traum machen mussten, das *vor* das Bild der Funktionsstörung kommen musste. Die Gemeinschaft wollte das Gleichgewicht wiederherstellen, das es vor der Invasion durch die Europäer gab.

FALLSTUDIEN

Anhand detaillierter Fallstudien von konkreten Projekten lässt sich am besten illustrieren, wie die in diesem Buch geschilderten Ideen in der Arbeit mit Gemeinschaften eine konkrete Anwendung finden.

Wie ich bereits im Prolog erwähnt habe, schreibe ich, wenn ich in einer Gemeinschaft arbeite, jeden Tag nach dem Workshop oder einer Probe eine Zusammenfassung. Das Schreiben hilft mir dabei, einen Blick auf das Geschehen des Tages zu werfen, was mir wiederum dabei hilft, den nächsten Tag zu planen. Wenn ich einen Text über einen *Theater zum Leben*-Workshop veröffentliche *und es sich dabei nicht um eines unserer jährlichen Großprojekte handelt*, lasse ich den Bericht immer vorher von den Organisatoren und/oder Teilnehmern lesen, anonymisiere den Text und ändere die Namen der Teilnehmer/innen. Es folgen nun Fallstudien über unterschiedliche Projekte in Form von Auszügen aus meinen Tagebüchern.

Dancers of the Mist (Tänzer des Nebels)

Dieses Projekt, ein wundervolles Experiment aus dem Jahr 1998, ist ein beeindruckendes Beispiel dafür, wie wir mittels Theater Zugang zum kollektiven Bewusstsein erlangen können.

Während der ersten Jahre des Kontakts mit Europäern und zu Zeiten der Residential Schools (der Internatsschulen) verbot die kanadische Regierung die Tänze und traditionellen Feste der Gitxsan und anderer First Nations. Die Menschen wurden für die Ausübung ihrer Kultur streng bestraft, weshalb sie im Verborgenen weiterleben musste. Die alten, traditionellen Tänze der Gitxsan blieben erhalten, aber seit ungefähr 100 Jahren waren keine neuen hinzugekommen. Dieses Projekt bot die Gelegenheit dazu. Die Tänze würden direkt aus den relevanten Themen im Leben der Tänzer/innen entstehen. Erneut verwendeten wir den Tanz, um die Geschichten des Gemeinwesens zu erzählen.

Es gibt eine Vorgeschichte, die zur Einladung für dieses Projekt im Land der Gitxsan führte. Elf Jahre zuvor, also 1987, begannen Headlines Theatre und die Hereditary Chiefs[208] der Gitxsan und Wet'suwet'en ein Vierjahresprojekt. Deren gemeinsames ursprüngliches Territorium umfasst circa 22.000 km² im Nordwesten British Columbias.[209] Das Projekt hieß *NO` XYA`* (*Our Footprints/ Unsere Fußspuren*).[210] Dieses Agitprop-Theaterstück brachte die Beziehung der Gitxsan und Wet'suwet'en zum Land ihrer Ahnen zum Ausdruck. Das Stück wurde von ihnen entwickelt, um vor unterschiedlichstem Publikum in British Columbia und ganz Kanada aufgeführt zu werden. Nach den Aufführungen gab es immer Diskussionsrunden. Das Ganze geschah während der Anfänge des inzwischen berühmten Gerichtsverfahrens über Landrechte *Delgamuuk'w gegen die Königin*.[211]

Hal Blackwater[212] war als Mitglied der Kerngruppe, Choreograph und Mitglied des Ensembles wesentlich an *NO` XYA`* (*Our Footprints/Unsere Fußspuren*) beteiligt. *NO` XYA`* (*Our Footprints*) wurde 1987 in Vancouver uraufgeführt und tourte anschließend durch British Columbia, dann 1988 quer durch Kanada bis zur Ostküste und 1990, im Rahmen eines Austauschprojekts zwischen den Gitxsan, den Wet'suwet'en und den Maori, durch Neuseeland. Am 19. August 1987 gab Hals Vater, Chief Baasxya laxha (Bill Blackwater Sr.), ein Fest, bei dem die Mitglieder des Tourensembles, die keine Natives waren,

---

208 vgl. Fußnote 58

209 Nimmt man beide Gebiete zusammen, dann lassen sich auf einer Landkarte von British Columbia die Städte Smithers und Hazelton dort finden.

210 Autoren: David Diamond und Hal B. Blackwater, Marie Wilson und Lois Shannon. Besetzung: Sylvia-Anne George, Hal B. Blackwater, Sherri-Lee Guilbert und Ed Astley. Regie: David Diamond. Co-Produzent: Maasgaak (Don Ryan). Organisation: Doug Cleverley, Honey Maser. Technik und Inspizienz: Paul Williams, Marian Brandt. Beratung: Gitxsan Chief Baasxya laxha (Bill Blackwater Sr.) und Wet'suwet'en Chief Gisdaywa (Alfred Joseph). Plakatgestaltung: Maas Likinisxw (Ken N. Mowatt). Ton: Skanu'u (Ardythe Wilson), Ray Cournoyer. Bühnenbild: Vernon Stephens. Kostüme und Masken: Gitxsan Chief Wii Muk'wilsxw (Art Wilson), Gitxsan Chief Wii' Elaast (Jim Angus), Gitxsan Chief Sekwan (Silena Jack), Gitxsan Chief Iswoox (Lorraine Morgan), 'Alluksa'xw (Cheryl Stevens), Gitxsan Chief Niiyees Haluubist (Rita Williams). Grafik: Don Monet.

211 *Delgamuuk'w vs. The Queen,* wie es im Original heißt, war ein Meilenstein in Bezug auf die Frage der Landrechte und wurde zuerst am Obersten Gerichtshof in British Columbia und dann beim Höchstgericht Kanadas verhandelt. Es ging um die Anerkennung von Zuständigkeiten (z.B. Selbstverwaltung) der Gitxsan und der Wet'suwete'en auf deren angestammten Territorium. vgl. http://www.gitxsan.com und http://www.wetsuweten.com

212 Vielen Dank an Hal Blackwater für sein Feedback zu diesem Kapitel.

ich miteingeschlossen, Gitxsan-Namen bekamen. Meine Beziehung zu Hal, seiner Familie und den Gitxsan blieb über die Jahre hinweg sehr eng.

Als der Oberste Gerichtshof in Kanada 1998 eine ursprünglich negative Entscheidung des Landesgerichts von British Columbia zu Gunsten der Gitxsan und Wet'suwet'en aufhob, rief ich in Kispiox an, um Hal und seiner Familie die gute Nachricht mitzuteilen. Im Verlauf des Gesprächs sagte Hal, dass er denke, dass es Zeit wäre für ein erneutes Theaterprojekt.

Sowohl Hal als auch Bill Sr. waren Mitglieder der K'san-Tänzer und waren ausgiebig mit Showauftritten traditioneller Gitxsan-Tänzen auf Tournee. Hal hatte auch einige Jahre daran gearbeitet, eine Jugendtanzgruppe in Kispiox aufzubauen. Diese Gruppe lernte die traditionellen Tänze. Das brachte uns auf eine innovative Idee.

Unsere Idee war es, mit der Tanzgruppe und mit anderen Mitgliedern aus der Gemeinschaft einen *Theater zum Leben*-Workshop durchzuführen, aber anstatt an der Umsetzung von Bildern in ein Theaterstück zu arbeiten, würden wir mit der Gruppe neue Tänze zu den Fragen ihres Lebens entwickeln. Diese Tänze sollten dann im Gitxsan-Land aufgeführt werden.

Darauf stimmte ich mich ein, als ich die 1200 Kilometer von Vancouver nach Kispiox fuhr, wo wir einen sechstägigen Workshop durchführten. Es folgen nun meine Tagebucheintragungen, die für dieses Buch bearbeitet wurden.

> 1. Tag: Es sind 24 Teilnehmer/innen, mit einer großen Bandbreite, vom achtjährigen Buben bis zu einer Dame in ihren 70ern und vier Betreuer/innen (Berater/innen). Hal und Doreen haben alles sehr gut organisiert.
>
> Eines der heute entworfenen Bilder zeigte ein Begräbnis. Es fand erst kürzlich statt, weshalb es jede Menge Tränen gab. Das ist an und für sich nicht schlecht, aber es war eines der ersten dargebotenen Bilder, und ich denke, dass es die Teilnehmer/innen verängstigte. Einige von ihnen liefen wortwörtlich davon – für kurze Zeit. Diejenigen, die geblieben waren und das Bild aufarbeiteten, bewiesen jede Menge Mut.
>
> Wir wissen alle, dass es viele Probleme rund um das Thema Gewalt in dieser

Gemeinschaft gibt, und dass Teilnehmer/innen in den Problemen gefangen sind, weil sie Angst vor den Konsequenzen haben, wenn sie das jahrelange Schweigen brechen. Und das ist nur ein Teilaspekt des schweren Erbes der Internatsschulen und der Kolonialisierung. Es wird wichtig werden, den Teilnehmern einigen Abstand zu den Figuren zu erlauben, so dass sie nicht nur Bilder machen können, sondern sich auch zutrauen, aus den Bildern Bewegungen und einen Tanz für öffentliche Aufführungen entstehen zu lassen.

Ich war heute sehr vom achtjährigen Buben beeindruckt, der für sein Alter über eine außergewöhnliche Weisheit zu verfügen scheint. Einige Male wirkte er beruhigend auf die Gruppe ein und gab ihr in aufregenden Momenten Halt.

2. Tag: Das war ein dichter und anstrengender Tag. Ich entschloss mich, einige der Aktivitäten von gestern zu wiederholen. Ich hatte das Gefühl, dass die Gruppe den gestrigen Tag beendete, noch ohne wirklich verstanden zu haben, wie die Bildertheaterarbeit funktioniert. Wir brauchen das aber für den weiteren Verlauf. Es war eine gute Entscheidung. Sie müssen sich mit der gemeinsamen Theatersprache wohlfühlen, um damit etwas entdecken zu können.

Das Spiel *Gordischer Knoten*[213] war sehr schwierig für die Gruppe, und dafür gibt es, so denke ich, interessante Gründe. Beim ersten Mal, als wir das Spiel durchführten, entstanden in der Gruppe drei ineinander verschlungene Kreise. Es gab nur sehr wenig, was sie tun konnten, um den Knoten zu lösen. Viel wichtiger erschien mir allerdings die Tatsache, dass es nur wenige versuchten. Sie standen einfach nur da, während ein kleinerer Teil der Gruppe versuchte, das Problem zu lösen. Wir hörten auf und begannen von Neuem. Und wieder entstanden drei ineinander verschlungene Kreise. Die Chancen dafür sind sehr gering, weil sie zufällig und mit geschlossenen Augen nacheinander greifen! Und wiederum war es nur ein harter Kern, der das Problem zu lösen versuchte. Ich machte diesbezüglich eine deutlich hörbare Bemerkung und endlich, als alle sich zu bewegen begannen, gab es Fortschritte. Später, während der Diskussion, meinten sie, dass dies ein

[213] vgl. die Spielbeschreibung in der Kategorie *Verschiedene Sinne* im *Anhang*.

realistisches Spiegelbild der Gemeinschaft gewesen sei, weil es etwas über das hierarchische System des Clans aufzeigte, das manchmal sehr kleine Kreise innerhalb der Gemeinschaft erzeugt. Ebenso gebe es, so sagten sie, einen harten Kern von „Machern", die viel zur Problemlösung beitragen. Viele Mitglieder der Gemeinschaft wollen zwar, dass die Sache erledigt wird, wollen aber selbst nichts dazu beitragen. Interessant, wie sich das im Spiel widerspiegelte.

Das Spiel *Tiere*[214] war wundervoll. Es bietet sich mir nicht oft die Gelegenheit für dieses Spiel, aber in diesem Workshop schien es mir passend. Die Gitx̱san-Tänze bauen häufig auf Tieren auf. Hal stellte eine Liste mit 12 einheimischen Tieren zusammen (jeweils ein Männchen und ein Weibchen = 24 Teilnehmer/innen). Jeder Teilnehmer zog den Namen eines Tieres aus einem Hut. Sie begannen als dieses Tier zu schlafen, ohne jede Form von gesprochener Sprache und sollten dann ihren Partner/ihre Partnerin finden und einander umwerben. Als alle ihre Partner/innen gefunden hatten, bat ich sie, uns paarweise ihr jeweiliges Paarungsritual zu zeigen. Viele aus der Gruppe waren richtig brillant, sie waren sehr konzentriert und es gab viel Gelächter.

Wir entwarfen weitere Bilder zur Gewalt, mit der die Gemeinschaft zu kämpfen hat und einige der Bilder waren sehr (ausdrucks)stark. Während dieser Arbeit bekamen die Berater/innen viel zu tun. Für einige Teilnehmer/innen war allein die Anerkennung der Tatsache, dass es diese Probleme in ihrem Leben gibt, ein großer Schritt.

Während der Aktivierung der Bilder entdeckte ich eine neue Technik, die ich *Orchestra of Emotions* (*Orchester der Gefühle*)[215] nannte.

Wenn das Bild fertig ist, bitte ich jede Figur, das passende Geräusch zum empfundenen Gefühl zu machen. Dann stellen sie sich in einer Reihe auf und ich dirigiere sie wie ein Orchester. Die Übergänge zwischen den Geräuschen – die Dissonanzen und wie die Geräuschkulisse aus dem Bild zu Musik wurde – das war wundervoll und wird für die Tanzgruppe von großem Wert

214 vgl. die Spielbeschreibung in der Kategorie *Auf das schauen, was wir sehen* im *Anhang*.
215 vgl. die Beschreibung im Abschnitt *Aktivierungstechniken im Bildertheater* im *Anhang*.

sein. Wir machten uns Notizen zu den Geräuschen. Wir machten auch Polaroid-Fotos von den aufgearbeiteten Bildern und werden später auf sie zurück kommen und darin nach Bewegungen, nach Figuren usw. suchen.

Gegen Ende des Tages fragten die jungen Leute im Workshop, ob sie ein Bild zeigen könnten. Viele von ihnen standen darin um eine verstorbene Großmutter herum, die sie nie richtig kennen gelernt hatten. Sie hatten sie quasi „tot" in einen Stuhl gesetzt. Sie sah aus, als sei sie ohnmächtig oder weggetreten. Alkohol war im Bild zu sehen – wir diskutierten das später –, aber im Moment erhob niemand das Glas. Sie sprachen davon, dass die Großmutter die Kultur repräsentiere und davon, wie die Jugend zu kämpfen habe, und über ihr Bedauern, dass die Verbindung zur Großmutter verloren gehe. Die Jungen wissen um „ihre Großmutter", begreifen, was los ist, und fragen sich, was zu tun sei. Es bleibt nicht mehr viel Zeit. Wie viel muss von ihnen neu erfunden werden?

Während der Abschlussrunde wurde deutlich, dass „vielen ein Licht aufgegangen war" und welche Möglichkeiten diese Woche bietet. Heute meldeten sich auch viel mehr zu Wort als gestern.

Rückblickend, Jahre später, weiß ich, dass im erweiterten Gemeinwesen eine Epoché stattgefunden hat, obwohl das damals kaum ersichtlich war. Wie gleich zu sehen sein wird, fühlte sich der nächste Tag so an, als hätten wir einen Schritt zurück gemacht, aber das war, ebenfalls rückblickend, eine ganz normale Entwicklung.

3. Tag: Heute war ein komplexer, wundervoller und frustrierender Tag. Manche Augenblicke waren so ehrlich, dass sie weh taten. Und immer noch verhalten sich einige der Teenager, die bis jetzt jeden Tag gekommen sind, dermaßen störend, vielleicht aus Nervosität, dass sie anfangen, andere dadurch bei der Arbeit zu behindern.

Es ist so kompliziert. Ich glaube wirklich und sehe ja auch, dass diese jungen Leute hier sein wollen. Sie sind schwer verwundet[216] und spüren

216 Im Original steht „deeply hurt". Die Verletzungen bzw. Wunden, von denen hier die Rede ist, sind seelischer und kultureller Natur. (Anm. d. Ü.)

gleichzeitig, dass sich etwas Wichtiges tut. Ich erkenne das an den Funken der Erkenntnis, die manchmal nur so sprühen, oder an ihrem Engagement in bestimmten Momenten. Aber sie hören nicht auf zu schwätzen, zu kichern, herumzurennen, auch nicht, wenn andere hart daran arbeiten, etwas zum Ausdruck zu bringen und die konzentrierte Unterstützung aller wirklich brauchen. Hal und ich haben viele Male versucht mit ihnen zu reden, gefragt, ob es etwas gibt, das wir tun können, etwas, das sie wollen, ob etwas sie stört oder ärgert. Wir haben ihnen viele Pausen gegönnt und die Betreuer/innen haben sich mit ihnen in der Gruppe und einzeln getroffen. Nichts. „Es ist alles in Ordnung", sagen sie, aber ihr Verhalten bleibt das Gleiche und geht anderen Leuten auf die Nerven (nicht nur mir und Hal). Es verhindert auch, dass sich andere aus der Gruppe einbringen.

Ein junges Mädchen verließ uns heute Nachmittag, nachdem sie mit einem Betreuer geredet hatte. Er hatte sie auf Grund ihres Verhaltens zur Rede gestellt. Sie meinte, dass sie sich zwar selbst über ihre Freunde im Workshop ärgern würde, dass sie aber mittun müsse, schließlich wären es ihre Freunde. Sie zog es vor, zu sich selbst Nein zu sagen, indem sie sich raus nahm, anstatt Nein zu ihnen sagte. Während es einerseits sehr traurig ist, dass sie gegangen ist, ist es für sie im Moment vielleicht das Richtige. Vielleicht braucht sie Zeit zum Nachdenken. Einer der Betreuer wird heute Abend nach ihr sehen. Wenn sie wirklich gehen und fern bleiben will, dann muss man das akzeptieren.

Das Spiel *Die Röhre*[217] kostete viele der Teilnehmer/innen einiges an Überwindung, aber sie wagten es und sagten dann, wie wundervoll es war, den Leuten in der Gruppe vertrauen zu können.

Durch *Magnetisches Bild* ergaben sich drei starke und sehr unterschiedliche Bilder. Das erste zeigt eine Mutter, die gerade ihren Sohn schlägt, weil er sein Zimmer nicht aufgeräumt hat. Eine Tochter steht dabei und weiß nicht, was sie tun soll. Eine zweite Tochter greift nach dem Arm der Mutter, um sie aufzuhalten. Bei der Aktivierung wurde etwas deutlich, was sich durch viele Bilder zieht und zu einem Großteil den Workshop bestimmt. Als jemand im

---

[217] vgl. die Beschreibung in der Kategorie *Vertrauensspiele* im *Anhang*.

Mini-Forum eine der Töchter ersetzte, begannen sie und die Mutter darüber zu streiten, dass die Mutter ihre Aggressionen immer an den Kindern auslasse. Währenddessen räumte der Junge in aller Stille das ganze Zimmer auf. Niemand in der Szene bemerkte das. Obwohl er tat, was man ihm gesagt hatte, hörte der Streit nicht auf.

Das zweite Bild zeigte im Vordergrund drei einander verprügelnde junge Leute. Dahinter standen drei Erwachsene, isoliert und jeder für sich. Als wir dieses Bild aktivierten, schien keine der Figuren in der Lage zu sein, etwas zu ändern. Ganz egal, was wir versuchten, jede der erwachsenen Figuren schien in ihrer eigenen Welt gefangen zu sein, wünschte sich zwar, die Dinge wären anders, tat aber nichts, während die Jungen sich weiterhin windelweich prügelten. Als ich die Gruppe fragte, was zu sehen sei, erwähnte das niemand. Sie sahen die Isoliertheit, aber nicht das Gesamtbild. Ich wies sie darauf hin, dass die einzelnen Bilder ein größeres Bild ergeben, in dem Menschen isoliert sind und voneinander keine Notiz nehmen. Dieses Bild taucht in allen Bildern im Workshop wiederholt auf. Könnte es sein, dass es das ist, womit sich die erweiterte Gemeinschaft konfrontiert sieht? Nachdem ich das gefragt hatte, ließ ich die Figuren auf der Bühne sich setzen. Nach einem langen nachdenklichen Schweigen wollte jemand einen Teil des Bildes umbauen. Er nahm die Jugendlichen und stellte diese so, dass sie einen Erwachsenen aus dem Hintergrund in unterschiedliche Richtungen zogen. In den Augen des Teilnehmers war dieser Erwachsene eine Mutter. Kein glückliches Bild. Die Mutter kommt vom Regen in die Traufe, aber zumindest war sie nicht mehr isoliert und vielleicht auch nicht mehr selbstmordgefährdet, wie jemand aus der Gruppe zu bedenken gab.[218]

Das dritte Bild war eine fragmentierte, symbolische Reise vom Schmerz zur Heilung. Hal meinte in einem Kommentar dazu, dass diesem Bild ein Energiefluss inne wohne. Das inspirierte mich zu der Bitte, die Leute aus dem Bild mögen ihre Haltung beibehalten, sich aber in einer Reihe aufstellen. Dann bat ich die Gruppe, die Lücken zwischen den gezeigten

---

[218] Eine Rückfrage bei David Diamond ergab, dass es für alle Teilnehmer/innen erfahrungsgemäß einen hohen Zusammenhang zwischen Isolation und den hohen Selbstmordraten in ihrer Gemeinschaft gibt. (Anm. d. Ü.)

Haltungen zu füllen. Es begann langsam, aber als die Teile anfingen zueinander zu passen, kamen immer mehr Leute hinzu. Am Ende hatten wir ein sehr schönes Bild von Schritten entworfen, das die Entstehung von Selbstzweifeln und Hass zeigte, wie daraus gewalttätiges Verhalten[219] entsteht, wie daraus Verzweiflung und ein Sich-selbst-Hinterfragen erwachsen, dann vielleicht noch mehr Verzweiflung, ein Nach-Hilfe-Suchen, bis es zu einem Sich-Mitteilen und zu wiedererlangter Stärke kommt. Wenn ich es so aufschreibe, klingt es irgendwie kitschig, aber das war es nicht. Die Teilnehmer/innen sagten, dass es einen sehr starken positiven Effekt auf die Menschen haben würde, allein dieses Bild in der Gemeinschaft zu zeigen. (Der Versuch mit diesem Bild war einer der ersten Impulse, die Jahre später zur Entwicklung einer Technik mit dem Namen *Your Wildest Dream* geführt haben.)[220]

Einige der Teilnehmer/innen sprachen darüber, welche Kraft die Übung *Magnetisches Bild* hatte. Sie sagten, dass sie sich bisher nicht vorstellen konnten, Gefühle, Sorgen und Erfahrungen auf diese Weise miteinander zu teilen, obwohl sie einander jeden Tag sehen würden. Die Verbindungen, die in der Übung entstanden sind, werden bleiben und die Beziehungsmuster in dieser Gemeinschaft verändern. Muster erzeugen Strukturen.

Die Arbeit heute war sehr bewegend. Im Abschlusskreis spürte ich, dass ich den Teilnehmern danken musste. Ungeachtet meiner starken Verbindungen hierher bin ich ein Außenseiter, ein weißer Außenseiter, und ich werde das immer sein. Das Vertrauen und die Zusammenarbeit, die heute entstanden sind, haben mich zutiefst berührt.

4. Tag: Wir wagten uns heute in unerforschtes Gebiet, in vier statt wie gewöhnlich in acht Stunden. Wir haben damit begonnen, weniger Stunden pro Tag zu arbeiten, weil die Schule wieder begonnen hat.

Das Mädchen, das gegangen war, kam heute zurück und überreichte mir eine selbstgemachte Zeichnung und einen Zettel. Darauf stand sprach-

---

[219] Im Original „abusive behaviour“: Das kann von Beleidigungen über Verletzungen bis zu seelischem, körperlichem und schließlich sexuellem Missbrauch reichen. (Anm. d. Ü.)

[220] vgl. den Abschnitt *Von hier nach dort* im Kapitel *Das Gruppenbewusstsein wecken*.

gewandt und reflektiert, wie die Arbeit ihr Herz geöffnet habe und wie beängstigend das für sie war. Auf dem Zettel stand auch die Frage, ob sie zurückkommen dürfte. Ich sagte ihr, wie viel mir das Geschenk bedeutete und dass es natürlich wundervoll wäre, wenn sie zurück käme. Viele in der Gruppe freuten sich darüber.

Wie erwartet war *Fallen* (sich von einem Tisch rückwärts in die Arme der Teilnehmer/innen fallen lassen) eine große Herausforderung. Viele wagten es dennoch und es gab viel Jubel und wir führten Gespräche über den Weg, den wir gemeinsam zurückgelegt hatten.

Wir gaben den Fotos, die wir von allen Bildern gemacht hatten, jeweils einen Titel. Das dauerte einige Zeit, war aber die Mühe wert. Indem ich die Gruppe bat, einen Konsens zu erzielen und einen bezeichnenden Titel für jedes Bild zu finden, mussten wir jedes Bild analysieren, unsere Erkenntnisse mitteilen und in einigen Dingen eine Übereinstimmung finden.

Nachdem wir allen Bildern einen Titel gegeben hatten, gingen wir das große Experiment dieses Workshops an. Hal und ich waren aufgeregt, denn keiner von uns beiden hatte jemals zuvor so etwas gemacht. Wir hatten zwar im Vorfeld viel darüber geredet, wie wir vielleicht theoretisch vorgehen würden, aber in Wirklichkeit entwickelten wir unsere Vorgehensweise immer im Moment. Wie könnte es auch anders sein?

Wir baten eine der Gruppen ihr Bild nach einem Foto, das wir während des Workshops gemacht hatten, wiederherzustellen. Dann baten wir alle aus dieser Gruppe, die Augen zu schließen und in eingefrorener Haltung einen unhörbaren, inneren Monolog zu führen. Der innere Monolog sollte in ein Geräusch übergehen (keine Sprache) und dann sollten alle auf ein Signal hin gleichzeitig dieses Geräusch machen. Nachdem wir die Teilnehmer/innen eine Weile mit den Geräuschen experimentieren ließen, baten wir sie, diese Geräusche zu einem Rhythmus zusammenfinden zu lassen. Als sich der Rhythmus eingespielt hatte, baten wir sie, den Rhythmus von ihrem ganzen Körper Besitz ergreifen zu lassen, während sie aber gleichzeitig in ihren Haltungen verharren sollten. Das dauerte eine Weile. Sie mussten sich konzentrieren und wirklich tief in sich hineinspüren.

Dann sollten sie damit aufhören und jede Figur sollte für sich entscheiden, ohne dabei etwas zu sagen, welche „Wesensart“ sie in diesem Bild darstellte. Einen Menschen? Ein Insekt? Ein Tier? Einen Vogel oder einen Fisch? Ein Wetterphänomen? Eine Pflanze? Einen Geruch? Sie würden es wissen. Dann baten wir sie, diese „Wesensart“ im Hinterkopf zu behalten und zurück ins Bild zu gehen, das Geräusch wieder aufzunehmen (unhörbar, nur in Gedanken), sich von den Geräuschen in einen Rhythmus bringen zu lassen, der dann ihre Körper in Bewegung versetzt, um sich dann mit geschlossenen Augen durch den Raum zu bewegen und ins Tanzen zu kommen.

Eines der Bilder hieß *Abusive Love* (*Missbräuchliche Liebe*). Die daraus entwickelten Tänze waren noch unbearbeitet, aber atemberaubend. Erschreckend. Die Leute bekamen eine Gänsehaut, sie sprachen von ergreifenden Emotionen, die vermittelt wurden, und einer sehr klaren Geschichte. Die Bewegungen der Figuren griffen ineinander und zitierten einander. Das geschah alles in absoluter Stille und mit geschlossenen Augen. Als sie fertig waren, fragten wir jede Person aus dem Tanzbild, wer oder was sie waren und was sie gemacht hatten:

- eine Karibu-Mutter, die um ihr verlorengegangenes Junges bangt; sie durchsucht den brennenden Wald.
- ein verlorengegangenes und sich versteckendes Kind;
- Feuer
- eine niedergetrampelte Blume.

Sie machten die Übung, ohne sich vorher abzusprechen und ohne dabei zu reden. Wir standen alle nur da, sahen einander an und wussten nicht, was tun. Jemand meinte, ihm liefen kalte Schauer über den Rücken. Hal wandte sich an mich und sagte: „Es gibt etwas, das du nicht weißt. In der Sprache der Gitx̲san ist ‚Blume‘ das Wort für Kind.“

Viele sprachen davon, dass es sich so anfühlte, als wären wir mit etwas in Verbindung getreten, das viel größer ist als wir. Wie wenn wir in einen Stromkreis geraten wären. Wir waren überwältigt von den Ergebnissen.

Ich glaube, dass das, was hier geschehen war, der Zugriff auf ein Bewusstsein war, das größer ist als der Einzelne im Raum. Hal beschrieb diesen Moment später als „etwas, das vor Hunderten von Jahren hätte geschehen können. Jetzt, mit all der Technologie um uns herum, machen wir so etwas aber nicht mehr. Jemand, der in die Wildnis und durch eine Zeit intensiver Seelenerforschung gegangen wäre, hätte so eine Erfahrung gemacht und auf einer unbewussten Ebene hätte diese Erfahrung Eingang in die Kultur gefunden. Nicht so in diesem unseren Fall, bei dem das Kollektiv zusammenkam und etwas Uraltes auf einmalige Weise tat, nicht in der Wildnis, sondern in einem Gebäude."[221]

Es gibt ein über Generationen hinweg zusammenhängendes Bewusstsein des Gemeinwesens. Es war, als ob wir gemeinsam Zugriff auf ein Quantenfeld gehabt hätten, einen Ort, an dem alles Wissen existiert. Dieses Quantenfeld spannte sich über eine mehrere Generationen umfassende Lücke in der Gemeinschaft, eine Lücke, die durch die Politik der kanadischen Regierung und durch die Erfahrungen in den Internatsschulen aufgerissen wurde und die den Versuch darstellte, ursprüngliches Wissen zunichte zu machen. Die jungen Leute im Workshop hatten einen Zugang zu einer Sprache gefunden, die von ihren Ururgroßeltern als Teil ihres Alltags gesprochen wurde – die metaphorische Sprache des Tanzes. Wir alle sahen das, wir spürten das.

> 5. Tag: Zu Beginn war die Energie im Raum heute wirklich am Boden und irgendwie gelang es uns nicht, sie wieder anzukurbeln. Ich denke, ein Teil der Schwierigkeiten bestand darin, dass die Teilnehmer/innen nach der Arbeit bzw. Schule in den Workshop kamen. Es schien egal zu sein, was wir machten, die Konzentration war immer ein Problem. Es konnte aber auch an der Heftigkeit der gestrigen Ereignisse liegen. Eine derart eindrückliche Erfahrung kann eine Gruppe vorübergehend aus dem Gleichgewicht bringen.
>
> Wir bearbeiteten heute drei Bilder. Sie entstanden scheinbar mit viel Chaos rundherum und mit jeder Menge Emotion. Es gab viel zu ver- und bearbeiten. Ich werde ein Bild näher beschreiben.
>
> Das Bild war äußerst gewalttätig. Eine Frau stand vor einem jungen Mädchen, die Fäuste auf deren Gesicht und Brust. Zwei sehr junge Kinder saßen angsterfüllt am Boden und hielten einander fest. Wir hielten uns an denselben Ablauf wie gestern, nur baten wir diesmal, als wir beim

---

[221] Hal Blackwater in einem Telefongespräch am 21. September 2003.

Bewegungsteil angelangt waren, die Teilnehmer/innen darum, die Augen zu öffnen und die Szene zu spielen, sobald sie das rhythmische Grundmuster der Bewegung gefunden hatten. Es war brutal. Die Frau war ein „tollwütiger Hund" (so drückte sie es später aus) und die Prügel, die sie ihrer Tochter verpasste, die Faustschläge in ihr Gesicht, waren unerbittlich. Sie sagte, dass sie mittendrin aufhören wollte, aber es nicht vermochte. Es war wirklich abstoßend und faszinierend zugleich. Es war irgendwie mechanisch, und mit jedem Schlag schien das Mädchen tiefer und tiefer im Boden zu versinken.

Die Bilder sind von den Teilnehmern gemacht worden. Sie haben den starken Wunsch, sie aufzuführen und diese Geschichten zu erzählen. Im Abschlusskreis erzählte das Mädchen, das im Zentrum des Bildes stand, wie gut es war, dieses Bild zu zeigen, obwohl es so intensiv war. Viele sprachen von der Heftigkeit[222] dieses Tages. So jung einige der Teilnehmer auch sind (einer von ihnen ist acht Jahre alt), sie wissen, was sie tun. Sie leben diese Themen. So beängstigend manches davon auch ist – und u.a. sind deshalb Berater/innen aus der Gemeinschaft im Workshop – die Teilnehmer/innen wahrhaftig zu respektieren bedeutet, ihnen Raum zu geben, damit sie das Theater, das sie wollen, bzw. den Tanz, den sie wollen, machen können.

6. Tag: Wir begannen diesen Tag mit einem Konzentrations- und einem letzten Vertrauensspiel. Dann übergab ich den Workshop offiziell an Hal und erklärte, dass ich während der ersten drei Tage, immer in Absprache mit Hal, der BegLeiter war. Die letzten beiden Tage agierten wir beide, wie sie sicher bemerkt hätten, gemeinsam als BegLeiter und nun würde Hal die BegLeitung übernehmen und sich in seiner Arbeit mit mir absprechen. Hal erklärte die Unterschiede zwischen seiner Arbeit und meiner.

Hal begann mit dem ersten Bild, *Abusive Love*, das wir zwei Tage vorher zu einem Tanz aktiviert hatten. Er bat die Darsteller/innen zurück ins Bild zu gehen, und die Zuschauenden, sich zu jener Figur zu stellen, der sie sich am nächsten fühlten. Dann bat er die Darsteller/innen sich für jetzt vom emotionalen Inhalt zu lösen und sich auf das Äußerliche zu konzentrieren: Was waren sie? Wie bewegten sie sich? Welche Geräusche machten sie? Sie

[222] Im Original steht hier „power", d.h. der Tag war nicht nur heftig, es ging auch eine große Kraft von ihm aus. (Anm. d. Ü.)

arbeiteten und vertieften mit geschlossenen Augen ihre Bewegungen, beginnend mit einer Phase, in der sie nur standen und mit den Armen in der Luft ruderten bis zur wirklichen Miteinbeziehung ihres ganzen Körpers, um das, was sie waren, authentisch darzustellen: hohes Gras in einem Sturm, ein Vulkan, Feuer, Rauch usw. Das brauchte einige Zeit, aber nach einer Stunde, in der sie immer wieder aufhörten und von Neuem begannen, hatten sie deutlich erkennbar neue Figuren entwickelt, die in der Lage waren, in einer tänzerischen Form zu interagieren, die eindeutig dem traditionellen Gitxsan-Tanzstil zugeordnet werden konnte.

Hal erklärte, dass das nur ein Vorgeschmack auf die bevorstehende Arbeit war. Ihm wurde während dieser Stunde klar, dass er mit allen Teilnehmer/innen Einzelarbeit werde machen müssen.

Mit der Erlaubnis der Gruppe war heute eine Journalistin der Lokalzeitung mit dabei. Sie schaute bei den Spielen und bei der Einheit mit Hal zu und als wir eine Pause einlegten, setzte sie sich mit vier Teilnehmern aus der Gruppe zusammen: dem achtjährigen Jungen, einem Teenager, einem der Ältesten und einem Berater. Sie redeten ungefähr 20 Minuten. Dieses Gespräch wird die Ausgangsbasis für einen Artikel über die Tanzgruppe in der Lokalzeitung bilden. Für die Gruppe wird es aufregend und wertvoll sein, in der Zeitung zu stehen.

Nach der Pause kamen wieder alle zusammen und Hal und ich ließen sie Gruppen bilden, wie es ihnen gerade gefiel. Wir stellten ihnen die Aufgabe, ein kurzes „Irgendetwas" zu machen, um sich selbst am Ende des Workshops Ausdruck zu verleihen. Wir sagten, wenn sie möchten, wäre es in Ordnung, alle gelernten Techniken und Fertigkeiten einzusetzten, um auf welche Weise auch immer, alles zu sagen und sich selbst über mich, Hal oder eine/n Berater/in lustig zu machen. Sie lachten. Wir gaben ihnen 15 Minuten. Hal und ich gingen hinaus, um die Gruppe ungestört arbeiten zu lassen.

Es gab zwei Gruppen. Die erste machte ein Ritual, um die aufgestaute Energie abzuschütteln. Es war ein enger Kreis, aus dessen Mitte die Energie wie bei einem Springbrunnen herausspritzte. Dann folgte ein warmherziger Gruß in Hals und meine Richtung.

Die zweite Gruppe sang ein langes Lied auf Gitxsan, das – sehr zur Erheiterung der Gruppe – immer wieder nach Rock'n'Roll klang. Gegen Schluss hin tanzten die Ältesten, die mit dem Rest der Gruppe gesungen hatten, zu mir, nahmen mich bei der Hand und tanzten mit mir durch den ganzen Raum, was ebenfalls für viel Gelächter sorgte. Nach der Schwere der vergangenen Tage war es gut, diese Parodien zu machen. Dann spielten wir noch für anstrengende 15 Minuten ihr Lieblingsspiel – *Fuchs im Bau*.

Im Abschlusskreis sprachen so viele wie nie zuvor, aber immer noch nicht alle. Das Mädchen, das ausgestiegen und wieder zurückgekommen war, sprach zum ersten Mal in dieser Woche ausführlich. Sie sagte, dass gestern ein harter Tag gewesen wäre, aber heute Morgen sei sie mit einem anderen Gefühl aufgewacht, einem anderen als dem, das so lange vorgeherrscht hatte. Die Schwere wäre von ihr gewichen, so sagte sie, und sie fühlte sich zum ersten Mal seit langer Zeit glücklich.

Wir gingen mit viel Essen zum Partyteil über. Wir hatten für alle Teilnehmer/innen Erfolgsurkunden und für alle Berater/innen Dankesurkunden angefertigt. Hal übernahm auf wundervolle Art und Weise die Aufgabe, alle Teilnehmer/innen vorzustellen, und er schilderte in einer kurzen Rede die positiven Aspekte des von ihm beobachteten Weges, den er oder sie in dieser Woche gegangen war. Jede/r bekam eine Urkunde und ein kleines Honorar. Ich übernahm die Vorstellung der Berater/innen. Es herrschte eine wundervolle Energie im Raum, es gab viel Wertschätzung für die harte Arbeit, die geleistet worden war. Viele der Jugendlichen hielten kurze Reden, die von Herzen kamen. Einige von ihnen taten dies zum ersten Mal in ihrem Leben. In einer Kultur, die auf mündlicher Überlieferung beruht, die für viele Jahre erzwungenermaßen im Verborgenen geschehen musste, bekamen die Reden der ansonsten immer stillen Jugendlichen eine große Bedeutung, sowohl für den Rest der Gruppe, als auch für die Handvoll in der Gemeinschaft angesehener Erwachsener, die gekommen waren, um unserer Abschlusszeremonie beizuwohnen.

Nach dem Workshop kamen die Eltern eines Teilnehmers zu mir und sprachen über die Veränderungen, die sie an ihrem Sohn beobachtet hatten. Sie wollten, dass ich ihnen erzähle, was er im Workshop gemacht hatte. Ich

> erklärte ihnen, dass ich es für das Beste hielte, geduldig zu sein und das über seine Taten und seine Erzählungen zu erfahren, die er freiwillig mit ihnen teilen würde. Dies habe nichts mit Geheimniskrämerei meinerseits zu tun, sondern mit meinem Wissen, dass meine Interpretation seines Verhaltens nicht mit dem übereinstimmen würde, was tatsächlich mit ihm geschehen war. Wenn ich also meine Sicht erklären würde, entstünden daraus falsche Erwartungen an ihren Sohn. Wäre es nicht besser, mich aus dem Spiel zu lassen und es der Zeit zu überlassen, bis von selbst ein Austausch in Wort und Tat mit ihrem Sohn darüber entstünde? Nachdenklich stimmten sie zu.

Was davon blieb

23. August 1998

Ich erhielt gestern Nacht einen triumphierenden Anruf von Hal. Anlässlich der Eröffnung der Anspayaxw-Gemeindeschule hatten *Dancers of the Mist* (*Tänzer des Nebels,* so der Name der Gruppe) neue Gitxsan-Tänze aufgeführt, zum ersten Mal seit über 100 Jahren. Das ist wahrlich ein historisches Ereignis. Ich stecke mitten in einer Trainingseinheit von *Theater zum Leben* in Vancouver und konnte nicht dort sein, aber Hal schilderte mir einen der Tänze.

> Er beginnt mit dem Bild *Abusive Love* aus dem Workshop und einem Bild von einem Begräbnis und zeigt den Zusammenhang zwischen der Gewalt aus dem Leben der Teilnehmer/innen und der Gewalt, die dem Land angetan wird. Das Land der Gitxsan wird vergewaltigt und es herrscht ein Gefühl der Trauer darüber in der Gemeinschaft. Die Tänzer/innen sind ein Karibu, Blumen, der Wind, ein Moorhuhn und ein Lachs.

Hal erzählte, dass die Tänze sehr enthusiastisch und emotional von der Gemeinschaft aufgenommen worden wären und mit Ehrfurcht vor der kreativen, klaren und mutigen Art des Ausdrucks der jungen Darsteller/innen.

Here and Now (ਏਥੇ ਤੇ ਹੁਣ, Hier und Jetzt)

Gegen Ende des Jahres 2004 erschien eine Reihe von Zeitungsartikeln in der *Vancouver Sun* über Gewalt durch indisch-kanadische Banden. Viele Menschen, auch wir von Headlines Theatre, fanden diese Artikel ziemlich reißerisch. Wir redeten in unserem Büro über diese Artikel, und diese Gespräche fanden dann auch Eingang in kommentierte Collagen aus Zeitungsberichten, welche das Publikum in einer Ausstellung im Eingangsbereich zu Aufführungen von *Here and Now* (ਏਥੇ ਤੇ ਹੁਣ, *Hier und Jetzt*)[223] zu sehen bekam.[224]

Kanada ist ein multikulturelles Land. Uns schien es interessant zu sein, dass vor ungefähr 15 Jahren ganz ähnliche Artikel über die chinesischen und vietnamesischen Gemeinschaften geschrieben worden waren. Dann, vor sieben oder acht Jahren, wechselte die Aufmerksamkeit zu den lateinamerikanischen Gemeinschaften. 2004 ist es die indisch-kanadische Gemeinschaft. In fünf oder sechs Jahren wird sich der Fokus aller Wahrscheinlichkeit nach auf eine andere, neu hinzugekommene Gruppe von Immigranten richten.

In Wahrheit zieht sich die Gewalt- und Bandenproblematik durch all unsere Gemeinschaften. Wir fragten uns allerdings, warum die Hell's Angels einfach nur Hell's Angels genannt und nicht genauer als „weiße Bande" oder sonst irgendwie ethnisch definiert werden, während es sonst „honduranische Banden", „indisch-kanadische Banden" etc. heißt.

In den Gesprächen tauchte die Idee zum Projekt *Here and Now* (ਏਥੇ ਤੇ ਹੁਣ) auf. Weil der aktuelle Fokus der Medien auf der indisch-kanadischen Gemeinschaft lag, kontaktierten wir Menschen aus dieser Gemeinschaft, welche die Arbeit von Headlines Theatre kannten. Wir bekamen sehr positive Rückmeldungen.

---

[223] 2005, von und mit: Shawn Cheema, Balinder Johal,* Jas Grewal, Natasha Ali Wilson,* Raminder Thind, Seth Ranaweera* und Jagdeep Singh Mangat. Regie und Joker: David Diamond. Technik: Craig Hall. Inspizienz: Kitty Hoffman. Bewegungstraining: Sudnya Naik. Bühne, Kostüm und Requisiten: Julie Martens. Licht: Caitlin Pencarrick. Ton: Amos Hertzman. Projektbegleitung: Sarjeet Purewal. Projektbericht: Kashmir Besla. *mit Genehmigung der Canadian Actors' Equity Association (kanadische Schauspielergewerkschaft).

[224] Die Collagen, die von Dafne Blanco gestaltet wurden, sind auf http://www.headlinestheatre.com/Hereandnow/display1.html zu sehen.

Und so kamen fast ein Jahr danach, nach jeder Menge Vernetzungsarbeit und Fundraising, 22 Menschen aus der indisch-kanadischen Gemeinde für einen einwöchigen *Theater zum Leben*-Workshop zusammen. Jede/r von ihnen verfügte in Bezug auf Banden und die damit einhergehende Gewalt über ausreichend Lebenserfahrung. Wenn ich in diesem Zusammenhang von Lebenserfahrung spreche, so meine ich damit, dass einige ehemalige Bandenmitglieder mit dabei waren und andere aus Familien kamen, die mit der Problematik in Berührung gekommen waren. Das Ensemble war Teil dieser Gruppe. Die Altersspanne in der Gruppe reichte von 19 bis Mitte 70.

Nach dem einwöchigen Workshop hatten das Ensemble, das Produktionsteam und ich fast drei Wochen Zeit für die Entwicklung des Stückes. Das Stück erzählte nicht die spezifische Geschichte einer Person. Keiner spielte sich selbst oder jemanden aus dem Workshop. Unsere Aufgabe war es, bestmögliches Theater zu machen, das die Wahrheit des Gemeinwesens erzählt.

Die Mitarbeiter/innen von Headlines Theatre und die der zahlreichen Partnerorganisationen strengten sich sehr an, die allgemeine Öffentlichkeit zu den Aufführungen einzuladen. Weil Theater symbolisch ist, bestand unsere Hoffnung darin, dass ein heterogenes Publikum sich die Produktion ansehen und erkennen würde, dass das Symbolbild auf der Bühne – ein Geschenk der indisch-kanadischen Gemeinschaft – uns alle betrifft. Dass die Familie auf der Bühne jede Familie sein könnte. Dass die Bandenmitglieder allen möglichen Banden angehören könnten. Und wenn wir uns darüber einig sind, dass wir alle das Problem teilen, dann können wir die Forumtheater-Aufführungen dazu verwenden, das Thema gemeinsam zu bearbeiten und auf breiter Basis nach Lösungen[225] für die gemeinsamen Probleme suchen.

Zu den öffentlichen interaktiven Forumtheater-Aufführungen kam bei diesem Projekt an jedem Abend ein weiterer Aspekt hinzu. Kashmir Besla übernahm für das Projekt die Aufgabe einer *Gemeindeschreiberin*. Sie besuchte jede Aufführung und notierte, analysierte und sortierte die Einstiege auf dieselbe

[225] Im Original lautet die Formulierung „grassroots solutions", also Lösungen, die von unten (der Basis) nach oben wachsen und nicht von oben verordnet werden. (Anm. d. Ü.)

Weise, wie es beim Legislativen Theater[226] geschieht. Daraus entstand ein Tätigkeitsbericht,[227] der sich allerdings nicht an Regierungen richtete, sondern an Sozialeinrichtungen, die in der Gemeinwesenarbeit zu Gewalt- und Familienthemen arbeiten.

Vorbereitung

Der Workshop wird im Moberly Arts Centre in Vancouver stattfinden. Der Erarbeitungs- und Probenprozess sowie die ersten beiden Aufführungswochen werden im Ross Street Temple, im dortigen Gemeinschaftsraum, der an den eigentlichen Tempel angrenzt, über die Bühne gehen. Es ist eine Herausforderung, das Projekt in einem Tempel durchzuführen. Der Raum selbst bringt einige Schwierigkeiten mit sich. Er ist relativ klein und hat eine seltsame Form, aber wir sind zufrieden, weil wir unsere tragbare Bühne mit 14 Elementen und das Licht unterbringen und gleichzeitig Platz für knapp 100 Leute haben werden. Wir haben uns deshalb für den Tempel entschieden, um wirklich in die Gemeinschaft hinein wirken zu können.

Suki Grewal vom Projektbeirat führte anfänglich die Verhandlungen mit den Vorsitzenden des Tempelrats. Wir erhielten mühelos einen von ihnen unterschriebenen Vertrag. Wir trafen uns mit Kashmir Dhaliwal, unserer Kontaktperson im Tempel, und einigen anderen aus dem Tempelrat zu einer produktiven und unkomplizierten Besprechung, bei der wir die Rahmenbedingungen des Projekts diskutierten. Unter anderem legten wir fest:

- Es wird keinen Fleischkonsum geben und auf dem gesamten Gelände herrscht Rauchverbot.
- Das Stück und die Forumtheater-Aufführung werden Ausdruck der Gemeinschaft sein, wozu es in der Darstellung ein Gespür für die Realität

---

[226] Beim *Legislativen Theater* werden die Einstiege aus dem Publikum notiert, analysiert und geordnet und anschließend zu Gesetzestexten umformuliert, um daraus Vorschläge für Politik und Justiz zu entwickeln. Eine ausführliche Beschreibung des Legislativen Theaters findet sich bei Augusto Boal: *Legislative Theatre: Using Performance to Make Politics*, Routledge, London, New York, 1998. vgl. dazu den Bericht von Headlines Theatre zu *Practicing Democracy* auf http://www.headlinestheatre.com/pd/index.html

[227] Kashmir Beslas vollständiger Bericht steht als .pdf-Dokument auf http://www.headlinestheatre.com/Hereandnow/finalreports.html

braucht. Das bedeutet wahrscheinlich Gewalttätigkeit und Gewaltausdrücke auf der Bühne. Der Tempelrat war besorgt in Bezug auf Nacktheit, aber wir versicherten, dass wir keine Notwendigkeit für Nacktheit in diesem Projekt sehen.

- Die Räumlichkeiten stehen uns exklusiv zur Verfügung.
- Wir stellen pro Aufführung zehn Freikarten zur Verfügung. Insgesamt werden 100 Karten aufgelegt, die über den Tempel vertrieben werden, damit die Mitglieder, die an frei zugängliche Veranstaltungen gewöhnt sind, kommen.

Wir wussten bereits, bevor wir anfingen, dass wir eine Familie auf die Bühne stellen würden. Jede Diskussion mit den Mitgliedern der Gemeinschaft führte dazu, dass Bandenwesen[228] und Gewalt, in der einen oder anderen Form, Familienthemen sind. Es waren intensive Interviews, die wir mit den (potenziellen) Teilnehmern führten. Wir trafen uns mit 32 Leuten. Maximal 25 können am Workshop teilnehmen. Es gab zahlreiche starke, junge Männer und Frauen, die alle unmittelbare Erfahrung zum Thema mitbrachten. Ebenso sahen wir einige Möglichkeiten, um die Perspektive von Großeltern und Müttern einzubringen. Wir haben derzeit aber noch niemanden, der die Rolle eines Vaters übernehmen könnte. Ich habe in Betracht gezogen, das einfach zu akzeptieren und aus der Mutter eine Alleinerzieherin zu machen, aber ich spüre deutlich, dass das eine sehr schlechte Botschaft vermittelt: zerrüttete Familienverhältnisse = Gewalt und Banden; aber das ist einfach nicht der Fall. Es scheint unumgänglich, einen Vater zu finden.

Wir haben Leute kontaktiert, die wir kennen, um gemeinsam nach einem Vater zu suchen, aber ohne Erfolg. Viele Männer, die aufgrund ihres Alters in Frage kommen, sind entweder berufstätig und es ist ihnen aus Zeitgründen nicht möglich zuzusagen, oder sie sind einfach nicht interessiert. Wir haben heute angefangen, bei Künstleragenturen nachzufragen. Das bedeutet vielleicht, dass die Person, die die Rolle spielen soll, nicht über die unmittelbare Erfahrung in Bezug auf das Thema verfügt, die ich für notwendig halte, aber ich drücke uns

228 Der Idee folgend, dass ein Gemeinwesen ein lebendiger Organismus ist, ist auch „das Bandenwesen" ein größerer lebendiger Organismus. (Anm. d. Ü.)

weiterhin die Daumen.

Die Künstleragenturen fanden niemanden. Ich fand schlussendlich einen Vater, interessanterweise indem ich jemanden erneut anrief, der sich bereits vorgestellt hatte. Das war eine wichtige Lektion für mich. Ich hatte ihn ursprünglich nicht in Betracht gezogen, weil wir so viele Schwierigkeiten bei der Verständigung hatten. Er tat sich schwer, auf Englisch zu kommunizieren, und ich konnte kein Wort Punjabi. Als ich meinen Horizont erweiterte und sah, dass das womöglich vielmehr eine Stärke und Teil der Komplexität des Themas hier in Kanada ist, die er in den Prozess einbringt, erkannte ich, dass er ein wirklich überzeugender Kandidat ist. Ich muss kein Punjabi können. Andere Mitglieder des Ensembles werden, wenn nötig, übersetzen.

Damit besteht das Ensemble aus Balinder Johal (Großmutter), Raminder Thind (Vater), Jas Grewal (Mutter), Natasha Ali Wilson (Tochter) und Shawn Cheema (Sohn) sowie Jagdeep Singh Mangat und Seth Ranaweera, die, aus jetziger Sicht, vielleicht Mitglieder der Familie sein werden oder auch nicht.

Der Workshop mit der Gemeinschaft

1. Tag: Es fühlt sich an wie ein plötzlicher Beginn, aber wie Dafne Blanco, die Koordinatorin für Öffentlichkeitsarbeit bei Headlines Theatre, im Anfangskreis bemerkt hat, hat es über ein Jahr bis zu diesem Tag gedauert.

Es gibt 22 Teilnehmer/innen. Es ist eine starke und sehr heterogene Gruppe und die Arbeit heute war großartig. Sie ließen sich von Beginn an darauf ein, die Symbolik der Spiele zu analysieren. Einige Dinge, die sehr früh auftauchten, waren: wie manche Menschen blind folgen; dass es in der Gemeinschaft welche gibt, die Anführer sind, und welche, die folgen; wie bei manchen der Eindruck vorherrscht, es ist besser zu folgen, also folgen sie. Es wurde auch viel über die Gründe diskutiert, die es gibt, gar nicht erst zu versuchen, sich dem Thema zu stellen: aus Respekt vor anderen; andere nicht bloßstellen zu wollen; Angst vor anderen; Angst davor, was andere denken könnten, und Angst vor Schande für die Familie. Alles Gründe, die auf ihre Art den Mantel des Schweigens über das Thema ausbreiten.

Es tauchten bereits Bilder extremer Gewalt auf – von Eltern, die ihre Kinder schlagen. Wir sprachen darüber, wie diese Gewalt Kinder dazu bringt, sich andere Menschen zu suchen, denen sie sich zugehörig fühlen und von denen sie sich beschützt fühlen. Diese gewaltvollen Bilder ähneln den Bildern familiärer Gewalt, die mir in jeder Gruppe, die sich mit diesem Thema beschäftigt, begegnen. Wir sahen auch ein Bild eines Begräbnisses und einer Familie, die trauert und betroffen ist und sich die Frage stellt, wie es zum Tod des geliebten Menschen durch dermaßen rohe Gewalt kommen konnte.

In einem der Bilder liegt ein erwachsener Sohn zusammengerollt am Boden, während eine Frau ihn ziemlich fest schlägt. Hat er etwas Schreckliches getan? Bringt ihn diese gewaltvolle Reaktion noch weiter weg von seiner Familie?

Der Abschlusskreis dauerte – für den ersten Tag überraschend lange – fast eine Stunde. Die Teilnehmer/innen hatten viel zu sagen. Wie fantastisch es ist, den Raum zu haben, um das Thema wirklich diskutieren zu können. Und sie sprachen über ihre unterschiedlichen Erfahrungen. Ich habe Bedenken, weil einige der Ensemblemitglieder sich noch ziemlich ruhig verhalten. Ich frage mich, ob das daher rührt, dass ich bei unserem ersten gemeinsamen Treffen vorgeschlagen habe, sie sollten sich im Workshop „wie Schwämme verhalten". Denken sie, dass ich möchte, dass sie sich nicht voll und ganz beteiligen? Ich werde das morgen mit ihnen klären.

2. Tag: Ich redete heute Morgen als erstes mit den Ensemblemitgliedern und sagte ihnen, dass ich den Eindruck hatte, einige von ihnen wären sehr zurückhaltend. Ich hätte bei meinem Gespräch mit ihnen nicht gemeint, sie sollten nicht voll und ganz am Workshop teilnehmen. Sie schienen zu verstehen, warum ich das sagte, und gaben zu, dass ihnen bewusst wäre, dass sie aktiver sein müssten.

Das letzte Bild aus der Übung *Vierer-Gruppen*[229] war sehr ausdrucksstark. Eine Mutter fleht ihren Sohn an, zu bleiben. Er hat bereits einen gewalttätigen Weg eingeschlagen. Im Hintergrund liest der Vater achtlos die Zeitung und die Tochter, versunken in ihre eigene Welt, telefoniert mit dem Handy. Nachdem

[229] Die Übung wird im Abschnitt *Bilder und Vorstellungen entwickeln* im Kapitel *Im Workshop-Raum* beschrieben.

das Bild zum Leben erweckt wurde, führte es zu einer langen Diskussion über die verschiedensten Aspekte des Themas.

Viele Mütter kamen auf die Bühne und „standen zur Mutter“, aber auf die Frage, was sie wollten, wusste keine von ihnen, was sie für sich selbst wollte. Es hieß immer nur: „Ich will, dass er bleibt.“, „Ich will, dass er aufhört, sich so zu benehmen.“, „Ich will, dass er ein guter Sohn ist.“ „Das ist, was du von IHM willst“, wiederholte ich immer wieder. „Was willst DU?“ Sie konnten keine Antwort geben. Das war offenkundig die Antwort – und, so stellten wir fest, gleichzeitig Teil des Problems. Die Mutter, die ausschließlich auf ihren Sohn fokussiert ist, nur sein Bestes will, vertreibt ihn gleichzeitig. Die Gruppe sprach darüber, wie er sein Zuhause verlässt, weil es dort keinen Platz für ihn gibt. Er geht, um eine „Familie“ zu finden, wo er sich sicher fühlen kann, weil er sich in der klaustrophobischen Umgebung, in der er jetzt lebt, nicht sicher fühlt. Die Mutter bekommt genau das, wovor sie sich fürchtet, indem sie ihr Verhalten von ihrer Angst bestimmen lässt.

Zugleich wiederholt der Vater ständig: „Ich möchte wieder in Indien sein.“ Er überlässt das Problem seiner Frau. Er ist „bereits weg“.

Währenddessen geht die Tochter zur Tür hinaus. Um was zu tun? Keiner weiß es. Keiner fragt nach. Warum? In der Diskussion hören wir von vielen Teilnehmern, dass die Tochter keine Rolle spielt. Sie gehört weder zur Mutter noch zum Vater. Sie wird einmal zu einer anderen Familie gehören und ist deshalb für sie nicht von Belang. Das erzeugte einen ziemlichen Tumult im Raum, aber als ich bei der Gruppe nachfragte, ob irgendjemand das Gefühl hat, dass das stimmt, sagten ungefähr 70 Prozent, dass es der Realität entspricht. (Sie bräuchten nicht zu überlegen, ob es gut ist oder schlecht, ob sie zustimmen oder nicht. Aber stimmt es?)

All das ausgehend von einem Bild.

Über *Magnetisches Bild*[230] haben wir fünf Gruppen gebildet und eines der Bilder haben wir zum Leben erweckt. Wir befinden uns auf dem Begräbnis

---

230 Die Übung wird im Abschnitt *Stückentwicklung* im Kapitel *Im Workshop-Raum* beschrieben.

einer jungen Frau. Die Szene ist komplex. Junge, aufgebrachte Männer sind dort, schuldbewusst und sich gegenseitig beschuldigend. Junge Frauen sind dort, einige von ihnen sagen: „Sie hat bekommen, was sie verdient hat." und „Ich bin froh, dass *ihr* das zugestoßen ist und nicht mir." Einige der Figuren geben auch insgeheim zu, dass – obwohl sie bei dieser traditionellen Trauerfeier anwesend sind – ihnen die Traditionen nichts bedeuten. Aber sie befolgen sie, weil sie wollen, dass die Leute gut von ihnen denken. Dieses Bild zeigt viel darüber, wie es an der Oberfläche aussieht.

Bei der Belebung des Bildes geraten die jungen Männer in Streit darüber, wer am Tod der jungen Frau schuld ist. Sie prügeln sich.

Im Abschlusskreis sagten viele Teilnehmer/innen, wie unglaublich sie es finden, was in zwei Tagen passiert ist. Sie hätten nicht geahnt, wie tiefgehend die Arbeit sei. Alle aus der Gemeinschaft sollten so etwas machen. Eine Frau sprach darüber, wie sehr die Spiele auf indische Traditionen zurückgreifen.

Was in diesem Workshop geschieht, geschieht so oft. Die Arbeit selbst ist äußerst flexibel: Sie erreicht den Einzelnen/die Einzelne und das Gemeinwesen auf sehr ursprünglichen Ebenen. Wenn diese noch Zugang zu den Traditionen ihrer Kultur haben, dann scheint die Arbeit genau dazu zu passen. Ich habe das in Namibia, in Neuseeland und bei Gemeinschaften von First Nations in ganz Nordamerika beobachtet.

3. Tag: Heute Morgen haben wir erfahren, dass unser Workshop-Raum, der sich in einem städtischen Gebäude befindet, am Freitag möglicherweise von einem Streik betroffen sein wird. Dylan Mazur aus dem Team von Headlines Theatre hat es bewerkstelligt, dass wir, wenn nötig, in den Tempel ausweichen können.

Die Spiele heute Morgen haben gut funktioniert und die meisten Teilnehmer/innen wurden durch *Die Röhre* gereicht. Bei diesem Spiel wird jemand durch einen Tunnel, der aus den Armen der anderen Teilnehmer/innen gebildet wird, geschleust. Für viele war das eine große Sache (Vertrauen ist ein Thema) und wie von mir erhofft, wurde durch diese Erfahrung allem Anschein nach die Verbundenheit untereinander gestärkt.

Wir haben heute ein wirklich sehr ausdrucksstarkes Bild dreier junger Männer gesehen: Einer von ihnen liegt bewusstlos am Boden. Ein anderer hält eine Waffe in der Hand und versucht seinen Freund dazu zu bringen, den Bewusstlosen zu erschießen. Die Situation erklärt sich wie folgt: Die beiden haben den Dritten verprügelt und erst dann bemerkt, dass er einer mächtigeren Bande angehört. Wenn er überlebt, werden er und seine Bande sie beide umbringen. Sie töten ihn trotzdem nicht. Die Improvisation über die Notwendigkeit ihn zu töten, wobei einer der beiden das nicht will, war sehr eindrucksvoll. Am beeindruckendsten war der Moment, bei dem einer der Männer die Waffe an den Kopf seines Freundes hält und ihm damit droht, ihn umzubringen, wenn er den Dritten nicht erschießt. Dann aber zieht er die Waffe zurück. Es war eine große Entscheidung, NICHT abzudrücken.

Die Improvisation erzeugte große Ergriffenheit im Raum. Viele der Teilnehmer/innen erkannten die darin enthaltene Wahrheit, weshalb ich mich und sie fragte, wie viele von ihnen jemals eine Waffe, ausgenommen Sportwaffen, in der Hand gehalten hatten. Ungefähr 65 bis 70 Prozent hoben die Hand. Die Leute sind zwar in diesem Workshop, um sich mit Bandengewalt auseinanderzusetzen, aber der hohe Prozentsatz überraschte mich und sie trotzdem.

4. Tag: Viele der Aktivitäten heute Morgen wählte ich aus, um die Gruppe dazu zu bringen, „im Moment zu sein", damit sie auf den *Regenbogen der Wünsche* heute Nachmittag und die Erarbeitung der Stücke morgen vorbereitet sind.

Das Spiel *Die Reise*[231] half ihnen zu verstehen, dass die Wirklichkeit auf (subjektiver) Wahrnehmung basiert, indem sie selbst diese Erfahrung machten. Bei einem der Paare entwarf diejenige, die durch die Geschichte führte, eine Szene, bei der ihr Partner sich für die Arbeit auf einer Baustelle fertig machte, seine Stiefel anzog, den Helm aufsetzte etc. In der erlebten Wahrnehmung der Partnerin zog er die Schuhe aus, um sich auf ein Gebet vorzubereiten. Welche der beiden ist die echte Erfahrung? Natürlich sind beide echt. Es ist leicht zu erkennen, wie sich das auf unterschiedliche

[231] Das Spiel *Die Reise* wird im Abschnitt *Verschiedene Sinne* im *Anhang* erklärt.

Wahrnehmungen innerhalb einer Familie übertragen lässt. Das bedeutet nicht, dass alle recht haben. Der gewalttätige Vater hat nicht recht mit dem, was er tut. Aber ist es uns möglich zu verstehen, dass er aus seiner Sicht der Dinge glaubt, dass er recht hat? Das müssen wir auch, wenn wir eine Figur aufrichtig darstellen wollen, besonders dann, wenn es sich um eine Figur handelt, mit der wir nicht übereinstimmen.

Ich habe mir heute viel Zeit für die Übung *Schnelle Gesten*[232] genommen, eine Übung, die ich entwickelt habe, um die Improvisationsfähigkeit zu fördern. Nach einer Stunde, die mit einfachen Geräuschen und Gesten begonnen hat, dann zum Austausch von Sätzen und Gesten geführt hat, wo es darum geht die einmal erschaffene Wirklichkeit zu akzeptieren, haben die Teilnehmer/innen sehr konzentriert komplexe Improvisationen entwickelt.

Beim *Regenbogen der Wünsche* entschied sich die Gruppe für die Geschichte einer jungen Frau. Es geht um sie und ihren Vater. Sie sitzt vor dem Fernseher. Ein Brief liegt auf dem Tisch. Er kommt ins Wohnzimmer und nimmt den Brief, einen an sie adressierten Bankauszug, und will das Kuvert öffnen. Sie sagt ihm, er solle das lassen, es sei ihr Brief. Im darauffolgenden Streit geht es ausschließlich um Macht und darum, dass sie von ihm kontrolliert wird. Es geht um seinen Willen und sein von ihm beanspruchtes Recht, ihre Post zu öffnen und Einsicht in ihre Geldangelegenheiten zu nehmen, wann immer er das will.

Ein junger Mann bot sich an, den Vater zu spielen. Die Fragmente des Regenbogens der Tochter enthielten: den Wunsch, ihm ins Gesicht zu schlagen; den Wunsch nach seinem Respekt; den Wunsch nach ihrem Brief; die Angst, er würde sie schlagen. Sein Regenbogen beinhaltete: die Angst, niemals von ihr verstanden zu werden; den Wunsch, den Raum zu verlassen und seinen Frieden zu haben; den Wunsch, sie zurechtzuweisen, indem er sie ohrfeigt.

Die Arbeit war sehr tiefgehend. Ihre Angst schien dem Vater Macht zu verleihen. Er bekam genau das, was er wollte, und am Ende hatte er gar keinen Respekt mehr vor ihr. Bei einer anderen Improvisation steigerte sich die Wut der beiden dermaßen, dass die zwei Figuren sich nur noch anschrieen. Viele

---

[232] Das Spiel *Schnelle Gesten* wird im Abschnitt *Die Kraft der Gesten* im Kapitel *Im Workshop-Raum* erklärt.

von uns dachten, die Szene würde unweigerlich eskalieren und zu einem Gewaltausbruch führen. Dann gab es den Augenblick, wo er davon sprach, dass er von ihr respektiert werden will, und sie reagierte sehr ruhig: „Also gut, wenn du das willst, dann musst du einsehen, dass der Brief mir gehört." Irgendwie hat er das registriert. Er versuchte, es zu ignorieren, aber es gelang ihm nicht. Wir alle sahen, wie sein Verständnis für das, was seine Tochter gesagt hatte, in ihm wuchs und wir redeten später darüber. Es glich einem emotionalen Judokampf. Und es verlief sehr ruhig.

In einem anderen Moment, als der verkörperte Wunsch des Vaters sie zu ohrfeigen auf der Bühne stand, sagte er: „Was ist eigentlich los hier? Kümmere ich mich etwa nicht um dich und deine Mutter? Warum hast du Angst?" Währenddessen hatte er ständig die Hand zum Schlag erhoben. Sie sagte: „Gut, aber warum erhebst du dann deine Hand?" Es war erstaunlich. Der Vater hatte gänzlich darauf vergessen. Das war ein sehr authentischer Augenblick. Er ist derart daran gewohnt, dass es bereits normal ist. Wie kann er aufhören, aggressiv zu sein, wenn er vergessen hat, dass seine Hand zum Schlag erhoben ist?

Die Einsichten aus der Übung heute dienen nicht dazu, tatsächliche Lösungen für diese Geschichte zu finden. Die Geschichte ist eine Metapher. Wir reflektieren die Momente aus den Szenen in Bezug auf unser eigenes Leben und untersuchen, wie wir handeln und wie unsere Wahrnehmung in Bezug auf die Handlungen und das Verhalten anderer aussieht. Und dabei vertiefen wir unser Verständnis für die Figuren im Hinblick auf das zu erarbeitende Stück.

Der Abschlusskreis dauerte heute über eine Stunde. Es war der längste bisher. Zum ersten Mal sprachen alle und es gab ausführliche Geschichten und viele Tränen bei einigen der sehr jungen Leute. Sie haben über ihre Mütter und Väter erzählt, über ihr Leben zuhause und über Freunde, die gestorben sind. Morgen machen wir uns an die Erarbeitung von Stücken.

Morgen werden wir im Ross Street Temple arbeiten.

Ich habe mir darüber Gedanken gemacht, dass wir womöglich nicht in der Lage sind, die Geschichte zu erzählen, die erzählt werden muss, wenn wir nur eine junge Frau und zwei junge Männer haben, sowie eine Großmutter, eine

Mutter und einen Vater. Wir brauchen einen weiteren jungen Menschen. Ich habe heute unsere Finanzen überprüft und wir haben für dieses Jahr noch Mittel, um einen weiteren Schauspieler zu engagieren. Ich werde mit Seth Ranaweera, einem der Workshopteilnehmer, reden.

5. Tag: In der Mittagspause bat ich das Ensemble auf ein schnelles Gespräch zu mir und erklärte, warum es aus meiner Sicht einen weiteren jungen Erwachsenen braucht. Sie antworteten, dass sie selbst bereits darüber geredet hatten, und zwar aus demselben Grund. Sie haben das Gefühl, dass die Arbeit derzeit den Schwerpunkt zu sehr auf das Häusliche legt und zu wenig auf die Gangs. Ich stimme zu. Mit einem vierten jungen Schauspieler wird sich der Schwerpunkt bei der Erarbeitung verlagern. Sie fragten mich, wen ich in Betracht ziehen würde und ich nannte ihnen Seth. Sie waren sehr, sehr froh über diese Wahl. Er ist ein starker Spieler und bringt auch seine Erfahrungen in die Gruppe ein. Danach sprach ich mit Seth, und er willigte ein.

Die heutigen Stücke werden nicht unbedingt Material für das größere Projekt liefern. Der Grund, warum wir sie machen, ist vielmehr der, dass sie die Fortsetzung der Recherche im Workshop darstellen. Sie sind Teil des Prozesses und kein Produkt. Ich habe das Gefühl, dass es für die Workshopteilnehmer/innen wichtig ist, am Ende des Workshops irgendwie gut abschließen zu können. Die Stücke zu entwickeln und eine Forumtheater-Aufführung zu machen, wird ihnen dabei eine große Hilfe sein.

Stück 1 (Geheimnisse daheim): Großmutter, Mutter, Vater und die ältere Tochter (22) sind zuhause. Die Großmutter macht Tee. Die Mutter geht im Zimmer auf und ab, während die Tochter und der Vater fernsehen. Der Vater will seinen Tee und die Großmutter sagt zur Mutter, sie solle ihm den Tee bringen. Im weiteren Verlauf werden die schwierigen Beziehungen zwischen der Großmutter und ihrer Schwiegertochter und zwischen Ehemann und Ehefrau deutlich. Weil sie aufgebracht ist, schickt die Mutter ihre Tochter in die Küche, um der Großmutter zu helfen.

Der Sohn kommt nach Hause. Er ist der einzige Sohn und das Lieblingskind.

Er hat es eilig. Er will das Auto. Und er will 500 Dollar für Eishockeykarten. Mutter und Vater diskutieren darüber, woher das Geld dafür kommen soll. Die Tochter ist außer sich und sagt: „Wollt ihr wissen, was er mit dem Geld macht?" Ihr Bruder sorgt schnell dafür, dass sie ruhig ist. Die Großmutter nimmt ihn zur Seite und will wissen, wofür er das Geld braucht. Er weiß, dass sie weiß, dass er es für Drogen ausgibt, und sie weiß, dass er weiß, dass sie es weiß. Er kommt aber bei ihr durch, indem er sich ihr gegenüber liebevoll zeigt. Sie sagt zu ihm, dass er ihr versprechen soll, ein guter Junge zu sein. Er küsst sie und geht.

Die jüngere Tochter (14) kommt heim. Sie war in der Schule in einen Streit verwickelt und musste nachsitzen. Die Eltern wollen wissen, wo sie war, aber sie sagt es nicht. Sie geht in die Küche. Sie liebt ihre Großmutter und schmeichelt ihr bezüglich der selbstgemachten Kekse. Sie isst eines davon. Die Großmutter nutzt diesen Moment und holt ein Buch mit Fotos von einem Mann aus Indien. Die jüngere Tochter soll einwilligen, ihn zu heiraten. Sie findet die Vorstellung abstoßend – sie ist 14. Es kommt zum Streit zwischen ihr und ihrer Großmutter und die Enkelin wird respektlos. Daraufhin wird die Großmutter wütend und reißt ihre Enkelin bei den Haaren. Diese fängt an zu schreien. Nun mischt sich die Mutter ein und unterstützt die Großmutter. Sie schlägt ihre Tochter. Die ältere Tochter, die vergeblich versucht hat, sie zum Aufhören zu bewegen, ruft die Polizei.

Die Polizei kommt, es sind aber keine besonderen Vorkommnisse mehr ersichtlich. Sie befragen die jüngere Tochter und diese nimmt die Familie in Schutz. Die Polizei geht wieder. Die Familie geht davon aus, dass die jüngere Tochter die Polizei gerufen hat. Als sie herausfinden, dass es die ältere Tochter war, verbünden sie sich gegen sie und verprügeln sie.

6. Tag: Die drei anderen Stücke sind:

Stück 2 (Die perfekte Tochter): Mutter und Vater sind zuhause. Die Mutter ist noch munter und macht sich Sorgen um ihre beiden ältesten Kinder, die noch nicht zuhause sind. Es ist 03:00 Uhr in der Früh. Der Vater kommt hinzu und fragt auf besorgte Weise, was los sei. Als ihm klar wird, dass sie auf die Kinder wartet, sagt er, dass er mit ihr aufbleiben würde. Sie möchte das nicht, weil sie weiß, dass es dann Ärger geben wird, wenn die Kinder heimkommen. Er besteht aber darauf, bei ihr zu bleiben.

Die zwei Kinder, Sohn und Tochter, sind im Auto. Die Tochter ist sturzbetrunken. Ihr Bruder sorgt sich um sie und bringt sie heim. Auf dem Weg sprechen sie darüber, dass er immer Ärger bekommt, sie hingegen immer mit allem durchkommt. Sie verspricht ihm, dass er das heute nicht ausbaden wird müssen.

Sie kommen zuhause an und der Vater stürzt sich sofort auf seinen Sohn. Der sagt, dass er nur seine Schwester von einer Party nach Hause gefahren habe. Die Tochter versucht ihren Bruder zu retten und gibt vor, dass sie gefahren sei und es ihre Schuld sei, dass sie zu spät sind. Jetzt haben sie sich in Lügen verstrickt und die Situation eskaliert. Der Vater nimmt an, dass sein Sohn betrunken Auto gefahren ist.

Die kleine Schwester kommt dazu und verpetzt ihre älteren Geschwister, indem sie erzählt, dass ihre Schwester einen Freund hat. Das können die Eltern nicht glauben, weil sie ihre Tochter für perfekt halten. Die kleine Schwester erzählt ihren Eltern außerdem, dass ihr Sohn sich mit einem Drogendealer herumtreibt. Der Vater konfrontiert seinen Sohn damit und die Szene wird gewalttätig.

Stück 3 (Zögerlicher Killer): Dabei handelte es sich um ein kurzes, aber komplexes Stück. Es gibt wiederum Bruder und Schwester, und diese ist in einen jungen Mann verliebt. Sie und der junge Mann sitzen in seinem Auto und erzählen einander Geschichten aus ihrem Leben.

Der Bruder ist zuhause und spricht am Telefon mit einem Mitglied aus seiner Bande. Bruder und Schwester wurden von einem gewissen Sam (der ansonsten in der Szene nicht vorkommt), einem Mitglied einer anderen Bande, im Zuge eines missglückten Drogendeals ausgeraubt. Sam ist der Cousin des jungen Mannes. Am Telefon erfährt der Bruder die Neuigkeit, dass seine Schwester und der junge Mann miteinander ausgehen. Er sieht die beiden in der Einfahrt, als er zum Fenster hinausschaut.

Der Bruder ruft seine Schwester am Handy an. Sie sieht seinen Namen am Display und ist sogleich beunruhigt. Sie bittet den jungen Mann, sich ruhig zu verhalten, und nimmt ab. Ihr Bruder will wissen, mit wem sie da im Auto sitzt, und befiehlt ihr, sofort ins Haus zu kommen. Er legt auf. Sie weiß, dass sie gehen muss und versucht das dem jungen Mann zu erklären. Der besteht darauf, sie zur Tür zu begleiten und meint, er fürchte sich nicht vor ihrem Bruder.

Der Bruder öffnet ihnen die Tür. Er ist höflich, auf sehr unterkühlte Weise, holt die Schwester ins Haus und hält dabei den jungen Mann davon ab, ins Haus zu kommen. Der junge Mann versucht mit dem Bruder zu reden, was ihm aber nicht gelingt. Er wird weggeschickt und geht zurück zu seinem Auto.

Drinnen streiten Bruder und Schwester darüber, wie viel Kontrolle er eigentlich über ihr Leben ausübt. Er erklärt ihr, dass der junge Mann Sams Cousin sei, und sie schreit, dass der junge Mann aber eben nicht Sam sei. Auf diesem Ohr ist der Bruder taub.

Er bemerkt, dass der junge Mann immer noch vor dem Haus parkt. Die Schwester weiß, dass das Auto Startschwierigkeiten hat. Sie läuft gemeinsam mit ihrem Bruder hinaus, um den jungen Mann irgendwie aus der Sache rauszuhalten und zum Gehen zu bewegen. Der junge Mann sieht das allerdings als Gelegenheit, mit dem Bruder über Autodinge doch noch ins Gespräch zu kommen, und schickt sie weg. Der Bruder startet das Auto und schlägt dann vor, eine Runde zu drehen, um einander kennen zu lernen. Der junge Mann willigt ein.

Die Schwester beobachtet alles durchs Fenster und gerät in Panik. Sie ruft den jungen Mann auf seinem Handy an. Ihr Bruder sagt aber, er solle nicht rangehen, es sei wahrscheinlich seine Schwester und die mache ihn noch ganz verrückt mit ihrer Einmischerei. Sie bleiben kurz stehen, um Bier zu kaufen. Der Bruder sagt, er habe sein Handy vergessen und leiht sich das Handy des jungen Mannes aus. Er geht in den Laden und wirft das Handy weg. Er kauft eine Kiste Bier und geht zurück zum Auto.

Sie fahren in die Berge. Der Bruder füllt den jungen Mann mit Bier ab, während er seinen eigenen Bierkonsum in Grenzen hält. Auf einer Anhöhe steigen sie aus dem Auto und blicken auf die Stadt hinunter. Sie reden über die Schwester. Der junge Mann liebt sie. Der Bruder lenkt das Gespräch auf Sam. Der junge Mann sagt, dass er kaum Kontakt zu Sam hat und dass er weiß, dass Sam in üble Geschäfte verwickelt ist, aber er sei nicht Sam, und was immer auch zwischen dem Bruder und Sam vorgefallen sei, habe nichts mit ihm zu tun. Das Gespräch scheint freundlich, verständnisvoll.

Der Bruder bedauert, dass der junge Mann zwar ein guter Kerl ist, aber die Umstände leider nicht anders sind. Er schießt dem jungen Mann von hinten in den Kopf.

Der Bruder fährt nach Hause, wo die Schwester bereits wartet. Sie ist außer sich. Sie hat versucht, den jungen Mann anzurufen. Er hat nie geantwortet. Was hat der Bruder mit ihm gemacht? Der Bruder erklärt ihr auf liebevolle Weise, dass alles in Ordnung sei. Er habe sich um den jungen Mann gekümmert. Die Schwester weiß, was das bedeutet und schreit ihn heulend an. Er sagt ihr, sie werde darüber hinwegkommen und befiehlt ihr, sie solle ihn jetzt in Ruhe lassen, er gehe jetzt ins Bett.

Die Schwester öffnet eine Schublade und nimmt eine Überdosis Schlaftabletten, um sich an ihrem Bruder zu rächen.

Stück 4 (Der Bruder steckt seine Nase ungefragt in anderer Leute Angelegenheiten): Die Großmutter macht Tee für den älteren Bruder. Dieser wartet auf seinen jüngeren Bruder. Als dieser herein kommt, konfrontiert ihn sein älterer Bruder mit dem, was er gefunden hat, als er dessen Schubladen durchwühlt hat (Drogen). Der jüngere Bruder ist sehr verärgert darüber, dass sein Bruder seine Schubladen durchwühlt hat, und sie streiten über das Thema Privatsphäre und darüber, wessen Haus das ist und wer „das Sagen" im Haus hat.

Die Großmutter geht dazwischen und sagt, dass das Haus das Zuhause aller sei. Der Streit eskaliert und die Mutter kommt herein. Sie versucht die beiden Brüder zu trennen, aber das Geschrei wird noch lauter. Der Vater kommt nach Hause und wird sofort in den Streit hineingezogen. Der ältere Bruder erzählt dem Vater, was er gefunden hat, und der Vater wird fuchsteufelswild. Der jüngere Bruder schreit seinen Vater an: „Warum machst du dir jetzt plötzlich Sorgen? Du hast dich noch nie um uns gekümmert!“ Er attackiert den Vater. Der ältere Bruder attackiert daraufhin seinen Bruder und schlägt ihm mit der Faust ins Gesicht.

Mit allen vier Stücken haben wir eine Forumphase durchgeführt. Es gab viele starke Momente, zwei davon stachen besonders heraus.

Im Stück „Zögerlicher Killer“ ersetzte ein männlicher Teilnehmer in der Szene auf der Anhöhe den Bruder. Er erkannte das Ringen des Bruders mit der Entscheidung, den jungen Mann töten zu müssen. Es hört sich seltsam an, aber ich denke, es ist sehr wichtig zu erkennen, dass es aus Sicht des Bruders zwingend notwendig ist, seinen brutalen Ruf zu verteidigen, um seine Stellung in der Gemeinschaft behalten zu können und um in der Welt, in der er lebt, „sicher“ zu sein. Ein Teil von ihm will den Jungen, der seine Schwester liebt und den sie liebt, nicht töten. Er ist allerdings davon überzeugt, dass er es tun muss.

Die Essenz dieser Geschichte und etwas, von dem ich glaube, dass es wichtig für das zu erarbeitende Stück sein wird, ist die menschliche Seite der Figur dieses Bruders. Er kann nicht einfach ein Monster sein. Er muss als Mensch erkennbar sein, der in einer ausweglosen Situation gefangen ist, auch wenn er sich selbst in diese gebracht hat.

Der zweite Moment ereignete sich im Stück „Geheimnisse daheim“. Die Einstiege drehten sich alle um die Jugendlichen, keiner behandelte die fürchterliche Situation zwischen der Mutter und der Großmutter. Ich fragte also, ob jemand die Schwierigkeiten dieser Frauen sehen würde. „Ja“, sagten viele. „Warum gibt es dann keine Einstiege?“, fragte ich. Das führte zur gleichen Diskussion, die wir bereits einige Tage zuvor hatten. Ältere Menschen, vor allem Frauen, können geschlagen, emotional missbraucht werden oder Ähnliches, ohne dass jemand davon Notiz nimmt. Das geschieht viel zu häufig. Niemand will davon wissen.

Eine Teilnehmerin ersetzte die Mutter in diesem Stück und weigerte sich, ihrem Sohn Geld zu geben. Der Junge war kurz davor, damit einverstanden zu sein und zu Hause zu bleiben, als die Großmutter beschloss, ihm das Geld selbst zu geben. Alle zeigten sich darüber erschrocken. Der Junge machte sich auf und kaufte Drogen. „Warum hast du das getan?“, fragte ich die Großmutter. „Schadensbegrenzung“, antwortete sie. „Gut. Was ich gesehen habe“, sagte ich, und bat sie, mich zu korrigieren, falls ich etwas missverstanden hätte, „war, dass du ihm das Geld gegeben hast, weil es seine Mutter nicht getan hat. Es hatte sehr wenig mit dem Jungen an sich zu tun. Es ging um die Auseinandersetzung zwischen dir und deiner Schwiegertochter.“ Sie dachte einen Augenblick lang nach und gab zu, dass dies wahrscheinlich unbewusst der Fall gewesen wäre. Viele im Raum konnten dem zustimmen. Diese zwei Frauen befinden sich im Krieg, den sie auf dem Rücken der Kinder austragen und ihr Zuhause ist das Schlachtfeld.

Beim Abschlusskreis war die Gruppe sehr glücklich über das und bewegt von dem, was im Forum geschehen war. Viele haben sich bereit erklärt, mit Öffentlichkeitsarbeit oder auf andere Weise zu helfen, um sicher stellen, dass das Stück ein Erfolg wird. Ich habe alle daran erinnert, dass sie bei den Proben jederzeit willkommen sind.

Am Dienstag treffen sich das siebenköpfige Ensemble, Kitty Hoffman (Inspizienz), Sudnya Naik (Bewegungstrainerin) und ich im Tempel und wir werden damit anfangen, die Marschroute in Richtung Stück auszuarbeiten.

Stückentwicklung und Proben

25. Oktober 2005
Wir haben viel geschafft heute. Die ganze Hintergrundarbeit wird sich aber bezahlt machen. Wir haben angefangen, die Beziehungen der Figuren innerhalb der Familie zu verstehen. Je fundierter diese sind, umso kohärenter wird das Forumtheater. Das gelang uns durch viele Gespräche, aber ich ließ die Schauspieler/innen auch (Stand)Bilder davon erstellen, wie sich ihrem Gefühl nach ihre Figur in das sich entwickelnde Beziehungsgeflecht einfügt.

Es dauerte Wochen, bis die Schauspieler/innen die Namen für ihre Figuren fanden. Jetzt im Bericht werde ich sie beim Rollennamen nennen:

Balinder Johal als Großmutter:	Daadi
Raminder Thind als Vater:	Jeewan
Jas Grewal als Mutter:	Rupa
Natasa Ali Wilson als Tochter:	Sonya
Shawn Cheema als Sohn:	Jay
Jagdeep Singh Mangat als Bandenmitglied:	Kam
Seth Ranaweera als Bandenmitglied:	Sunny

Daadi kam als Vierzigjährige mit ihrem Mann und zwei Kindern nach Kanada. Jeewan (ihr ältester Sohn) war damals 22 und blieb in Indien. Sie war 18, als sie ihn gebar. Nach acht Jahren starb ihr Ehemann. Sie wollte nicht zurück nach Indien, also kam Jeewan als gehorsamer, inzwischen dreißigjähriger Sohn nach Kanada. Er verließ dafür eine junge Frau, die er liebte. Er kam mit einem Besuchervisum. In Indien hatte er den Familienbesitz verwaltet. Sie waren eine bäuerliche Familie und er war der Landbesitzer.

Ein Jahr nach Jeewans Ankunft in Kanada arrangierte seine Mutter die Hochzeit mit Rupa, damit er in Kanada bleiben konnte. Es ist eine lieblose Ehe. Kurz nach der Heirat bekamen sie Sonya, die inzwischen 20 Jahre alt ist. Jeewan ist demnach 51, Daadi ist Anfang 70 und Rupa ist Ende 40. Noch wissen wir nicht, ob Jay ihr gemeinsames Kind ist, aber wahrscheinlich ist er es. Wir wissen, dass er 16 Jahre alt ist.

Jeewan ist Taxifahrer. Er war einst ein mächtiger Mann in Indien. Rupa, denken wir, arbeitet in einem Büro. Es ist klar, dass beide arbeiten. Jeewan hat das Gefühl, dass jeder in der Familie – seine Frau, seine Mutter, seine Kinder – ihm die Schuld an den Schwierigkeiten in der Familie gibt. Es fehlt an Kommunikation innerhalb der Familie. Keiner fühlt sich respektiert. Wir legten uns heute darauf fest, dass die Frage des Respekts wichtig ist. Es ist nicht so, dass Kinder und Eltern einander nicht respektieren, sondern vielmehr, dass der Respekt nicht auf die erwünschte Art zum Ausdruck gebracht wird. Die Eltern werden nicht auf die Art respektiert, wie sie das möchten. Die Kinder werden nicht auf die Art respektiert, wie sie das möchten. Also fühlt sich niemand respektiert.

Jay raucht täglich und ziemlich viel Marihuana und möglicherweise verkauft er ab und zu Kokain. Er findet in Kam jemanden, dem er sich zugehörig fühlt, der ihn mit „Stoff" versorgt und der ihm ein Handy organisiert, mit dem er seine Geschäfte abwickeln kann. Jay glaubt, dass er reich werden wird und dass er alles bekommen wird, was er will. Deshalb wird er nie so sein wie sein Vater, der Verlierer.

Im Moment wissen wir noch nicht viel über Sunny und Sonya.

Die jungen Ensemblemitglieder waren sich auch einig, dass ein Park als Handlungsschauplatz wichtig ist, weil sich dort üblicherweise die „Geschäfte" abspielen.

Sudnya (die Bewegungstrainerin) zeigte heute den Spieler/innen individuell auf sie abgestimmte und interessante Übungen für zwischendurch und zuhause. Sie beginnt bereits mit der Körperarbeit, weil wir das Körperbewusstsein der Spieler/innen und ihre Achtsamkeit für Bewegungen erhöhen wollen. Wir planen in diesem Stück mit spannungsgeladenen, eingefrorenen Bildern und Schatten zu experimentieren.

26. Oktober 2005

Am Morgen sahen wir uns alle Figuren genauer an, indem wir jede Figur darum baten, ein Bild von sich selbst zu entwerfen. Ich habe das noch nie zuvor gemacht – eine nette kleine Entdeckung. Die Bilder führten zu tiefgehenden und komplexen Diskussionen in Bezug auf jede Figur und die Beziehungen der anderen zu dieser Figur. Ich machte von jeder Figur eine Polaroidaufnahme.

Dann begannen wir eine Liste von Dingen zu erstellen, die im Stück geschehen müssen. Ich gebe sie in der Reihenfolge ihres Auftauchens in der Diskussion wider:

- Jay wird für eine Bande rekrutiert. Wir denken, dass dies Jay betrifft, obwohl es zum jetzigen Zeitpunkt noch nicht sicher ist.
- Ein Familienmitglied wird tätlich angegriffen (innerhalb der Familie). Es gibt eine Form des Missbrauchs, körperlich und/oder emotional, der

sich gegen die Mutter oder die Großmutter richtet. Es ist ein Geheimnis innerhalb der Familie.

- Es gibt einen kulturellen Graben zwischen den Generationen. Wir führten eine lange Diskussion darüber, wie die aus Indien kommende Generation (manchmal mit bäuerlichem Hintergrund) große Schwierigkeiten hat, mit der jüngeren Generation (in der Stadt, urban) in Kanada zu kommunizieren. Sie haben unterschiedliche Werte, Erfahrungen und Erwartungen. Worte, die immer auch als Symbol für etwas stehen, haben sehr unterschiedliche Bedeutungen für jede Seite.
- Irgendjemand wird im Stück entweder erschossen oder damit bedroht, erschossen zu werden. Wir wissen nicht, ob es Jay, Sonya, der Vater, die Mutter, Kam oder Sunny sein wird. Die Großmutter wird es nicht sein.
- Wir sehen die Familie prinzipiell in einem positiven Licht. Wenn wir die Störungen innerhalb der Familie betrachten, dann können wir diese nicht ohne ihren Zusammenhang mit den liebevollen Aspekten der Familie verstehen.
- Weil es bequemer ist, die Realität zu leugnen, wird Jay „groß". Jay beginnt, Geld zu machen. Jemand aus der Familie (Vater, Mutter oder Großmutter) weiß genau, was vor sich geht und woher das Geld kommt, und könnte das Ganze auch beenden, wenn er/sie nur wollte. Stattdessen erliegt er/sie ebenfalls der Macht des Geldes oder fürchtet sich vor der Aufdeckung der Wahrheit und „beschließt", nichts zu wissen.
- In der Bande gibt es (zwischen zwei Mitgliedern) einen Machtkampf. Kam und Sunny kennen einander seit frühester Kindheit. Kam ist ungefähr 27 Jahre alt, Sunny ist um die 30. Als Kind blickte Kam zu Sunny auf, aber als Erwachsener genießt Kam mehr Autorität. Das allein und zusätzliche Faktoren, die wir noch nicht kennen, erzeugen Spannung. Innerhalb ihrer Beziehung gibt es einen Machtkampf, der den Machtkampf innerhalb der Bande widerspiegelt.
- Sonya versucht sich zu behaupten. Sie findet ihren Platz in der Familie nicht. Sie kann nicht das angepasste Mädchen sein, das sich ihre Großmutter und im Speziellen ihr Vater wünschen. Sie hat es versucht.

Irgendwie müssen wir ihren Versuch sehen, sich selbst als junge Frau zu behaupten und wie die Reaktionen darauf zu einer noch größeren Entfremdung von ihrer Familie führen.

- Eine/r von den Jungen kämpft damit, auszusteigen. Sonya und/oder Jay werden in die Sache hineingezogen und stehen dann vor dem Problem, aus der Bande wieder aussteigen zu wollen. Sie erkennen, wie schwierig das ist. Die Diskussion drehte sich um die verführerische und süchtigmachende Natur dieser (Banden)Welt. Der Kampf ums Aussteigen muss nicht gegen andere geführt werden, sondern findet in einem selbst statt. Ich stelle mir diese Szene höchst symbolisch vor. Sie könnte mit inneren Stimmen arbeiten.
- Eine/r der Jungen sucht nach Sicherheit/„einem Zuhause". Sonya und/ oder Jay sind zuhause weder sicher noch fühlen sie sich „zuhause". Aus diesem Grund suchen sie etwas anderes, wo sie dazugehören. Sie finden Sicherheit in einer viel unsichereren Umgebung.
- Es kommt zum Punkt ohne Wiederkehr. Wir haben viel über diesen Punkt ohne Wiederkehr geredet, darüber, jemanden töten zu müssen, mit Drogen dealen zu müssen, sich für die Gewalt entscheiden zu müssen. Wir müssen warten, bis der Moment auf der Bühne zu sehen sein wird, sind aber noch nicht sicher, wie er aussehen wird.

Natürlich gibt es noch Unklarheiten. Einiges davon wird im Stück vorkommen, anderes nicht. Es wird zusätzliche Ideen für Szenen geben, von denen wir jetzt noch nichts wissen. Es ist beachtenswert, wie viel von dem, was wir heute besprochen haben, aus Bildern, Diskussionen und den Stücken stammt, die im Workshop mit der Gemeinschaft entstanden sind. Wir sind uns dessen bewusst. Morgen beginnen wir damit, Ordnung in unsere Ideen zu bringen und sie in Improvisationen umzusetzen.

27. Oktober 2005

Wir haben die letzten Tage viel geredet. Es war Teil meiner Aufgabe für heute, uns „auf die Beine" und in Bewegung zu bringen.

Den größten Teil des Vormittags nahm dann eine Diskussion über die Aussage des Generalstaatsanwalts Wally Oppal vom Vortag ein, der im Zuge der jüngsten Schießereien zwischen Banden meinte, dass „es manchmal Menschen gäbe, die wir einfach aufgeben müssten". Das Gefühl der Gruppe scheint sich mit meinem eigenen zu decken, dass es nämlich eine äußerst gefährliche und unangebrachte Vorgehensweise des Generalstaatsanwalts ist, so etwas als offizielle politische Richtlinie vorzugeben. Wenn wir diesen Vorschlag weiterdenken, wo ist die Grenze? Ist es nicht so, dass Jagdeep,[233] der ein fähiger, besorgter und aktiver Teil der Problemlösung in seiner und in anderen Gemeinschaften ist und der vor Jahren als Gangster zutiefst ins Bandenwesen verstrickt war, jenseits dieser Grenze gewesen wäre?

Wir fanden am Vormittag auch noch heraus, wie die Familie tickt: Sie sitzt vor dem Fernseher, liest, ist einfach beisammen. Es war so, als würden wir unsere Zehenspitzen ein bisschen ins Wasser tauchen. Ich wollte das Gleiche für Kam und Sunny tun, aber die Auslotung der Beziehung der beiden Freunde zueinander entwickelte sich zu einer viel weitreichenderen Übung.

Ich bat sie, die kleinen Kinder zu sein, die sie waren, als sie einander kennenlernten, als Sunny 10 und Kam 7 Jahre alt war. Die beiden Schauspieler verdrehten die Augen und ich wusste, dass es schwierig werden würde für sie. Ich habe mich sehr darüber gefreut, dass sie mir vertraut haben. Farina (eine Teilnehmerin aus dem Workshop), die zu Besuch gekommen war, spielte Sunnys Mutter und stellte die beiden einander vor. Kams Eltern waren zum Abendessen eingeladen. Die Eltern waren im oberen Stock und die Kinder hatten eine halbe Stunde für sich allein bis zum Abendessen. Sunny wollte von dem neuen potenziellen Freund gemocht werden und begann den Gastgeber zu spielen. Er holte Cola aus dem Kühlschrank im Keller (obwohl er wusste, dass er das nicht darf) und Chips und die Jungs freundeten sich beim Essen an, das sie verbotenerweise vor dem Abendessen aßen. Wir erkannten später, dass dieses erste Kennenlernen ihre ganze weitere Beziehung prägen und den Grundstein für ihre aktuellen Spannungen legen sollte. Über viele Jahre hinweg hat Sunny für Kam „den Zucker besorgt" – nur die Definition dessen, was „Zucker" bedeutet, hat sich verändert. Wir machen einen Zeitsprung von

[233] Jagdeep spielt die Rolle des Kam. (Anm. d. Ü.)

10 Jahren. Sunny hat sein erstes Auto und nimmt seinen Freund Kam mit auf eine Spritztour. Sie fahren in ein Drive-in-Lokal. Es ist ersichtlich, wie eng die beiden miteinander sind, selbst als Kam die Sitze von Sunnys teurem Auto mit Ketchup und Mayo bekleckert. Sunny führt Kam in die kriminelle Welt ein, in der er sich selbst inzwischen bewegt.

Mittlerweile sind die beiden 27 und 30 Jahre alt. Sie sind keine Kinder mehr. Kam ist der ehrgeizigere der beiden. Sunny ist zu langsam, zu zurückhaltend. Die Führungsrolle wechselt und das erzeugt Spannungen zwischen den beiden besten Freunden.

(Wie ein Blitz aus heiterem Himmel fällt mir ein, wer am Ende des Stücks erschossen wird! Es ist Sunny. Kam zwingt Jay, Sunny zu erschießen. Ich werde es dem Ensemble morgen mitteilen.)[234]

Nach dem Mittagessen kamen wir nicht recht weiter, es war besorgniserregend. Ich denke, das lag daran, dass ich mich auf den falschen Moment konzentrierte, die vielleicht schwierigste Sache, die wir hinkriegen müssen. Es betrifft den Übergang, also die Verbindungsszene, in der Jay mit Kam und Sunny in Kontakt kommt.

Ich entschloss mich also, wieder zur Familiendynamik zurückzukehren und wurde mit einer wunderbaren Überraschung belohnt. Ich glaube, wir haben die Eingangsszene gefunden. Ich bat darum, nach den morgendlichen „Ritualen" der Familie zu suchen. Wir hatten bereits viel dazu gearbeitet. Es ist „vertrautes Gebiet". Es geht hauptsächlich um die Bewegungsabläufe und nur ab und zu fällt ein Satz. Und es ist alles eine Frage des Timings.

> Es ist in der Früh. Jay liegt schlafend auf dem Sofa. (Wir haben demnach ein Sofa als Teil des Bühnenbilds – eine wichtige Entscheidung.) Daadi kommt herein und bringt ihm Tee. Sie steht neben ihm und himmelt ihn an. Sie weckt ihn, indem sie ihm einen Finger ins Ohr steckt, sie albert mit ihrem Enkel herum. Er bewegt sich. Sie berührt seinen Hals, macht Spaß, kitzelt ihn. Er schreckt hoch, bemerkt aber rasch, dass er zuhause und in Sicherheit ist. Sie gibt ihm den Tee.

---

[234] Diesen Einfall hatte ich am Abend, während ich meine Tagebuchaufzeichnungen machte.

Noch bevor er trinkt, stürmt Sonya aus ihrem Zimmer kommend herein, nimmt ihm die Tasse weg, macht einen Schluck, gibt ihm die Tasse zurück und geht in die Küche, um sich selbst Tee zu machen.

Während Sonya den Raum durchquert, kommt die Mutter von ihrer Nachtschicht (von unten rechts auf die Bühne). Sie ist erschöpft. Sie sieht Daadi und Jay, sagt aber nichts und geht in die Küche. Dort begegnet sie Sonya und sie wünschen einander einen guten Morgen. Sonya durchquert den Raum, fragt, wo ihre Schuhe seien, und geht nach rechts hinten in ihr Zimmer. Währenddessen geht Jay zu seiner Mutter in die Küche und fragt nach Essen. Sie sagt ihm, er solle Daadi fragen. Die Mutter dreht ihm den Rücken zu und geht über die Bühne, als der Vater von links unten auf die Bühne kommt. Er kommt vom Tempel. Mutter und Vater sagen „Hallo" zueinander. Die Mutter sagt, sie gehe ins Bett und geht ab. Der Vater schaut ihr nach, sagt zu sich selbst „ok" und bleibt bei seiner Mutter am Sofa. Er gibt ihr traditionelles Gebäck aus dem Tempel, das er für sie mitgebracht hat. Sie zieht sich ihren Schal über den Kopf und isst das Gebäck. Es ist ein Moment des Gebets.

Während all das geschieht, geht Jay quer über die Bühne ins Badezimmer, wo er sich die Zähne putzt. (All das bleibt rein gestisch, ohne Gegenstände.) Sonya klopft an die Tür (gut gelaunt wie jeden Morgen) und sagt zu Jay, er solle sich beeilen. Jay kommt aus dem Bad und geht zum Sofa zu Daadi und seinem Vater. Sonya geht ins Badezimmer. Jay bittet seinen Vater um Geld, der signalisiert ihm, er solle sich an seine Mutter wenden. Daadi sagt: „Gib ihm das Geld!" Jay bekommt seine täglichen 20.- $ vom Vater, küsst Daadi (bedankt sich aber nicht bei seinem Vater) und rennt bei der Haustür hinaus – rechts die Treppen von der Bühne hinunter. Der Vater sagt zu Daadi auf Punjabi: „Du verhätschelst den Jungen." Sonya kommt aus dem Badezimmer, ruft „Good bye" und läuft dieselben Treppen hinunter wie Jay. Daadi sagt auf Englisch: „Ich verhätschle ihn nicht."

Das läuft alles nach einer einstudierten Choreografie ab. Es ist ein tägliches Morgenritual, durch das wir die Familie kennenlernen. Als nächstes werden wir Sunny und Kam begegnen, die sich mitten in einem Streit über etwas befinden, das gestern Nacht schief gelaufen ist.

28. Oktober 2005

Bei unserer morgendlichen Einstiegsrunde präsentierte ich meine Idee, die mir am Abend zuvor in den Sinn gekommen war – dass Sunny am Ende des Stücks von Jay erschossen wird. Daadi musste kurz nach Luft schnappen und dann gab es eine lange Stille in der Runde. Kam, Sunny und Jay schauten einander reihum an und nickten. Sie nickten und starrten einander an. „Natürlich. So muss es sein", sagte Sunny. Kam stimmte zu. Nach allem, was wir über die beiden wissen, und darüber, wie Kam die Karriereleiter erklimmt, wie er Macht über Jay gewinnt, ergibt das Sinn. Jay nickte unentwegt und ich vermute, er musste erst verarbeiten, was das bedeutet.

Das Verhältnis zwischen Sunny und Kam wird in den Proben jetzt, vielleicht aufgrund dieser neuen Erkenntnis, schön deutlich. Die zwei Jungs harmonisieren hervorragend. Die erste Szene spielt tagsüber in einem Park. Wir begegnen den beiden jungen Männern, die seit ihrer Kindheit miteinander befreundet sind, inmitten eines Streits. Es wird klar, dass sie Kriminelle sind, und es ist ersichtlich, dass Kam weit ehrgeiziger ist als Sunny. Bereits in dieser ersten Szene sehen wir, wie sich das Machtverhältnis zwischen den beiden verschiebt.

Wir springen in der Zeit und es ist Abend.

> Daadi steht in der Küche und mach Chapatis. Die Mutter sitzt auf ihrem Stuhl neben dem Sofa und sieht fern, der Vater sitzt auf dem Sofa.
>
> Jay kommt nach Hause und reklamiert sowohl das Sofa als auch den Fernseher für sich. Der Vater hört auf fernzusehen und geht in Richtung Küche.
>
> Sonya kommt herein, ihr Handy am Ohr und telefoniert (mit Sunny, was wir aber zu dem Zeitpunkt noch nicht wissen). Sie lacht, es geht darum, sich später noch zu treffen. Sie geht durchs Wohnzimmer, will in ihr Zimmer, als ihr Vater nach ihr ruft: „Sonya." Er ruft nochmals. Sie bleibt stehen. (Auf Punjabi) „Mit wem redest du?" „Mit niemandem... einem Freund." „Mit wem redest du?" „Einem Freund." „Sag nicht einfach ‚ein Freund'!" Der Vater packt sie beim Arm und zerrt sie in die Mitte des Wohnzimmers. Sonya und

der Vater beginnen zu streiten. Die Mutter schreitet ein und sagt ruhig zu Sonya, dass sie gehen solle, es sei in Ordnung. Sonya küsst ihre Mutter und geht. Der Vater fühlt sich von der Mutter in seiner Autorität untergraben. Er sagt, dass Sonya gehorchen müsse, und die Mutter sagt, dass er versuchen müsse, Sonya zu verstehen. Der Vater erwidert, dass er niemals so mit seinem Vater hätte reden dürfen, und die Mutter antwortet, dass er nicht mehr in Indien leben würde.

Daadi ist in der Zwischenzeit aus der Küche gekommen und stellt sich auf die Seite ihres Sohnes gegen ihre Schwiegertochter. Die Debatte wird immer hitziger, bis die beiden Frauen einander anschreien. Es geht darum, wer das Familienoberhaupt ist. Weil seine Frau seiner Mutter auf respektlose Weise widerspricht, schlägt der Vater seiner Frau ins Gesicht. Jay hat versucht zu beruhigen, aber als sein Vater seine Mutter schlägt, springt er ihn an, worauf dieser sich in einem Wutanfall umdreht und Jay zu Boden wirft. Jay brüllt in seiner Entrüstung „Fuck you!“ und rennt aus dem Haus.

Sonya, die in dem Moment zurückgekommen war, als der Streit eskalierte, folgt ihrem Bruder.

Über die Mittagszeit hatten wir ein Treffen mit dem Produktionsteam. Die Verantwortlichen für die Ausstattung sind völlig zu recht ungeduldig, weil sie wissen wollen, wie das Stück aussieht. Natürlich wissen wir das noch nicht wirklich.

Nach dem Mittagessen: Es folgt eine liebevolle kleine Szene zwischen Bruder und Schwester – auf den Stufen.

Sie sitzen eine Zeit lang schweigend beisammen. Dann bricht Sonya das Schweigen und macht Witze über Jays Muskeln und darüber, dass er einer von den harten Jungs sei, aber die Szene geht schnell dazu über, dass sie ihn umarmt. Er hat sich das erste Mal gegen seinen Vater aufgelehnt. Schweigen. Sie sagt, dass sie sich mit ein paar Freunden zum Abendessen treffen wird. Er meint, dass sie vielleicht zum Abendessen ins Haus zurückgehen sollten, aber es ist sie, die sagt: „Auf keinen Fall.“ Sie fragt, ob er mitkommen möchte. „Echt?“ Sie hat ihm noch nie vorgeschlagen, mit ihren Freunden rumzuhängen. „Klar“, sagt sie und beide machen sich auf den Weg.

Kam und Sunny sind in einem Restaurant. Sie führen dieselbe Diskussion wie in ihrer ersten Szene, werden aber von den hereinkommenden Sonya und Jay unterbrochen. Sie mögen Sonya und freuen sich, sie zu sehen. Gleichzeitig sind sie überrascht, dass sie ihren kleinen Bruder mitbringt. Es ist eine wunderschöne Szene, es wird gescherzt und fröhlich geplaudert. Sie machen sich über Jay lustig, nennen ihn einen „Baby-Gangster“, weil sie wissen, dass er ein bisschen mit Marihuana dealt. Aber gleichzeitig beglückwünschen sie ihn, weil sie schon viel Gutes über ihn gehört hätten und bauen sein Selbstwertgefühl auf. Die Szene ist voller Wärme, es wird viel gelacht und es ist augenscheinlich, dass dieser „gefährliche Ort“ ein weitaus liebenswürdigerer Ort ist als Sonyas und Jays Zuhause. Plötzlich endet die Plauderei und es herrscht Schweigen. Sunny und Kam müssen über Dinge sprechen, die sie neben Sonya und Jay nicht bereden können.

In dieser Stille hat Kam eine Idee. Er sieht Jay nun in einem anderen Licht und ohne sich mit Sunny abzusprechen, was angebracht wäre, beginnt er Jay auf den Zahn zu fühlen, ob er sich vorstellen könne, für sie zu arbeiten. Jay ist nicht abgeneigt. Sunny fühlt sich dabei allerdings gar nicht wohl. Er ist beleidigt, weil Kam auf eigene Faust vorgeht, und versucht das Ganze zu unterbinden, was ihm aber nicht gelingt. Sunny erfindet eine Ausrede und verlässt verärgert das Restaurant.

Kam kommt direkt zur Sache. Es gibt Arbeit für Jay, wenn er möchte, und er könnte jede Menge Geld dabei verdienen. Es war nicht Sonyas Absicht, Jay und Kam zusammenzubringen, von dem sie weiß, dass er ziemlich tief in Bandengeschichten verstrickt ist. Sie versucht sich und Jay da wieder raus zu bringen. Aber Jay möchte für Kam arbeiten und die beiden sagen ihr, sie solle sich nicht so aufregen. Kam schickt Sonya hinaus, er möchte mit Jay alleine reden. Sie will bleiben, aber Kam besteht derart darauf, dass ihr schließlich keine Wahl bleibt. Jay lässt das zu. Erst einmal zu zweit, beschließen die beiden, zusammenzuarbeiten. Jay wird für Kam arbeiten und Sunny kein Wort davon erzählen.

Ich habe den Eindruck, wir haben die Hälfte des Stückes. Bevor wir nach Hause gingen, machten wir noch einen Durchlauf des bisher Erarbeiteten und es funktionierte ziemlich gut. Aber es gibt auch noch jede Menge Arbeit.

Ich musste heute ein Dilemma in Bezug auf die Ausstattung ansprechen: Je besser wir das Stück zu verstehen beginnen, desto unklarer werden die Orte, an denen es spielt. Ich muss es dem Stück überlassen, seine Orte selbst zu erschaffen und darf nicht den umgekehrten Weg gehen. Also habe ich beschlossen, alle Gedanken bezüglich der Ausstattung beiseite zu legen. Ich lasse das Stück entscheiden, was es braucht. Ich weiß, dass uns das später in Terminschwierigkeiten bringen wird, aber es scheint mir der beste Weg zu sein, um weiterzumachen.

Ich denke auch ernsthaft darüber nach, meine Idee mit den Schatten wieder zu verwerfen.[235] Ich habe mit dem Ensemble darüber geredet, auch weil Sudnya gerade nicht verfügbar ist, und wir sind uns einig, dass die Schatten nur dann funktionieren würden, wenn die Menschen, die sie werfen, nicht identifizierbar wären. Es wäre einfacher, wenn alle Schauspieler/innen mehrere Rollen spielen würden, was sie aber nicht tun. Jedes Ensemblemitglied wäre identifizierbar, selbst als Schatten. Theoretisch schienen die Schatten vor Beginn der Arbeit eine gute Idee zu sein, aber sie passen wahrscheinlich nicht in dieses Stück.

Am Ende des Tages äußerten sich einige aus dem Ensemble darüber, wie intensiv sie diese Entdeckungsreise mit Hilfe der Improvisationen finden und wie sich daraus tiefgreifende Fragen bezüglich ihrer eigenen Vergangenheit ergeben. Mit einem von ihnen hatte ich ein langes und gutes Gespräch im Anschluss an die Probe. Ich habe die Gruppe auch daran erinnert, dass Sarjeet, die Beraterin, die auch Teil des Workshops mit der Gemeinschaft war, noch immer zu ihrer Verfügung steht, wenn sie das möchten.

29. Oktober 2005

Wir überarbeiteten die Restaurantszene, so dass Sunny zwar geht, aber

[235] Ich hatte zu Beginn eine Regieidee, bei der die Schatten der Schauspieler/innen an Leinwände geworfen worden wären, um Szenen entweder zu unterstreichen oder um einen Gegensatz zu erzeugen.

heimlich draußen wartet. In einem bestimmten Moment während der Szene läutet Sonyas Handy. Es ist die Festnetznummer von zuhause (Daadi ruft an), aber sie geht nicht ran. Schließlich schickt Kam Sonya hinaus. Sie versucht zu bleiben, aber Kam und Jay bestehen darauf, dass sie geht und im Auto auf Jay wartet. Kam und Jay treffen die Abmachung, dass Jay für Kam arbeitet und Jay geht.

Kam geht auch und trifft am Parkplatz auf Sunny. Für einen Moment erkennt er Sunny nicht und ist so überrascht, dass er seinen Revolver zieht. Sie haben eine heftige Auseinandersetzung über die unangebrachte Rekrutierung von Jay durch Kam, der diese Entscheidung getroffen hat, ohne sich vorher mit Sunny abzusprechen. Die Kluft zwischen den beiden wird größer.

Es wird dunkel. Im Black hören wir Sonyas Mailbox-Ansage und die Stimme von Daadi: „Sonya, das Abendessen ist fertig. Wo bist du? Ist Jay bei dir?"

Langsam wird es wieder hell auf der Bühne. Daadi wartet. Es ist 22:30 oder 23:00 Uhr. Rupa, die Mutter, ist bei der Arbeit. Jeewan, der Vater, schläft oder versucht zu schlafen. Die Kinder kommen nach Hause. Sonya versucht von Jay zu erfahren, worüber er mit Kam gesprochen hat. Er weigert sich, das zu erzählen und schickt sie ins Haus, so wie Kam sie aus dem Restaurant geschickt hat. Sie widersetzt sich diesmal (was ich im Moment für die falsche Entscheidung in dieser Szene halte), weshalb er hinein geht.

Ich glaube, dass Sonya zuerst hinein gehen muss, damit sie die Möglichkeit hat, ihrer Großmutter zu erzählen, was gerade vorgefallen ist. Sie wird es nicht tun, aber die Möglichkeit würde eine Chance für das Publikum eröffnen, bevor Jay herein kommt.

Daadi ist sehr erleichtert, die beiden zu sehen und die beiden Kinder versuchen, sie zu beruhigen. Als Daadi sich sicher genug ist, stellt sie Sonya vorsichtig zur Rede. Daadi sagt zu Sonya, dass sie einsehen müsse, dass sie die „Ehre" ihres Vaters sei. Sonya kennt diese Predigt bereits auswendig und versucht, Daadi zu entkommen, aber Daadi lässt sie nicht aus. Sie versucht ihr Bestes als Großmutter.

Jeewan hat Stimmen gehört und kommt dazu. Er ist ebenso erleichtert, dass die beiden zuhause sind. Er geht auf seine Tochter zu, aber sie will nichts von ihm wissen. Er fragt, ob es nicht das Recht des Vaters sei, seiner Tochter Fragen zu stellen. Sie antwortet, dass er sehr wohl das Recht habe, aber dass die Tochter ebenso das Recht habe, nicht zu antworten. Er sagt, dass er manchmal wissen müsse, was sie gerade mache und wohin sie gehe. Sie erwidert, dass in Kanada Mädchen mit Jungs reden. Er antwortet ihr auf Punjabi, dass sie rein gar nichts begreife, aber wenn sie selbst einmal Kinder haben wird, dann werde sie verstehen. Sie kontert, dass sie nicht erst Kinder haben müsse, um das zu verstehen und dass er Englisch mit ihr reden solle.

Dann spricht sie ihn auf die Gewalt gegenüber ihrer Mutter an. Daadi kommt dazu und stellt sich hinter Sonya, aber um ihren Sohn zu unterstützen. Sonya versucht sich gegen die beiden zu wehren, aber es geht zwei gegen eins. Ihr Bruder, der helfen könnte und der während dieser Auseinandersetzung noch von niemandem auf all das angesprochen wurde, kündigt an, dass er zu Bett geht. Er geht ab.

Es dauerte Stunden, um diese Szene heute zu erarbeiten. Obwohl die Schauspieler/innen sagten, dass sie unter die Oberfläche der Szene vordringen möchten, fanden sie in den Improvisationen doch immer wieder Wege, um gerade das zu vermeiden. Das kann prinzipiell im Verlauf jeder Probenarbeit passieren. Wenn es aber das deklarierte gemeinsame Ziel aller Beteiligten ist, die verdeckte Wahrheit zu finden, dann muss der Regisseur (in diesem Fall ich) Wege finden, damit das auch geschieht.

In einem Moment, als wir in einer bis dahin oberflächlichen Improvisation gerade kurz davor standen, etwas mehr zu erfahren, ging Sonya ab – in ihr Schlafzimmer. Jeewan unterbrach die Szene. Ich schlug vor, ihr nachzugehen. Er schaute mich nur an. „Geh, geh ihr nach und setze das Gespräch fort!", sagte ich. Ich entschied als Regisseur, die Sache voranzutreiben, die Figur der Sonya in die Enge zu treiben. Jeewan sagte: „Aber sie ist abgegangen." Ich erinnerte ihn daran, dass wir schon oft darüber gesprochen hatten, dass es ein „Abgehen"[236] nicht gibt. Also ging er in das Schlafzimmer seiner Tochter und sie vereinbarten „am nächsten Morgen darüber zu reden". „Also gut, es ist

[236] Im Original lautet die Formulierung: „There is no offstage." (Anm. d. Ü.)

Morgen", sagte ich. Es brauchte noch zwei oder drei solcher Anläufe, bis sich Vater und Tochter zusammensetzten und endlich das Gespräch führten, das es brauchte.

In den Proben erleben wir, wie schwierig es ist, die Dinge im realen Leben anzusprechen. Deshalb proben wir. Es ist Theater über das reale Leben, aber es ist nicht das reale Leben – es ist Theater. Es bringt nichts, einfach das reale Leben auf die Bühne zu stellen, das können wir uns genausogut zuhause anschauen. Wenn das Theater eine Möglichkeit sein soll, versteckten Themen auf den Grund zu gehen, dann müssen wir Wege finden, wie wir diese versteckten Themen in theatraler Form auf die Bühne bringen können.

Am Ende des Tages machten wir einen Durchlauf von allem bisher Erarbeiteten. Ich versuche daran zu denken, dass ich auch bei den Produktionen *Practicing Democracy* (*Gelebte Demokratie*, 2004) und *Don't Say a Word* (*Sag kein Wort*, 2003) und möglicherweise bei allen Großproduktionen diese Momente des Selbstzweifels hatte. Während der Erarbeitung, bei einem Durchlauf des bis dahin entwickelten Materials, finde ich plötzlich das, was noch gestern oder vor drei Tagen ausgesprochen starkes Material schien, nur noch äußerst mager. Gut, wir waren am Ende der Woche alle erschöpft. Die Arbeit war sehr intensiv und das Ensemble weiß abgesehen vom Gerüst noch nicht, wie die Szenen aussehen. Obwohl ich all das weiß, bin ich nach dem Durchlauf etwas panisch geworden.

Ich muss mich selbst daran erinnern, dass derartiges Material (das nicht auf einem fertigen Text beruht) nicht auf Worte, sondern darauf angewiesen ist, dass sich die Spieler/innen emotional einlassen. In diesem Stadium ist es aber für sie sehr schwierig, ihre Abläufe entlang der Emotionen der Figur zu finden. Sie sind zu beschäftigt damit, sich zu erinnern, was als nächstes geschieht. Wir alle müssen geduldig sein.

Am Dienstagmorgen haben wir ein Fotoshooting und dann bleiben uns noch der Dienstagnachmittag und Mittwoch, um das restliches Gerüst und das Ende der Geschichte zu finden. Dann müssen wir detailliert an den Szenen arbeiten und „Fleisch auf die Knochen" bringen. Wir haben viel zu tun.

1. November 2005

Wir hatten heute Morgen ein grandioses Fotoshooting mit dem Tanz- und Theaterfotografen David Cooper.[237] Auf Grund der Ergebnisse war die Zeit gut investiert.

Noch vor dem Mittagessen ging ich mit dem Ensemble einige Vorschläge durch, die ich mir am Wochenende überlegt hatte:

- Die Mutter kann nicht nachts arbeiten. Das heißt, wir müssen die Anfangsszene überarbeiten. Nachtarbeit würde sie für alle Nachtszenen ausschließen und folglich für den Rest des Stückes.
- Kam und Sunny müssen ihre aktuelle Situation bis ins letzte Detail ausarbeiten. Sie haben das im Laufe des Nachmittags getan und es ist großartig. Sie haben Aufzeichnungen darüber angefertigt, wer zu „ihnen“ und wer zu den „anderen“ in ihrem Bezirk gehört – mit Namen und Anzahl der Personen. Und sie wissen, in welcher Größenordnung sich ein bevorstehender Drogendeal abspielt (mit Kiloangaben), warum Kam das Kommando in finanzieller und territorialer Hinsicht übernehmen will und warum er den Anführer ihrer Bande aus dem Weg räumen will; und warum Sunny befürchtet, dass alles aus dem Ruder läuft. Indem sie das gemacht haben, ist ihnen klar geworden, dass sie letzte Woche noch in zwei unterschiedlichen „Welten“ gelebt haben. Sie einigten sich auch darauf, dass Sunny aus der Bande aussteigen will. Das wird auch der Grund dafür sein, dass er sich am Ende des Stücks einer Revolvermündung gegenüber sieht, so wie eben heutzutage Menschen erschossen werden, wenn sie aussteigen wollen.
- Jay kann nicht von Beginn des Stückes an ein Bandenmitglied sein. Die Figur hätte dann keine Entwicklungsmöglichkeiten.
- Sonya muss zuhause bleiben, nachdem ihre Mutter geschlagen wurde, und kann nicht unmittelbar danach zu Jay hinaus rennen. Dadurch wird die Familienszene länger und es wird möglich, mehr über die Beweggründe von Sonyas Figur innerhalb der Familie zu erfahren.

[237] vgl. http://www.davidcooperphotography.com

- Bei der Rückkehr aus dem Restaurant muss Sonya als Erste zurück ins Haus und sich dabei entschließen, ihrer Großmutter nicht zu sagen, was vorgefallen ist.
- Kam und Jay brauchen eine Szene, in der Kam Jay einen Revolver übergibt.
- Wir müssen ein Ende für das Stück finden.

Nach dem Mittagessen begann Sudnya zum ersten Mal mit Bewegungsarbeit für die Gruppe. Es war gut, das Körperbewusstsein nach dem Workshop neu zu wecken und die Schauspieler/innen ein bisschen wachzurütteln. Wir werden versuchen, diese 20-Minuten-Einheiten ab jetzt jeden Morgen einzusetzen. Dem Ensemble scheint es Spaß zu machen.

Wir erarbeiteten heute die Details der ersten Familienszene und anschließend jener Szene, in der die Mutter geschlagen wird. Weil die Szene eskaliert und die Figuren in der Auseinandersetzung durcheinander reden und dann auch noch physische Gewalt ins Spiel kommt, muss sie sehr präzise ablaufen. Die Schauspieler/innen müssen sich innerhalb des Chaos der Szene wohl und sicher fühlen.

Die Szene dauert zwei oder drei Minuten, aber wir brauchten mehr als drei Stunden, um sie zu erarbeiten. Beim Durchlauf am Ende des Tages hatten wir zwar die Struktur, aber all die wundervollen Übergänge, das wellenförmige Auf und Ab im Ablauf, das bereits da war, war weg. Wir werden darauf zurückkommen.

Morgen müssen wir die Szene, in der Sonya und Jay nach dem Restaurantbesuch nach Hause kommen, überarbeiten und die Mutter einbauen.

2. November 2005
Heute schafften wir etwas, was ich vor Kurzem noch nicht für möglich gehalten hätte: Wir kamen bis zum Ende des Stücks. Wir haben wahrscheinlich eine sehr starke Geschichte.

Wir überarbeiteten die Szene, in der Sonya und Jay nach Hause kommen – jetzt, wo die Mutter nachts nicht mehr arbeitet. Daadi geht auf und ab. Die

Mutter kommt aus dem Schlafzimmer, und wir sehen, wie die beiden versuchen, über die vorgefallene Gewalt zu reden, wie es ihnen aber nicht gelingt. Jay kommt auf die Veranda, kurz darauf kommt Sonya. Sie versucht herauszufinden, was er mit Kam besprochen hat. Er sagt ihr, das gehe sie nichts an und schickt sie ins Haus. Wütend und enttäuscht geht sie. Jay bleibt auf der Treppe stehen.

Sonya hofft, dass alle schlafen, aber Daadi und Rupa (die Mutter) sind munter. „Shit!“, entfährt es ihr. Daadi fragt, wo sie war. „Aus, Abendessen“, „War dein Bruder bei dir?“, „Ja.“, „Wo ist er?“, „Draußen.“ Daadi geht zur Tür und Sonya ruft sie zurück, weil sie ihr von Kam erzählen will, macht dann aber einen Rückzieher. Daadi ruft Jay herein und Sonya wendet sich ihrer Mutter zu.

Daadi holt die beiden Kinder zu sich und ermahnt sie auf liebevolle Weise. Jay beruhigt sie, es werde ihnen nichts passieren. Beruhigt wendet sich Daadi Sonya zu. Sie sei der Stolz ihres Vater usw. Sonya will das jetzt gerade überhaupt nicht hören und versucht, dem auszustellen. Aber Daadi besteht auf ihrer Lektion. Die Mutter versucht ihre Schwiegermutter zu unterbrechen, aber Daadi muss das jetzt loswerden. Es ist nicht böse gemeint, sondern sehr liebevoll. Wenn es Daadi nur gelingen könnte, ihre Enkelin endlich zu einem Einsehen zu bewegen ...

Jeewan kommt dazu und hört, wie seine Mutter seiner Tochter erklärt, dass sie sein Stolz sei. Jeewan dankt seiner Mutter und signalisiert damit sowohl seine Dankbarkeit als auch, dass er jetzt übernehmen wird. Sonya will in diesem Moment schon gar nichts mit ihrem Vater zu tun haben, sondern sich in ihr Zimmer zurückziehen. Daadi und Jeewan halten sie auf, sie muss es sich anhören.

Jeewan versucht den großen kulturellen Graben zwischen sich und seiner Tochter zu überbrücken. Sie lacht allerdings über sein Punjabi und darüber, dass er darauf besteht, Rechte über sie zu haben. „Ja“, sagt sie, „du hast das Recht mir Fragen zu stellen, und ich habe das Recht, nicht zu antworten.“

Jay, der unbehelligt geblieben ist, lässt seine Schwester im Stich und sagt, er gehe jetzt zu Bett. Er brauche sich nichts von alldem anzuhören. Sonya ist wütend, dass alle ihren Bruder einfach so davonkommen lassen – speziell wenn sie daran denkt, was heute Abend vorgefallen ist. Er ist der Sohn und sie wird verhört. Sie schreit ihren Vater an: „Du hast ja keine Ahnung, keine Ahnung, was in dieser Familie vor sich geht!" Ihr Schreien erzürnt ihn und er entgegnet, dass er sich wünscht, sie wäre nie geboren worden. Sie kontert mit der Frage, ob er denn glaube, dass sie Teil dieser Familie sein wolle. Die Eskalation endet in einem eingefrorenen Tableau und während dieser fürchterliche Ort erstarrt, blenden wir über zu einer lebensfroheren Szene zwischen Kam und Jay.

Es ist sechs bis acht Wochen später. Jay freut sich über sein neues, teures Auto, zieht mit Kam durch die Straßen und folgt ihm dabei wie ein Hündchen. (Das Tableau hat sich aufgelöst und die restlichen Spieler/innen sind abgegangen.) Wir erfahren, dass Jay das Auto vor seiner Familie geheim hält, indem er es ein paar Häuser weiter parkt. Seine Familie hat also keine Ahnung. (Das ist eine wahre Geschichte aus dem Workshop.) Kam und Jay gehen in das Restaurant. Kam muss mit Jay ernste Dinge besprechen.

Jay arbeitet inzwischen für einen von Kams Freunden und über diesen hört Kam viel Gutes über Jay. Er lobt ihn dafür. Kam spricht auch über die Schwierigkeiten mit Sunny und in diesem Zusammenhang über Loyalität. Er schildert, wie ernst die Konkurrenz durch andere Banden ist, und Jay schlägt angeberisch vor, die „anderen einfach wegzupusten". Kam ist allerdings ein ernsthafter Mentor und sagt ihm, er solle ruhig Blut bewahren. Zurzeit gebe es zu viele Hitzköpfe und zu viele Schlagzeilen. Die Dinge müssten in Ruhe angegangen werden.

Kam eröffnet Jay, dass er ihn auf die „nächste Stufe" heben möchte. Wenn sie das Gespräch beendet haben, werden sie auf den Parkplatz hinaus gehen und er wird Jay einen Revolver geben. Ist er bereit dazu? Jay möchte Nein sagen, darauf war er nicht vorbereitet. Er ist keineswegs bereit. Aber er steht bereits zu tief in Kams Schuld und will, dass Kam zufrieden mit ihm ist. Gleichzeitig fürchtet er ihn.

„Bist du bereit?", fragt Kam erneut. „Ja, ... ja, bin ich", antwortet Jay.

Sie verlassen das Restaurant und am Parkplatz gibt Kam Jay den Revolver. Jay ist verwirrt und zwiegespalten. Kam geht um ihn herum und schaut ihn an. Sie blicken einander in die Augen. Jay hat diese letzte Möglichkeit zu sagen, dass er den Revolver nicht will, aber er kann es nicht. Kam geht und dreht ihm dabei den Rücken zu – das heißt auch, dass Jay jetzt voll und ganz hinter Kam stehen muss.

Jay steht am Parkplatz. Er steckt sich den Revolver in die Hose – das einzig mögliche Versteck dafür – und geht nach Hause. Dort setzt er sich aufs Sofa und schläft ein.

Am Morgen wiederholt sich das Familienritual aus der ersten Szene. Daadi kommt aus ihrem Schlafzimmer, geht in die Küche, holt Tee, geht zum Sofa und kitzelt Jay, genauso wie in der ersten Szene. Dieses Mal schreckt er auf. Er kann nicht mehr ruhig schlafen.

So wie alle unsere Großmütter weiß Daadi jede Menge. Sie fragt ihren Enkel: „Jay, wer bist du?" „Dein Enkel", antwortet er. „Warum kann ich dich dann nicht kitzeln?" Jay möchte nicht darüber reden. Sie fragt weiter. Sie will wissen, wo er den teuren Ohrring her hat, den Mantel, wo das ganze Geld dafür herkommt. Er arbeite, sagt er, „für das Teppichgeschäft meines Freundes Kam". „Damit verdienst du so viel Geld?", fragt sie. „Ich spare, ich hab auf den Ohrring gespart!"

„Und die tausend Dollar, die ich in deinem Zimmer gefunden habe? Und das Marihuana?" Daadi weiß Bescheid. „Du hast in meinem Zimmer nichts zu suchen!", herrscht er sie an und wird wütend. Sie bewegt sich auf dünnem Eis. „Mein Enkel, schau her", sagt sie zu ihm, „benutze das Gehirn in deinem Kopf. Mach nichts, was du später bereuen wirst!" Jay weiß allerdings, dass sie niemandem etwas sagen wird. Er müsse jetzt zur Schule gehen, sagt er. (Eine Schule für Erwachsene, an der er seinen Abschluss machen will, nachdem er heimlich die Regelschule hingeworfen hat.)

Bereits während dieser Szene schlendert Sunny durch den Park (rechts vorne). Er wartet. Es regnet. Jay geht aus dem Haus und kommt in den Park (Lichtwechsel). Sunny nutzt die Gelegenheit und erklärt Jay, dass er sich auf

> dem besten Weg befindet, sich umzubringen, wenn er weiterhin das tut, was Kam ihm sagt. Jay sagt, er könne auf sich selbst aufpassen. Kam kommt dazu und fragt Jay, warum er ihn nicht wie vereinbart beim Auto angetroffen habe. Jay sagt, er sei eben stattdessen hierher gekommen. Kam weist ihn zurecht und schickt ihn fort. Er soll am Parkplatz warten. Jay schleicht davon.

Gegen Ende des Tages fanden wir noch das Gerüst für die nächste Szene. Die Zeit reichte gerade aus, es einmal auszuprobieren.

> Sunny erzählt Kam, dass er aus der Bande aussteigen will. Kams Plan sei zu groß, zu gefährlich. Sunny will raus aus der Geschichte. Kam hat schon geahnt, dass es so kommen würde und hat scheinbar Verständnis dafür. Er sagt zu seinem ältesten und besten Freund, dass es ihm leid tue, das zu hören, aber er wisse, es sei wohl unvermeidlich. Sie umarmen einander. Kam geht davon und hinter Sunnys Rücken gibt er Jay das Zeichen, Sunny zu töten. Jay taucht rasch hinter Sunny auf, zieht seinen Revolver und hält die Waffe an Sunnys Kopf. In dieser Szene bettelt Sunny nicht um sein Leben, vielmehr versucht er Jay klar zu machen, dass es kein Zurück mehr gibt, wenn er jetzt abdrückt. Jay steht an einem Abgrund, an einem Punkt, der auch im Workshop diskutiert wurde, wo es keine Umkehr mehr gibt. Das Licht fährt runter und Jay zittert wie Espenlaub.

Wir haben die Geschichte soweit und sind im Zeitplan. Die konkreten Orte werden sich auch bald finden. Nächste Phase: Probenarbeit – jeder Moment muss funktionieren.

3. November 2005
Ein guter Tag. Alle haben das Gefühl, dass wir in eine neue Phase eingetreten sind. Der Morgen hat gemächlich begonnen. Wir hatten ein ausführliches Gespräch über das Interview mit CBC Radio, das Kam und Sunny gestern gegeben haben.

Was das Interview deutlich machte, und darüber sprach ich mit ihnen, war, dass unser Projekt bei den Medien für Verwirrung sorgt. Wir müssen einen Weg finden, um bezüglich unserer Absichten für Klarheit zu sorgen. Einerseits sagen wir, dass dieses Thema alle angeht, nicht nur die indisch-kanadische

Gemeinschaft, andererseits machen wir ein Stück mit der und über die indisch-kanadische Gemeinschaft. Warum?

Es war von Beginn an die Absicht des Projekts, auf die reißerischen Schlagzeilen in den Zeitungen zu reagieren und die momentane Aufmerksamkeit zu nutzen, um eine konkrete Geschichte zu erzählen, die die Menschen in ihren Bann zieht. Wir hoffen, dass es dadurch zu einem Stück für die Allgemeinheit wird. Wenn die Menschen erst einmal im Theater sind, können wir das Stück dazu nutzen, viele Fragen zu stellen. Eine davon ist: Ist es nicht so, dass wir unabhängig von unserer kulturellen Herkunft einen Zusammenhang zwischen diesem Stück und unserem eigenen Leben und unserer eigenen Gemeinschaft sehen?

Sudnya machte heute Morgen eine Stunde Bewegungstraining mit dem Ensemble. Sie genießen die Zeit mit ihr, obwohl manche von ihnen an ihre Schmerzgrenze gehen – wir müssen aufpassen. Wir verwerfen zwar die Idee mit den Schatten, ich hoffe aber noch, dass sich die Bewegungen ins Stück übertragen lassen. Wir müssen anfangen darüber nachzudenken, an welchen Stellen das sein kann, nachdem die Geschichte jetzt steht.

Wir hatten etwas am Stück gearbeitet, als eine Reporterin von CBC Radio für ihre zweite Aufnahme kam. Das war in Ordnung. Wir arbeiteten mit ihren Mikrophonen vor unserer Nase. Die Schauspieler/innen waren großartig. Für die Schlussszene, in der Jay den Revolver an Sunnys Kopf hält, fanden wir heraus, was in den Figuren emotional vor sich geht.

Nach dem Mittagessen probten wir die Anfangsszene. Sie funktionierte gut und brauchte nur ein paar Nachjustierungen. Dann probten wir die erste Szene mit den beiden Bandenmitgliedern. Kam und Sunny haben großartige Vorarbeit geleistet und ich ließ sie einfach auf der Bühne ihre Runden drehen. Ihre Körperlichkeit und die einzelnen Details ihrer Unterhaltung – wie viele Drogen, zu welchem Preis, wie viele Beteiligte – machte die Szene lebendig. Sie wird vor der Bühne und mit mehr Ruhe gespielt werden müssen. Ein wesentlicher Schlüssel zur Szene besteht auch darin, dass Sunny den Plan Kams für einen Scherz hält. Der Plan ist dermaßen bösartig und gefährlich – es ist lächerlich. Er kann ihn nicht ernst nehmen.

Zur Szene, in der die Mutter geschlagen wird: Wir mussten wieder sehr detailliert arbeiten. Und es geschah etwas Großartiges: Es wurde echt. Die Mutter (Rupa) wollte es zuerst nicht „so weit kommen lassen". Das ist vollkommen verständlich, aber ich denke, ihr ist klar geworden, dass gerade dieses „so weit kommen lassen" die Szene ausmacht. Als jemand, der die Szene mitentwickelt hat, scheint sie nun auch bereit, sie mitzutragen. Ich denke auch, dass sie sich immer sicherer fühlt. Sie sieht, welches Risiko die anderen eingehen. Ich ließ der Szene in den Proben freien Lauf und brachte alle drei (Mutter, Vater, Daadi) dazu, ihren Text auf Punjabi zu sprechen. Wundervoll! Die Szene kam in Schwung und bekam emotionalen Tiefgang. Das überraschte die Spieler/innen, denn zwei von ihnen sprechen fließend Englisch. Wir haben uns also darauf geeinigt, so weiter zu arbeiten (auf Punjabi und mit Übersetzungen für mich) und es langsam so weit als nötig ins Englische zu übertragen, damit es für die Allgemeinheit verständlich wird.

Ich denke, dass das Ensemble heute zum ersten Mal gespürt hat, wie sehr unsere Arbeit in die Tiefe geht, wie es sich anfühlt, wirklich „im Moment" zu sein und wie bereichernd die Arbeit ist und einen gleichzeitig erschöpft. Dorthin mussten wir gelangen.

4. November 2005

Die Eröffnungsszene funktionierte gut und das Ensemble brachte den Familienstreit zum ersten Mal richtig gut. Ich fügte eine Bewegungssequenz ein, die den Streit hinauszögerte und die, so dachten alle, wunderbar funktionieren würde. Dann begann sich die Szene zu verändern, ohne dass wir konkrete Änderungen an der Szene vorgenommen hätten. Wir versuchten es nochmals und sie veränderte sich wieder. Wir haben ein Problem damit, Abläufe zu fixieren. Einige der Schauspieler/innen beginnen „umherzuirren", und ich kann sie nicht dazu bringen, die Szene jedes Mal auf die gleiche Weise zu wiederholen. Es entsteht eine Dynamik, in der sie einander sagen, was zu tun ist, wodurch es noch verwirrender und komplizierter wird. Es war für alle sehr anstrengend, das wieder in Ordnung zu bringen. Ich wünschte, ich würde für einige Schauspieler/innen einen Weg finden, dass sie sich nur auf ihre Figur konzentrieren können und damit aufhören, die anderen zu dirigieren.

Die Frau, die Rupa spielt, erkennt, wie ich bereits erwähnt habe, den Wahrheitsgehalt der Szene und wie er auf sie selbst zutrifft. Wir hatten ein längeres Gespräch darüber, wie sie die Gefühle der Figur in einem angemessenen Ausmaß zulassen kann, ohne dass es jedes Mal um ihr eigenes Ich geht. Wir einigten uns auf ein Umkleide-Ritual. So kann die Schauspielerin die Figur der „Rupa" für die Proben anziehen und am Ende des Tages wieder ablegen. Ich habe auch dafür gesorgt, dass ihr Sarjeet, die Betreuerin aus dem Workshop, zur Verfügung steht.

Wir arbeiteten an der Restaurant-Szene weiter und entdeckten weitere Details. Kam macht jetzt für Sunny eine Skizze in der Hoffnung, dass er seinen Plan dadurch verstehen wird. Ich befürchte, dass wir die beiden Jungs Sunny und Kam kaum kennenlernen. Sie müssen mehr sein als einfach nur „Bandenmitglieder". Also haben wir eine Verbindung zwischen Sonya und Sunny hergestellt. Sie half seiner Schwester vor einigen Wochen bei deren Hochzeit und sie macht sich auf eine charmante Art über sein Auftreten lustig. Sie haben eine gemeinsame Geschichte. Und dann haben wir eine sehr nette Szene, wo sich beide über ihre Eltern lustig machen und wo viel und herzlich gelacht wird.

Sonya hört allerdings nicht auf damit und macht auch dann noch Witze, als die Jungs Bier bestellen und es Jay peinlich wird, weil er ja Sunny und Kam beeindrucken möchte. Die Stimmung ändert sich. Kam sieht Jay vor einem bestimmten Hintergrund und fragt ihn nach seinem Ruf, ein „One-Puncher" zu sein, jemand, der Leute mit einem Schlag niederstreckt. Jay antwortet darauf mit: „Tja, man muss eben tun, was man tun muss." Sunny findet, dass Jay ihn an den jungen Kam erinnert, und Kam dreht sich zu Sunny und sagt: „Es stimmt, man muss tun, was man tun muss." Der Subtext dabei lautet, dass Sunny für Kam genau diese wichtige Einstellung verloren hat.

Dann beginnt Kam damit, Jay zu bearbeiten. Es ist offensichtlich, dass er ihn rekrutieren will. Sunny und Sonya sagen, er solle damit aufhören, aber Kam erwidert, er würde doch nur mit Jay plaudern und sie sollten sich entspannen. Das führt zu einem kurzen Wortgefecht zwischen Kam und Sunny und Sunny geht, ziemlich verärgert. Die Luft ist zum Schneiden. Wir sehen, wie Jay sich verändert. Sonya versucht die Gelegenheit zu nutzen, um sich und ihren Bruder aus der Sache wieder rauszumanövrieren, aber weder Kam noch Jay gehen darauf ein. Kam und Jay treffen eine Abmachung und es kommt zum Handschlag – Jay zögert noch eine Sekunde und entscheidet sich dann.

Jay verlässt das Restaurant. Kam ist sehr zufrieden mit sich und geht auch. Er begegnet Sunny auf dem Parkplatz und ist dabei so überrascht (es ist dunkel), dass er seinen Revolver zieht. Wir arbeiteten minutiös an dieser Szene, Stück für Stück, Sekunde für Sekunde. Die Jungs spielen gut. Sunny wird beinahe erschossen. Es gibt eine kurze Szene über Vertrauen. Sunny betont, dass er Kam sein Leben anvertrauen würde und dass Kam seinen Plan mit Sanjay, dem Anführer ihrer Bande, abstimmen MUSS. Kam weigert sich und sie entfernen sich voneinander – weiter als sie je voneinander entfernt waren.

Sonya und Jay machen sich auf den Weg nach Hause.

Dort, zurück bei der Familie, gerieten wir in Treibsand. Die Szene geriet einfach zur Wiederholung der vorangegangenen Familienszene. Die beiden Frauen begannen zudem mit einem zu hohen Grad an Verzweiflung.

Die Lösung war ganz einfach. Die Frauen müssen ganz woanders beginnen. Der Familienstreit ist zwei Stunden her, er ist vergessen. Das ist normal in dieser Familie. Sie haben keine Angst um die Kinder. Sie wissen nicht, was im Restaurant vorgefallen ist (Aha!). In Wirklichkeit sind sie jetzt wütend auf die Kinder.

Die technischen Aspekte und das Bühnenbild werden klar. Nach langer Suche haben Kitty Hoffman (Bühne) und Craig Hall (technischer Leiter) und ein Elektriker herausgefunden, wo die Anschlüsse hinkommen müssen. Wir haben in den letzten Tagen auch entschieden, wie groß die Bühne sein wird, wie groß das Restaurant sein wird, wo Fotos hängen werden, wie die Bühne aufgeteilt wird.

Wir haben noch sechs Tage bis zu einer ersten Probe-Aufführung mit Forumphase, zu der nur Leute kommen werden, die wir einladen. Sieben Tage sind es bis zur Ton- und Beleuchtungsprobe, da müssen die Szenen stehen. Dann erfolgen nur noch Durchläufe und Technikproben. Neun Tage sind es bis zur Premiere. Es klingt erschreckend, aber wir sind auf einem guten Weg, solange wir morgen Vormittag das Ende für die letzte Familienszene finden.

Ich habe bis jetzt nur eine Stelle gefunden, die sich für die Idee eignet, den Ablauf durch eine Bewegungssequenz zu unterbrechen. Wir brauchen aber mindestens drei oder vier solcher Stellen, wenn wir das ins Stück einbauen wollen. Die Idee mit den Schatten habe ich verworfen. Ob es das richtige Stück ist, um mit dieser Art der Körpersprache zu experimentieren? Ich bin mir nicht sicher.

5. November 2005
Wir haben heute Vormittag den Schluss für die letzte Familienszene gefunden.

> Jeewan kommt herein. Jay geht hinaus und die Familie lässt ihn gehen, ohne ihn etwas zu fragen. Sonya kann es nicht fassen und beklagt sich. Ihr Vater sagt, es gehe um sie und nicht um ihren Bruder. Sie antwortet: „Aber natürlich, er kommt nach Hause, sieht fern, macht gar nichts. Du hast ja keine Ahnung, was in deiner eigenen Familie vor sich geht." „Ja, das stimmt", sagt der Vater, „ich arbeite 18 Stunden täglich." Daadi mischt sich wieder ein und beschuldigt Sonya, sie habe auf die Frage: „Wo seid ihr gewesen?" nicht die Wahrheit gesagt. Die Mutter kommt dazu und die ganze Streiterei beginnt wieder von vorne. Während die Frauen streiten, setzt sich der Vater hin und hält die Hände vors Gesicht. Das Licht geht langsam aus, der Streit geht weiter.
>
> Die Stimmen von Kam und Jay werden hörbar und während das Licht im „Wohnzimmer" hinuntergefahren wird, fährt es auf der „Straße" hoch. Drei Monate später. Jay prahlt mit seinem neuen Auto. Kam und Jay gehen ins Restaurant und es folgt die Szene, in der Kam zu Jay über Loyalität spricht und ihn für höhere Aufgaben vorsieht – indem er ihm einen Revolver geben wird. Der junge Schauspieler begreift den dramatischen Weg seiner Rolle als Jay und beginnt mit dem Wechselbad zwischen Angst und freudiger Erregung zu spielen.
>
> Kam und Jay gehen auf die Straße hinaus und Jay bekommt den Revolver. Er

geht nach Hause und schläft auf dem Sofa ein. Daadi weckt ihn auf die gleiche Weise wie in der Eröffnungsszene.

Wir haben hier das Potenzial für eine wundervolle Szene, in der Daadi Jay verhört. Er hat sich verändert. Was ist mit ihrem Enkel los? Jay würde seiner Daadi nie weh tun, aber er kann ihr nicht sagen, was los ist. Er flüchtet, indem er sagt, er sei spät dran und müsse zur Schule, in die er schon lange nicht mehr geht.

Sunny wartet bei Regen im Park. Kam soll sich hier mit ihm treffen, aber stattdessen taucht Jay auf. Sie reden und Sunny versucht Jay zur Einsicht zu bewegen, er sagt ihm, dass Kam außer Kontrolle geraten sei und dass Jays Leben auf dem Spiel stehe. Das macht Jay auch Angst, aber er kann diese erneut nicht zulassen. Schließlich versorgt Kam ihn mit allem, was er will.

Nachdem Kam hinzukommt und Jay zum Parkplatz schickt, eröffnet Sunny Kam, dass er aussteigen will. Ein weiterer Freund wurde tot im Straßengraben gefunden und Sunny weiß, dass Kams Plan sie beide umbringen wird. Er hat genug von all dem. Kam schweigt die meiste Zeit. Er fragt Sunny, ob er sich alles genau überlegt hat. „Das habe ich", sagt Sunny. Sie umarmen einander und Kam geht. Er tippt Jay an, der gerade wieder in den Park kommt, und Jay drückt dem davongehenden Sunny den Revolver in den Nacken.

Die Szene endet damit, dass Jay immer wieder, zuerst an Sunny und schließlich an sich selbst gerichtet, schreit: „Man muss tun, was man tun muss!" Er versucht sich selbst davon zu überzeugen, den Abzug zu drücken. Dieses Mantra eines verängstigten 19-jährigen Jungen wiederholt sich ständig, während die Lichter ausgehen.

Am Nachmittag machten wir einen raschen Durchlauf, weil Caitlin Pencarrick (Beleuchtung) und Amos Hertzmann (Ton) und Julie Martens (Bühnenbild, Requisiten, Kostüme) gekommen waren. Ich wollte, dass sie das Stück sehen. Ich erwartete mir zu diesem Zeitpunkt eigentlich ein Durcheinander auf der Bühne, aber es war wirklich erstaunlich, wie das Ensemble den Ablauf beibehielt. Es gab noch viele holzschnittartige Momente und einige Szenen fielen noch auseinander, aber sie spielten durch. Es fehlten auch noch einige Schlüsselszenen, aber alles in allem brachten die Spieler/innen eine großartige Leistung.

Rückmeldungen von Caitlin, Amos und Julie: Es gab einige Verwirrung darüber, in welcher Verbindung die Bandenmitglieder zur Familie (Sonya und Jay) stehen und welches Verhältnis die Mutter zu ihrer Familie hat. Ich stimme dem zu. In gewissem Sinn ist es noch zu wenig sichtbar. Wir werden daran arbeiten.

In Bezug auf die Ausstattung ist in den letzten Tagen sehr viel weitergegangen: ein Sofa kommt, die Bilder wurden aufgehängt, ein Küchenblock wird hergerichtet, eine Ecke des Restaurants entsteht, die Vorhänge, die auf der Bühne das Zuhause definieren, sind eingelangt.

Darüber denke ich noch nach:
Ist es in Ordnung, Sonyas Geschichte gegen Ende des Stücks beiseite zu lassen und sich nur noch auf Jay zu konzentrieren?
Wo sind die restlichen Momente, in denen eine Bewegungssequenz den normalen Ablauf verzögert?
Wie wird die Mutter sichtbarer?

Im Schlusskreis am Ende des Tages meinte ein Ensemblemitglied, wie verblüffend es doch sei, dass sie einander erst vor drei Wochen als Fremde begegnet seien. Wir machten den Gemeinwesen-Workshop. Wir trafen uns im Tempel, sahen einander an und sagten: „Wie schaut das Stück aus?" Und nun, zwei Wochen später, haben wir ein Stück, scheinbar aus dem Nichts heraus. Die Schauspieler/innen waren sehr zufrieden und voller Energie am Ende dieses Tages.

12. November 2005

Samstagvormittag: Gestern Abend, so gegen 19:00 Uhr, klingelte das Telefon. Jagdeep (im Stück Kam) war in der Notaufnahme des St. Paul´s Hospitals. Er wurde auf dem Weg ins Stadtzentrum übel verprügelt.[238] Kitty und ich eilten ins Krankenhaus. Die Jungs, die ihn verprügelt hatten, waren ziemlich jung und

---

[238] Die Geschichte erscheint mit Zustimmung Jagdeeps.

sie sprachen ihn mit seinem alten Bandennamen an. Er versteht nicht wirklich, warum das passiert ist. Es könnte mit seinem Ruf auf der Straße zu tun haben und der Vorstellung der Jungs, sie könnten dadurch ihr eigenes Ansehen steigern.

Wir hatten heute Nachmittag unser erstes Forum für geladenes Publikum und ich wollte es schon absagen. Aber für Jagdeep kam das nicht in Frage, und er bestand darauf, zur Aufführung zu kommen.

Wir brauchten einige Zeit, um mit dem Ensemble und dem ganzen Team die Ereignisse der vergangenen Nacht zu verarbeiten. Und so entschieden wir uns, nicht an Szenen zu arbeiten, in denen Kam vorgekommen wäre, um Jagdeeps Kräfte zu schonen. Wir konzentrierten uns auf die Familienszenen. Wir haben einige Szenen bereinigt und teilweise neue Aspekte in die letzte Familienszene eingefügt, in der die Mutter Sonya zu ihrem Vater zurückbringt. Die Mutter hat in gewisser Weise aufgegeben. Sie hat beschlossen, nicht mehr geschlagen zu werden, indem sie sicher geht, dass ihre Tochter auf ihren Ehemann hört. Dadurch wird die Mutter vielschichtiger, auf eine Art, die bisher noch nicht ersichtlich war.

Das Ensemble hatte ein Publikum wirklich nötig. Sie spielten einen großartigen Durchlauf, vielleicht den besten bisher. Kam war mit seinen genähten Wunden, dem geschwollenen Auge und den bandagierten Rippen unglaublich. Die Forumphase war sehr konzentriert.

Das war unsere erste Gelegenheit mit einer Forumphase und meine erste Möglichkeit, mit meinem Text zu experimentieren, mit der Ansage und der Art das Stück zu jokern. Alles in allem ging es sehr gut, obwohl es drei Stunden dauerte. Ich habe allerdings den Eindruck, dass die erste Aufführung mit Forumphase für *Practicing Democracy* (*Gelebte Demokratie*) ebenso lang dauerte.

Einige Entdeckungen

Zum ersten Mal wurde mir klar, wie packend und stark das Stück ist. Die Leute waren überwältigt. Zutiefst erschüttert. Ich werde eine Überleitung finden müssen, um aus dem Stück heraus und in die Forumphase überzuführen.

Wir sollten mit den Einstiegen ab der dritten Szene beginnen, nachdem wir alle Figuren vorgestellt haben. Das ist bei diesem Stück absolut angebracht.

Die Zuschauer/innen schreckten davor zurück, in die Bandenszenen einzusteigen,[239] selbst die Teilnehmer/innen aus dem Gemeinwesen-Workshop. Wir müssen darauf gefasst sein. Ich kann damit umgehen, muss allerdings ansprechen, dass es zumindest Versuche braucht, wie man aus dem Bandenleben wieder aussteigen kann, wenn man einmal hineingeraten ist.

Ich muss schauen, dass keine Löcher entstehen. Das wird eine Herausforderung. Wir müssen jede Menge Inhalt unterbringen und die Aufmerksamkeitsspanne des Publikums beträgt im Allgemeinen zwei Stunden.

Die Schauspieler/innen waren großartig. Sie benötigten ein paar Einstiege, bis sie das richtige Maß für ihre Reaktionen herausgefunden hatten – nicht schulmeisterlich zu sein und dem Publikum irgendetwas beibringen zu wollen, sondern einfach nur authentisch zu sein. Als sie es erst einmal herausgefunden hatten, und es schien, als wäre das bei allen gleichzeitig geschehen, nahm das Forumtheater richtig Fahrt auf. Aus diesem Grund gab es die Forumtheater-Aufführung mit geladenem Publikum. Damit wir die Schranken durchbrechen, die zwischen einer normalen Aufführung und einer interaktiven Veranstaltung stehen.

Morgen machen wir die Ton- und Beleuchtungsprobe.

Öffentliche Aufführungen

17. November 2005

Wir hatten gestern eine sehr gute Vorpremiere und am Nachmittag mit acht Fernsehkamerateams ein großes Medienecho. Es herrschte ein richtiges Gedränge. Dieses große mediale Interesse ist außergewöhnlich für das Theater.

---

[239] Es handelte sich ja um eine Probe-Aufführung mit geladenem Publikum. Bei einer Aufführung bitte ich die Workshopteilnehmer/innen mit Insiderwissen über das Stück und die Erarbeitung nicht einzusteigen, weil das dem Forum eine Art Demonstrationscharakter verleihen würde.

Als wir dann irgendwann nach 23:00 Uhr den Tempel verlassen wollten, gab es einen Wasserrohrbruch und das Abwasser trat aus. Das Team des städtischen Bauamtes brauchte über eine Stunde und zahlreiche Anrufe, bis es auftauchte. Schlussendlich kam jemand, der wusste, wie man den unterirdischen Haupthahn abdreht.

Im Nebengebäude des Tempels stand das Wasser ungefähr einen Meter hoch. So schnell wie möglich entfernten wir alles aus dem Keller des Gebäudes in dem wir uns befanden, weil wir fürchteten die Überflutung würde unser Gebäude erreichen. Wir brachten die Computer des Tempel-Bildungsprogramms in Sicherheit, schalteten den Strom ab und retteten alles aus unseren Umkleideräumen. Wir gaben unser Bestes und bauten eine Barriere, um das Gebäude mit Steinen, Sandsäcken und anderem Baumaterial, das im Hinterhof lag, zu schützen. Am Ende stand das Wasser in unserem Gebäude 30 cm hoch.

Kashmir (unsere Ansprechperson im Tempel) organisierte ein Team, das noch schnell spät in der Nacht kam und Großartiges beim Aufräumen leistete. Es bleibt trotzdem noch viel zu tun. Der Strom ist wieder an, aber wir haben kein Wasser, weshalb wir selbst welches mitbringen müssen. Der Keller unseres Gebäudes ist derzeit unzugänglich. Für uns und das Publikum wird ein Zugang zu den Toiletten im Hauptgebäude des Tempels ermöglicht, das nicht direkt betroffen war.

Wir sind alle sehr angetan davon, wie Kashmir und andere vom Tempel arbeiten, um in größter Not sicherzustellen, dass die Premiere mit so wenigen Umstellungen wie möglich stattfinden kann.

19. November 2005
Wir hatten gestern unsere vierte Vorstellung und die Forumphase war jedes Mal ganz anders.

Die Reaktionen auf das Stück selbst waren zum Großteil fantastisch. Ich habe immer und immer wieder sowohl von ganz normalen Zuschauern als auch von Mitgliedern des Tempels, von Workshop-Teilnehmern und von Journalisten gehört, dass das Stück um vieles packender und stärker ist, als erwartet. Das ist sehr erfreulich und befriedigend für uns.

Ich habe aber auch von einigen Leuten gehört, dass sie es schwierig fanden, dem Stück zu folgen. Es gibt zum Beispiel Zeitsprünge. Bei der Probeaufführung mit dem von uns eingeladenen Publikum und bei der Vorpremiere fragte ich die Leute, die das Stück noch nie gesehen hatten (auch die Ausstatter/innen, als sie es zum ersten Mal sahen) ganz bewusst, ob es verständlich wäre. Ausnahmslos alle sagten, dass die Chronologie der Geschichte klar wäre, sie verstünden, wie viel Zeit zwischen den Szenen vergeht. Und jetzt bringen einige Leute ihre Verwirrung zum Ausdruck. Es ist schwer herauszufinden, warum es für die meisten funktioniert, aber für einige nicht.

Für mein Gefühl war das spannendste Forum bis jetzt das bei der Vorpremiere. Ich denke das Publikum dort hat sich am meisten darauf eingelassen. Die Forumphase zu lenken, ist immer eine Herausforderung. Wir müssen in der Lage sein, das Publikum jeden Abend dort abzuholen, wo es ist und nicht von ihm verlangen, dass es zu uns kommt. Wir dürfen nicht enttäuscht sein, wenn das Publikum nicht das Verständnis in Bezug auf die Themen hat, das wir uns wünschen. Mit fortlaufender Anzahl von Vorstellungen wird es schwieriger, ein Publikum nicht mit den anderen zu vergleichen. Jede Vorstellung muss aber für sich allein betrachtet werden.

Bei der Vorpremiere hatten wir ein wirklich durchmischtes Publikum, alles Leute, die wegen des Themas gekommen sind. Der Wissensstand im Raum ließ eine tiefgehende Untersuchung zu. Wir verzeichneten Einstiege von Leuten unterschiedlicher Hautfarben und unterschiedlichen Alters, von Ex-Bandenmitgliedern (Bekannte von Schauspielern), sehr jungen, harten Burschen, aber auch von den „Unschuldigen, aber Besorgten".

Ein Einstieg, an den ich mich erinnere, drehte sich um einen jungen Mann, der Jay gegen Ende des Stücks ersetzte. Er gab Daadi den Revolver. Das setzte eine Reihe von Ereignissen in Gang, die dazu führten, dass er untertauchen musste. Und es führte zu einer Diskussion darüber, welche Mechanismen für Menschen existieren, die ins Bandenwesen verstrickt sind und aussteigen wollen (eine Diskussion, die jeden Abend geführt wird). Es gibt im Grunde keine Mechanismen. Zur Polizei zu gehen ist keine Option, weil diese vom Betroffenen Namen etc. wissen will, was ihn selbst und seine Familien größter

Gefahr aussetzen würde.

Es war unser erstes richtiges (nicht von uns eingeladenes) Publikum, und obwohl die Forumphase gut verlief, kam es mir doch so vor, als ob nach der Authentizität des Probelaufs nun in den Familienszenen bei den Improvisationen ziemlich viel „blockiert“ werden würde. Nicht von allen, sondern im Speziellen von Mutter und Vater. Die Aufgabe der Schauspieler/innen ist es nicht, jede/n zu besiegen, der/die auf die Bühne kommt, und auch nicht einfach nachgiebig zu sein und in alles einzuwilligen, sondern die eigene Figur gut zu kennen und die Wahrheit zu vermitteln, auch wenn diese unbequem ist. Ich habe mit dem Ensemble darüber gesprochen in der Hoffnung, dass sich die „Familie“ auf der Bühne ein wenig „entspannt“ und anfängt, bei den Einstiegen wirklich präsent zu sein. Die ganzen Übungen zum Hinhören aus dem Workshop und den Proben müssen jetzt Wirkung zeigen.

Die erste Premiere war ebenfalls gut. (Wir dehnten die Premiere und die Einladungen dazu auf zwei Abende, Donnerstag und Freitag, aus.) An diesem Abend kamen viele Unterstützer des Projekts aus der Gemeinde. Das Haus war erneut voll.

Ein Einstieg stach für mich hervor: Eine Frau ersetzte Jay im Restaurant, als Kam ihm den Revolver gibt, weil sie sah, wie überrascht er ist und wie unangenehm ihm diese neue Wendung ist, dass von ihm erwartet wird, einen Revolver anzunehmen. Er ist aber nicht in der Lage ihn abzulehnen. Sie lehnte den Revolver ab. Das führte dazu, Jays Situation besser zu verstehen. Er hat bis zu diesem Punkt zu vielen Dingen Ja gesagt. Er hat mit Drogen gedealt, er hat viel Geld damit gemacht und er fährt ein auffälliges Auto, das er vor seinen Eltern geheim hält. Es gibt Erwartungen ihm gegenüber. Seine Ablehnung hat Folgen. Er wird wahrscheinlich verprügelt werden, allerdings wird ihm nach der Tracht Prügel vielleicht erlaubt auszusteigen. Unter diesen Umständen die Polizei einzuschalten, ist wiederum als gefährliche Option für ihn bezeichnet worden. Einige aus dem Publikum möchten, dass er die Polizei verständigt, aber das gesamte Ensemble und andere aus dem Publikum, die richtige Experten in dieser Sache sind, sind sich sicher, dass dieser Wunsch blauäugig ist. Die Polizei kann ihn nicht beschützen, selbst wenn sie wollte. Und die

Polizei ist bekannt dafür, nur Informationen zu wollen und ihn dann seinem Unglück zu überlassen.

Die zweite Premiere war schwieriger. Aus gewissen Gründen bestand das Publikum zum Großteil aus Geldgebern, Vorsitzenden von einschlägigen Einrichtungen (anstatt der Angestellten dieser Einrichtungen) und alten Freunden von Headlines Theatre. Dieses Publikum war weit weniger direkt betroffen, als es das Publikum sonst ist. Diese Leute tendierten dazu, das Projekt als Beobachter zu verfolgen.

Wir sehen jeden Abend Einstiege in die Familienszenen. Mich haben viele Menschen unterschiedlichster Herkunft (indisch, iranisch, First Nations, chinesisch, europäisch – um nur einige zu nennen) angesprochen und sich darüber geäußert, wie die Familiendynamik im Stück der Dynamik in ihrer eigenen Familie entspricht, entweder der aktuellen oder der aus ihrer Kindheit. Die Familie könnte in gewisser Hinsicht auch meine eigene Ursprungsfamilie sein.

Für uns alle am Projekt Beteiligten ist es wichtig, dass erkannt wird und es beim Publikum ankommt, dass es nicht „nur" ein Problem indischer Familien ist. Die im Stück behandelten Themen sind soziale Themen, jenseits aller Grenzen, obwohl es in unserem Fall (auf Grund der aktuellen Schlagzeilen) eine indo-kanadische Familie betrifft.

Es sind scheinbar einfache Handlungen in diesen Szenen, die zu tiefgreifenden Lösungen führen können. Es braucht wahrscheinlich zumindest ein Familienmitglied (im Grunde kann es jedes sein, und es waren inzwischen auch schon alle), das die Führungsrolle übernimmt und mit den Mustern bricht, die zu den eskalierenden Spannungen unter diesem Dach führen. Wenn das passiert, dann ist es häufig so, dass die Mutter nicht geschlagen wird, die Kinder nicht auf der Veranda landen, das Treffen mit Kam und Sunny im Restaurant nicht stattfindet, Jay nicht angeheuert wird, etc. Aber ganz so einfach, wie es sich anhört, ist es nicht. Und wir wollen damit nicht zum Ausdruck bringen, dass das Zuhause der einzige Faktor ist. Wie auch immer. Im Workshop wurde sehr deutlich und die Teilnehmer/innen waren sich sehr sicher, dass sich junge Menschen unter anderem auf Grund ihre Situation zuhause Banden anschließen. Wir können die unterschiedlichen Einflüsse nicht voneinander trennen.

Eine Frau ersetzte Jeewan (den Vater) in der Szene, in der er gute Neuigkeiten hat, und Sonya telefoniert. Die Einsteigerin bemühte sich außerordentlich, die Familie dazu zu bringen, Jeewans Bedürfnisse zu respektieren. Ihr Verständnis für seinen Kampf mit den Schwierigkeiten als Immigrant, der sein Bestes gibt, um seine Familie innerhalb einer Kultur, die seiner entgegengesetzt ist, zu versorgen, war wundervoll. Ich war ihr sehr dankbar, weil es so einfach ist zu übersehen, dass er kein schlechter Vater ist. Er versucht der bestmögliche Vater zu sein, so gut er kann, und inmitten dieses Versuchs trifft er einige sehr verletzende Entscheidungen.

Langsam kommen Leute aus dem näheren Umfeld der Tempel-Gemeinde. Während der letzten Tage ist mir aufgefallen, dass Leute, die in der Gemeindeküche arbeiten, zu den Aufführungen kommen.

20. November 2005

Es gab einen wundervollen und kontroversiellen Einstieg von einem jungen Mann, der Sonya in der Szene ersetzte, in der die Mutter geschlagen wird. Er begann mit: „Du hast recht, Dad. Mutter hat es verdient, geschlagen zu werden. Ich gebe dir recht!“ Ein lautes Raunen ging durch das Publikum.

Dann versuchte der Einsteiger weiters, seinen Vater dazu zu bringen, auch ihn (Sonya) zu schlagen. „Schlag mich, ich muss auch meine Lektion lernen“, forderte er. Und er hörte nicht auf damit: „Schlag mich!“ Vater und Mutter starrten ihn schweigend an. Es war schließlich Daadi (die Großmutter), die sehr emotional zu sprechen begann. „Hörst du, was deine Tochter sagt? Verstehst du, was sie dir sagen will?“ Der Vater war sichtlich erschüttert. In der Diskussion sprachen wir darüber, wie festgefahren die Familie in diesem Muster ist und dass etwas Dramatisches geschehen muss, um sie aufzurütteln. Der Vater gab zu verstehen, dass er den Subtext in der Auf- und Herausforderung durch seine Tochter tatsächlich gehört hat und dass das sein Verhalten verändern werde.

Wie bisher an jedem Abend gab es auch diesmal eine Diskussion darüber, wie die „Sunnys und Kams dieser Welt“ aus dem Bandenwesen aussteigen können.

Ich fragte das Publikum an einer Stelle, wie viele von ihnen in ihrem direkten Umfeld einen Sunny (Leute, die ins Bandenwesen eingestiegen sind und aussteigen wollen) kennen und ungefähr 20 Prozent hoben den Arm.

23. November 2005

Jays Darsteller kam heute ziemlich „ramponiert daher". Er war am Montagabend in einem Club und wurde „vermöbelt". Sein Handgelenk ist gebrochen und ein Knöchel arg verstaucht. Er sagt, es habe nichts mit dem Stück zu tun, es sei eine alte Sache gewesen. Er hat ziemliche Schmerzen. Kam hat sich wieder fast ganz erholt. Also mache ich anstatt der Ansage zu Beginn des Stücks über Kams Verletzungen eine über Jays. Ich bin von seiner Einsatzbereitschaft weiter zu machen schwer beeindruckt. Wir mussten einige Szenen neu arrangieren, um sie dem verletzten Schauspieler anzupassen. Der Vater kann Jay nicht mehr zu Boden werfen. Wir änderten es dahingehend, dass er ihn mit einem gewaltvollen Blick ins gepolsterte Sofa stößt.

Das Stück ging sehr gut über die Bühne. Das Publikum war komplett überwältigt, als es zu Ende war. Es herrschte Totenstille. Einige der Schauspieler sprachen davon, wie sehr sie diesen Moment liebten, wenn anstelle des Applauses nur Stille herrscht. Die Lichter gehen an und das Ensemble hat für den Applaus wie für ein Familienfoto Aufstellung genommen. Sie können die Tränen in den Augen der Zuschauer/innen sehen und sie wissen, dass das, was sie geboten haben, die Gemeinschaft erreicht hat.

Es gab einige sehr durchdachte Einstiege heute Abend, im Speziellen bezüglich der Frage, wie Sunny und Jay aussteigen könnten. Kashmir, unser Ansprechpartner vom Tempel, kam heute Abend mit seiner Frau und zwei Kindern und seiner Mutter. Sie genossen es. Seine Tochter kam für einen Einstieg auf die Bühne.

27. November 2005

Ich bitte die Zuschauer/innen jeden Abend, aufzustehen und stehen zu bleiben, sofern die Inhalte des Stücks ihr Leben direkt oder indirekt, über nahestehende Personen, betreffen. Jeden Abend bleiben zumindest 90 Prozent stehen, meistens sind es mehr als 90 Prozent. Am Freitag hatten die Einstiege eine gewisse Naivität. Am Samstagabend waren sie beeindruckend durchdacht. Ich kann mich nicht erinnern, dass ich jemals eine Produktion geleitet habe, bei der das Niveau in der Forumphase von einer Aufführung zur anderen so geschwankt hat.

Es ist einfach wichtig, das Publikum dort abzuholen, wo es sich an jedem Abend befindet und nicht versuchen zu wollen, es zu erziehen, zu belehren oder anderweitig zu bevormunden. Forumtheater hält das Ensemble und den Joker tatsächlich auf Trab.

Die Leute haben angefangen, ihre Familien mitzubringen, auch sehr kleine Kinder sind mit dabei. Wir sprechen sie beim Eingang an, um sicherzugehen, dass sie wissen, was auf sie zukommt, nämlich eine derbe Sprache und Gewalt.

Am Samstagabend stieg eine junge Frau für Sonya ein, und sie konnte sich auf eine wundervolle Art und Weise innerhalb der Familie behaupten. Sie erfasste Sonyas Leidenschaft für ihr Handy und ihr Bedürfnis, mit Freunden in Verbindung zu stehen, und brachte das gleichzeitig in Einklang mit dem Bedürfnis das Vaters, seine guten Neuigkeiten mit der Familie zu teilen. Es schien so einfach, und wir stimmten alle darüber ein, dass die Art, wie sie es erreichte, sowohl Sonya stärkte als auch dem Vater Respekt entgegen brachte. Diese Frau mit kenianischen Wurzeln kam später auf mich zu und meinte, dass diese Familie sich wie ihre eigene Familie angefühlt hätte. Ganz besonders Jeewan würde einen „perfekten afrikanischen Vater abgeben“.[240]

Ein junger Mann ersetzte Jay und er machte etwas, was noch niemand zuvor getan hatte. Er trat für seine Schwester ein und erteilte seiner Familie (auf nette Art und Weise) eine Lektion darüber, wie sehr es für die Familie notwendig ist, die Tochter zu respektieren. Wollen sie sie vertreiben? Wissen sie eigentlich, wie viele Töchter ihrer Freunde Prostituierte sind, wie viele aus ihren Familien regelrecht vertrieben wurden, um bei einem Mann ein „Zuhause“ zu finden, der sie ausnutzt?

Ein Mann ersetzte Kam. Es war das erste Mal, dass ein Einstieg das Menschliche in Kam würdigte und seinen inneren Kampf bei der Suche nach

---

[240] Diese junge Frau (Mumbi Tindyebwa) bewarb sich anschließend für eine offene Stelle bei Headlines Theatre und wurde 2006 Assistentin der Geschäftsführung.

einem Weg, seinen besten Freund Sunny nicht töten lassen zu müssen. Wir alle, und im Besonderen Kams Darsteller, waren sehr dankbar für die Einsichten dieses Mannes. Beim Einstieg musste sich der Mann wirklich anstrengen, Sunny dazu zu bringen, auf das zu hören, was er sagte: Dass sie langsam vorgehen und Sunnys Ausstieg sorgfältig planen müssten, weil ihrer beider Leben in Gefahr ist. Und wie schon so oft führte das zu einer Diskussion darüber, welche Wege es denn nun tatsächlich für die Sunnys dieser Welt gibt, auszusteigen – es sind keine vorgesehen.

Im Anschluss an die Forumphase am Samstag war es wirklich schwierig, das Publikum dazu zu bewegen, nach Hause zu gehen. Viele blieben und redeten und redeten. Der Raum vibrierte vor Lebendigkeit.

Wir bereiten uns darauf vor, den Tempel nach der heutigen Aufführung zu verlassen. Es ist ein emotionaler Augenblick. Als wir zum ersten Mal hier waren, war es eine fremde Umgebung, und jetzt fühlt es sich an wie ein Zuhause.

Wir räumten nach der Vorstellung unsere Garderobe auf und machten für das Technikteam die Ton- und Lichtanlage zum Abbau und für den Transport am nächsten Tag bereit. Es wird gänzlich anders sein, die Vorstellungen im Surrey Arts Centre[241] zu spielen – in einem richtigen Theater.

30. November 2005
Die Vorstellung macht sich in einem richtigen Theater großartig. Das Ausstattungsteam hat wunderbare Arbeit geleistet. Wir hatten von 13:00 bis 18:00 Uhr Zeit, um die Auf- und Abgänge und Kleinigkeiten in einigen Szenen zu überarbeiten, eine Stell- und Technikprobe sowie einen Durchlauf zu machen. Um 18:30 Uhr waren wir fertig. Die Techniker aus Surrey wären bis 22:30 Uhr bereit gestanden, aber wir waren alle um 19:00 Uhr draußen. Haben wir gut gemacht.

1. Dezember 2005
Mit etwas weniger als 130 Schülern der 8. bis 10. Schulstufe der Sikh-Khalsa-Schule hatten wir ein volles Haus bei der Matinee. Einige von ihnen wirkten ziemlich jung, aber wir hätten stundenlang Einstiege durchführen können. Sie

[241] Surrey ist eine Stadt südöstlich von Vancouver. (Anm. d. Ü.)

waren manchmal ziemlich laut, aber niemals auf eine ungute Weise. Sie waren sehr engagiert.

Zu Beginn der Forumphase bat ich auch sie, sich zu setzen, sollten die Themen des Stücks keine Berührungspunkte mit ihrem Leben haben. Interessanterweise setzten sich 60 Prozent nieder. Eine Stunde später, während der Forumphase, fragte ich noch einmal, wie viele von ihnen jemanden kennen, der wie die Figur „Jay" ist. 80 Prozent hoben die Hand. Ich denke, dass sie zu Beginn noch sehr verängstigt waren.

Den Szenen mit den Bandenmitgliedern wurde sehr oft die ungeteilte Aufmerksamkeit geschenkt. Kam spielte mit einem Jungen, der Jay im Restaurant ersetzte und der den Revolver nicht annehmen wollte, ein beinhartes Szenario durch. Ich fühlte mit dem Jungen, der gedacht hatte, dass es ein Leichtes wäre, einfach Nein zu sagen. Als es immer ernster wurde, wurde es im Saal immer stiller. Man konnte spüren, wie alle nachdenklich wurden.

Es gab einen äußerst gut durchdachten Einstieg ganz am Ende des Stücks. Ein Junge ersetzte Jay, nachdem dieser von Kam das Zeichen zur Tötung von Sunny erhalten hatte. Jay ging auf Sunny zu, genau so wie in unserem Stück, und hielt ihm die Waffe an den Kopf. Als er sich sicher war, dass Sunny nicht seine eigene Waffe ziehen würde, erklärte er ihm, dass Kam ihm befohlen hätte ihn umzubringen, er das aber nicht will. Er fragte sich, ob er und Sunny sich nicht zusammentun könnten, um einander zu helfen. Denn er wusste, dass Jay selbst getötet werden würde, sollte er den Auftrag, Sunny zu töten, nicht ausführen. Sunny nahm den Revolver und befahl Jay, aus der Stadt zu verschwinden. Jay wollte wissen, was weiter geschehen würde. Sunny erklärte, dass er zu Sanjay (dem Chef der Bande) gehen und ihm erzählen werde, dass Kam versucht hätte, ihn umzubringen. In der Folge würde Kam umgebracht werden, das wiederum werde dazu führen, dass der Krieg ausbrechen würde, vor dem Sunny sich gefürchtet hatte.

Nach dem Stück stürmten die Schüler/innen die Bühne und wollten Autogramme von den Schauspielerinnen und Schauspielern. Eine Lehrperson kam auf mich zu und sagte: „Das ist eine großartige Sache, die ihr hier macht. Ihr rettet dadurch Leben."

Die Aufführung am Abend war ganz anders. Im Publikum saßen lauter Politiker/innen, Berater/innen, Therapeut/innen und Sozialarbeiter/innen. Vielleicht weil es die „Premiere" in Surrey war, obwohl wir das in keinster Weise so angekündigt hatten. Es war die mit Abstand frustrierendste Forumphase, die wir bisher hatten.

Als ich zu Beginn der Forumphase fragte, ob das Gesehene ihr eigenes Leben betreffen würde, blieben 100 Prozent der Leute im Saal stehen. Für die erste Familien- und die erste Restaurantszene kamen die Einstiege noch recht problemlos, sie zeigten allerdings auch magische Momente. Jay zum Beispiel hatte einfach „kein Interesse am Gangsterdasein". Daadi war plötzlich sehr verständnisvoll und „ließ ihrer Schwiegertochter Raum", um die Rolle als Sonyas Mutter wahrzunehmen. Beide Einstiege führten zu guten Ergebnissen, aber sie trugen ein gewisses Maß an Wunschdenken in sich. Ich musste bei den Einsteigenden richtig „nachbohren", um mit ihnen über die Schwierigkeiten zu reden, mit denen die Figuren zu kämpfen haben.

Dann gelangten wir zum schwierigeren Teil des Stücks und es kam nichts mehr. Sie waren dermaßen ruhig. Es war unheimlich und frustrierend. Eine Frau sagte: „Also gut, was sollen wir Ihrer Meinung nach tun? Wir wissen nicht, was wir tun sollen." Ich antwortete ihr, dass niemand jemals weiß, was zu tun ist. Wir sind im Theater, um auf eine Entdeckungsreise zu gehen. Ich bin nicht in der Position, ihnen zu sagen, was zu tun ist. Schließlich sagte ich zum Publikum, dass ich kein Problem damit hätte, sie frustriert aus dem Theater zu entlassen und wir beendeten die Forumphase. Danach kamen viele von ihnen auf mich und die Schauspieler/innen zu und machten Vorschläge für Einstiege.

Meine Theorie dazu: Diese Fachleute geben anderen Menschen Ratschläge und sie strengen sich bei ihrer Arbeit sehr an, „richtig zu liegen" und darin erfolgreich zu sein. Die Vorstellung, dass sie womöglich auf der Bühne öffentlich scheitern, ist für sie zu viel. Und das spiegelt in der Tat das Problem mit den Programmen und Vorschlägen der Politiker/innen wider: Es gibt so wenig Innovation darin, so wenig Risikobereitschaft. Die Leute spüren, dass sie auf der sicheren Seite bleiben müssen.

Dennoch wollten die Politiker/innen Fotos von sich und dem Ensemble, um zu beweisen, dass sie bei der Vorstellung waren.

5. Dezember 2005

Die breite Öffentlichkeit ist zurück. Damit meine ich, dass nicht nur die Beratungs- und Aktivistenszene kommt. Es gibt immer noch sehr ruhige Momente, aber diese fühlen sich nicht nach einer Ruhe an, die aus der Angst vor dem Scheitern entsteht. Die ruhigen Momente führen zu außergewöhnlichen Ideen auf der Bühne.

Ein junger Mann ersetzte Jay am Ende des Stückes und weigerte sich, Sunny umzubringen. Kam erschoss ihn. In der Diskussion nach dem Einstieg sagte der junge Mann, dass ihm bewusst war, dass er wahrscheinlich getötet werden würde, aber er sah an diesem Punkt keinen anderen Ausweg und seine Familie würde zumindest erfahren, dass er Nein gesagt hatte und wäre stolz auf ihn. Das scheint sehr trist und trostlos, aber es eröffnet ein Verständnis dafür, wie sehr dieser Moment in die Tiefe geht. Ich glaube, dass diese Erkenntnisse das Leben der Menschen beeinflussen, speziell dann, wie in unserem Fall, wenn sie womöglich „Jays" sind oder „Jays" kennen und mit ihnen reden können.

Ein junger Mann ersetzte Jay und sprach seinen Vater darauf an, wie viel dieser arbeiten und seine Zeit nicht mit der Familie verbringen würde. Der Reaktion des Vaters wurde vom Publikum sehr viel Verständnis entgegen gebracht. „Du willst, dass ich aufhöre, so viel zu arbeiten? Bist du bereit, in eine Ein-Zimmer-Wohnung umzuziehen?" Im Saal herrschte Einigkeit darüber, dass das Nicht-verbunden-Sein innerhalb der Familie Teil des Problems ist, aber es war auch klar, dass der Vater sowohl einen wirklichen als auch einen imaginären Druck verspürt, große Summen Geldes nach Hause zu bringen – um zu leben, um für die Zukunft vorzusorgen und um sich selbst in unserer konsumorientierten Kultur zu beweisen.

Bei einem anderen Einstieg wurde Daadi in jener Szene ersetzt, in der Jay den Revolver hat. Die eingestiegene Person war sehr überzeugend. Sie strengte sich unglaublich an und brachte die gesamte Familie zusammen, um mit Jay zu reden. Trotz des Drucks beharrte Jay aber auf seinem Standpunkt und schlussendlich verließ er das Haus. Er ließ sie alle einfach stehen.

Das ist ein ausgesprochen interessanter Teil des Stücks, weil die Einsteiger Jay „Raum geben" wollen. Er nutzt diesen aber aus, die anderen dazu zu bringen, sich schuldig zu fühlen, weil sie ihn gehen lassen. Er fürchtet sich davor, ihnen auch nur irgendetwas zu erzählen, obwohl er im Grunde eigentlich dazu gebracht werden will, ihnen alles zu erzählen. Gesetzt den Fall, er würde alles erzählen, dann würde das in der Familie natürlich „eine Bombe platzen lassen", und damit müssten die Familienmitglieder dann irgendwie umgehen. Es kommt immer und immer wieder zur Sprache, dass sie nicht zur Polizei gehen können, die keine Möglichkeit hat, sie zu beschützen.

Bei einem anderen Einstieg wurde Sunny in der „Kam-und-Sunny-Schlussszene" ersetzt, und dieser Einstieg hob sich, wie andere auch schon, durch eine bewundernswerte Sprache ab. Der Sunny aus dem Publikum will aussteigen und sagt zu Kam, dass er ihn immer unterstützen werde. Er sagt zu ihm, dass er eine Couch habe und eines Tages, „wenn du blutüberströmt und verprügelt daher kommst, wirst du meine Couch brauchen." Es klingt kitschig, wenn ich das so schreibe, aber unser Sunny stand am Rand der Bühne und hatte Tränen in den Augen, und Kam erzählte mir später, dass er sich dazu zwingen musste, nicht zu weinen.

Diese von Herzen kommenden Einstiege zwischen den beiden Gangstern sind wichtig. Mir ist klar geworden, was wir in diesem Teil des Stücks machen: Wir ändern die Vorstellung in den Köpfen der Menschen, die sich Gangster als außerirdische Monster denken. Sie sind unsere Brüder und Cousins, unsere Söhne und Nachbarskinder. Wenn sie einmal im Bandenwesen gelandet sind, wie helfen wir ihnen wieder heraus?

Unsere Vorbereitungen für die TV- und Internet-Liveübertragung laufen bereits. Probe dafür ist am Samstag. Die TV- und Internetübertragung, die zugleich die letzte Aufführung ist, findet am Sonntag statt.

9. Dezember 2005

Wir erlebten heute einen Einstieg von Herb Dhaliwal. Mr. Dhaliwal ist ein bekannter Politiker in der Provinz British Columbia (von den Liberalen) und ein Ex-Kabinettsmitglied. Er ersetzte Daadi in jener Szene, in der Jay den Revolver hat, und er brachte ihn fast dazu, die Wahrheit zu sagen. Er nahm Jay in seine Arme und ließ ihn nicht mehr los. Er sagte ihm, wie sehr ihn seine Familie liebt, trotz all der Streitereien.

Als Mr. Dhaliwal seine Idee zu Ende gezeigt hatte, diskutierten wir darüber, was geschehen wäre, wenn Jay die Wahrheit gesagt hätte. Mr. Dhaliwal sagte, dass er dann die Polizei angerufen hätte. Ich bat Kam zu uns und er sagte uns, dass die Familie dadurch bedauerlicherweise einer großen Gefahr ausgesetzt wäre. In der Realität ist es so, dass die Polizei Jay nicht schützen kann. Sie will Informationen von ihm, und das setzt die Familie einer noch größeren Gefahr aus. Ich bin mir sicher, dass dies zu hören für Mr. Dhaliwal sehr interessant war, und er konnte damit sehr gut umgehen. Als hochrangiges ehemaliges Regierungsmitglied war er hier in einer schwierigen Position. Nach der Vorstellung kam er noch zweimal zu mir und äußerte sich darüber, wie eindrucksvoll der Abend gewesen war und er sagte, dass er heute etwas gelernt hätte.

TV- und Internetübertragung

11. Dezember 2005

Wer möchte, kann das Kapitel „TV und Internet" im Anhang lesen, um das Konzept einer TV- und Internet-Liveübertragung zu verstehen.

Es war ein großartiger Abend, wieder einmal ausverkauft. Die Zeit bis 19:30 Uhr und bis zum Einlass gestaltete sich folgendermaßen:

> Ich las dem Ensemble meine Notizen von der gestrigen Aufführung vor: Achtet auf die Auftritte und eure Einsätze. Fasst euch bei der Analyse von Einstiegen kurz.
>
> Dann probten wir mit den TV- bzw. Internet-Schauspieler/innen, die die Vorschläge der TV- und Internetzuschauer/innen per Telefon oder Chat entgegen nehmen und umsetzen würden. Jede/r von ihnen bekam einen Einstieg zum Ausprobieren. Diese Spieler/innen haben eine sehr heikle Aufgabe zu erfüllen: Sie müssen die Idee des Einsteigers/der Einsteigerin transportieren. Also machten wir ihnen Vorschläge und ich konnte sie im Anschluss daran fragen, wie sehr ihre Handlungen auf der Bühne ihrem eigenen Impuls entsprangen und wie viel davon der Versuch war, dem zu

entsprechen, worum sie gebeten wurden. Sie müssen versuchen, den Vorschlag für den Einstieg zu erfassen und gleichzeitig „die Leerstellen selbstständig aufzufüllen". Ansonsten würde daraus ein oberflächlicher Einstieg werden.

Danach probten wir noch die ersten beiden Szenen. Das ist inzwischen zu einem Ritual geworden, um uns auf die Aufführung vorzubereiten.

Das Ensemble bot eine großartige Aufführung. Es gab einige sehr eindrucksvolle Einstiege, darunter einen von einem 10- oder 12-jährigen Jungen, der Jay in der Szene mit Daadi und dem Revolver ersetzte. Er „beichtete". Es ist erst das zweite Mal, dass das bei einer Vorstellung passiert. Dadurch wurde eine Reihe von komplexen Ereignissen in Gang gesetzt. Infolgedessen war es uns möglich, darüber zu sprechen, dass das genau das gewesen war, was Shawn (der Schauspieler, der Jay verkörpert) in seinem echten Leben gemacht hatte. (Wir hatten Shawns Erlaubnis, das zu sagen.)

Die Liveübertragung im Fernsehen wurde von geschätzten 15.000 Menschen in der Region um Vancouver gesehen. Unser Web-Counter registrierte 660 eingeloggte Computer auf unserer Livestream-Seite. Wir wissen, dass normalerweise mehr als eine Person vor dem Computer sitzt, und obwohl wir es nicht genau sagen können, schätzen wir, dass es also ungefähr 1.200 internationale Internetzuschauer/innen gab. Diese mussten sich nicht in den Chatroom einloggen, um die Vorstellung zu sehen.

Wenn Internetzuschauer/innen in der Forumphase einsteigen wollten, dann mussten sie sich in den Chatroom einloggen. Im Chatroom befanden sich Leute aus Vancouver, Surrey und anderen Orten in ganz British Columbia, Calgary und Edmonton, Regina, Orten in Ontario und aus Montreal (Kanada). Weiters aus Bellingham, New York, San Francisco und einer namentlich nicht näher genannten Stadt in Tennessee (USA), Berlin (Deutschland) und Orten in Belgien, Holland, Spanien und Großbritannien, sowie aus Japan, den Philippinen und zahlreichen Orten in Australien.

Die eigens dafür vorgesehenen TV- bzw. Internet-Schauspieler/innen nahmen Ideen für Einstiege aus folgenden Städten entgegen: Vancouver (10), Surrey

(5), Aldergrove, BC (2), Fernie, BC (2), Windsor, Ontario (1), Toronto, (1), San Francisco (1), New York (2), Perth, Australien (1), Brisbane, Australien (1). Nur eine Handvoll davon schaffte es auf die Bühne. Es gab auch jede Menge Einstiege von den Leuten direkt im Theater.

Es gab anhaltende und enthusiastische Standing Ovations am Ende der Forumphase. Es war unsere letzte Vorstellung. Danach feierten wir stundenlang, erst noch in der Garderobe und dann bei der Party im Foyer.

Was davon blieb

Here and Now (ਏਥੇ ਤੇ ਹੁਣ, *Hier und Jetzt*) war ein großer Erfolg bei Kritik und Publikum, sowohl aus künstlerischer als auch aus inhaltlicher Sicht. Das Stück veränderte erfolgreich die Art und Weise, wie in den Medien über Banden geredet wurde. Wir und andere, die uns bei Headlines Theatre davon berichteten, stellten fest, dass die Berichterstattung über Gewalt und Banden monatelang darauf verzichtete, den ethnischen Hintergrund der Bandenmitglieder zu benennen.

Leider hat diese Veränderung in der Medienlandschaft nicht lange angehalten. Aber die Tatsache, dass es auf Grund eines Theaterstücks, das vier Wochen lang lief, möglich war, zeigt auf, dass eine derartige Veränderung im Verhalten der Journalisten möglich ist. Wenn sich das Verhalten über einen ausreichend langen Zeitraum ändert, würden sich dann auch die Strukturen im Medienwesen ändern? Schließlich werden die Strukturen vom Verhalten erzeugt und getragen.

Der von Kashmir Besla geschriebene umfangreiche Tätigkeitsbericht[242] wurde von Gemeinwesen-Organisationen in der Region rund um Vancouver angenommen. Ein Ergebnis daraus ist, dass sich 2006 eine vertrauliche 24-Stunden-Hotline für ausstiegswillige Bandenmitglieder im Aufbau befand. Ein weiterer Vorschlag, der an die Provinzregierung ging, aber noch nicht behandelt wurde, ist die Einrichtung eines „Schutzhauses“ für ehemalige Bandenmitglieder.

---

242 vgl. http://www.headlinestheatre.com/Hereandnow/finalreports.html

Ein Teil dessen, was von einem Projekt bleibt, bleibt in den Köpfen und Herzen der Menschen. Wir haben jede Menge mündliche und schriftliche Rückmeldungen bekommen. Hier ist nur eine kleine Auswahl:

> „Das Projekt *Here and Now* (ਏਥੇ ਤੇ ਹੁਣ) ist von großem Wert für unsere lokale Gemeinschaft und für unsere größere weltweite Gemeinschaft. Als Mitglied der lokalen indo-kanadischen Gemeinschaft fand ich es wichtig, dass die einleitenden Worte zu dieser Produktion eine rassenpolitische Diskussion aufgriffen. Durch die Veranschaulichung mit dem Beispiel, dass eine ‚weiße' Bande wie die Hell´s Angels nicht über ihre Rasse definiert wird, bringt es auch für Leute, die sich noch nie über die Darstellung von Rassen in den Medien Gedanken gemacht haben, auf den Punkt. Die Methode, das Stück zu unterbrechen und einen Darsteller zu ersetzen und eine ‚Entscheidungsmöglichkeit' darzustellen, war äußerst wertvoll. Viele von uns lehnen sich zurück und geben ein Urteil darüber ab, was getan werden müsste, aber indem die Handlungen auf die Bühne gebracht werden, bringt man sich ein, nicht nur durch kritische Beurteilung, sondern vom Gesichtspunkt des gesunden Menschenverstands aus. Ich denke, dass dieses Projekt auf mehreren Ebenen höchst wirkungsvoll, nachhaltig und konstruktiv war. Ich besuchte die Vorstellung mit meiner Mutter, meinem Bruder und meiner Partnerin. Mit meiner Familie dort zu sein war mir wichtig, weil sich viele Themen in unserem Leben widerspiegeln. So wenig diese spezifische Geschichte auch meiner eigenen Realität entspricht, sie ist in meiner Welt nur allzu wahrscheinlich. Ich denke, es ist wichtig zu sehen, wohin manche Dinge führen. Persönlich fand ich, dass uns allen ein Spiegel vorgehalten wurde, vielleicht nicht durch eine einzelne Figur im Speziellen, sondern durch bestimmte seelische Zustände oder Eigenschaften. Für viele von uns ist es ein Leichtes, sich im Hintergrund zu halten und zu sagen: ‚Ruft die Polizei!' Aber so einfach ist es nicht. Es gibt so viele Fäden, die miteinander verknüpft sind, und wenn man an einem zieht, hat das Auswirkungen auf alles andere. Es gibt keine Patentlösung. Vielen Dank dafür, dass wir das als Familie sehen durften."
>
> Bindy Kang, Zuschauer, 22. Dezember 2005

„Ich war einer der Workshop-Teilnehmer bei der Produktion von *Here and Now* (ਏਥੇ ਤੇ ਹੁਣ) von Headlines Theatre. Ich war erstaunt darüber, wie alle Themen, die durch das Stück abgedeckt wurden, meine eigenen persönlichen Erfahrungen innerhalb meines Zuhauses und der südasiatischen Gemeinschaft in der Fremde lebendig abbildeten. Ich denke, die Zeit war reif für die Inhalte dieser Vorstellung. Sie wurden ausgezeichnet dargestellt."

Shyam Wazir, Workshop-Teilnehmer, 27. Dezember 2005

„Ich sah *Here and Now* (ਏਥੇ ਤੇ ਹੁਣ) am Donnerstag und ich stieg für eine Figur ein. Das war mein erster Auftritt bei einem Forumtheater und es hinterließ einen unglaublich starken Eindruck. Es eröffnete mir eine weitergefasste Perspektive auf das Bandenthema und die persönlichen Kämpfe, die es mit sich bringt. Und es ist so cool, dass diese Form es erlaubt, ja geradezu erzwingt, dass das Publikum darüber nachdenkt, mitkämpft und Problemlösungen erforscht. Es bestärkt einen darin und erinnert einen daran, dass wir alle eine Wahl haben."

Shana Orlowsky, Zuschauerin und Einsteigerin, 10. Dezember 2005

Here and Now (ਏਥੇ ਤੇ ਹੁਣ) ist ein echt packendes Stück, das ausreichend Potenzial hat, direkt von Herzen kommende Reaktionen zu stimulieren, die im Umgang mit den Problemen nur hilfreich sein können."

Peter Birnie, "Critic's Picks", Vancouver Sun, 24. November 2005

Epilog

Ende 2006 und Anfang 2007 führte ich Regie und war Joker bei *Meth*,[243] einer Produktion von Headlines Theatre, die von Menschen entwickelt und aufgeführt wurde, die mit einer Methamphetamin-Sucht zu kämpfen hatten.[244] Diese Forumtheater-Produktion lief sehr erfolgreich in Vancouver und im Fernsehen/Internet und tourte dann durch 28 Gemeinden quer durch British Columbia.

Während der Vorbereitungen zu diesem Projekt und während des gesamten Erarbeitungs- und Probenprozesses kämpfte ich, wie so oft, sowohl als Produzent als auch als Regisseur und Joker mit meinen eigenen Schwierigkeiten. Wir waren in großer Übereinstimmung[245] dazu ermutigt worden, dieses Projekt durchzuführen. So überaus wichtig das Thema dieses Projektes auch ist, fragte ich mich, ob wir (Headlines Theatre) unser Augenmerk dabei auf das wichtigste aller möglichen Themen heutzutage richteten. Um genau zu sein, richte ich meine persönliche Aufmerksamkeit mehr und mehr auf das Problem des Klimawandels, das mir das mit Abstand wichtigste Thema für die Menschheit als Ganzes zu sein scheint.

Als wir das Projekt *Meth* entwickelten, am Beginn durch Gespräche mit Leuten in ganz British Columbia und dann in einem einwöchigen *Theater zum Leben*-Workshop mit Menschen, die mit den Problemen einer Methamphetamin-Sucht gelebt hatten, wurde uns klar, dass es das Beste für das Gemeinwesen wäre, Methamphetamine als Fenster zum weiter gefassten Thema „Sucht" zu verwenden. Das Ergebnis dieser Erkenntnis war, dass jede Figur im Stück an einer Form von Abhängigkeit litt. Einige der Figuren waren methabhängig, an-

---

243 von und mit: Kayla Cardinal, Cody Gray, Jordan Fields, Betsy Ludwig, Sophie Merasty und Herb Varley. Regie/Joker: David Diamond. Inspizienz: Nicole Hawreschuk. Technik/Licht: Tim Cardinal. Bühne/Requisiten: Yvan Morissette. Kostüme: Jane Henry. Ton: Chris Hind. Dias: Lincoln Clarkes. Projekt-Assistenz: Gwendolyn Matwick.

244 Unsere Definition von „mit einer Methamphetamin-Sucht zu kämpfen" war, dass die Teilnehmer/innen entweder eine persönliche Suchterfahrung hatten oder durch die Erfahrung ihnen nahestehender Personen betroffen waren.

245 Zur Entstehungsgeschichte von *Meth* vgl. den Absatz *Was davon blieb* im Kapitel *Out of the Silence* (*Aus der Stille heraus*). (Anm. d. Ü.)

dere alkoholabhängig, spielsüchtig oder sie waren Workaholics, oder co-abhängig, abhängig davon, Geheimnisse bewahren zu müssen, usw. Das Stück zeigte Figuren, die in einem Netz von Abhängigkeiten lebten, ganz so wie wir in einer umfassenden, süchtigen Kultur leben. Es fällt mir jetzt auf, dass die Arbeit am Thema „Abhängigkeit" in Verbindung mit der Arbeit am Thema „Klimawandel" steht.

Die Debatte, ob es den Klimawandel wirklich gibt oder nicht, ist „offiziell" beendet. Am 2. Februar 2007, vor dem Hintergrund unumstößlicher wissenschaftlicher Beweise, dass die Erwärmung des Klimas eindeutig und immer schneller voranschreitet, rief Yvo de Boer (2006 bis Juni 2010 Generalsekretär des Sekretariats der Klimarahmenkonvention der Vereinten Nationen (UNFCCC)) zum „raschen und entschlossenen internationalen Handeln im Kampf gegen das Phänomen"[246] auf.

Wir beobachten seit Jahren die Auswirkungen des Klimawandels auf der ganzen Welt: sich ändernde Wetterverhältnisse, Eisschmelze, Dürren, schwere Unwetter, eine steigende Anzahl einwandernder Pflanzen und Insekten und viele andere Phänomene. Hier in Nordamerika haben sich die Berichte in den letzten Jahren geändert, insbesondere in den letzten paar Monaten. Es kommt Bewegung in diese entscheidende Frage, aber im Moment, am Übergang vom Winter zum Frühling 2007, ist es kaum auszumachen, dass die Leute echte Verhaltensänderungen für sich verinnerlichen, die es bräuchte, um Auswirkungen auf die zunehmende Schädigung unserer Umwelt zu haben. Warum?

Indem ich den Epilog zu diesem Buch schreibe, komme ich zurück auf mein Vorwort. Könnte es sein, dass die kulturell tief verankerte Abhängigkeit von unserem mechanistischen Weltbild bzw. unsere Sicht auf das Universum als Maschine ein Hindernis ist, das der Menschheit im Weg steht? Ist diese zentrale Vorstellung, in welcher „Verstand/Geist" und „Körper/Materie" voneinander getrennt sind, nicht die Grundlage der industrialisierten und sich weiter industrialisierenden Welt und deren unersättlichen Dranges in einem Maß zu

[246] vgl. http://unfccc.int/press/news_archive/items/4282.php Homepage der Klimarahmenkonvention der UNO (Amtszeit ergänzt und Adresse der Homepage geändert durch d. Ü.)

konsumieren, das eindeutig nicht von Dauer sein kann? Und ist es nicht dieser Drang zu konsumieren, der in einem Ausmaß die Umwelt belastet, das offensichtlich selbstmörderisch ist? Ist es nicht auch der Fall, dass das Phänomen der fehlenden Einsicht in die Abhängigkeit und in Folge das „Feiern bis zum Umfallen" zusätzliche Manifestationen süchtigen Verhaltens sind?

Eine Erkenntnis aus dem Projekt *Meth* war, dass die Sucht nach Substanzen, Arbeit, Konsum, etc. jene Räume füllt, die sich zwischen Menschen und in uns eröffnen. Diese Räume wurden einst mit einem Gefühl von „Heimat", von Zugehörigkeit und echter Verbundenheit gefüllt.

Wir werden keinen Erfolg haben, weder darin, den Klimawandel rückgängig zu machen noch ihn zu verlangsamen oder auch nur mit der unvermeidbaren Realität umzugehen, wenn wir innerhalb des gegenwärtigen mechanistischen Modells bleiben. Wir brauchen einen dramatischen Paradigmenwechsel, eine grundlegende Neuausrichtung unserer Konsumkultur, einen, wie ihn Capra in seinem Vorwort kommen sieht. Dieser Wechsel muss allerdings dringend und rasch passieren.

Verhaltensmuster erzeugen Strukturen.[247] Wir müssen unsere Abhängigkeit vom und das damit verbundene Festhalten am mechanistischen Modell dringend und tiefgehend überprüfen und unsere Verhaltensmuster radikal ändern.

Ein Weg, um diesen Wechsel anzuregen, ist die Suche nach Möglichkeiten, unsere kollektiven Geschichten wertzuschätzen und zu erzählen – Geschichten des lebendigen Gemeinwesens, die uns helfen zu erkennen, dass es auf unserem kleinen Planeten kein „wir" und keine „anderen" gibt. Wie es im Forumtheater oft der Fall ist, müssen wir zu der Einsicht gelangen, dass unsere eigenen Geschichten auf komplexe Art mit den Geschichten anderer verknüpft sind. Wir müssen begreifen, dass die Entscheidungen, die wir treffen, und die Taten, die wir setzen, die öffentlichen und die privaten, nicht nur uns und unser engstes Umfeld betreffen, sondern Menschen, Situationen und Orte jenseits der von uns angenommenen Grenzen. Wir alle sind Handelnde (und Schauspieler/innen) in unserer universellen kollektiven Geschichte.

---

[247] vgl. den Absatz *Muster und Struktur* im Kapitel *Das lebendige Gemeinwesen*.

Quellenangaben und Literaturhinweise

Artikel

Khanna, Mukti: „Embracing the Earth Charter: Community Transformation Through Inter-Being." International Conference on Conflict Resolution, St. Petersburg, Russia, 2003.

Varela, Francisco J., Natalie Depraz, and Pierre Vermersch: „The Gesture of Awareness: An Account of Its Structural Dynamics." Investigating Phenomenal Consciousness. Ed. Max Velmans. Amsterdam: John Benjamins Publishing Company, 1999, S. 121-136

Bücher

Bloom, Mia: *Dying to Kill: The Allure of Suicide Terror*. New York, Columbia University Press, 2005.

Boal, Augusto: *Games for Actors and Non-Actors*. Oxford, Routledge, 1992.

Boal, Augusto: *Theatre of the Oppressed*, New York, Theatre Communications Group Inc., 1974 bzw. London, Pluto Classics, 1993.

Boal, Augusto: *Rainbow of Desire*. Oxford, Routledge, 1995.

Boal, Augusto: *Legislative Theatre: using performance to make politics*. London, New York, Routledge, 1998.

Capra, Fritjof: *The Hidden Connections*. New York, Doubleday, 2002.

Capra, Fritjof: *The Turning Point*. New York, Simon and Schuster, 1982.

Freire, Paulo: *Pedagogy of Hope*. Lanham, MD, Sheed and Ward, 1972 bzw. New York, Continuum Publishing Company, 1994.

Freire, Paulo: *Pedagogy of the Oppressed*. Lanham, MD, Sheed and Ward, 1972/ in Großbritannien: Penguin, 1972 bzw. New York, Continuum, 1997.

Gramsci, Antonio: *Letters from Prison.* New York, Harper and Row, 1973 bzw. New York, Columbia University Press, 1994. (dt. *Gefängnishefte.* Hrsg.: Klaus Bochmann/Wolfgang Fritz Haug, 10 Bände. Argument-Verlag, Hamburg, 1991.

Lakoff, George/Mark Johnson: *Philosophy in the Flesh: The Embodied Mind and Its Challenge to Western Thought.* New York, Basic Books, 1999.

Lasn, Kalle: *Culture Jam: The Uncooling of America.* New York, Eagle Brook, 1999. (dt. *Culture Jamming – Das Manifest der Anti-Werbung* (Taschenbuch) oder *Culture Jamming – Die Rückeroberung der Zeichen* (gebundene Ausgabe), Freiburg, 2005.

Luhmann, Niklas: *Social Systems.* Stanford, CA, Stanford University Press, 1990. dt. *Soziale Systeme. Grundriß einer allgemeinen Theorie.* Suhrkamp, Berlin, 1984.

Sheldrake, Rupert: *A New Science of Life.* Los Angeles, Tarcher, 1991.
dt. *Das schöpferische Universum. Die Theorie des morphogenetischen Feldes.* Ullstein, Berlin, 1983 (Neuauflage 2008).

Sheldrake, Rupert: *The Presence of the Past.* New York, Times Books, 1988.
dt. *Das Gedächtnis der Natur. Das Geheimnis der Entstehung der Formen in der Natur.* Scherz-Verlag, Bern, 1990.

Schutzman, Mady/ Jan Cohen-Cruz (Hrsg.): *Playing Boal: Theatre, Therapy and Activism.* London/New York, Routledge, 1994.

Interview

Lynch, Laura: Interview with Mia Bloom and Dr. Eyel-Sarraj. The Current. Canadian Broadcasting Corporation. 7. Juli 2003.

Internetquellen

Adbusters
http://www.adbusters.org

Cardboard Citizens, Artistic Director, Adrian Jackson
http://www.cardboardcitizens.org.uk

Centre for Complex Quantum Systems (ehem. Ilya Prigogine Centre for Studies in Statistical Mechanics and Complex Systems)
http://www.order.ph.utexas.edu

Centre for Ecoliteracy
http://www.ecoliteracy.org

Check Your Head
http://www.checkyourhead.org

David Cooper Photography
http://www.davidcooperphotography.com

Delgamuukw/Gisday'wa National Process
http://www.delgamuukw.org

Formaat: künstl. Leiter Luc Opdebeeck
http://www.formaat.org/inenglish/index.php

Forum 2000
http://www.forum2000.cz

Fraktale
http://www.softsource.com/fractal.html

Gaza Community Mental Health Program
http://www.gcmhp.net

Gitxsan Chiefs' Office
http://www.gitxsan.com

grunt gallery
http://www.grunt.bc.ca

Headlines Theatre
http://www.headlinestheatre.com

Indian Residential School Survivors Society
http://www.irsss.ca

International Theatre of the Oppressed Organization (ITO)
http://www.theatreoftheoppressed.org

Judith Marcuse Projects
http://www.jmprojects.ca

Nuu-chah-nulth Tribal Council
http://nuuchahnulth.org

Office of the Wet'suwete'en
http://wetsuweten.com

Principia Cybernetica Web
http://pespmc1.vub.ac.be

Street Spirits Theatre Company
http://www.streetspirits.com

United Nations Framework Convention on Climate Change
http://unfccc.int/press/news_archive/items/4282.php

Wild, Nettie (Filmemacherin), Canada Wild Productions
http://www.canadawildproductions.com

Empfohlene Bücher

Boal, Augusto: *Theater der Unterdrückten: Übungen und Spiele für Schauspieler und Nicht-Schauspieler*. Edition suhrkamp, 1989 (unveränderter Nachdruck 2009) (Zusammenstellung verschiedener Bücher Boals; Anm. d. Ü.)

Boal, Augusto: *Der Regenbogen der Wünsche, Methoden aus Theater und Therapie*. Seelze (Velber), 1999 (Neuauflage: Uckerland, 2006)

Boal, Augusto: *Games for Actors and Non-Actors*. Oxford, Routledge, 1992.

Boal, Augusto: *Rainbow of Desire*. Oxford, Routledge, 1995.

Boal, Augusto: *Legislative Theatre: using performance to make politics*. London, New York, Routledge, 1998.

Boal, Augusto: *Theatre of the Oppressed*. New York: Theatre Communications Group Inc., 1974 bzw. London, Pluto Classics, 1993.

Capra, Fritjof: *The Hidden Connections*. New York, Doubleday, 2002.
dt. *Verborgene Zusammenhänge. Vernetzt denken und handeln in Wirtschaft, Politik, Wissenschaft und Gesellschaft*, Scherz-Verlag, Bern 2002.

Capra, Fritjof: *The Turning Point*. New York, Simon and Schuster, 1982.
dt. *Wendezeit*, Scherz-Verlag, Bern 1983 (überarbeitet u. erweitert 1985)

Capra, Fritjof: *The Web of Life*. New York, Doubleday, 1996/1997.
dt. *Lebensnetz*, Scherz-Verlag, Bern 1996.

Chopra, Deepak: *Quantum Healing: Exploring the Frontiers of Mind/Body Medicine*. New York, Bantam Books, 1990.
dt. *Die heilende Kraft*, Driediger Verlag, 2011.

Freire, Paulo: *Pedagogy of Hope*. Lanham, MD, Sheed and Ward, 1972 bzw. New York, Continuum Publishing Company, 1994.

Freire, Paulo: *Pedagogy of the Oppressed*. Lanham, MD, Sheed and Ward, 1972/ in Großbritannien: Penguin, 1972 bzw. New York, Continuum, 1997.
dt. *Pädagogik der Unterdrückten. Bildung als Praxis der Freiheit.* Reinbek, Hamburg, 1973.

Johnstone, Keith: *Impro: Improvisation and the Theatre.* New York, Routledge, 1989.
dt. *Improvisation und Theater.* Alexander-Verlag, Berlin 1993.

Levine, Stephen: *Healing into Life and Death.* New York, Anchor Press/ Doubleday, 1987.
dt. *Sein lassen: Heilung im Leben und im Sterben.* Kamphausen J. Verlag, 1994.

Lovelock, James E: *Gaia: A New Look at Life on Earth.* 3rd ed. Oxford, Oxford University Press, 2000.
Mehrere dt. Buchtitel, darunter: *Gaia - Die Erde ist ein Lebewesen.* Scherz-Verlag, Bern, 1992.

Murchie, Guy: *The Seven Mysteries of Life: An Exploration in Science and Philosophy*. Boston, Houghton Mifflin, 1999.

Schutzman, Mady/Jan Cohen-Cruz (Hrsg.): *Playing Boal: Theatre, Therapy and Activism*. London/New York, Routledge, 1994.

Varela, Francisco J., Natalie Depraz, und Pierre Vermersch: *„The Gesture of Awareness: An Account of Its Structural Dynamics." Investigating Phenomenal Consciousness*. Ed. Max Velmans. Amsterdam, John Benjamins Publishing Company, 1999, S. 121-136

Wheatley, Margaret J.: *Leadership and the New Science.* San Francisco, Berrett-Koehler, 1992.

ANHANG

TV und Internet

Pro Jahr wird durchschnittlich eine Forumtheater-Aufführung von Headlines Theatre im Fernsehen und/oder im Internet übertragen.[248] Das Übereinkommen wurde ursprünglich mit Rogers Cable Community TV (jetzt: SHAW) in Vancouver getroffen. Der lokale Fernsehsender wurde von der Canadian Radio and Television Commission (CRTC) ins Leben gerufen. Im Austausch für eine Sendelizenz willigte der Kabelnetzbetreiber ein, einen eigenen Kanal für gemeinwesenbasiertes Programm einzurichten. Dieser Gemeinwesen-Kanal wird zum Großteil von Ehrenamtlichen und einem Kernteam von Angestellten betrieben.

Ich erinnere mich noch gut daran, als ich 1987 mit Augusto Boal in Sydney (Nova Scotia, Kanada) zusammen saß und ihm erklärte, dass ich Forumtheater live im Fernsehen zeigen wolle. Das Internet existierte damals noch nicht wirklich. Er lachte herzhaft und sagte: „Du bist so etwas von einem Nordamerikaner!"

Augusto hatte recht, ich bin Nordamerikaner. Und das am weitesten verbreitete Kommunikationsmedium in meiner Kultur zu jener Zeit war das Fernsehen.

Die Botschaften im Fernsehen waren und sind nach wie vor meistens von den Interessen großer Firmen vorgegeben. Das muss nicht der Fall sein. Künstler, die an einem Dialog mit dem Gemeinwesen interessiert sind, können etwas von der Anti-Globalisierungsbewegung lernen und von der Art und Weise, wie diese das Internet gebraucht, um sich zu organisieren. Die Technologien entwickeln sich rasant, mit der Erfindung von *Podcasts* und Internetangeboten wie *Youtube* und *MySpace*, weiter.

---

[248] Fernsehübertragungen gab es (bis zum Erscheinen des Buches 2007) von: *¿Sanctuary?* (1989), *Out of the Silence* (1992), *Generations* (1997), *The Dying Game* (1998), *Squeegee* (1999), *Corporate U* (2000), *Don't Say a Word* (2003), *Practicing Democracy* (2004), *Here and Now (ਏਥੇ ਤੇ ਹੁਣ)* (2005), *Meth* (2006).

Eine Headlines-Theatre-Fernsehübertragung funktioniert wie eine ganz normale Forumtheater-Aufführung. Das Einzige was hinzukommt, ist die Live-Übertragung. Das anwesende Publikum kann im Theater wie gewöhnlich einsteigen. Zugleich können Fernsehzuschauer/innen aus der Region um Vancouver anrufen und einen Einstieg, den sie durchführen möchten, einem Schauspieler/einer Schauspielerin[249] am Telefon erklären. Der Fernseh-Schauspieler kommt dann auf die Bühne und ruft: „Stopp! Ich habe einen Einstieg von ‚xy' aus ‚z'" und führt dann den Einstieg im Namen dieser Person durch.

Wenn wir zeitgleich im Internet übertragen, können Zuschauer/innen das Stück zuhause vor ihrem Computer überall in der Welt sehen und sich in einem Chatroom, der speziell für diese Aufführung eingerichtet wurde, mit anderen darüber austauschen. Im Chatroom befinden sich auch Schauspieler/innen.[250] Ein Internet-Zuschauer kann mit einem Internet-Schauspieler in einen privaten Chatroom gehen, dort seine Idee für einen Einstieg erklären und dann kommt der Internet-Schauspieler auf die Bühne und ruft: „Stopp! Ich habe einen Einstieg von ‚xy' aus ‚z'" und führt dann den Einstieg im Namen dieser Person durch.

Einen Schauspieler zu haben, der im Namen eines Fernseh- oder Internet-Zuschauers einsteigt, erzeugt einen Filter zwischen der Person, die einsteigen will, und dem Stück. Die Technologie entspricht in diesem Fall noch nicht meinen Wunschvorstellungen. Bis es soweit ist, habe ich mich entschieden, diese Einschränkung bei Fernseh- und Internetübertragungen zu akzeptieren.

Die Übertragung braucht einen eigenen Regisseur aus der Welt des Fernsehens. Mike Keeping war mit einer Ausnahme (*Out of the Silence*, 1992) der Fernsehregisseur für alle Übertragungen.

Fernsehzuschauer/innen sind auf Grund der vielen professionell produzierten Sendungen hohe Standards gewohnt. Wir versuchen ein Ergebnis zu erzielen,

---

249 Das Team der Fernseh-Schauspieler/innen ist normalerweise eine Mischung aus Workshop-Teilnehmern aus dem Workshop, der zur Produktion geführt hat, und erfahrenen Fernseh-Schauspielern aus früheren Produktionen.

250 Die Internet-Schauspieler engagieren wir auf die gleiche Art wie die Fernseh-Schauspieler. Sie müssen über Grundkenntnisse der Chat-Software verfügen.

das so professionell wie möglich aussieht, allerdings ohne über das Budget einer professionellen Fernsehproduktion zu verfügen. Mike und ich haben eine klare gemeinsame Vorstellung. Wir wollen die bestmögliche Übertragung, wissen aber, dass wir „nur“ eine Theateraufführung ins Fernsehen bringen. Er filmt das Stück selbst wie ein Fernsehdrama, mit Nahaufnahmen und Aufnahmewinkeln, die uns so nah wie möglich an das Geschehen heranführen. Sobald die Forumphase beginnt, ähnelt das Ganze mehr einer Sportübertragung. Er, die Kamera und die Leute vom Ton fangen die spontanen Aktionen ein.

Die Zusammenarbeit zwischen Theater und Fernsehen verbindet zwei sehr unterschiedlicher Medien miteinander. Das gesamte Fernseh-Team muss mit dem Stück durch Proben oder Aufführungen vertraut sein. Es sollte zumindest einmal eine Forumphase gesehen haben, bevor es an die Aufnahmen geht.

Wenn wir eine Fernseh-/Internet-Übertragung machen, planen wir zumindest drei Aufführungen ein, bevor wir auf Sendung gehen. In den meisten Fällen war es so, dass die Übertragung am Ende einer Reihe von mindestens 10 Aufführungen stattfand. Bei der ersten Aufführung gibt es keine Film- oder Tonaufnahmen. Es ist die erste öffentliche Aufführung und ich denke, die Schauspieler/innen sind genug gefordert und sollten nicht auch noch daran denken müssen, dass die Aufführung ausgestrahlt wird.

Dann machen wir zumindest eine öffentliche Aufführung mit Kameras und gesonderter Ausleuchtung, aber ohne Übertragung, damit das Fernseh-Team einen Trockendurchlauf hat, um Aufnahmewinkel, Toneinstellungen etc. zu proben.

Wir arbeiten entweder in einem Theater oder in einem Gemeindezentrum, normalerweise in der Gemeinde, in welcher der *Theater zum Leben*-Workshop abgehalten wurde. Das bedeutet, dass die Fernseh-Leute ein mobiles Übertragungsstudio brauchen, mit dem sie zu uns kommen können. Sie kommen mit zumindest fünf Kameras: zwei auf Podesten hinter den Zuschauern, eine jeweils links und rechts von den Zuschauern und eine oder zwei tragbare. Die tragbaren Kameras brauchen Kameraleute und Kabelträger. Es gibt Ansteckmikrophone für das Ensemble und den Joker und Tonangeln für die Diskussion mit dem Publikum. Bis vor Kurzem hatten wir auch noch ein kabelloses

Handmikrophon, mit dem der Joker den Einsteigern auf der Bühne folgte.

Luc Opdebeeck aus den Niederlanden, künstlerischer Leiter von Formaat[251] und einer der Mitbegründer der *International Theatre of the Oppressed Organization* (ITO),[252] gab uns einen großartigen Tipp (dem wir gefolgt sind), nachdem er die Internet-Übertragung von *Here and Now* (ਏਥੇ ਤੇ ਹੁਣ) gesehen hatte. Anstelle des Handmikrophons, das der Joker wie ein Showmaster für die Einsteiger verwendet, haben wir für die Batterien und die Antenne nun eine Art Schärpe gebastelt, an der wir in der Schultergegend ein Ansteckmikro befestigen. Das gibt sowohl dem Joker als auch dem Zuschauer während des Einstiegs viel mehr Bewegungsfreiheit.

Alle Bild- und Tonsignale kommen im mobilen Studio zusammen, wo sie von der Fernseh-Regie live geschnitten werden. Das Übertragungssignal wird dann an das Hauptstudio geschickt und von dort ins Netz eingespeist.

Das Theater braucht einen Telefonanschluss. Wir nehmen auch Handys, manchmal leihen wir sie von Freunden aus. Wenn wir ins Internet übertragen, braucht das Theater auch einen High-Speed-Internetzugang, weil wir das Video live an einen großen Server streamen. Manchmal ist der Serverplatz eine Spende, manchmal müssen wir den Serverplatz für die zwei Stunden Aufführungsdauer anmieten.

Für die Internet-Übertragung haben wir sechs Computer im Nahbereich der Aufführung, so dass die beiden Internet-Schauspieler jeweils ihre eigenen Terminals haben und sowohl die Übertragung als auch den Chatroom einmal für Windows und einmal für Mac im Auge haben.

Es ist wichtig festzuhalten, dass wir das alles mit sehr wenig Geld bewerkstelligen. Das Fernsehstudio und die gesamte Übertragungstechnik sind Teil unserer Kooperation mit SHAW Community Television. Die Kamera- und Tonleute sind Ehrenamtliche. Die Computer kommen entweder aus dem Büro von Headlines Theatre oder werden von Leuten ausgeliehen, die beim Projekt dabei sind. Die Handys sind ebenfalls ausgeliehen.

---

[251] vgl. http://www.formaat.org/inenglish/index.php
[252] vgl. http://www.theatreoftheoppressed.org

Wir haben inzwischen eine wachsende Gruppe von ehemaligen Workshopteilnehmern, die Erfahrung als TV-Schauspieler/innen und Internet-Schauspieler/innen haben. Es ist an und für sich eine eigene Kunst, das Medium für einen Einstieg von jemandem zu sein, der nicht im Theater ist und womöglich am anderen Ende der Welt sitzt.

Die Aufgabe der Fernseh- und Internet-Schauspieler/innen ist komplex. Im Internet sind sie sichtbar und sie warten im Chatroom unter dem Namen Internet-Schauspieler #1, #2 oder #3. Sie beantworten Fragen und warten auf jemanden, der einsteigen möchte. Wenn dem so ist, nehmen sie den Einsteiger mit in einen privaten Chatroom und stellen Fragen in Bezug auf den geplanten Einstieg. Dieselben Fragen werden den Fernsehzuschauern, die einsteigen wollen, am Telefon gestellt:

- Wo bist du (Ort)?
- Wie heißt du und wie alt bist du?
- Wo im Stück rufst du „Stopp"?
- Für welche Figur möchtest du einsteigen?
- Was willst du?
- Warum? Was versuchst du zu erreichen?
- Wovor hast du Angst (als die Figur, für die du einsteigst)?

Dieser Fragenkatalog wurde erstellt, um dem TV-/Internet-Schauspieler zu helfen, die Person und ihre Idee hinter dem Einstieg zu verstehen. Er wird dann auf die Bühne kommen und versuchen, den Einstieg im Namen dieser anderen Person durchzuführen.

Auf Grund des Zeitdrucks bei einer Direktübertragung braucht es auch einen Zwischen-Joker. Der TV-/Internet-Schauspieler geht zu ihm und erklärt den geplanten Einstieg. Das ist wegen der zeitlichen Verzögerung, die zwischen den Live-Einstiegen von Zuschauern im Theater und der Beantwortung der Fragen am Telefon oder im Chatroom entsteht, notwendig. Der Zwischen-Joker entscheidet, ob ein Einstieg auf die Bühne darf. Ein Einstieg kommt nicht zum Zug, wenn die Idee bereits gezeigt wurde oder wenn die Forumphase bereits bei der nächsten Szene angelangt ist und der Zwischen-Joker aus Zeitgründen entscheidet, dass es unmöglich ist, nochmals zurück zu gehen. Es kann aber auch sein, dass die Idee für den Einstieg zu früh kommt und erst später angebracht ist, dann wird sie bis dahin zurückgehalten. Der Zwischen-Joker muss mit restriktiven Entscheidungen vorsichtig sein. Ebenso wie beim Live-Publikum im Theater kann ein Einstieg manchmal einen leicht geänderten Blickwinkel im Vergleich zum bereits Gezeigten eröffnen und sich schon allein deshalb lohnen.

Eine TV-/Internet-Übertragung setzt alle ziemlich unter Druck. Nicht nur, dass die normalen Herausforderungen einer Forumtheater-Aufführung zu bewältigen sind, zudem zählt der Aufnahmeleiter den Countdown für die Übertragungsdauer. Die Direktübertragung beginnt pünktlich und endet, in unserem Fall, exakt zwei Stunden später, ohne Rücksicht darauf, an welchem Punkt sich die Veranstaltung gerade befindet. Mikrophone und Kabel hängen an den Schauspielern und am Joker, Kameraleute versuchen Nahaufnahmen zu machen, und es gibt viele weitere Ablenkungen. Neben alldem bleibt es für den Joker das Wichtigste, die Verbindung mit dem Live-Publikum im Theater zu halten. Das ist die einzige Möglichkeit, um den „Zauber" aus dem Theater ins Internet und ins Fernsehen zu übertragen.

Die Zuschauer/innen vor den Geräten zu Hause tauchen nicht aus dem Nichts auf. Sie müssen wissen, dass es die Aufführung geben wird, wann und wo sie übertragen wird. Die Ankündigung beginnt deshalb irgendwann zwischen zwei und drei Wochen vor der Übertragung.

Wir haben nach jahrelanger Arbeit ein Web Template[253] entwickelt. Wir können es grafisch der jeweiligen Produktion anpassen. Über den umfangreichen Verteiler von Headlines Theatre werden E-Mails verschickt, mit der Bitte um Weiterleitung an alle Interessenten. Wir übertragen das Video für hohe und geringe Bandbreiten, damit Leute mit 56k-Modems auch zuschauen können. In der ausgesandten E-Mail gibt es einen Link zur Homepage,[254] wo die Zuseher/innen folgende Punkte finden:

---

253 Eine Vorlage für die Internet-Übertragung. (Anm. d Ü.)
254 vgl. http://www.headlinestheatre.com/Meth/webcast/webcastintro.htm

- eine Erklärung, wie die Internet-Übertragung funktioniert;
- die technischen Voraussetzungen und einen Link, um zu testen, ob der Computer die notwendige Software installiert hat;
- einen Link zu einem kostenlosen Viewer für PC oder Mac und einen Link zum neuesten kostenlosen Java plugin für den Chatroom, sollte der Test fehlschlagen;
- einen Link zur einer Zeitzonenkarte, um dem Zuseher anzuzeigen, zu welcher Lokalzeit die Übertragung stattfindet;
- einen Link zur Internet-Übertragung.

Man fragt sich vielleicht, warum wir uns wegen einer Übertragung im Jahr diese ganze Arbeit antun. Die Antwort ist einfach: Wir erreichen ein außergewöhnlich großes und bunt gemischtes Publikum, und das mit Theater über Themen, die nur sehr selten ehrlich im Fernsehen diskutiert werden. Wir schätzen, dass wir auf SHAW Community TV ungefähr 15.000 Menschen mit der Übertragung erreichen. Viele Aufzeichnungen wurden wiederholt und die Reichweite verdoppelte und verdreifachte sich. Im Jahr 2000 übertrugen wir zum ersten Mal im Internet (*Corporate U* – ein Projekt über die Globalisierung) und hatten unseren ersten internationalen Einstieg – aus Kroatien!

Ein Mann namens Sasha, der in Kroatien zusah, hatte eine Idee für eine Figur aus dem Stück. Es ging um eine junge Mutter, die in einer High-Tech-Firma in Vancouver gearbeitet hatte. Sie hatte ihre Arbeit verloren, weil die Firma von einer transnationalen Firma aus Übersee übernommen worden war. Sie konnte keine Arbeit mehr finden und bettelte in ihrer Ausweglosigkeit Fremde um Kleingeld an. Solche Geschichten kommen in Vancouver viel zu häufig vor. Die Kluft zwischen Reich und Arm wird immer größer.

Ihr Kind sitzt währenddessen zuhause stundenlang vor dem Fernseher. Der Fernseher wird von einem Schauspieler dargestellt, dessen Kopf in einem Fernseher steckt. Das Fernsehen versorgt das Kind mit Bildern von Gewalt und Konsum, mit einer Sehnsucht nach Dingen, die von anderen Kindern in Sweatshops hergestellt werden und für die seine Mutter kein Geld hat. In der Szene, für die Sasha einen Einstieg möchte, kommt die Mutter völlig niedergeschlagen nach Hause und sie und ihr Kind streiten, weil das Kind den Fernseher nicht ausschalten möchte. Die Mutter ist bereits äußerst gestresst, schreit ihr Kind an und schlägt es.

Im Theater hatten wir bereits Einstiege, die das Betteln näher beleuchteten, wir hatten zu Situationen im Büro und der Ethik im transnationalen Geschäftswesen gearbeitet und wir hatten auch Zeit in überseeischen Sweatshops verbracht.

Sashas Einstieg versuchte, sich in die Schwierigkeiten der Mutter einzufühlen und er erkannte, wie ihre schreckliche Situation ihr Muttersein beeinflusste. Sasha wollte sich trotz des inneren Kampfes der Mutter mit diesen Schwierigkeiten die Zeit nehmen, mit dem Kind zu reden. Er sah dieses Bedürfnis, obwohl außerhalb des Zuhauses sehr große Arbeitsplatz- und Finanzsorgen herrschten, die wir nicht außer Acht lassen dürfen und für die wir nach Lösungen suchen müssen. Dennoch können wir die kleineren Momente in unseren Beziehungen nicht den großen, globalen Problemen opfern. Wir müssen Wege finden, um innerhalb des Kampfes mit den größeren Problemen selbst heil zu bleiben.

Corporate U erreichte Sasha durch das Internet von Vancouver aus vor seinem Computer in Kroatien. Von verschiedenen Teilen der Welt aus nutzten wir einen theatralen Moment und konzentrierten uns auf ein Zuhause und die Beziehung zwischen Mutter und Kind und auf den im Stück gezeigten Zusammenhang zwischen der Konsumwelt und dem Fehlen einer gesunden Beziehung.

Sashas Einstieg war keine magische Lösung, sondern der erste Schritt in Richtung einer gesünderen Beziehung zwischen zwei Figuren. Der Einstieg eröffnete im Theater Fragen und eine Diskussion über den Umgang der Mutter mit ihrer eigenen schrecklichen Situation. Es war ein globaler Einstieg in ein Stück über die globalen und lokalen Belastungen, die durch die Globalisierung entstehen.

Als wir 2003 *Don't Say a Word* (*Sag kein Wort*), ein Projekt über Gewalt an Schulen, im Internet übertrugen, arbeiteten wir mit dem Regina School

District,[255] zwei Zeitzonen östlich von uns, zusammen. Die dortige Erzieherin Lori Whiteman brachte Schülergruppen vor Computern zusammen, damit sie an der Aufführung teilnehmen konnten.

Wie ich beim Fallbeispiel *Here and Now* (ਏਥੇ ਤੇ ਹੁਣ) erwähnt habe, haben 2005 ungefähr 15.000 Menschen in der Region um Vancouver die TV-/Internet-Übertragung gesehen und ungefähr 1.200 weltweit. Im Chatroom haben sich Leute aus der ganzen Welt eingeloggt.

Für die TV-/Internet-Übertragung von *Meth* sind die Daten ähnlich. Eingeloggt waren Internetnutzer aus: Burnaby, Calgary, Coquitlam, Fort Nelson, Kitimat, Montreal, Ottawa, Prince George, Saskatoon, Terrace, Toronto, Vancouver, Victoria and Winnipeg (Kanada); Bellingham, Everett, Milwaukee, Norfolk, New York City, Sacramento, Washington DC, und nicht näher genannte Städte in Arizona und Honolulu (USA); Armidale, Brisbane, Canberra, Hobart, Perth and Sydney (Australien); sowie Osaka (Japan), Scheemda (Niederlande), und Tel Aviv (Israel).

Neben den Einstiegen im Theater nahmen wir Einstiege aus Australien, Honolulu, Israel und Winnipeg (Manitoba, Kanada) entgegen.

Wenn wir einmal erkannt haben, dass eine Gemeinschaft eine lebendige Einheit darstellt, dann ist es nicht mehr weit bis zur Einsicht, dass einzelne Gemeinschaften Teil eines noch größeren lebendigen Organismus sind, der die gesamte, weltumspannende menschliche Gemeinschaft umfasst. Wenn es also die Absicht unseres Theaters ist, einen Dialog innerhalb dieses „lebendigen Gemeinwesens“ in Gang zu setzen, dann scheint mir, dass wir die Verantwortung haben, die Direktübertragungen im TV/Internet weiterzuführen und jedesmal dazuzulernen, um sie weiter zu verbessern.

[255] Regina ist eine Stadt in der kanadischen Provinz Saskatchewan. (Anm. d. Ü.)

Spiele und Übungen

Zahlreiche Spiele und Übungen wurden im Verlauf dieses Buches erklärt. Es folgen nun einige weitere, die ich häufig verwende. Viele von ihnen stammen von Boal, einige habe ich von anderen Kollegen/Kolleginnen oder Teilnehmern/Teilnehmerinnen und wieder andere habe ich selbst entwickelt.

So ziemlich alle Spiele oder Übungen, die ich von Boal übernommen habe, sind von mir auf irgendeine Weise abgewandelt worden. Das ist langsam vor sich gegangen, über viele Jahre hinweg, weil sich meine Arbeit vom Unterdrücker-Unterdrückten-Modell zu einem systemtheoretischen Modell hin entwickelt hat, wie ich es hier im Buch geschildert habe. Viele dieser Spiele können in Form anderer Varianten im Buch „Games for Actors and Non-Actors"[256] von Augusto Boal nachgeschlagen werden. Ich habe die Spiele und Übungen von Boal kennengelernt und selbst verwendet, bevor „Games for Actors and Non-Actors" publiziert wurde. Beim Schreiben dieses Buches und der Erstellung der Querverweise auf Boals Buch habe ich bemerkt, dass viele von ihnen unter einem anderen Namen beschrieben werden als dem von mir notierten oder abgespeicherten. Nachdem ich die jeweiligen Namen jetzt aber schon seit mehr als 20 Jahren verwende, behalte ich sie bei und verweise auf Boals Namen. Bei einigen Spielen gibt es keine Querverweise. In diesen Fällen habe ich sowohl meine Aufzeichnungen als auch mein Gedächtnis durchsucht und konnte keine Quellen finden.

Spiele und Übungen sollten immer angepasst und weiterentwickelt werden, um den jeweiligen Arbeitsbedingungen gerecht zu werden.

Ein Spiel oder eine Übung ist eine Möglichkeit, sich auf irgendeine Art zu bewegen. Der Joker kann niemals genau wissen, wohin ein Spiel oder eine Übung führt, aber er kann die Aktivitäten auswählen, um der Gruppe eine Möglichkeit anzubieten, die eine bestimmte Art von Entdeckung ermöglicht

[256] Ich habe bewusst die Verweise auf die englische Ausgabe, die David Diamond verwendet hat (Routledge, 1992), beibehalten. Es gibt auch eine 2nd edition der *Games* von 2002. Viele Spiele und Übungen finden sich natürlich auch im deutschsprachigen *Theater der Unterdrückten. Spiele und Übungen für Schauspieler und Nicht-Schauspieler.* (Anm. d. Ü.)

und das an spezifischen Punkten im Entwicklungsprozess des Projekts. Diese Entdeckungen werden auf vorangegangene aufbauen und zu zukünftigen führen. Im Verlauf eines *Power Plays* (*Spiel der Kräfte*), das ein lebendiges Gemeinwesen innerhalb von sechs Tagen von Null zu einer Aufführung führt, verlangt der Weg vom Betreten des Workshop-Raums am ersten Tag bis zur Aufführung gemeinschaftlich entwickelter Stücke am sechsten Tag vom Joker die Auswahl von Aktivitäten, die die Gruppe auf diesem Weg vorwärts bringt.

Jedes Spiel, jede Übung eröffnet die Möglichkeit für Schritte in Richtung individueller und kollektiver Epoché (Aufhebung, Umkehrung, Loslassen/Aufnahme).[257] Im Prozess, der das Gruppenbewusstsein stimuliert, um gemeinsam Stücke zu entwickeln, muss jedes Spiel und jede Übung sorgfältig ausgewählt werden. Sie müssen aufeinander aufbauen und der Gruppe die Möglichkeit zur Reflexion bieten, ohne eine bestimmte Richtung vorzuschreiben. *Der gordische Knoten* hat zum Beispiel für Gruppe „A" eine gänzlich andere Bedeutung als für Gruppe „B" und führt sie vermutlich in unterschiedliche Richtungen. Der Joker versucht nicht die Schlussfolgerung festzulegen, zu der die Gruppe kommt, er bietet der Gruppe einfach die Möglichkeit, gemeinsam in eine Richtung zu gehen.

Die Spiele im *Theater der Unterdrückten* nach Augusto Boal sind – orientiert an den menschlichen Sinnen – in folgende Kategorien unterteilt: *Auf das schauen, was wir sehen.* (Weil wir tagtäglich alles Mögliche sehen, aber nicht wirklich anschauen.) *Auf das horchen, was wir hören.* (Weil wir tagtäglich alles Mögliche hören, aber nicht hinhören.) *Spüren, was wir berühren.* (Weil wir tagtäglich alles Mögliche berühren, aber es nicht wirklich spüren.) *Verschiedene Sinne* (Spiele, die nicht in eine bestimmte Kategorie passen). Diese Art der Einteilung finde ich sehr schön, weil das Verständnis der Spiele stark auf die Wahrnehmungsfähigkeit Bezug nimmt, die von einem Schauspieler/einer Schauspielerin verlangt wird.

Manchmal glauben die Leute, dass die besten Schauspieler/innen Menschen sind, die eine „Performance hinlegen können". Ich glaube nicht, dass das stimmt. Die besten Schauspieler/innen haben die Fähigkeit, wirklich hinzu-

[257] vgl. den Absatz *Epoché* im Kapitel *Das Gruppenbewusstsein wecken*.

schauen, wirklich zuzuhören und wirklich „diesen Augenblick" zu spüren. „Theater spielen heißt, nicht Theater zu spielen – Theater spielen heißt zu sein" – das hört sich vielleicht an wie eine Floskel, aber es stimmt. Alle Spiele in diesem Buch helfen uns, auf eine neue Weise zu schauen, zu horchen und zu spüren. Sie können sowohl von professionellen Schauspielern genutzt werden als auch von Menschen, die sich selbst nie als Schauspieler bezeichnen würden – mit anderen Worten, von allen Menschen.

Ich habe Boals Kategorien beibehalten und auch Spiele, die ich von anderen übernommen oder selbst erfunden habe, in diese Kategorien einzuordnen versucht. Das hilft mir, innerhalb der Handlungen des Spiels den Fokus zu bewahren. Ich bin überzeugt, dass das im Gegenzug zum sicheren Rahmen beiträgt, innerhalb dessen die Workshop-Teilnehmer/innen auf Entdeckungsreise gehen können.

Ich habe zwei weitere Kategorien hinzugefügt: Vertrauensspiele und Spiele, die einfach Spaß machen. Erstere sind wichtig, gehören jeden Tag eingebaut und verdienen eine eigene Kategorie. Zweitere verwende ich hauptsächlich zur Entspannung für die Gruppe.

Ich denke, dass ich die Spiele und Übungen am besten erklären kann, wenn ich dich (den Leser/die Leserin) so anspreche, als wärst du ein/e Workshop-Teilnehmer/in. (So wie ich das bereits im Hauptteil des Buches gemacht habe.)

Der Ansatz

Nach jedem Spiel stelle ich den Teilnehmern eine Frage: „Was steckt für euch in diesem Spiel?" Im Grunde stelle ich damit zwei Fragen:

1. Wenn ihr dieses Spiel spielt, was denkt und fühlt ihr dabei?
2. Hat das Spiel auf einer symbolischen Ebene etwas – mehr oder weniger – mit dem von uns untersuchten Thema zu tun?

Ich frage nicht, weil ich auf der Suche nach einer richtigen Antwort bin. Das ist kein Test. Ich frage, weil die einzelnen Teilnehmer/innen während des Tuns denken und fühlen. Es ist wichtig diese Gedanken und Gefühle so oft als möglich mit der Gruppe zu teilen. Dann fangen wir an, die unterschiedlichen

Perspektiven im Raum zu verstehen und wir fangen auch damit an, das größere Bewusstsein wahrzunehmen, das Bewusstsein des lebendigen Gemeinwesens, von dem jede/r Teilnehmer/in ein Teil ist.[258]

Auf das schauen, was wir sehen

Tiere (animals)

> **Joker-Tipp:** Es braucht eine gerade Anzahl von Teilnehmern. Schreib die Namen von Tieren auf Zettel und zwar jeweils einmal die männliche Bezeichnung und einmal die weibliche. Oder kennzeichne das Geschlecht mit (m) bzw. (w). Jede/r Teilnehmer/in zieht einen Zettel und hält ihn vor den anderen geheim.

Legt euch auf den Boden. Ihr wisst, welches Tier ihr seid, aber ihr sagt es niemandem. Wie schläft dieses Tier? Schlaft wie dieses Tier. Träumt als dieses Tier. Wacht als dieses Tier auf. Wie schaut das aus? Wie fühlt es sich an? Seid durstig und findet Wasser. Trinkt. Seid hungrig und geht auf Nahrungssuche – es werden keine anderen Tiere im Raum gejagt! Es wird Zeit für die Partnersuche. Findet eure/n Partner/in. Ohne zu sprechen. Seid ihr euch mit eurem Partner einig? Wenn dem so ist, dann erfindet ein Paarungsritual, einen Tanz, den ihr gemeinsam tanzt. Wenn dem nicht so ist, dann findet einen Weg, um die Annährungsversuche abzuwehren. Ihr könnt Geräusche machen. Sprache ist nicht erlaubt.

Wenn alle einen Partner gefunden haben: Kann uns eines der Paare seinen Tanz zeigen? Um welche Tiere handelt es sich? (Mach das mit einigen Paaren. Es macht der Gruppe unglaublichen Spaß.)

---

[258] Diese zyklische Umsetzung von Praxis (Planung, Aktion, Reflexion) ist ein integraler Bestandteil der Schaffung des Potenzials für eine kollektive Epoché. Vgl. die Absätze *Praxis* und *Epoché* im Kapitel *Das Gruppenbewusstsein wecken*.

Boxen (boxing)[259]

Sucht euch eine/n Zweite/n.[260] Das ist ein Boxspiel. Ihr dürft auch treten, kratzen, beißen, an den Haaren ziehen, unter die Gürtellinie schlagen – seid so garstig und dreckig und ekelhaft wie ihr wollt. Es gibt zwei Regeln: Ihr müsst euch in Zeitlupe bewegen und ihr dürft euch nicht berühren. Fangt an. Bewegt euch langsam. Bleibt konzentriert. Bewegt euch noch langsamer. (Lass sie das eine Weile so machen.)

Freeze. Jeder geht drei Schritte zurück. So nah dürft ihr euch kommen, nicht näher. Weiter. Bleibt in Verbindung. (Lass sie das eine Weile so machen.)

Freeze. Jeder geht nochmals drei Schritte zurück. So nah dürft ihr euch kommen, nicht näher. Weiter. Bleibt in Verbindung. (Lass sie das eine Weile so machen.)

Jetzt wird das Ganze zu einer Wirtshausschlägerei. Jede/r kann jede/n angreifen, quer durch den Raum. Seid aufmerksam. Los! Zeitlupe!

> **Joker-Tipp:** Abgesehen davon, dass es eine gute Übung ist, um Spannungen abzubauen oder körperliche Präsenz zu wecken, ist sie von unschätzbarem Wert fürs Forumtheater. Ich bin oft damit konfrontiert, dass die entwickelten Stücke irgendeine Form von Gewalt beinhalten. Um die Wirkung beizubehalten, muss die Gewalt im Stück so echt wie möglich aussehen. Wir proben Gewalt wie einen Tanz – jedesmal die gleichen Bewegungen und es wird ungefährlich. Diejenigen, die im Forumtheater einsteigen, waren allerdings nicht im Workshop. Sie hatten keine Proben und sind meist aufgeregt, nervös oder irgendwie emotional. Damit das Forum von Wert ist, dürfen wir nicht vor der Erforschung von Gewalt zurückschrecken. Wir sind aber natürlich nicht hier, um uns zu verletzen. *Boxen* bietet die Regeln, unter denen wir Gewalt im Forumtheater erforschen können. Die Schauspieler/innen kennen das Spiel und haben

---

[259] Es gibt eine Version mit Namen *Boxing match* in Boals *Games for Actors and Non-Actors*, S. 131.

[260] Ermutige die Teilnehmer/innen bei Partnerübungen immer dazu, mit jemandem zu arbeiten, mit dem sie bisher noch nicht gearbeitet haben. Das erzeugt mehr Verbundenheit und Vertrauen in der Gruppe.

die Technik geübt. Teil ihrer Aufgabe ist es, gemeinsam mit dem Joker, dem Spieler aus dem Publikum zu helfen, den Einstieg theatral zu gestalten. Auf diese Art können wir erforschen, was notwendig ist, und im geschützten Rahmen bleiben.

Boxen wurde sehr wichtig für mich, als wir 1989 mit *¿SANCTUARY? (¿ASYL?)* durch British Columbia tourten. Wir hatten das Stück schon oft aufgeführt. Eines Abends rief eine Frau an der Stelle „Stopp!“, an der die Todesschwadron das Haus stürmt und nach der Studentin sucht. Sie war eine ältere, kleine Frau und sie stieg für die Frau ein, die die Studentin in ihrem Haus versteckt hielt. Sie versteckte sich hinter der Tür. Als der Anführer der Todesschwadron durch die Tür stürmte, sprang sie hervor und auf seinen Rücken und begann mit ihren Fäusten auf seinen Kopf einzuschlagen. Zum Glück benützte der Schauspieler seinen Verstand und warf die Frau nicht ab. Er hätte ihr wahrscheinlich einige Knochen gebrochen. Da standen wir also: Wir hatten ein Forumtheaterstück, in dem Gewalt vorkam, aber wir hatten keine Vorkehrungen getroffen, um mit einem Einstieg umzugehen, der Gewalt beinhaltete. Die Technik aus *Boxen* dient genau diesem Zweck.

Ein Objekt bauen (build an object)[261]

Steht bitte im Kreis. Baut mit euren Körpern, ohne zu reden und so schnell ihr könnt: ein Telefon, ein Auto, einen Kleiderbügel, etc.

Joker-Tipp: Das ist ein gutes Spiel, sowohl um Kreativität zu wecken als auch um die Ecke zu denken und zur Gruppenbildung.

Einen Anführerin wählen (choose a leader)

Steht in einem engen Kreis, Schulter an Schulter. Schließt die Augen. Ich werde außen um den Kreis herumgehen und eine/n von euch als „Anführer/in“ auswählen. Der- oder diejenige wird es daran merken, dass ich ihn/sie am Rücken berühre. Der Anführer wird euch allerdings belügen. Es wird die

[261] Dieses Spiel stammt von Joey Ayalla und der *Philippine Education Theatre Association* (PETA).

Aufgabe des Anführers sein, zu verbergen, dass er der Anführer ist. Die Aufgabe aller anderen wird es sein, herauszufinden wer der Anführer ist. Wenn ihr glaubt, ihr wisst, wer es ist, dann stellt euch vor diese Person. An den Anführer: Du kannst alles Notwendige tun (außer reden und Gewalt anwenden), um von dir abzulenken. Ihr könnt euch im Raum bewegen. Wer hat etwas zu verbergen? Wer ist der Anführer?

> **Joker-Tipp:** Dieses Spiel besteht aus zwei Teilen. Beim ersten Mal ernennst du niemanden zum Anführer. Nach einer gewissen Zeit versammelst du die Gruppe wieder im Kreis und wiederholst das Auswahlprozedere. Dieses Mal wählst du alle aus.

(Während des zweiten Durchgangs, nachdem die Gruppe eine Zeit lang versucht hat, herauszufinden, wer der Anführer ist): Gut, ab jetzt verhält sich der Anführer wie ein Anführer. Bring die anderen, ohne zu reden, dazu, dir zu folgen. Was macht ein Anführer? Wie schaut ein Anführer aus?

> **Joker-Tipp:** Nachdem beide Teile beendet sind, frag die Gruppe was geschehen ist, worin der Unterschied zwischen der ersten und der zweiten Runde bestand. Dann erst sag ihnen, was du getan hast.
>
> Ich verwende dieses Spiel oft, nachdem die Gruppe ihre Stücke entwickelt hat und bevor wir mit den Proben beginnen. Ich nutze es auch, um den Teilnehmern zu verdeutlichen, wie wirkungsvoll es für Figuren ist, wenn sie, wie alle Menschen, ein Geheimnis haben. (Auf Grund des Spielcharakters kann man es mit einer Gruppe eigentlich nur einmal spielen.)

Klatschimpuls (energy clap)

Kommt in einem großen Kreis zusammen, er soll so groß wie möglich sein. Ich habe einen großen Energieball in meinen Händen. Wir werden ihn durch den Kreis werfen. Das funktioniert so: Gefangen wird er so (ein Klatschen, das zur eigenen Brust hin gerichtet ist) und weitergegeben wird er so (ein Klatschen, das nach außen zu einer anderen Person hin gerichtet ist). Ich werfe den Ball quer durch den Kreis jemandem zu, der- oder diejenige fängt ihn und wirft ihn weiter usw.

Versucht nicht zu großzügig mit der Energie umzugehen. Konzentriert euch auf eure Hände und schaut die Person an, zu der ihr den Ball werft. Wenn ihr zu unspezifisch seid, wird niemand wissen, wo der Ball hin soll. (Gib der Gruppe Zeit, bis sie eingespielt ist.) Und jetzt schneller!

Angst und Beschützer (fear/protector)[262]

Es ist nur ein Spiel. Steht mit geöffneten Augen im Raum. Wählt euch jemanden ohne zu reden und stellt euch vor, ihr habt Angst vor ihm/ihr. Behaltet die Entscheidung für euch. Es ist niemand, vor dem ihr euch wirklich fürchtet. Jetzt wählt jemanden aus, von dem ihr euch vorstellt, er/sie ist euer Beschützer – wieder ohne zu reden. Behaltet es für euch. Eure Aufgabe wird es sein, den Beschützer immer zwischen euch und dem Angstmacher zu haben. Bereit? Los!

> **Joker-Tipp:** Ich liebe dieses Spiel. Lehnt euch bei einer Party oder einem gesellschaftlichen Ereignis zurück und beobachtet, in welche Richtungen die „Menschenströme" fließen. Viele laufen einigen hinterher oder vor anderen davon, ohne dass sie sich absprechen. Das geschieht auch in Gemeinwesen. Wenn wir die Dynamik und ihre Auswirkungen im Spiel beobachten, können wir dann sehen, wie unser Leben davon beeinflusst ist?

Auf Lücke gehen (fill the empty space)[263]

Geht entspannt mit offenen Augen durch den Raum. Gebt aufeinander Acht. Gebt nun auch auf die Räume zwischen euch und zwischen euch und den Wänden Acht. Füllt diese Räume. Lasst keine Lücken entstehen. (Gib der Gruppe etwas Zeit dafür.) Geht schneller! Seid vorsichtig und rennt nicht ineinander. Noch schneller. (Gib der Gruppe Zeit.) Freeze. Jetzt zu zweit, Arme unterhaken und weiterhin die Lücken füllen. (Zeit geben.) Schneller... Freeze. Zu dritt. Einige müssen sich neu formieren. Macht euch das untereinander aus.

---

262 Es gibt eine Version dieses Spiels mit Namen *One person we fear, one person is our protector* in Boals *Games for Actors and Non-Actors*, S. 132.

263 Diese Version des Spiels habe ich von Michael Rohds „Hope Is Vital-Workshop". Es gibt eine andere Version mit Namen *Without leaving empty a single space in the room* in Boals *Games for Actors and Non-Actors*, S. 116.

Auf Lücke gehen... schneller... Freeze. Und jetzt wieder jede/r für sich, so schnell ihr könnt, rennt in die Zwischenräume. Lasst keine Lücken entstehen. Rennt so schnell ihr könnt, stoßt mit niemandem zusammen.

> **Joker-Tipp:** Dieses Spiel eignet sich gut für den Beginn eines Workshops oder nach einem Raumwechsel, zum Beispiel vom Übungs- zum Aufführungsraum.

Hypnose (hypnosis)[264]

Sucht euch einen Partner, jemanden, mit dem ihr noch nicht gearbeitet habt. Ihr werdet beide Rollen in diesem Spiel einnehmen. Wechselt euch aber nicht ab, bis ich es euch sage. Für den Anfang entscheidet euch, wer von euch Hypnotiseur „A" sein wird und wer der Hypnotisierte „B".

„A" hält seine/ihre Hand vor das Gesicht von „B". Während „A" die Hand langsam bewegt, bleibt „B" mit dem Gesicht immer in derselben Ausrichtung und im gleichen Abstand zur Handfläche – die Stirn an den Fingern, das Kinn an der Handwurzel orientiert. Es ist wichtig, die Hand nicht zu nahe an das Gesicht zu halten, weil „B" sonst zu schielen beginnt und das unangenehm wird. Die Idee dahinter ist, dem Partner dabei zu helfen, ungewöhnliche Körperhaltungen einzunehmen, ihn aufzuwärmen und ihn zu fordern. Seid nett zu eurem Partner und passt gut auf ihn auf. Nutzt den gesamten zur Verfügung stehenden Platz, die unterschiedlichen Ebenen und bewegt euch durch den Raum und durcheinander.

> **Joker-Tipp:** Die Übung funktioniert auch mit einer ungeraden Teilnehmerzahl. In einer Dreiergruppe führt dann „A" mit beiden Händen „B" und „C".

Nachdem „A" eine Weile geführt hat: Macht weiter und hört zu. Ich werde in die Hände klatschen und dann wechselt ihr. Aus den Führenden werden Geführte. Behaltet das Tempo bei.

---

[264] Es gibt eine Version von diesem Spiel mit Namen *Colombian hypnosis* in Boals *Games for Actors and Non-Actors*, S. 63.

Nachdem „B“ eine Weile geführt hat: Freeze! An die Führenden: Schaut euch im Raum um. So wie das Gesicht eures Partners an eurer Hand haftet, heftet euch mit eurem Gesicht an einen Körperteil von jemand anderem im Raum – ein Knie, einen Ellbogen, eine Schulter, etc. Vergesst nicht, dass euer Partner nach wie vor eurer Hand folgt. Gut. Weiter.

> **Joker-Tipp:** Ermutige bei allen Partnerübungen die Teilnehmer/innen mit jemandem zu arbeiten, mit dem sie bisher noch nicht zusammengearbeitet haben. Das bricht die Kleingruppen auf, die es immer und in allen Gruppen gibt.

Spiegel (mirror)[265]

> **Joker-Tipp:** In vielen Schauspielklassen wird mit Spiegelübungen gearbeitet. Ich begegnete ihnen zum ersten Mal in der Schultheatergruppe und dann erneut an der Schauspielschule. Sie sind bestens geeignet, um die physische Präsenz anzuregen und Verbindungen zu anderen zu schaffen.

Sucht euch einen Partner und stellt euch einander gegenüber auf. Einer führt, der andere folgt. Sprechen ist nicht erlaubt. Bewegt euch langsam und fließend. Spiegelt jedes Detail eures Gegenübers. Wechselt. Es gibt irgendwann keine Führenden und keine Spiegelnden mehr. Der springende Punkt ist die Synchronisation eurer Bewegungen und Gedanken, es ist nicht das Ziel, euch gegenseitig auszutricksen. Schließt euch zu Vierer-Gruppen zusammen und bewegt euch ruhig und langsam. Es gibt niemanden, der führt. Dann zu Achter-Gruppen, und so weiter bis einander die gesamte Gruppe gegenübersteht. An jeweils alle in einer Reihe: Nehmt euch bei den Händen und formt so zwei langgezogene „Wesen“, einander gegenüber, ohne jemanden, der führt. Brecht auseinander, sucht euch in diesem Chaos einen neuen Partner. Fangt von vorne an...

---

[265] Es gibt eine Abfolge von Spiegelübungen (*Mirror games*) in Boals *Games for Actors and Non-Actors*, S. 120ff.

Schwertkampf (parisian sword)[266]

Steht euch in zwei Reihen gegenüber. Jede Gruppe hat einen Anführer, der in der Mitte vor die Gruppe tritt. Die Anführer tun so, als hielten sie mit beiden Händen ein Schwert. Es gibt vier mögliche Bewegungen: den Kopf abschlagen (horizontaler Schlag in Kopfhöhe), die Füße abschlagen (horizontaler Schlag in Knöchelhöhe) oder einen Arm abschlagen (vertikaler Schlag links oder rechts). Die Anführer und sein gesamtes Team hinter ihm müssen den Schwerthieben des gegenüberstehenden Anführers ausweichen. Das geht so: Wenn der gegenüberstehende Anführer den rechten Arm abschlagen will, springen alle nach links, um dem Hieb auszuweichen. Beim Schlag auf den linken Arm springen alle nach rechts. Zielt er auf die Füße, springen alle in die Höhe. Zielt er auf den Kopf, müssen sich alle ducken.

Wird einem Spieler etwas „abgeschlagen“, stirbt er einen höchst dramatischen Tod. Wenn der Anführer stirbt, wird er von jemandem aus seinem Team ersetzt. Gewonnen hat das Team, bei dem zuletzt noch jemand steht.

Die Platte (the plate)[267]

Steht in einem großen Kreis. (Das Spiel benötigt eine gerade Anzahl von Teilnehmern.) Wir teilen den Kreis in zwei Hälften, eine Seite ist Gruppe „A“ und die andere Seite ist Gruppe „B“. Bei 30 Teilnehmern werden an alle „A“ und „B“ jeweils die Zahlen 1 bis 15 vergeben. Die jeweils gleichen Zahlen sind Partner und stehen einander im Kreis gegenüber.

Stellt euch in der Mitte des Kreises einen Ball in der Größe eines Basketballs vor. Auf dem Ball liegt eine große Platte in der Größe des Kreises. Weil diese Platte auf einem Ball liegt, kippt sie sehr leicht auf eine Seite. Einander gegenüberstehende Partner werden auf die Platte steigen und müssen dabei die Platte im Gleichgewicht halten. Sprechen ist nicht erlaubt.

Die Zweier, auf die Platte. Haltet sie im Gleichgewicht. Findet einen Weg von

---

[266] Es gibt eine Version dieses Spiels mit Namen *The wooden sword of Paris* in Boals *Games for Actors and Non-Actors*, S. 81.

[267] Es gibt eine Version dieses Spiels mit Namen *Balancing circle* in Boals *Games for Actors and Non-Actors*, S. 137.

der Platte runter. Die Zehner, rauf auf die Platte. Haltet sie im Gleichgewicht. Die Vierer etc. Jetzt alle auf die Platte, haltet sie im Gleichgewicht.

Auf das horchen, was wir hören

> **Joker-Tipp:** Spiele zum Hinhorchen sind hervorragend für Leute, die sich auf einen Auftritt in einem Theaterstück vorbereiten. Manchmal glauben die Leute, dass die besten Schauspieler diejenigen sind, die etwas „vorspielen" können. Das stimmt nicht. Die besten Schauspieler/innen sind diejenigen, die sich auf den Moment konzentrieren können und wirklich zuhören. Horchen ist eine der schwierigsten Aufgaben, die bei einem Schauspieler gefragt sind. Zuhören heißt, auf der Bühne nicht an die nächste eigene Textpassage zu denken oder daran, ob dir dein Kostüm gefällt oder nicht, welche Rechnungen du noch bezahlen musst, dass es schon komisch ist, vor so vielen Leuten all diese Sachen aufzuführen, oder was auch immer sonst noch ablenken könnte.

Den Blinden führen (lead the blind)[268]

Sucht euch einen Partner. Ihr werdet beide Rollen in diesem Spiel übernehmen. Wechselt euch aber nicht ab, bis ich es euch sage. Eine/r von euch wird führen (mit offenen Augen). Der/Die andere ist blind (Augen geschlossen). Vereinbart gemeinsam ein Geräusch. Keine Worte. Keine Sprache. Auch keine mechanischen Geräusche, kein Klatschen oder Stampfen, sondern ein Geräusch, das mit der Atemluft erzeugt werden kann. Die führende Person macht das Geräusch, die andere folgt. Die führende Person hat zwei Signale: „Geräusch" und „kein Geräusch". „Kein Geräusch" heißt „Halt!". Alle werden gleichzeitig spielen, also müsst ihr wirklich hinhorchen. Führt euren Partner durch den Raum, ohne dass er mit anderen zusammenzustößt.

Nach einigen Minuten: Freeze. Macht vier oder fünf Schritte auseinander. So

---

[268] Es gibt eine Version dieses Spiels mit Namen *Noises* in Boals *Games for Actors and Non-Actors*, S. 107.

nah dürft ihr euch kommen, nicht näher. Macht weiter.

Wieder nach einigen Minuten: Freeze. An die Führenden: Entfernt euch so weit wie möglich von euren Partnern. Versteckt euch aber nicht hinter irgendwelchen Möbeln, bleibt im Raum. Bleibt, wo ihr seid, und fangt an, euer Geräusch zu machen, und bringt euren Partner „nach Hause" zu euch. Wartet dann bitte in aller Stille, bis alle fertig sind.

Leiter des Orchesters (leader of the orchestra)

Wir sitzen in einem Kreis. Das ist ein Spiel zum Zuhören. Jemand wird sich freiwillig melden und den Raum verlassen. Dann wird sich jemand ganz leise als Anführer melden. Der Anführer wird einen Rhythmus vorgeben (klatschen, mit den Fingern schnippen oder ähnliches). Alle im Kreis werden in den Rhythmus einstimmen. Sobald der- oder diejenige draußen den Rhythmus hört, kommt er oder sie herein und stellt sich in die Mitte. Er oder sie darf dreimal raten, wer der Anführer ist. Unsere Aufgabe ist es, den Anführer vor der Entdeckung zu schützen, also sollten wir überall hinschauen, nur nicht zu ihm. Der Anführer soll auch etwas riskieren und den Rhythmus ab und zu wechseln.

Spüren, was wir berühren

Zur Vorbereitung auf Spiele mit geschlossenen Augen

> **Joker-Tipp:** Ich habe einige strenge Regeln für die Arbeit mit geschlossenen Augen in Gruppen.
>
> 1. Die Arme sind entweder angelegt, die Hände stecken in den Hosentaschen oder sie sind vor der Brust überkreuzt. Sie sind nicht ausgestreckt, um die Augen und die Intimsphäre der anderen zu schützen.
> 2. Die Köpfe bleiben erhoben. Wenn zwei Köpfe zusammenstoßen, tut das sehr weh.

3. Die Geschwindigkeit wird von der Person bestimmt, die die Augen geschlossen hat.
4. Atmen nicht vergessen.

Bei Spielen, bei denen alle die Augen geschlossen haben, sind „Wachposten“ eine gute Idee. Sie achten darauf, dass die Teilnehmer/innen in keine „Gefahrenzone“ geraten, sofern es welche gibt. Diese Wachposten drehen die jeweilige Person behutsam bei den Schultern wieder in Richtung Raummitte. Möbel, Sitzecken, etc. können gefährlich sein, Wände sind es nicht.

Blind stehen (stand blind)

Jede/r findet einen Platz im Raum. Schließt die Augen, die Arme sind angelegt. Findet euren Schwerpunkt, indem ihr mit den Füßen fest am Boden bleibt und euer Gewicht leicht nach vorne, nach hinten und zur Seite verlagert. Spielt damit, lehnt euch in eine Richtung bis ihr beinahe umkippt und kehrt dann ins Zentrum zurück. Nochmals.

> **Joker-Tipp:** Das ist ein Spiel zur Vorbereitung auf weitere Spiele mit geschlossenen Augen. Fast immer folgt bei mir darauf *Den Punkt mit geschlossenen Augen finden*.

Den Punkt mit geschlossenen Augen finden (find the spot blind)[269]

Jede/r von euch steht bitte ganz für sich irgendwo im Raum. Sucht euch einen Punkt in Augenhöhe, der möglichst weit von euch entfernt, aber erreichbar ist. Schließt die Augen. Geht ohne zu reden zu diesem Punkt. Wenn ihr auf jemanden trefft, haltet die Augen geschlossen, weicht einander aus.

> **Joker-Tipp:** Bei mir steht dieses Spiel meist am Beginn der Arbeit mit geschlossenen Augen.

---

[269] Es gibt eine Version dieses Spiels mit Namen *The point* in Boals *Games for Actors and Non-Actors*, S. 106.

Blinde Autos (blind cars)[270]

Sucht euch einen Partner. Eine/r von euch wird das Auto sein, der/die andere der/die Fahrer/in. Die Fahrer stellen sich hinter ihre Autos, die Autos schließen die Augen. Die Fahrer haben folgende Signale: Leichtes Klopfen auf den Kopf bedeutet vorwärts. Klopfen auf die linke Schulter bedeutet nach links, Klopfen auf die rechte Schulter heißt nach rechts. Auf den Rücken zu klopfen bedeutet rückwärts. Kein Signal bedeutet „Halt!". Das ist ein sehr wichtiges Signal – kein Klopfen heißt „Halt!". Die Geschwindigkeit des Autos bestimmt das Auto. Schneller klopfen heißt nicht schneller fahren. Versucht wirklich, nicht zu sprechen. Kommuniziert über die Klopfsignale. Los! Bewegt euch durch den Verkehr und stoßt mit niemandem zusammen. (Gib den Teilnehmern etwas Zeit dafür.)

Freeze! Die Autos werden zu Fahrern, aus den Fahrern werden Autos.

Blinde Busse (blind busses)

(Das ist eine Adaption von *Blinde Autos* und macht Gruppen großen Spaß.) Vier oder fünf Teilnehmer stehen in einer Reihe. Der Fahrer steht hinten. Er hat seine Augen offen. Alle anderen haben ihre Augen geschlossen. Die Signale sind dieselben wie die oben beschriebenen. Bei den blinden Bussen gibt der Fahrer die Klopfsignale an die Person vor ihm, der gibt sie an die Person vor ihm, der gibt sie an die Person vor ihm, der setzt sich in Bewegung. Manövriert euren Bus durch den Verkehr, stoßt mit niemandem zusammen und sorgt dafür, dass euer Bus nicht auseinanderbricht.

> **Joker-Tipp:** Nach einer Weile: „Der/Die Erste in der Reihe geht nach hinten." So oft wiederholen, bis alle einmal den Bus lenken durften.

Blinde Umarmungen (blind hugs)

Für dieses Spiel braucht es eine gerade Teilnehmerzahl. Sucht euch einen Platz im Raum. Steht ruhig und schließt die Augen. Findet euren Schwerpunkt, die

[270] Es gibt eine Version dieses Spiels mit Namen *The blind car* in Boals *Games for Actors and Non-Actors*, S. 111.

Arme entweder angelegt oder vor der Brust überkreuzt. Geht schweigend los. Ihr werdet auf andere treffen. Wenn das geschieht, dann umarmt euch sehr behutsam und respektvoll. (Gib den Teilnehmern etwas Zeit dafür.) Das nächste Mal, wenn ihr jemandem begegnet, verweilt in der Umarmung. Jede/r muss in einer Umarmung mit einer zweiten Person stehen, niemand allein, niemand zu dritt. Haltet die Augen geschlossen und geht zwei Schritte auseinander. Findet euch in derselben Umarmung wieder. Geht jetzt fünf Schritte auseinander und findet euch in derselben Umarmung wieder. Geht jetzt zehn Schritte auseinander und findet euch in derselben Umarmung wieder. Geht jetzt so weit auseinander als möglich und findet euch in derselben Umarmung wieder.

Blinde Skulpturen (blind sculpure)[271]

Bildet bitte zwei gleich lange Reihen und steht euch ungefähr mit drei Metern Abstand gegenüber. Eine Seite ist „A“, die andere „B“. Euer Partner steht euch gegenüber. Vergewissert euch, dass ihr wisst, wie er/sie heißt. Reihe „A“ schließt die Augen. In Reihe „B“ nimmt bitte jede/r eine Haltung ein, die er/sie auch eine Weile so halten kann. Die aus Reihe „B“ rufen nun den Namen ihrer Partner aus Reihe „A“, bis diese bei ihnen sind und sie berühren. Die aus Reihe „A“ halten die Augen geschlossen und ertasten die Haltung ihrer Partner. Wenn ihr glaubt, ihr habt die Haltung komplett erfasst, inklusive des Gesichtsausdrucks, dann geht zurück und macht mit eurem eigenen Körper ein Spiegelbild eures Partners. Wenn ihr damit fertig seid, öffnet die Augen und vergleicht. Wenn alle fertig sind, wird gewechselt.

> **Joker-Tipp:** Wenn eine Gruppe gut zusammenarbeitet, mache ich eventuell eine Variation von diesem Spiel, die *Blinde Gruppenskulptur.* Das funktioniert wie oben beschrieben, allerdings berührt jede/r in Reihe „B“ zumindest eine andere Person aus der eigenen Reihe, so dass eine Gruppenskulptur entsteht. Wenn also Reihe „A“ mit geschlossenen Augen zum Abtasten kommt, ist es nicht nur deren Aufgabe, die Haltung des Partners zu erkunden, sondern auch seine Position innerhalb der

271 Es gibt eine Version dieses Spiels mit Namen *One blind line, one sighted line* in Boals *Games for Actors and Non-Actors,* S. 109.

Gruppenskulptur. Reihe „A" muss dann zurückgehen und als Gruppe ein Spiegelbild der Gruppe „B" formen.

Elektrischer Strom (electric current)

Joker-Tipp: Das ist ein gutes Spiel, um die Gruppe zu zentrieren.

Steht im Kreis, überkreuzt eure Arme vor eurem Körper und nehmt einander bei den Händen. Ich schicke einen Impuls durch den Kreis, einen Händedruck, der von einer Person zur nächsten weitergegeben wird. Schauen wir einmal, ob der Impuls die Runde geht. Gut. Und jetzt in die andere Richtung. Gut. Und jetzt mit geschlossenen Augen. Ich werde ganz, ganz viele Impulse durch den Kreis schicken, in beide Richtungen. Eure Aufgabe ist es, die Impulse durch euch hindurch und nicht sich in euch aufstauen zu lassen.

Glaskobra (glass cobra)[272]

Sucht euch einen Platz im Raum und steht dort mit geschlossenen Augen. Geht los. Ihr werdet anderen begegnen. Umarmt sie behutsam und rücksichtsvoll von hinten. Dann geht weiter. (Das geht eine Zeit lang so.) Das nächste Mal, wenn ihr jemanden umarmt, bleibt in der Umarmung, bis die ganze Gruppe in einer Reihe (oder einem Kreis) steht, wo Leute einander von hinten umarmen (=Kobra). Lernt diese Umarmung nun kennen. Spürt den Rücken und die Schultern, achtet darauf, wie sich die Kleidung des anderen anfühlt.

Ich werde in die Hände klatschen. Dann wird die Kobra vorsichtig in so viele Teile zerbrechen wie Teilnehmer im Raum sind. (Bereit? Klatsch!) Haltet eure Augen geschlossen und findet euch nun, ohne zu reden, in denselben Umarmungen wieder zusammen. Geht behutsam und rücksichtsvoll miteinander um.

---

[272] Es gibt eine Version dieses Spiels gleichen Namens in Boals *Games for Actors and Non-Actors*, S. 108.

Verschiedene Sinne

American Football[273]

Joker-Tipp: Dazu braucht es eine große Gruppe und einen großen Raum. Ich verwende dieses Spiel sowohl zum Aufwärmen als auch zum Entspannen.

Alle bis auf eine/n gehen bis zur Wand auf eine Seite des Raums. Der/Die Eine geht zur gegenüberliegenden Wand. Wenn ich „los" sage, rennt die Gruppe durch den Raum zur gegenüberliegenden Wand. Der/Die Eine muss eine/n Andere/n fangen. Jetzt gibt es zwei Fänger. Und: „Los!" Jetzt gibt es drei oder vier Fänger etc.

Bären und Aufforstungsarbeiter (bears and tree planters)[274]

Jemand meldet sich freiwillig als Bär. Der Rest verhält sich wie Aufforstungsarbeiter. Ohne Worte machen sie, was Aufforstungsarbeiter im Wald eben so tun. (Anständig bleiben! Auch Bäume pflanzen!) Wenn der Bär laut losbrüllt, stellen sich alle Aufforstungsarbeiter tot. Der Bär kann nun machen, was er will, um zu überprüfen, ob die Aufforstungsarbeiter wirklich „tot" sind (rücksichtsvoll, gewaltfrei und ohne zu sprechen oder zu kitzeln). Wenn sich ein Aufforstungsarbeiter bewegt, lacht etc., wird er zu einem Bären und hilft dem ersten Bären. So werden es im Verlauf des Spiels immer mehr Bären. Wenn die Vögel zu zwitschern beginnen (die Geräusche kommen vom Joker), wird es für die Bären Zeit, sich zur Strategiebesprechung in die Höhle zurückzuziehen. Auch die Aufforstungsarbeiter können sich beraten. Die Bären können zusammenarbeiten. Die Aufforstungsarbeiter können zusammenarbeiten. Ziel ist es, der letzte Aufforstungsarbeiter zu sein.

---

[273] Es gibt eine Version dieses Spiels gleichen Namens in Boals *Games for Actors and Non-Actors*, S. 82.

[274] Es gibt eine Version dieses Spiels mit Namen *The bear of Poitiers* in Boals *Games for Actors and Non-Actors*, S. 79.

Gordischer Knoten (knots)[275]

Wir stehen in einem engen Kreis, Schulter an Schulter. Hebt eure Hände über die Köpfe und macht einen Schritt nach vorn, womit sich der Kreis auflöst und alle durcheinander und eng beieinanderstehen. Der Blick ist noch immer zur Mitte gerichtet. Greift nun über die Mitte nach einer anderen Hand. Jede Hand greift nur nach einer Hand. Nehmt nicht die beiden Hände der gleichen Person. (Der Joker muss häufig kontrollieren und „verwaiste" Hände zusammenbringen.) Löst nun ohne zu reden und ohne die Hände loszulassen den Knoten auf.

> **Joker-Tipp:** Manche Gruppen sind richtig gut darin. Als zusätzliche Herausforderung kann man das Spiel mit geschlossenen Augen machen.

Zwei zusammen (person to person)[276]

Dazu braucht es eine gerade Anzahl an Teilnehmern. Geht zügig mit offenen Augen durch den Raum. Wenn ich „Zwei zusammen!" rufe, gehen jeweils die zwei, die sich gerade am nächsten stehen, zusammen. Ihr seid nun Partner. Dann rufe ich z. B.: „Finger zum Knie!" Ohne zu diskutieren geht ein Finger zu einem Knie. Dann: „Fuß zur Hüfte!" Ein Fuß geht zu einer Hüfte. Ich rufe so lange Körperteile auf, bis es unmöglich scheint fortzufahren. Dann gebe ich ein Signal, ihr trennt euch und geht wieder los, bis ich erneut „Zwei zusammen!" rufe.

> **Joker-Tipp:** Nimm nach einer Weile entweder jemanden aus dem Spiel oder spiele selbst mit, damit sich eine ungerade Zahl ergibt. Nach dem Ruf „Zwei zusammen!" bleibt jemand über und der/die bestimmt nun die Körperteile.

---

[275] Es gibt eine Version dieses Spiels mit Namen *Circle of knots* in Boals *Games for Actors and Non-Actors*, S. 67.

[276] Es gibt eine Version dieses Spiels gleichen Namens in Boals *Games for Actors and Non-Actors*, S. 78.

Die Reise (the journey)[277]

Sucht euch einen Partner. Ihr werdet beide Rollen in diesem Spiel spielen, wechselt euch aber nicht ab, bevor ich es euch sage. Macht euch aus, wer zuerst führt (A) und wer folgt (B). „A“ nimmt „B“ mit auf eine Reise. „B“ hat die Augen geschlossen, „A“ hat sie offen. „A“ ist für alles verantwortlich, für alle Bewegungen, das Umfeld, die Geräusche, die Wetterverhältnisse, die Berührungen, alles. Die Reise muss nicht linear verlaufen, aber jeder Moment sollte so detailreich und körperlich erlebbar (und dennoch immer sicher) wie möglich sein. Es darf nicht gesprochen und nichts erklärt werden. Wenn die erste Reise beendet ist, setzt euch still nieder, besprecht nichts und wartet, bis alle fertig sind. Sind alle fertig, erzählt „B“, welche Reise er/sie erlebt hat, und „A“ antwortet darauf mit der Version, die er/sie erzählt hat. Wenn alle mit ihren Schilderungen fertig sind und beide Interpretationen verglichen worden sind, wird gewechselt.

Sitzend gehen (walk sitting)[278]

Das ist ein gefinkeltes Spiel. Alle stehen in einem engen Kreis. Dreht euch nun nach rechts und macht den Kreis noch enger. Setzt euch nun langsam und vorsichtig hin, jeder auf den Schoß des Teilnehmers hinter ihm. Beginnt im Gleichschritt (links, rechts, links, rechts) zu gehen. Dazu braucht es eine große Gruppe.

West Side Story[279]

Stellt euch auf einer Seite des Raums in zwei gleich langen Reihen mit ungefähr zwei Metern Abstand voneinander auf. Die beiden ersten jeder Reihe gehen in den Zwischenraum und stehen vor ihren Reihen einander gegenüber. Das sind die Anführer der Reihe „A“ (mit dem Rücken zur Wand) und der

---

277 Es gibt eine Version dieses Spiels mit Namen *Imaginary journey* in Boals *Games for Actors and Non-Actors*, S. 107.

278 Es gibt eine Version dieses Spiels mit Namen *The chair* in Boals *Games for Actors and Non-Actors*, S. 79.

279 Es gibt eine Version dieses Spiels gleichen Namens in Boals *Games for Actors and Non-Actors*, S. 93.

Reihe „B“ (mit dem Rücken zum Raum).

Der Anführer der Reihe „A“ macht eine Geste und ein Geräusch (kein Wort), die eine Kampfansage an den Anführer und die Reihe „B“ sind. Diese Kampfansage muss zu einer Vorwärtsbewegung führen. Reihe „A“ übernimmt die Kampfansage und wiederholt sie so groß und laut wie möglich mit ihrem Anführer, um die Reihe „B“ und deren Anführer bis an die gegenüberliegende Wand zurückzudrängen. Dann antwortet der Anführer der Reihe „B“ mit einer anderen Kampfansage bestehend aus Geste und Geräusch und Reihe „A“ mit ihrem Anführer wird zurückgedrängt. Dann rennen beide Anführer ans andere Ende ihrer Reihe und vom Anfang der Reihe kommen zwei neue Anführer in die Mitte. Kampfansage, zurückweichen, Kampfansage, zurückweichen, zwei neue Anführer. Vor und zurück und vor und zurück. Am besten funktioniert es, wenn alles sehr laut und schnell geschieht. Macht die Kampfansage so groß und furchteinflößend wie möglich. Denkt nicht lange nach!!

Vertrauensspiele

Joker-Tipp: Es folgt nun eine Reihe von Vertrauensspielen, und zwar in der Reihenfolge, in der ich sie normalerweise bei einem *Power Play* (*Spiel der Kräfte*) – einem sechstägigen *Theater zum Leben*-Workshop mit abschließender Forumtheater-Aufführung – anwende. Grundsätzlich fange ich mit Vertrauensspielen am zweiten Tag an. Ich habe einige strenge Regeln:

1. Die Teilnehmer/innen melden sich freiwillig. Niemand wird zu einem Vertrauensspiel gezwungen oder überredet.
2. Die Spiele müssen in absoluter Stille ablaufen. Anweisungen gibt es ausschließlich vom Joker. Wenn während eines Vertrauensspiels geflüstert oder geschwätzt wird, dann wird die meditative Erfahrung für die Person, die im Moment im Fokus steht, zerstört.
3. Der Joker ist immer der erste „Freiwillige“ bei einem Vertrauensspiel. Ich verlange nichts, was ich nicht selbst zu tun bereit bin.

4. Niemand im Raum ist jemals zu klein oder zu groß oder zu schwer für ein Spiel.

Glasflasche (glass bottle)[280]

Wir brauchen dazu Kreise mit fünf bis acht Leuten. Eine Person steht in der Mitte, Arme angelegt oder vor der Brust überkreuzt, die Augen geschlossen, der gesamte Körper steif wie ein Brett. Die Menschen im Kreis nehmen eine leichte Schrittstellung ein, das stärkere Bein hinten, und halten ihre Arme ausgestreckt, nicht steif, sondern flexibel wie Stoßdämpfer.

Die Personen, die den Kreis bilden, legen behutsam ihre Hände auf die Schultern der Person in der Mitte. Das bedeutet, dass ihr bereit und konzentriert seid. Nehmt die Hände wieder weg und seid bereit aufzufangen. Die Person in der Mitte kippt und übergibt ihr Gewicht an jene, die den Kreis bilden. Die im Kreis Stehenden können sich bewegen und es sind immer zwei da, die denjenigen in der Mitte stützen, das Gewicht wirklich übernehmen und ihn dann behutsam wieder in der Mitte zentrieren. Er wird NICHT über die Mitte hinaus geschubst. Für die Person in der Mitte gilt: Folge der Schwerkraft!

> **Joker-Tipp:** Gib den Teilnehmern genügend Zeit. Es ist sehr wichtig, dass die Person in der Mitte sich ganz der Schwerkraft überlassen kann und nicht im Kreis herumgeschubst wird. Jeder Durchgang kann auf drei unterschiedliche Weisen enden.
>
> 1. Die Person in der Mitte sagt, dass sie aufhören möchte.
> 2. Die Gruppe spürt ein organisches Ende des Durchgangs.
> 3. Der Joker kommt vorbei und beendet mit einem Signal den Durchgang.

Zum Abschluss jedes Durchgangs legen die im Kreis Stehenden der Person in der Mitte wieder die Hände auf die Schultern. Das ist ein Moment zur Erdung, bevor der- oder diejenige wieder in den Kreis zurückkehrt und sich ein/e Nächste/r freiwillig meldet.

---

[280] Ich begegnete diesem Spiel erstmals als Schauspielschüler 1981. Es gibt eine Version mit Namen *Joe Egg* in Boals *Games for Actors and Non-Actors*, S. 67.

Die Röhre (the intestine)

Dazu braucht es rund 20 Leute, je mehr desto besser. Zwei Reihen stehen einander gegenüber. Steht nahe beisammen, so dass sich die Unterarme berühren, die Arme sind ausgestreckt und bilden, ohne einander festzuhalten, mit den Armen des Gegenübers einen „Reißverschluss". Die beiden Reihen ergeben so ein röhrenförmiges Förderband.

Es muss absolut still sein. An einem Ende der Röhre, dort, wo auch der Joker steht, steht ein/e Freiwillige/r, der durch die Röhre transportiert wird: Steh mit dem Rücken zum Eingang, Arme vor der Brust überkreuzt, der gesamte Körper steif, nur der Nacken bleibt entspannt, Augen geschlossen. Leg dich nun in die Öffnung, dein Oberkörper wird von den Ersten in den beiden Reihen gestützt, als Joker hebe ich deine Füße. Denk daran dein Becken zu heben, das wird dein Gewicht gleichmäßiger verteilen.

An die „Röhre": Bewegt ihn durch horizontale Armbewegungen durch die Röhre hindurch. Unterstützt immer seinen Kopf. Die Bewegungen sollten ziemlich schnell sein, weil so das Gewicht rascher weiter befördert wird.

Als Joker nehme ich den Freiwilligen, seinen Kopf zuerst, am anderen Ende der Röhre in Empfang.

An den Joker: Unterstütze seinen Kopf und wenn sein Körper zur Hälfte aus der Röhre heraußen ist, dann bringen die Leute in der Röhre behutsam die Füße des Freiwilligen wieder unter seinen Körper und zu Boden und ihn in die Senkrechte.

Der Durchgereichte schließt sich an diesem Ende der Röhre an und der Nächste kommt an die Reihe. Wenn jemand an der Reihe ist und nicht durchgereicht werden möchte, dann ist das in Ordnung. Er/Sie läuft einfach außen herum und schließt sich am anderen Ende der Röhre an.

Fallen (the fall)

> **Joker-Tipp:** Stell einen stabilen Tisch in die Mitte des Raums. Man kann auch eine ein Meter hohe Bühne dafür verwenden. Wenn du einen Tisch

nimmst, dann soll sich jemand an das andere Ende setzen, damit der Tisch nicht kippt.

Sechs Leute stehen einander vor dem Tisch in zwei Reihen gegenüber und strecken ihre Arme und Hände so aus, dass sie ein „Sprungtuch“ bilden. Steht bitte Schulter an Schulter. Armschmuck sollte abgenommen werden.

Wer möchte fallen? Komm bitte zu mir auf den Tisch. Steh mit dem Rücken zu den sechs Fängern. Mach dich komplett steif und überkreuze deine Arme vor der Brust, halte dich an deinen Schultern fest und presse die Ellbogen an den Körper. Schließ die Augen. Atme tief ein und lass dich beim Ausatmen vom Tisch rückwärts in die Arme der Fänger fallen. Ich werde dich unter keinen Umständen, auch nicht, wenn du mich darum bittest, schubsen.

Joker-Tipp: Die fallende Person muss komplett steif sein und darauf achten, dass sie nicht mit ausgestrecktem Hinterteil fällt oder mit den Armen zu rudern beginnt (ein normaler Reflex bei Fallenden) und dabei diejenigen schlägt, die sie auffangen. Die Fänger müssen das Gewicht mit ihren Beinen übernehmen und nicht mit ihren Rücken. Wenn ein Fänger müde wird, dann soll er durch jemand anderen aus der Gruppe ersetzt werden.

Fang mich! (catch me)

Zehn oder zwölf Teilnehmer/innen stellen sich in „U-Form“ an ein Ende des Raums. Streckt eure Arme aus, die Handflächen schauen alle in Richtung Raum. Die Arme sollen entspannt und nicht angespannt sein, ganz weich. Ihr seid die Fänger. Wer möchte rennen? Komm hier her, auf die andere Seite des Raums, so weit weg von den Fängern wie möglich.

Renne mit geschlossenen Augen so schnell wie du kannst in das geöffnete „U“, bis dich die Arme der Fänger abfedern und bremsen. Halte deine Arme am Körper angelegt oder vor der Brust überkreuzt, so dass sie sich nicht unkontrolliert bewegen.

Es ist nicht die Aufgabe des Rennenden bis zum Ende der Gruppe durchzubrechen, es genügt die ersten Hände zu erreichen. Der/Die Laufende hat die

Augen ja geschlossen, demnach muss das „U" sich bewegen, falls jemand vom Kurs abkommt.

Gruppenspaziergang (group walking)[281]

Wer möchte auf der Gruppe herumspazieren? Zieh bitte die Schuhe aus. Die Gruppe stellt sich bitte auf allen Seiten rund um ihn/sie herum. Spaziergänger, hebe bitte einen Fuß. Von der Gruppe kommen nun bitte Hände unter den Fuß und stützen ihn. Spaziergänger, streck bitte einen Arm aus und dann werden Hände aus der Gruppe den Arm und die Hand stützen. Streck die zweite Hand aus und wieder werden dich Hände stützen. Jetzt kommt der zweite Fuß an die Reihe und auch der wird gestützt. An den Spaziergänger: Beweg dich sehr langsam und klettere auf die Gruppe! Warte auf die Unterstützung durch die Gruppe jedes Mal, wenn du eine Hand oder einen Fuß bewegst.

> **Joker-Tipp:** Es liegt in der Verantwortung der Gruppe, den Spaziergänger bei allem zu unterstützen. Wenn dieser eine Rolle vorwärts machen will (oder sonst irgendetwas), dann muss die Gruppe sich unter ihm bewegen, um ihn zu stützen. Der Spaziergänger muss sich sehr langsam bewegen, sein Gewicht zwischen seinen Händen und Füßen verteilen und er darf nicht aufrecht stehen. Wenn er fertig ist, bringt ihn die Gruppe ganz behutsam zurück auf den Boden.

Spiele, die einfach nur Spaß machen

> **Joker-Tipp:** Diese Spiele sind jederzeit gut einsetzbar, wenn Entspannung angebracht scheint.

Bäuche (bellies)[282]

Jemand legt sich auf den Rücken. Eine zweite Person legt sich nun im rechten

---

[281] Ich habe dieses Spiel in einem Workshop mit Boal kennengelernt, kann aber keine schriftlichten Hinweise finden.

[282] Suzie Payne, Gründungsmitglied von Headlines Theatre, spielte dieses Spiel während der Proben zu *Buy, Buy Vancouver* (erstes Stück von Headlines Theatre, 1981) mit uns.

Winkel dazu und legt den Kopf auf den Bauch der ersten Person. Eine dritte Person legt sich im rechten Winkel dazu und legt den Kopf auf den Bauch der zweiten Person. Eine vierte Person legt den Kopf ebenso auf die dritte Person usw., bis alle Teilnehmer/innen mit dem Kopf auf einem Bauch liegen.

Atmet jetzt. Redet nicht, atmet einfach gemeinsam.

> **Joker-Tipp:** Warte in aller Ruhe ab. Nach einer gewissen Zeit beginnt fast mit Sicherheit jemand zu lachen und dessen/deren Bauch wird sich auf und ab bewegen, wodurch sich der Kopf der auf ihr liegenden Person bewegen wird, wodurch diese zu lachen beginnen wird usw. Das ist wunderbar ansteckend und entspannend für die Gruppe. Es kann manchmal zu richtigen Wellen von Gelächter führen.

Katz und Maus (cat and mouse)[283]

Steht frei im Raum, mit so viel Abstand zwischen einander als möglich. Wer möchte die Katze sein? Gut. Wer die Maus? Gut. Die Maus ist in Sicherheit und kann nicht gefangen werden, wenn sie hinter jemandem steht. Wenn sich die Maus hinter jemanden stellt, dann wird diese Person zur Maus und rennt vor der Katze davon. Wenn die Maus gefangen wird, verwandelt sie sich in die Katze und jagt nun die alte Katze, die zur Maus geworden ist und die nun versucht, sich hinter jemanden zu stellen ...

Fuchs im Bau (fox in the hole)[284]

Sucht euch einen Partner. Verteilt euch im Raum, aber nicht zu nahe an den Wänden. Steht einander gegenüber, haltet einander bei den Händen und formt ein Oval, den „Fuchsbau". Ich werde zwei von euch auswählen, einen Fuchs und einen Jagdhund. Der Jagdhund verfolgt den Fuchs. Es ist ein Fangenspiel. Der Fuchs ist in Sicherheit, wenn er in einen „Fuchsbau" schlüpft. Der Fuchs schlüpft also in den Bau, ergreift die Hände seines Gegenübers und verdrängt somit die Person in seinem Rücken, die dadurch zum Fuchs wird und nun vom

283 Dieses Spiel habe ich von Takayama Lisa und dem *Theatre Workshop Network* in Japan.
284 Dieses Spiel habe ich von einem Workshop-Teilnehmer an der F.H. Collins School in Whitehorse, Yukon (1991).

Hund verfolgt wird. Wenn der Jagdhund den Fuchs fängt, wechseln die Rollen und der neue Fuchs muss in einen Bau.

Joker-Tipp: Sowohl Erwachsenen- als auch Jugendgruppen lieben dieses Spiel und bitten oft mehrmals pro Tag darum, es spielen zu dürfen.

Gruppenschrei (group yell)

Joker-Tipp: Am Ende eines besonders emotionsgeladenen Tages, nach dem Abschlusskreis, schien es mir, als bräuchten wir noch etwas, um den Workshop abzuschließen. Wir hatten aber keine Zeit mehr. Ich schlug Folgendes vor, das ich seitdem in fast jedem Workshop verwende.

Steht in einem großen Kreis und haltet einander bei den Händen. Jetzt alle gemeinsam: ausatmen, einatmen! Und jetzt stürmen wir alle gemeinsam in die Mitte, reißen unsere Arme in die Höhe und schreien so laut wir können durch die Decke nach oben. Und jetzt, wo alles klar ist: Nocheinmal!

Umarmen! Fangen! (hug tag)

Das ist ein Fangenspiel. Wer will „es" sein? Gut. Du kannst uns alle hier fangen. Man ist aber in Sicherheit, wenn man jemanden umarmt. In der Umarmung zählt man bis drei, dann muss man sich wieder trennen. Wer gefangen wird, ist „es".

Massieren und Laufen (massage and run)[285]

Joker-Tipp: Ich wende dieses Spiel am Ende eines Tages nach dem Abschlusskreis an.

Steht im Kreis. Jede/r dreht sich nach rechts. Fangt langsam zu gehen an und massiert sanft die Schultern der Person vor euch. (Warte eine Weile.) Dreht euch um und geht in die andere Richtung und massiert die Person, die euch massiert hat. (Warte eine Weile.) Dreht euch um und geht in die andere Richtung. (Warte weniger lang.) Und Richtungswechsel. (Warte immer

[285] Das ist ein Spiel von Kevin Finnan vom *Motionhouse Dance Theatre* in Leamington Spa, England.

weniger lang.) Richtungswechsel! Richtungswechsel! Richtungswechsel!

> **Joker-Tipp:** Lass der Gruppe genügend Platz, damit sich der Kreis soweit ausdehnen kann, dass die Arme der Teilnehmer irgendwann „zu kurz" werden. Dadurch wird es notwendig, dass die Teilnehmer zu laufen und zu rennen beginnen, um sich noch massieren zu können, immer schneller und schneller, bis Chaos ausbricht.

Die Schlange (the serpent)[286]

Geht bitte in Dreiergruppen zusammen und stellt euch hintereinander auf. Der Vorderste ist das Maul und bewegt seine Arme wie Ober- und Unterkiefer. Er hat die Augen geschlossen. Die Person in der Mitte ist „das Herz". Sie hat die Augen offen und lenkt mit ihren Händen auf den Schultern des Vordermanns „das Maul" und versucht „den Schwanz" (die dritte Person, hinten, Augen geschlossen) zu schützen. Schwanzteile können von Mäulern gefressen (gefangen) werden. Wenn der Schwanzteil gefressen wird, scheidet die Schlange aus. Aufgabe ist es, als letzte Schlange übrig zu bleiben. Los!

Weitere Übungen

Zahlreiche Übungen wurden im Verlauf des Buches beschrieben. Hier noch ein paar mehr.

Selbstbild (autosculpting)[287]

> **Joker-Tipp:** Ich verwende diese Übung manchmal zu Beginn der Erforschung des Themas in einem einwöchigen *Power Play* (*Spiel der Kräfte*). Sie kann sehr hilfreich bei der Untersuchung emotional aufgeladenen Materials und der Entwicklung recht allgemeiner Improvisationen sein.

---

[286] Dieses Spiel habe ich von Takayama Lisa und dem Theatre Workshop Network in Japan.

[287] Es beginnt ähnlich wie die zweite Methode zur Entwicklung einer Modellszene bei Boals *Illustrating a subject with your body* auf S. 165 von *Games for Actors and Non-Actors*, aber dann schlage ich eine gänzlich andere Richtung ein.

Legt euch alle in einem Kreis auf den Boden, mit den Köpfen nach innen, den Füßen nach außen. Ja, es schaut aus wie ein menschliches Gänseblümchen. Schließt eure Augen. Ich möchte, dass ihr an einen Moment in eurem Leben denkt – nicht im Leben eines Freundes, eines Verwandten, nichts aus Film und Fernsehen –, als ihr mit Schwierigkeiten in Bezug auf (Thema des Workshops) zu kämpfen hattet. Das kann eine Auseinandersetzung mit einer anderen Person gewesen sein oder ein Ringen mit euch selbst.

Seht die Situation klar vor euch. Wo findet sie statt? Wer sind die Akteure? Welche Beziehungen gibt es zwischen ihnen? Wo bist du in diesem Moment? Was denkst du? Was empfindest du? Was willst du? Wovor hast du Angst?

Ich möchte, dass ihr an das stärkste Gefühl in diesem Moment denkt und aus diesem Gefühl eine Haltung formt, die ihr vor eurem geistigen Auge seht. Nehmt euch Zeit, diese Haltung zu finden. Haltet die Augen geschlossen. Seid genau. Es gibt zum Beispiel einen Unterschied zwischen Frustration und Ärger.

Haltet die Augen weiterhin geschlossen und rollt euch nun auf die rechte Seite. Und jetzt geht in den Vierfüßlerstand, dann kommt auf die Beine, haltet die Augen geschlossen. Ich werde in die Hände klatschen. Wenn ihr das Klatschen hört, möchte ich, dass jede/r von euch mit geschlossenen Augen die Haltung einnimmt, die ihr euch vorgestellt habt. Verwendet dazu euren gesamten Körper. Bereit? Klatsch!

Verharrt in eurer Haltung, so gut es geht und schaut euch ohne zu sprechen um. Gibt es Haltungen, von denen ihr denkt, dass sie zu eurer Haltung passen? Haltungen, die der euren irgendwie gleichen, entweder körperlich oder auf der Gefühlsebene? Wenn dem so ist, geht zu dieser Haltung und wenn sie zu einer anderen Haltung geht, geht mit. Bleibt dabei, so gut es geht, in eurer Haltung.

Gut. Wir haben jetzt „x" Gruppen.[288] Jede Gruppe setzt sich bitte in einem Kreis zusammen, so weit auseinander, dass ihr euch nicht gegenseitig stört. Ich will, dass ihr in euren Kreisen über die Gefühle sprecht, die zu eurer Haltung geführt haben. Wenn ihr dazu persönliche Geschichten erzählen wollt, dann ist das in Ordnung, aber niemand muss eine persönliche Geschichte erzählen,

[288] Es gibt keine Möglichkeit für den Joker festzulegen, wie viele Gruppen es geben wird.

wenn er/sie nicht will. Ich will allerdings, dass ihr die Gefühle besprecht. Welche Gefühle hat der Kampf mit den Schwierigkeiten in Bezug auf das Thema bei euch ausgelöst? Durch das Gespräch werdet ihr bemerken, dass es etwas gibt, das ihr gemeinsam habt, etwas, das euch untereinander verbindet. Findet heraus, was es ist. Benennt es. Redet darüber. Definiert es als eine Form der Auseinandersetzung.

Dann möchte ich, dass jeweils eine/r aus jeder Gruppe nach vorne kommt. Er/Sie sollte bereit sein, von der eigenen Haltung ausgehend zu arbeiten. Der- oder diejenige repräsentiert nicht die Gruppe, aber er/sie ist durch die Gespräche in der Gruppe inspiriert worden. Wir werden mit Hilfe von Gesten und Geräuschen eine Figur erarbeiten.

Wer kommt? (Der Joker und der-/diejenige stehen jetzt vor der gesamten Gruppe.) Zeig uns deine ursprüngliche Haltung. Das ist nun die Haltung des Protagonisten. Kannst du als Protagonist, ausgehend von einer neutralen Haltung, eine Geste, eine Bewegung anbieten? (Manchmal schaut das so aus, dass die Person zuerst neutral und aufrecht steht und dann in die Haltung wechselt, oder dass sie von der ursprünglichen Haltung in eine zweite Haltung wechselt. Das hängt davon ab, was die Person anbietet.) Gut. Kannst du ein Geräusch machen, das damit einhergeht? Keine Sprache, keine Worte, nur ein Geräusch, das die Geste begleitet. Gut. Wiederhole das drei Mal: neutral, Geräusch und Geste; neutral, Geräusch und Geste; neutral, Geräusch und Geste und wieder zurück in die neutrale Haltung. Sehr gut. Wir lassen das hier einmal so stehen.

In diesem Moment gibt es auch einen Antagonisten. Kannst du eine Geste anbieten, von einer neutralen Haltung ausgehend, die den Antagonisten darstellt? Und ein Geräusch? Gut. Wiederhole es drei Mal.

Jetzt haben wir je eine Geste und ein Geräusch des Protagonisten und des Antagonisten. Die Person, die jetzt gearbeitet hat, ist der Protagonist. Kann jemand, aber niemand aus der gleichen Gruppe (die haben Insiderwissen), die Rolle des Antagonisten übernehmen? Das bedeutet, die Geste und das Geräusch zu kopieren und dann daraus eine Figur zu entwickeln. Gut, komm her.

Der Protagonist macht bitte die Geste und das Geräusch des Antagonisten für die zweite Person vor. Keine Erklärungen. Die zweite Person übernimmt. Wenn der Protagonist zufrieden ist, machen wir weiter.

Gut. Ich werde euch nun bitten, eine Szene miteinander zu spielen, die nur aus den eingeübten Gesten und Geräuschen besteht. Zuerst beginnt der Protagonist mit seiner Geste und seinem Geräusch und der Antagonist reagiert darauf mit seiner Geste und seiner Bewegung. Drei Mal bitte.

Bitte nochmals, aber diesmal beginnt der Antagonist und der Protagonist reagiert. Drei Mal bitte.

An den Rest der Gruppe: Welche Reihenfolge ist sinnvoller? Mit dem Protagonisten beginnend oder mit dem Antagonisten? Gut – wir machen es also so herum.

Ich werde euch jetzt also beide bitten, dieses Gespräch zu führen, das nur aus diesen Gesten und Geräuschen besteht. Das Gespräch geht so lange, bis ihr mich klatschen hört. Haltet Blickkontakt, so gut ihr könnt. Bleibt konzentriert. Lasst alles, was diese Figuren denken und fühlen, in euch aufsteigen und, wenn ich in meine Hände klatsche, wird eine/r von euch anfangen. (Ich werde euch wissen lassen, wer das sein wird.) Bleibt der Figur, so wie ihr sie empfindet, treu. Das ist ein sehr wichtiger Moment. Der/Die Andere muss in diesem Augenblick sehr flexibel sein. Es kann sein, dass dich das, was dann als erstes gesagt wird, vollkommen überrascht. Versuche die im Moment geschaffene Realität zu akzeptieren und darauf zu reagieren und nicht zu sagen: „Nein, nein, darum geht es gar nicht!" Akzeptiere die Realität und reagiere. Wenn ihr einmal beide angefangen habt zu sprechen, dann macht weiter. Lasst uns schauen, ob eine Szene daraus wird. Bereit? Und los!

> **Joker-Tipp:** Je nachdem, wie die Gruppe arbeitet, habe ich zuvor vielleicht *Schnelle Gesten* mit ihnen gemacht.[289]
>
> Zur Belebung der *Selbstbilder* positioniere ich mich vor den beiden am Boden und sage, während sie sich über die Gesten und Geräusche

[289] *Schnelle Gesten* wird im Absatz *Ein Beispiel aus Iqaluit* im Kapitel *Im Workshop-Raum* erklärt.

austauschen, in ruhigem Tonfall: „Macht weiter, wiederholt es, ... noch einmal, ... ein bisschen schneller, ... haltet Augenkontakt, so gut ihr könnt, ... lasst zu, dass durch die Geste und das Geräusch eine Figur entsteht, ... wenn ich klatsche, fängt ‚xy' zu sprechen an, ... wenn ihr einmal zu sprechen begonnen habt, lasst es weiterlaufen ..."

Im Verlauf dieser Übung kommt es in einer allgemein gehaltenen Situation oft zu sehr tiefgehenden emotionalen Improvisationen über das Kernproblem der Auseinandersetzung, aber es geht nicht um die Details. Wir suchen an diesem Punkt des Workshops nach einer emotionalen Wahrheit. Das kann für den Verlauf des gesamten Workshops ein sehr wertvoller Beitrag zur Findung des Kerns der Geschichte des lebendigen Gemeinwesens sein.

Es ist auch möglich, den Antagonisten und den Protagonisten in ihren Gesten einfrieren zu lassen und mit Bildertheatertechniken zu arbeiten.

Joker-Tipp 2: Manchmal gibt es bei solchen Übungen Leute, die sich mit ihrer Haltung keiner Gruppe zugehörig fühlen. Sie bleiben alleine. Niemand ist in der Lage, auf sie Bezug zu nehmen und/oder sie können auf niemanden Bezug nehmen. Sie sind „Einzelgänger" oder „Außenseiter". Wenn es mehrere sind, dann gilt es, das gemeinsam mit ihnen zu würdigen und sie zu bitten, eine eigene Gruppe zu bilden. Falls es nur einen Einzelgänger gibt, bitte diesen, sich einer Gruppe anzuschließen, weil es nicht möglich ist, an dieser Übung als Einzelne/r teilzunehmen.

Tableaus (build tableaux)

Kann jemand aus der Gruppe andere Teilnehmer/innen, wen auch immer und so viele wie nötig, nehmen und ein Bild zum Thema „xy" stellen? Nur modellieren oder vorzeigen ist erlaubt – kein Reden, kein Erklären. (Das Bild nicht verraten!) Denkt an das Prinzip des „intelligenten Tons".[290]

[290] Eine Erklärung des Prinzips „intelligenter Ton" findet sich in der Übungsbeschreibung zu *Partner formen/Bilder entwerfen* im Absatz *Bilder und Vorstellungen entwickeln* des Kapitels *Im Workshop-Raum.*

Improvisiere mit deiner Familie (improvise with your family)[291]

Geht mit offenen Augen durch den Raum. Während ihr das macht, denkt an jemanden, von dem ihr glaubt, dass er/sie in Bezug auf unser untersuchtes Thema ein Teil des Problems ist: an jemanden, den ihr kennt, an jemanden aus den Nachrichten, aus dem Fernsehen, es kann sogar eine Symbolfigur sein.[292] Ihr werdet niemandem je erzählen müssen, um wen es sich dabei handelt, außer ihr wollt es. Geht wie diese Figur. Wie bewegt sie sich? Kurze oder lange Schritte? Langsam oder schnell? Wo liegt ihr Schwerpunkt? Welcher Körperteil übernimmt beim Gehen die Führung? Einwickelt den Gang dieser Figur. Denkt euch nun eine Geste aus, die diese Figur repräsentiert, eine Bewegung der Hand, eines Arms, des Gesichts, des Kopfes, der Schultern etc., die ihr immer und immer wieder wiederholen könnt. Jetzt denkt euch ein Geräusch aus, das die Figur repräsentiert, verwendet keine Worte. Es kann ein Geräusch sein, das diese Person wirklich macht, oder eines, das symbolisch für sie steht.

Jetzt habt ihr eine breit angelegte Figur, eine Karikatur, die aus einem Gang, einer Geste und einem Geräusch besteht.

Während ihr als diese Figur durch den Raum geht, möchte ich, dass ihr die anderen Figuren im Raum bemerkt und berücksichtigt. Wenn ihr jemanden seht, von dem ihr denkt, der ist ein Mitglied eurer „Familie", jemand, der zu euch gehört, geht mit dieser Figur mit. Wenn sich jemand dir anschließt, dann musst du ihm/ihr das erlauben. Lasst auf diese Art ein paar Gruppen entstehen.

> **Joker-Tipp:** Gib dem Ganzen genügend Zeit und versuche dann herauszufinden, wo die Grenzen zwischen den Gruppen verlaufen. Es ist in Ordnung, wenn eine Gruppe nur aus zwei Figuren besteht. Eine/r allein ist keine Gruppe. Mehrere Einzelgänger sollen eine Gruppe bilden, ein einzelner Einzelgänger soll sich einer Gruppe anschließen.

Setzt euch in den Gruppen zusammen und sprecht miteinander. Ihr könnt

[291] Diese Übung entstand 1999 bei einem Experiment in Zusammenarbeit mit Judith Marcuse von *Judith Marcuse Projects* (später umbenannt in *Dance Arts Vancouver*). Ich führte in ihrem Auftrag einen Workshop mit Jugendlichen durch, der Teil der Recherchearbeit für ihre Produktion *Fire...where there's no smoke* (*Feuer... ohne Rauch*) war, einem umfangreichen Tanzstück über Jugendgewalt. vgl. http://icasc.ca/jmp

[292] Die Einladung kann variiert werden: Denkt an einen Politiker, eine Zeichentrickfigur etc.

einander erzählen, welche Figur ihr seid, ihr müsst aber nicht. Ich will aber, dass ihr euch über die Wünsche, Sehnsüchte, Ängste, Handlungen, Motivationen der Figur austauscht. Erarbeitet anschließend zusammen eine kurze Improvisation, einen Sketch, der uns die Figuren in einem Konflikt oder in einem gestörten Verhältnis zueinander zeigt. Wir wollen sehen, wie sie versuchen mit einer bedeutsamen „Familienkrise" zurechtzukommen.[293]

> **Joker-Tipp:** Ich gebe den Gruppen in dieser Übung nicht viel Zeit. Ich sage ihnen, dass ich in zehn bis fünfzehn Minuten ein Ergebnis sehen will. Sie müssen rasch arbeiten.

Gut. Schauen wir uns die Improvisationen an.

> **Joker-Tipp:** Behandle jede Improvisation wie ein Bild. Frag das Publikum, was es sieht, wie sie die Figuren und deren Handlungen interpretieren. Es steckt oft ein unglaublicher Reichtum in den unterschiedlichen Perspektiven und Analysen, die aus der Gruppe kommen.

Fotoausstellung (photo exhibit)

Das ist im Grunde keine Übung, aber ich führe es hier als Beispiel dafür an, welch spannende Projekte entstehen können, wenn wir bereit sind, mit Partnern außerhalb unserer eigenen Disziplin zu kooperieren.

1997 haben Headlines Theatre und die Galerie „the grunt"[294] für ein Projekt mit dem Titel *Positive+* zusammengearbeitet. Wir haben eine Gruppe von Künstlern und Künstlerinnen zusammen gebracht, die alle entweder selbst HIV positiv waren oder indirekt über einen geliebten Menschen mit HIV konfrontiert waren und die eine Fotoausstellung gestalten wollten, um so Geschichten über HIV und AIDS zu erzählen.

---

[293] Ein Beispiel: In einem Workshop bekommt eine kleine Gruppe von Super-Schurken die Krise, weil sie sich nicht darauf einigen können, wie sie die Welt zerstören wollen. Die Improvisation darüber war sehr reichhaltig und sehr analytisch in Bezug auf alle möglichen Formen von Gewalt und Katastrophen, die sich aktuell auf unserem Planeten abspielen. Sowohl Material als auch großartige Figuren für die spätere Arbeit sind dadurch entstanden.

[294] „The grunt" ist ein seit 1984 von Künstlerinnen und Künstlern betriebenes Kunstzentrum in Vancouver. vgl. http://www.grunt.bc.ca

Wir nutzten eine Woche lang Techniken des *Theaters zum Leben*, um die Themen innerhalb der Gruppe zu erforschen. Ein professioneller Fotograf war mit uns im Workshop und schoss Fotos von den theatralen Bildern, die wir machten. Im Laufe der Woche verstanden wir langsam den Unterschied zwischen dem körperlichen Ausdruck, den es für Bilder im Theater braucht, und jenem Ausdruck, den es für Bilder in der Fotografie braucht. Zum Beispiel dürfen Bilder für ein Foto viel weniger Platz einnehmen als Bilder fürs Theater, um wirkungsvoll zu sein. Wir erkannten auch, dass wir dank der Möglichkeit von Nahaufnahmen viel feiner an unseren Gesichtszügen arbeiten konnten, als wir es von den theatralen Bildern gewohnt waren.

Das Ergebnis war eine sehr eindrucksvolle Fotoausstellung, die im Roundhouse Community Centre in Vancouver gezeigt wurde.

Aktivierungstechniken im Bildertheater[295]

Zahlreiche Techniken zur Belebung von Bildern[296] wurden im Verlauf des Buches beschrieben. Hier folgen einige weitere:

Idealbild (ideal image)

Vor uns sehen wir ein Bild, das Figuren zeigt, die sich in einer Auseinandersetzung befinden. Kann sich jemand von außerhalb des Bildes die Figuren in einem neuen, idealen Bild vorstellen, in dem sie ihre Vorstellung von einer „gesunden Gemeinschaft" oder „Respekt" oder „Sicherheit" verwirklicht haben? (Die Art der Fragestellung hängt vom untersuchten Thema ab.)[297] Wir suchen nicht nach einer „magischen" Idee, sondern nach

---

[295] engl. Original: Image Theatre animation techniques. vgl. Fußnote 39 (Anm. d. Ü.)

[296] Es gibt zahlreiche weitere Techniken in Boals *Games for Actors and Non-Actors.*

[297] Ich formuliere absichtliche vage. „Sicherheit" für eine Person bedeutet nur allzu oft „Gefahr" für eine andere. Sowohl während des Workshops als auch bei Forumtheateraufführungen ist das Gespräch darüber sehr wertvoll, um von der Symptombekämpfung weg zu den Wurzeln des Problems zu gelangen.

einer, die sich verwirklichen lässt.[298]

Du hast eine Idee? Komm und verändere die Figuren im Bild zu deinem Idealbild. Sei so präzise, wie du kannst. Gib ihnen Haltungen, Gesichtsausdrücke etc. und vergiss nicht auf die Beziehungskonstellation der Figuren zueinander.

An die Personen im Bild: Merkt euch dieses neue Bild und versucht zu verstehen, was ihr als Figur darin denkt und fühlt. Kehrt jetzt zum Ursprungsbild zurück. Ich klatsche ein paar Mal hintereinander in die Hände, jedes Mal macht ihr einen Schritt und wir schauen, ob ihr vom Ursprungsbild zum Idealbild kommt. Ihr müsst aber eurer Figur aus dem Ursprungsbild treu bleiben. Das heißt, ihr erreicht vielleicht das Idealbild, vielleicht aber auch nicht. Vielleicht will eure Figur dorthin, vielleicht aber auch nicht. Eurer Figur würde es vielleicht gefallen, wenn andere dorthin gelangen oder auch nicht. Denkt daran, dass ihr euch gegenseitig beeinflussen könnt. Getraut euch, einander zu berühren. Jeder Schritt führt zu einem neuen Bild. Denkt daran, so viel als möglich euren gesamten Körper einzusetzen.

> **Joker-Tipp:** Du solltest mindestens sechs Mal in die Hände klatschen, je nachdem, wie komplex das Bild ist, wie weit die Figuren auseinander stehen und wie intensiv das Geschehen ist.

An das Publikum: Was sehen wir? Welche Erkenntnisse können wir aus dem Ablauf dieser Geschichte gewinnen? Sind wir zum Idealbild gelangt? Wie? Warum? Warum nicht? Gibt es noch andere Ideen für ein Idealbild?

Vom Bild zum Tanz (image into dance)[299]

Seid bitte im Bild und führt einen inneren Monolog,[300] nicht laut, sondern nur für euch. Was ist das Wesen eurer Figur? Ist es ein Tier, ein Vogel, ein Insekt, ein Baum oder eine andere Pflanze, eine Blume, Wasser, Wind, Feuer, Rauch

---

[298] Der Begriff „magisch" wird verwendet, um Momente zu beschreiben, in denen ein/e Zuschauer/in das Problem auf magische Art und Weise verschwinden lässt. Wenn zum Beispiel eine Figur, die einen Revolver trägt, plötzlich gegen das Tragen von Waffen ist.

[299] Diese Technik wurde 1998 gemeinsam mit Hal Blackwater in einem *Theater zum Leben*-Workshop mit den *Tänzern des Nebels* in Kispiox, BC entwickelt. vgl. die Fallstudie *Dancers of the Mist* (*Tänzer des Nebels*).

[300] vgl. den Absatz *Aktivierung der Bilder* im Kapitel *Im Workshop-Raum*.

etc? Welches Geräusch entspricht dem Wesen? Nehmt dieses Geräusch innerlich wahr. Wenn ihr das Geräusch hört, welchen Rhythmus erzeugt es in euch? Lasst das Geräusch und den Rhythmus sich entwickeln, so wie einen inneren Monolog, nur ohne Worte, aber mit Gefühlen und Wünschen. Lasst das alles nur innerlich geschehen, macht keine Geräusche und verändert die Haltung nicht.

Bewegt nun euren Körper mit geschlossenen Augen zum Rhythmus. Lasst nach einer Weile das Geräusch in die Bewegung mit einfließen.

An das Publikum: Was seht ihr? Welche Erkenntnisse gewinnt ihr aus dem Symbolgehalt der körperlichen Abläufe?

Das Ergebnis dieser Übung sind noch grobe Bewegungen, die, wie wir vielleicht in der Diskussion herausfinden werden, mit Erzählungen und Geschichten zusammenhängen. Diese Bewegungen und das Erzählgut können, analog zur Regie im Theater, zu einem Tanz choreografiert werden, der von den Themen im Leben des Gemeinwesens handelt.

Orchester der Gefühle (orchestra of emotion)

Versetzt euch bitte in das stärkste Gefühl, das ihr als Figur in diesem Bild wahrnehmt. Horcht in euch hinein und nehmt nun ein Geräusch wahr, das dieses Gefühl zum Ausdruck bringt – hört es nur, macht es nicht. Keine Worte, kein Klatschen, Schnippen oder Stampfen, sondern ein Geräusch, das ihr mit eurer Atemluft erzeugen könnt. Jedes Mal, wenn ich jemanden berühre, wird das Geräusch hörbar. Es ist in Ordnung, wenn sich das Geräusch im Laufe der Übung entwickelt und verändert, weil es auf die anderen Geräusche reagiert. Führt ein Gespräch mit Hilfe eurer Geräusche, lasst etwas von euch hören, jedes Mal, wenn ich euch berühre.

Schritte in die Zukunft (stepping into the future)

> **Joker-Tipp:** Diese Technik eignet sich besonders, wenn ein Bild unklar scheint. Wie sieht es aus, wenn es noch ein oder zwei Schritte auf die Krise zusteuert? Vergewissere dich, dass die Darsteller im Bild eine

Ahnung davon haben, was sie als Figuren wollen. Was wollen die Figuren?

Ich klatsche ein paar Mal hintereinander in die Hände. Nach jedem Mal Klatschen bewegt ihr euch und friert dann wieder ein. Jede Bewegung ist ein Schritt in Richtung des Ziels, das ihr erreichen wollt. Denkt daran, dass ihr zwar nicht sprechen dürft, aber ihr könnt euch gegenseitig beeinflussen und berühren.

Die Übung lässt sich auch rückwärts durchführen, mit Schritten in die Vergangenheit, um zu sehen, wie die Figuren in die Krise geraten sind.

Probetechniken[301]

Joker-Tipp: Meist im Anschluss an *Lied der Meerjungfrau* oder *Magnetisches Bild* gehen die Gruppen daran, ihre Stücke zu entwickeln. Ich möchte betonen, dass ich den Gruppen dabei nicht helfen werde. Recht häufig beschweren sich Gruppen darüber. Wie auch immer, nach all den Übungen zur Gruppenbildung, den Vertrauensspielen und der Erforschung des Themas mit Hilfe des Bildertheaters sind sie in der Lage, die erworbenen Fähigkeiten in die Praxis umzusetzen. Sie können es. Die Stücke müssen nicht lang sei, nicht einmal ganz ausgereift. Manchmal machen Gruppe sehr unfertige Stücke, die 30 Sekunden dauern. Aber die Gruppe hat einen Weg gefunden zusammenzuarbeiten und die Sprache des Theaters zu verwenden, um eine gemeinsame Geschichte zu erzählen. Das Stück gehört nun den Gruppenmitgliedern, weil sie es gemeinsam gemacht haben. Es ist außerordentlich wichtig, dass das Stück ihnen gehört.

Wenn sie ihre Stücke einmal gemacht haben, dann muss der Joker, der ja den Workshop mit den Teilnehmern erlebt hat, in der Lage sein, mit ihnen gemeinsam in die Stücke einzutauchen und die Stücke forumtheatertauglich zu machen. Das kann bedeuten, dass er Stellen streichen muss, dass er Momente einfügen oder ausdehnen muss, dass er Figuren

[301] Es gibt zahlreiche Probetechniken in Boals *Games for Actors and Non-Actors*.

schärfen oder am Subtext arbeiten muss oder dass er Szenen zum Publikum hin öffnen muss und vieles mehr.

Jeder *Theater zum Leben*-Workshop hält seine eigenen Überraschungen bereit. Wichtig ist, dass die Stücke klar und vielschichtig werden und gleichzeitig der Absicht entsprechen, die die Teilnehmer/innen mit ihren Stücken verfolgen.

Die Gruppe einfach sich selbst zu überlassen oder einfach das zu übernehmen, was die Gruppe anbietet und vor Publikum zu zeigen, hieße meiner Meinung nach, sich der Verantwortung für die Gruppe zu entziehen. Wenn die Gruppe einmal den Kern ihres Stücks erarbeitet hat, ist es die Aufgabe des Jokers ihr zu helfen, daraus das bestmögliche Theaterstück unter den gegebenen Umständen zu machen. Was wäre sonst seine Aufgabe?

Wenn es soweit ist, ändert sich die Rolle des Jokers vom Workshop-BegLeiter hin zum Regisseur/zur Regisseurin. Ich mache an dieser Stelle sehr deutlich, dass ein Theaterstück nur einen Regisseur/eine Regisseurin haben kann, und das ist der Joker. Ich bitte die Gruppe es zu unterlassen, sich untereinander Anweisungen zu geben und es zu akzeptieren, dass allein der Joker mit den Schauspielern arbeitet. Der/Die Schauspieler/in muss die Antwort auf jede Situation wissen. Es wird ihm/ihr speziell in der Forumphase niemand sagen, wie er/sie reagieren soll.

Üblicherweise schaue ich mir die Rohfassung des Stücks/der Stücke vor einer Pause an und komme dann mit Ideen zurück, an denen ich dann mit der Gruppe arbeite. Bei meiner Arbeitsweise arbeite ich mich sehr langsam durch das Stück, manchmal in Sequenzen von fünf oder zehn Sekunden. Ich schaue, dass diese Sequenz funktioniert, lasse sie dann von vorne beginnen, arbeite an der nächsten Sequenz, schaue, dass sie funktioniert und fixiere sie, lasse sie nochmals von vorne beginnen usw. Wenn wir nach diesem Schema arbeiten, können die Schauspieler/innen bald ihren gesamten Text und können jederzeit an jeder beliebigen Stelle einsetzen. Das ist gerade für die Forumphase essentiell. Zu keiner Zeit im Verlauf der Proben wurde etwas verschriftlicht, es gibt keine Textvorlage.

Einige Probetechniken wurden im Verlauf des Buches vorgestellt. Es folgen einige weitere, die ich einsetze, sobald der Erarbeitungsprozess (wie oben beschrieben) abgeschlossen ist. Denk daran, dass es bei den Proben das beste ist, frei zu experimentieren, Ideen aus dem Augenblick zu schöpfen und zu schauen, was dem vorliegenden Material gerade angemessen ist. Auf diese Art entfaltet sich das Werk.

Analyse mit Gefühlen (analysis by emotion)[302]

Spielt die Szene und fokussiert euch auf nur ein einziges Gefühl, wie etwa „Liebe", „Hass" oder „Freude". Archaische Gefühle funktionieren am besten. Dadurch entstehen Abstufungen im Verhältnis der Figuren zueinander. Es ist auch möglich, dabei auf Subtexte zu stoßen.

Entgegengesetzter Gedanke (contrary thought)[303]

Joker-Tipp: Wie oft pro Tag denkst du, während du von einem Stuhl aufstehst: „O, gut, ich stehe nun von diesem Stuhl auf"? Wahrscheinlicher ist es, dass du irgendetwas anderes denkst, womöglich das Gegenteil von dem, was du gerade tust. Das ist eine einfache Übung, die eine Szene mit Subtext versorgt. Sie ist auch grundlegend für das Wesen jeglicher Theaterarbeit. Alle Szenen benötigen dramatische Spannung, nicht nur zwischen den Figuren, sondern auch innerhalb der Figuren. Wenn man dem nachgeht, wird offenkundig, dass die menschlichen Grundzüge Angst und Sehnsucht, etwas zu wollen und zugleich das Gegenteil davon zu wollen, bei allen Menschen vorhanden sind, und das oft im selben Moment.

Spielt die Szene. Wenn ihr gerade beim Aufstehen seid, haltet kurz inne und denkt daran, wie gerne ihr jetzt noch sitzen bleiben möchtet. Wenn ihr gerade

---

302 Ich begegnete dieser Übung erstmals 1971 in der Theaterschule. vgl. auch den Absatz *Analyse mit Gefühlen* im Kapitel *Der Joker verwandelt sich vom Workshop-BegLeiter in einen Theaterregisseur*. Es gibt eine Version mit Namen *Analytical rehearsal of emotion* in Boals *Games for Actors and Non-Actors*, S. 214.

303 Ich begegnete dieser Übung erstmals 1971 in der Theaterschule. Es gibt eine Version mit Namen *Opposite thought* in Boals *Games for Actors and Non-Actors*, S. 215.

jemanden schlagt, haltet inne und denkt daran, wie sehr ihr ihn/sie liebt. Wenn ihr gerade irgendwohin kommt, haltet inne und denkt daran, wie gern bzw. warum ihr jetzt woanders sein möchtet. Sprecht beim Innehalten diese entgegengesetzten Gedanken laut aus, wie einen inneren Monolog. Was entdeckt ihr dabei? Was davon lässt sich nutzen?

Vergrößerung (magnify)[304]

> **Joker-Tipp:** Obwohl wir Theater über das wirkliche Leben machen, ist es nicht das wirkliche Leben, es ist Theater. Unsere Handlungen, unsere Stimmen, unsere Gefühle müssen im Theater größer sein als im wirklichen Leben und größer als im Film oder Fernsehen. Das Stück muss das Publikum über den Zwischenraum zwischen Bühne und Zuschauerraum, so gering er auch sein mag, erreichen. Wenn die Vergrößerung zu groß geraten sollte, kann man sie zurückdrehen, aber die Schauspieler/innen werden eine wertvolle Erfahrung in Bezug auf den bevorstehenden Auftritt gemacht haben.

Spielt die Szene mit allen Handlungen, Gefühlen, Ängsten, Sehnsüchten so groß als möglich. Größer! Noch größer! Hört nicht auf, es ist eine Übung. Macht es größer.

Rituale (rituals)

> **Joker-Tipp:** Das ist eine gute Technik, um den Schauspielern zu helfen, Rituale, sich ständig wiederholende Handlungen, die vielleicht schon so verinnerlicht wurden, dass sie unbewusst ablaufen, für ihre Figuren zu entwickeln und sie zu verstehen. Diese Technik hilft auch dabei, den konkreten Ort, an dem das Stück spielt, zu erfassen. Am besten funktioniert diese Technik meiner Einschätzung nach mit nur einem Schauspieler, und zwar mit demjenigen, dem der Ort „gehört". Ich habe aber auch schon mit dem gesamten Ensemble so gearbeitet.[305] Wenn die Szene

---

[304] Ich begegnete dieser Übung erstmals 1971 in der Theaterschule. Es gibt eine Version mit Namen *Exaggeration* in Boals *Games for Actors and Non-Actors*, S. 219.

[305] Diese Übung führte zur Szene „Familienritual" in *Here and Now* (ਏਥੇ ਤੇ ਹੁਣ, *Hier und Jetzt*).

zum Beispiel in einem Büro spielt oder in der Küche, welches sind die gewohnheitsmäßigen Handlungen der Figur(en)?

Erforscht alle Bewegungen und Abläufe, die die Figur in dieser Umgebung durchführt ohne zu reden. Nehmt euch Zeit und seid so genau wie möglich. Wiederholt alles, aber schneller. Nochmals, aber präziser. Versucht nun die Szene zu spielen und behaltet so viel von den Bewegungen wie möglich bei.

Rashomon[306]

„Diese Technik basiert auf dem gleichnamigen Film von Akira Kurosawa, in dem die Geschichte einer Vergewaltigung aus vier verschiedenen Blickwinkeln erzählt wird: dem des Täters, des Opfers, der Zeugen etc. Diese Methode ist besonders nützlich, wenn eine Szene mit mehreren Leuten analysiert werden soll, von denen alle verschiedene Ansichten darüber haben, was geschehen ist."[307]

> **Joker-Tipp:** Ich habe diese wundervolle Technik von Boal ausgiebig in den Proben für ein Stück über würdevolles Sterben, *The Dying Game* (*Das Spiel vom Sterben*), angewandt.[308] Gemeinsam mit dem Ensemble habe ich noch 15 Leute zu den Proben eingeladen, die sich mit diesem Thema bereits auseinandergesetzt haben.

Nachdem eine Szene gezeigt wurde, ergeht die Frage an die Zuschauenden, ob jemand von ihnen die Schauspieler/innen in ein realistisches oder symbolisches Bild bringen kann, das die darunterliegende Wahrheit der Szene zeigt. Auch der Joker kann Vorschläge einbringen. Die Schauspieler/innen spielen dann die Szene in diesem eingefrorenen Bild. Ziel dieser Improvisation ist es, die Gefühle und Psychologie, verborgene Beziehungen, verborgene Absichten, Wünsche und Ängste, die in der Symbolik der Szene liegen, zu erforschen.

---

306 Es gibt eine gleichnamige Version in Boals *Rainbow of Desire*, S. 115; dt. *Regenbogen der Wünsche* (1999), S. 100.

307 Augusto Boal, *Regenbogen der Wünsche*, 1999, S. 100. Es sind nur 4 (Vergewaltiger, Frau, Samurai, Holzfäller) Perspektiven und nicht 5, wie fälschlicherweise im Zitat, auf das David Diamond zurückgreift, zu lesen ist. (Anm. d. Ü.)

308 vgl. den Absatz *Authentizität und eine wahrhaftige Stimme* im Kapitel *Die Kunst interaktiven Theaters*.

Joker-Tipp: In *The Dying Game* entwarf ein Teilnehmer zu einer Szene zwischen Mutter und Sohn ein Bild, bei dem die sterbende Mutter im Sarg liegt und der Sohn sich auf den Sargdeckel setzt, um zu verhindern, dass sie entkommt. In der Erforschung der dadurch entstandenen Dynamik offenbarte sich ein Aspekt der Wahrheit über den Wunsch des Sohnes, der Leidensweg möge zu Ende gehen, damit beide von den Strapazen im Umgang mit dem Gesundheitssystem erlöst würden.

In einer anderen Szene zwischen dem Sohn und dem Arzt in dessen Praxis legte ein Teilnehmer die Mutter, die in dieser Szene eigentlich nicht vorkam, zwischen Sohn und Arzt auf den Schreibtisch. Die daraus entstandene Improvisation war so wertvoll, dass wir diese eindrückliche symbolische Realität schlussendlich in die Bühnenfassung integrierten.

Stopp! Nachdenken! (stop and think)[309]

Es ist wichtig, dass alle Figuren auf der Bühne zu jeder Zeit wissen, was sie tun, was sie fühlen und was sie denken. In der Forumphase fragt der Joker vielleicht, warum sie auf einen Einstieg so reagiert haben und nicht anders, oder welche Auswirkungen eine Handlung haben wird oder was sie in einem bestimmten Moment gedacht oder gefühlt haben.

Spielt die Szene. Wenn ich „Stopp!“ rufe, frieren alle ein. Bei „Nachdenken!“ beginnen alle mit einem inneren Monolog und sprechen die Gedanken und Gefühle der Figur laut aus, solange bis ich „Und weiter!“ rufe. Dann nehmt ihr die Handlung genau an der Stelle wieder auf, wo ich unterbrochen habe, so als ob ihr nie eingefroren wärt.

---

[309] Es gibt eine Version dieser Übung mit Namen *Stop! Think!* in Boals *Games for Actors and Non-Actors*, S. 211.

Tableau – Monolog – Dialog – Aktion[310]

> **Joker-Tipp:** Diese Übung kann man auch im Bildertheater anwenden. Ich verwende sie oft, um über *Magnetisches Bild* zu einer Improvisation zu gelangen.

Bleibt in diesem eingefrorenen Bild, das die Verhältnisse der Figuren zueinander zeigt. Führt einen inneren Monolog, das sind die Gedanken und Gefühle eurer Figur in diesem eingefrorenen Moment. Redet weiter. Versucht nicht ständig, dieselben Phrasen zu wiederholen. Nutzt den Monolog, um die Gedanken und Gefühle, Ängste und Sehnsüchte der Figur in Bezug auf die anderen Figuren, die Situation und euch selbst zu erkunden. Geht in die Tiefe.

Bleibt in eurer Haltung. Ich komme zu euch und berühre euch einzeln. Der- oder diejenige sagt dann einen Satz als Figur. Alle hören zu. Die nächste Figur, die ich berühre, antwortet auf diesen ersten Satz. Die nächste Figur antwortet auf alles bisher Gesagte. Solange bis alle Figuren etwas gesagt haben.

Ihr dürft euch nicht bewegen, bewahrt Haltung. Aber ihr könnt einander zuhören und miteinander reden. Redet als Figuren miteinander. Denkt daran, euch genügend Raum zu geben, so dass alle zum Zug kommen. Das wird unnatürlich langsam sein, aber bleibt konzentriert. Führt einen Dialog und versucht das zu bekommen, was ihr voneinander wollt. Aber bleibt in eurer Haltung.

Jetzt kann sich das Bild in Bewegung setzen. „Und Action!" Spielt die Szene. Versucht eurer Figur treu zu bleiben.

---

[310] Es gibt eine Übung mit dem Namen *Dynamisation* in Boals *Games for Actors and Non-Actors*, S. 192.

David Diamond schloss 1975 die Universität Alberta mit einem Bachelor of Fine Arts für Schauspiel ab. Er arbeitete als professioneller Schauspieler an mehreren Theatern und für Film und Fernsehen in Kanada bis er 1981 Mitgründer von Headlines Theatre wurde. Zwischen 1981 und 2007 leitete er an die 400 gemeinwesenspezifische Theaterprojekte zu Themen wie Rassismus, Gender, Gewalt, Sucht, Selbstwert, Internatsschulen (Erziehungsheime für First Nations), Globalisierung, Sprachenrechte und viele andere. 1996 erhielt er den „City of Vancouver's Cultural Harmony Award". 2001 wurde ihm die Ehrendoktorwürde in Literaturwissenschaften des University College of the Fraser Valley verliehen.

Foto: David Cooper

Armin Staffler, Theaterpädagoge BuT® und Magister der Politikwissenschaft, unterrichtet u. a. Theater in der Konflikttransformation im MA Program for Peace Studies am UNESCO Chair for Peace Studies in Innsbruck. Zahlreiche Theaterprojekte zu Themen des Zusammenlebens in Gemeinden, in der Arbeitswelt, an Schulen und in theaterpädagogischen Ausbildungen. Entwicklung und Durchführung von „act it® – Forumtheater in der Suchtprävention". Gründungsmitglied von „spectACT – Verein für politisches und soziales Theater", Autor des Buches *Augusto Boal. Einführung*.

Foto: Birgit Pichler

Fritjof Capra, PhD, Physiker und Systemtheoretiker, geboren in Wien, lebt in Kalifornien, Autor zahlreicher Bestseller, u.a. *Tao der Physik, Lebensnetz, Verborgene Zusammenhänge*. Sein neues Buch *The Science of Leonardo* erschien 2007.

Foto: Karl Grossman

Das "Theater der Unterdrückten" im *ibidem*-Verlag

Hjalmar Jorge Joffre-Eichhorn

Wenn die Burka plötzlich fliegt -

Einblicke in die Arbeit mit dem Theater der Unterdrückten in Afghanistan

Berliner Schriften zum Theater der Unterdrückten, Band 5

Herausgegeben von Harald Hahn

250 Seiten, Paperback. **€ 19,90**

ISBN 978-3-8382-0472-7

Hjalmar Joffre-Eichhorn schildert das Leben eines Theatermachers, der mit Hilfe partizipativer, auf Emanzipation ausgerichteter Theaterarbeit Menschen in Afghanistan einen Raum gibt, erfahrenes Leid körperlich, seelisch und mental zu artikulieren. Wir lernen Menschen kennen, die nicht aufhören wollen und können, sich den Traumata eines dauerhaften Kriegszustandes zu stellen und mit zivilen Mitteln an einem friedlichen Afghanistan von unten arbeiten. Wir erfahren, welche Besonderheiten gerade das Theater der Unterdrückten in seiner unmittelbaren menschlichen Nähe zu bieten hat, die andere Methoden nicht bieten können.

Doch Joffre-Eichhorn berichtet nicht nur von seinen afghanischen Erfahrungen mit Methoden des Theaters der Unterdrückten sowie auch des Playback-Theaters und setzt sich mit diesen kritisch-reflektierend auseinander, sondern gibt auch – nicht zuletzt durch die Einnahme überaus ungewöhnlicher Perspektiven – interessante und aufschlussreiche Einblicke in die internationale Entwicklungszusammenarbeit vor Ort und deren Funktionieren oder eben Nicht-Funktionieren.

Jens Clausen, Harald Hahn, Markus Runge (Hrsg.)

Das Kieztheater: Forum und Kommunikation für den Stadtteil

€ 19,90

ISBN 3-89821-985-3

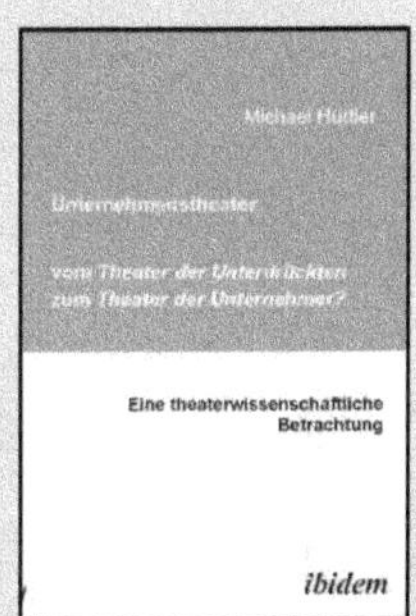

Michael Hüttler

Unternehmenstheater - vom Theater der Unterdrückten zum Theater der Unternehmer?

€ 22,00

ISBN 3-89821-508-3

Weitere Informationen zu den „Berliner Schriften zum Theater der Unterdrückten" unter www.ibidem-verlag.de/red/tdu/

***ibidem*-Verlag**
Melchiorstr. 15
D-70439 Stuttgart
info@ibidem-verlag.de

www.ibidem-verlag.de
www.ibidem.eu
www.edition-noema.de
www.autorenbetreuung.de

www.ingramcontent.com/pod-product-compliance
Lightning Source LLC
La Vergne TN
LVHW020652110826
845149LV00012B/1967

* 9 7 8 3 8 3 8 2 0 2 5 5 6 *